Jochen Benz | Markus Höflinger

Logistikprozesse mit SAP®

„Besonders gut an diesem Buch gefällt mir die starke Praxisorientierung und das Fallbeispiel, das sehr anschaulich und nachvollziehbar ist."
Prof. Dr. Peter Hartel, FH Bielefeld

„Aufgrund des geringen Implementierungaufwands kann das durchgehende Fallbeispiel mit Studenten in einem Seminar vollständig ‚durchgespielt' werden."
Prof. Dr. Eric Sucky, Johann Wolfgang Goethe-Universität Frankfurt a. Main

„Sehr gute Einführung in SAP-Logistikprozesse mit Fallstudie."
Prof. Dr.-Ing. Herbert Fischer, FH Deggendorf

„Das Buch gefällt mir ausgezeichnet, da es mehrere Fliegen mit einer Klappe schlägt. Zum einen enthält es – losgelöst von SAP – eine gute Darstellung der Logistik-Prozesse in ERP-Systemen, die sich zum Teil deutlich von dem abhebt, was in vielen Lehrbüchern zu diesen Themen zu lesen ist. Ein Beispiel ist das zentrale Thema der Materialbedarfsermittlung, zu dem in vielen Materialwirtschafts-Lehrbüchern wieder und wieder das MRP-I-Konzept aus den 60er Jahren des vorigen Jahrhunderts ausgebreitet wird ohne jeglichen Hinweis auf dessen Einbettung in ERP-Systeme und neuere MRP-II- und SCM-Konzepte. Zum anderen wird diese theoretische Darstellung direkt operationalisiert durch ein Praxisbeispiel in SAP. Ich habe es zwar nicht ausprobiert, denke aber, dass eine Umsetzung im Selbststudium in der Tat möglich ist. Aber – und das ist der dritte Pluspunkt – dies ist auch gar nicht zwingend erforderlich, da diese Passagen aufgrund der zahlreichen Screenshots auch ohne System verständlich werden, dann natürlich ohne den Übungseffekt."
Professor Dr. Karl-Heinz Brockmann

„Das durchgehende Fallbeispiel und die sehr guten und detaillierten Erläuterungen erlauben den Einsatz im Selbststudium."
Professor Dr. Hans Jürgen Regier, FH München

„Super Buch zur Einführung von SAP – auch in der Schule."
Dipl.-Hdl. Michael Sauer

Jochen Benz | Markus Höflinger

Logistikprozesse mit SAP®

Eine anwendungsbezogene Einführung –
Mit durchgehendem Fallbeispiel –
Geeignet für SAP Version 4.6A bis ECC 6.0

3., aktualisierte Auflage

Mit 182 Abbildungen

STUDIUM

**VIEWEG+
TEUBNER**

Bibliografische Information der Deutschen Nationalbibliothek
Die Deutsche Nationalbibliothek verzeichnet diese Publikation in der
Deutschen Nationalbibliografie; detaillierte bibliografische Daten sind im Internet über
<http://dnb.d-nb.de> abrufbar.

Bei der Zusammenstellung von Texten und Abbildungen wurde mit größter Sorgfalt vorgegangen. Trotzdem können Fehler nicht vollständig ausgeschlossen werden. Autoren und Verlag können für fehlerhafte Angaben und deren Folgen weder eine juristische Verantwortung noch irgendeine Haftung übernehmen. Für Ergänzungen, Fehlerhinweise und sonstige Anmerkungen sind Autoren und Verlag dankbar.

1. Auflage 2005
Diese Auflage erschien unter dem Titel „Logistikprozesse mit SAP R/3®
2. Auflage 2008
3., aktualisierte Auflage 2011

Alle Rechte vorbehalten
© Vieweg+Teubner Verlag | Springer Fachmedien Wiesbaden GmbH 2011

Lektorat: Christel Roß | Walburga Himmel

Vieweg+Teubner Verlag ist eine Marke von Springer Fachmedien.
Springer Fachmedien ist Teil der Fachverlagsgruppe Springer Science+Business Media.
www.viewegteubner.de

Umschlaggestaltung: KünkelLopka Medienentwicklung, Heidelberg
Druck und buchbinderische Verarbeitung: MercedesDruck, Berlin
Gedruckt auf säurefreiem und chlorfrei gebleichtem Papier.
Printed in Germany

ISBN 978-3-8348-1484-5

Vorwort zur 1. Auflage

Anfang der Neunziger Jahre des letzten Jahrhunderts zeichnete sich am Markt für betriebswirtschaftliche Software eine offensichtlich unaufhaltsame Entwicklung ab. SAP etablierte sich mit dem neuen Release R/3 als absoluter Standard in deutschen Industrieunternehmen. Mindestens jede zweite Stellenanzeige für Betriebswirte enthielt die Anforderung, oder zumindest den Wunsch, der Bewerber möge SAP-Erfahrung mitbringen. Was war daraus zu folgern? Unsere Absolventen des Studiengangs BWL an der HTWG Konstanz (damals FH Konstanz) brauchten unbedingt entsprechendes Wissen.

Auf diese Erkenntnis folgte sehr schnell die Frage nach der Realisierbarkeit. Ohne SAP-System geht gar nichts. Klar. Deshalb folgten im ersten Schritt Gespräche mit SAP über eine kostenlose Hochschullizenz. Geht nicht – war die Antwort. Also weitere Gespräche mit einem damaligen Lizenzpartner von SAP, der Firma CGK in Konstanz. Dieses Mal mit mehr Erfolg – ein Zugang auf das CGK-Rechenzentrum sollte geschaffen werden. Plötzlich ein radikales Umdenken bei SAP – ein Hochschularbeitskreis wurde ins Leben gerufen, SAP-Lizenzen allen interessierten Hochschulen kostenlos zur Verfügung gestellt.

Jetzt hatten wir unsere ersehnte Lizenz! Aber damit auch das nächste Problem – wie bereitet man dieses gigantische Thema didaktisch auf?

Die erste Lehrveranstaltung im Studiengang BWL war in der Vertiefungsrichtung Logistik angesiedelt. Deshalb unsere Vision: Anhand einer durchgängigen Fallstudie, die alle wesentlichen logistischen Prozesse beinhaltet, sollten die Studierenden sich nicht nur in SAP einarbeiten, sondern auch gleichzeitig die realen betrieblichen Abläufe und deren Zusammenhänge kennenlernen. So weit so gut. Aber: Die Umsetzung dieser Vision setzt eine funktionierende Musterfirma voraus. Die Live AG von Prof. Dr. Thomé erwies sich als zu komplex, um darauf eine wirklich durchgängige Fallstudie aufzubauen. IDES von der SAP AG gab es noch nicht und wäre ebenfalls zu komplex gewesen, wie sich später herausstellte.

So entwickelten wir unsere eigene Musterfirma – die „Novum Computer GmbH". Ein kleiner PC-Hersteller mit überschaubarer

Organisationsstruktur und trotzdem geeignet, alle wesentlichen logistischen Prozesse realitätsnah abzubilden.

Inzwischen bildet diese Musterfirma seit über 10 Jahren die Basis für unsere Lehrveranstaltung. Natürlich wurde sie permanent verbessert, vielen Releasewechseln unterworfen – zuletzt auf Version 4.7 (Enterprise) – und hat heute ein ganz anderes Produktionsprogramm als am Anfang. Aber das Grundkonzept ist geblieben. Die Novum Computer GmbH ist daher auch Basis dieses Buches, in das unsere ganzen Erfahrungen aus mehr als 10 Jahren Lehrveranstaltung zum Thema „Logistische Prozesse mit SAP R/3" eingeflossen sind.

Wir wünschen allen Lesern viel Spaß bei der Lektüre des Buches und beim Bearbeiten der Fallstudie. Vor allem aber wünschen wir ihnen, dass sie die gleichen Erfolgserlebnisse und Aha-Effekte haben, wie die Teilnehmer an unserer Lehrveranstaltung.

An dieser Stelle möchten wir uns noch bei Herrn Thomas Hübner von der realtime AG bedanken, der uns bei der Entwicklung der Novum Computer GmbH und der darauf aufbauenden Lehrveranstaltung wesentlich unterstützt hat. Weiterhin allen Teilnehmern an unserer Lehrveranstaltung, deren Hinweise und konstruktive Kritik in dieses Buch eingeflossen sind. Ebenso Herrn Rainer Voegele für die fachliche Prüfung und seine Tipps. Vielen Dank auch Herrn Dr. Klockenbusch vom Vieweg Verlag für die Begleitung unseres Projekts. Nicht vergessen wollen wir unsere Ehefrauen, die nicht nur viele Wochenenden auf uns verzichten mussten, sondern durch ihre textliche und fachliche Prüfung des Manuskripts eine unverzichtbare Hilfe für uns waren.

Konstanz, September 2005   Jochen Benz und Markus Höflinger

Vorwort zur 2. Auflage

Die große Resonanz auf unser Buch hat uns sehr gefreut. Allen Lesern wollen wir an dieser Stelle ein herzliches Dankeschön sagen, insbesondere denen, die uns Rückmeldungen und Anregungen zukommen ließen.

Durch das unerwartet hohe Interesse war die erste Auflage schon nach einem Jahr komplett vergriffen. Da in so kurzer Zeit keine weltbewegenden Änderungen zum Thema „Logistikprozesse mit SAP" eingetreten waren, konnte zunächst für ein weiteres Jahr unverändert nachgedruckt werden.

In der Zwischenzeit, ein weiteres Jahr später, haben sich allerdings für dieses Buch grundlegende Dinge verändert – beispielsweise wird SAP R/3 immer stärker von SAP ERP 2005 abgelöst und die Mehrwertsteuer wurde von 16% auf 19% erhöht. Dies rechtfertigt sicher eine überarbeitete Neuauflage.

In der vorliegenden Ausgabe wurden diese beiden Punkte berücksichtigt – alle Beispiele mit MWSt. wurden aktualisiert, die Nutzbarkeit der Fallstudie für alle SAP Versionen ab 4.6A bis ERP 2005 sichergestellt. Weiterhin haben wir Anregungen von Lesern aufgenommen und in die Texte integriert.

Auch unser Online-Service zum Buch wurde erweitert – er enthält weiterhin alle Musterlösungen zur Fallstudie sowie aktuelle Informationen. Darüber hinaus stellen wir jetzt auch Materialien zur Begleitung von Lehrveranstaltungen bereit. Abrufbar sind die Dokumente wie bisher unter www.mfb-service.de/sap-buch.

Was wir beibehalten haben, ist das erfolgreiche Grundkonzept des Buches – gesunde Mischung aus Theorie und Praxis durch Erarbeitung des Themas anhand einer durchgängigen Fallstudie.

Konstanz, November 2007   Jochen Benz und Markus Höflinger

Vorwort zur 3. Auflage

Vor ziemlich genau 5 Jahren erschien die erste Ausgabe dieses Buchs, 2 Jahre später die zweite und nun liegt vor Ihnen, lieber Leser, die dritte, aktualisierte Auflage.

Was ist neu? SAP hat inzwischen neue Release-Stände eingeführt. Das gesamte Buch wurde daher auf den momentan aktuellen Stand ECC 6.0 geprüft, insbesondere alle Beispiele und Übungsaufgaben. Texte wurden leicht angepasst und Screenshots ausgetauscht, soweit sich seit ERP 2005 etwas geändert hat. Außerdem ist auch die Firma SAP in den letzten 5 Jahren nicht stehen geblieben, wie sicher allgemein bekannt ist. Daher haben wir deren Geschichte in der Einleitung um die neuesten Fakten ergänzt und fortgeschrieben.

Was ist geblieben? Das bewährte Grundkonzept des Buchs: die Erarbeitung der Materie „Logistikprozesse mit SAP" auf Basis einer gesunden Mischung aus Theorie und Praxis anhand einer durchgängigen Fallstudie.

Wem möchten wir danken? Als erstes allen Lesern des Buchs, insbesondere denjenigen, von denen wir ein Feedback bekommen haben! Bei unserer Lektorin des Vieweg+Teubner Verlages, Frau Christel Roß, bedanken wir uns für die gute Betreuung. Vielen Dank auch an die Studentin Marietta Karletshofer, die uns bei der Überprüfung von Texten und Screenshots bezüglich der SAP-Version ECC 6.0 unterstützt hat.

.

Konstanz, März 2011   Jochen Benz und Markus Höflinger

Inhaltsverzeichnis

4 Stammdaten 59

1 Einführung

Logistik, Prozessorientierung und SAP – gleich 3 aktuelle Schlag-worte im Titel eines Buches. Aber Schlagworte verschwinden häufig genauso schnell, wie sie in Mode gekommen sind. Be-steht dann nicht die Gefahr, dass dieses Buch – und damit auch das damit vermittelte Wissen – vielleicht schon morgen veraltet oder gar überflüssig ist? Bestimmt nicht. Denn Prozessorientie-rung und Logistikgedanke haben sich als absolute Erfolgs-faktoren gezeigt und werden daher für Unternehmen auch zu-künftig (über-) lebensnotwendig bleiben. Und die Software SAP ist aus enorm vielen Industrieunternehmen nicht mehr wegzu-denken.

Bewährte
Konzepte,
zeitgemäß
umgesetzt

Der Leser dieses Buches hat daher einen guten Griff getan – er kann sehr viel lernen über bewährte betriebswirtschaftliche Kon-zepte und deren Umsetzung in einer weit verbreiteten Standard-software. Durch die Prozessorientierung in der Darstellung wird er nicht nur die reine Bedienung der Software kennen lernen und üben, sondern auch einen umfassenden Überblick bezüglich der betrieblichen Zusammenhänge gewinnen.

Das erste Kapitel soll dem Leser zeigen, was er von diesem Buch erwarten kann. Weiterhin wird ein Überblick gegeben über SAP, das Unternehmen und die Software, wichtige Begriffe wie z.B. Supply Chain Management werden erläutert und zum Abschluss der Einführung wird ein kurzer Ausblick bezüglich zu erwarten-der Entwicklungen gegeben.

1.1 Über dieses Buch

1.1.1 Zielsetzung und Zielgruppe

Lehrveran-
staltungen
und Selbst-
studium

Dieses Buch soll sowohl für Lehrveranstaltungen zum Thema "Logistische Prozesse mit SAP", als auch für das Selbststudium als Basis dienen. Hochschulen, Berufsakademien, inner- und außer-betriebliche Weiterbildungseinrichtungen erhalten ein sofort um-setzbares Kurskonzept. Personen mit dem Ziel „eigenständige Erarbeitung des Themas" erhalten einen in sich geschlossen Kurs, der selbstständig bearbeitet werden kann.

Das Buch wendet sich daher vor allem an Lehrende und Studierende aus den Fachbereichen BWL, Informationsmanagement, Wirtschaftsinformatik und Logistik. Ebenso an Organisations- und SAP-Verantwortliche in Unternehmen sowie IT- und betriebswirtschaftliche Berater mit Bezug zu SAP.

1.1.2   Was den Leser erwartet

SAP und BWL

Inhaltlich wird sowohl die eher technische SAP-Seite, als auch die betriebswirtschaftliche Basis vermittelt. Das Buch beschränkt sich daher nicht auf die reine Bedienung des Systems, sondern vermittelt einen umfassenden Überblick bezüglich der Zusammenhänge.

SAP-Wissen

Durch Abhandlung theoretischer Grundlagen und Bearbeitung praktischer Fallstudien mit SAP wird Wissen und Erfahrung bezüglich

- Bedienung von SAP,

- Abbildung betrieblicher Organisationsstrukturen in SAP,

- Abbildung logistischer Prozesse in SAP,

- Zusammenhänge zwischen den SAP-Komponenten MM, PP, SD und FI sowie

- Zusammenhänge zwischen Entwicklung, Customizing und Anwendung

vermittelt.

BWL-Wissen

Durch die Arbeit mit einer sehr praxisnahen, durchgängigen Fallstudie werden

- betriebliche Zusammenhänge greifbar gemacht,

- betriebswirtschaftliche Teilkenntnisse über Funktionsbereiche vernetzt und

- prozessorientiertes Denken gefördert.

Die Wissensvermittlung (zu den einzelnen Bereichen) folgt jeweils dem gleichen Schema. Zunächst werden die betriebswirtschaftlichen Hintergründe und Zusammenhänge erläutert, um eine fundierte Basis für die anschließende Beschreibung der Umsetzung in SAP zu legen. Nach dieser eher theoretischen Betrachtung folgen Übungen in der Modellfirma, die direkt in SAP auszuführen sind.

*Durchgängige
Fallstudie*

Alle Übungen bauen aufeinander auf und stellen – in der Gesamtheit gesehen – eine komplette Fallstudie bezüglich der logistischen Prozesse im Unternehmen und deren Abbildung in SAP dar. Musterlösungen zu den Übungsaufgaben sowie Zusatzmaterialien für Dozenten können unter www.mfb-service.de/ sap-buch/ oder im OnlinePlus-Bereich des Verlages unter www.viewegteubner.de abgerufen werden.

*Musterlösungen
online*

1.1.3   Der Rote Faden

*Prozess im
Zentrum*

Im Mittelpunkt dieses Buches steht der Logistikprozess – von der Absatzplanung über die Produktionsplanung, Bedarfsauflösung, Materialbeschaffung und Fertigung bis zur Lieferung der gefertigten Erzeugnisse an den Kunden. Einen Überblick bietet Abbildung 1.1.

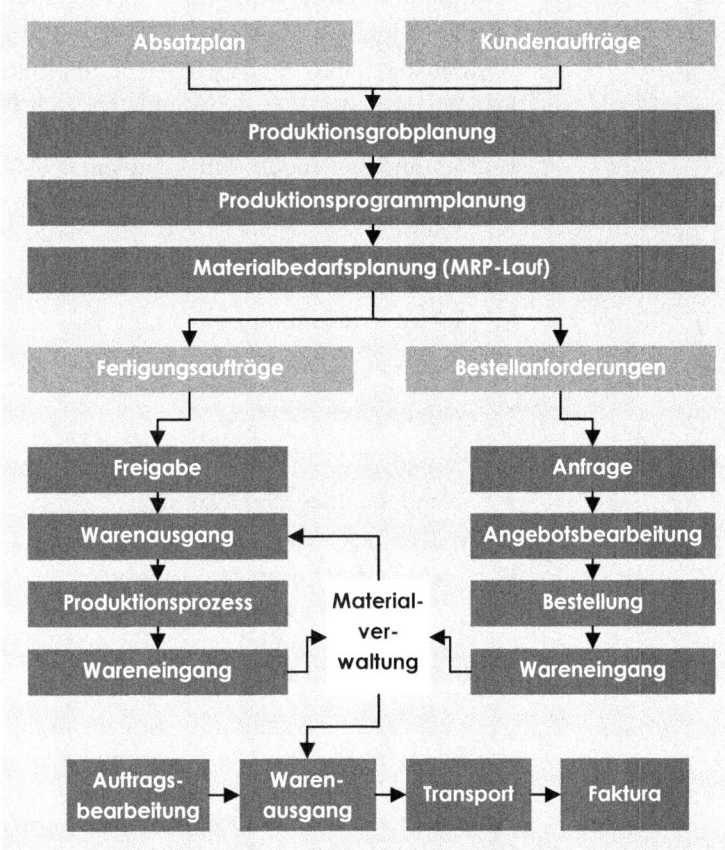

Abb. 1.1: Logistikprozess im Überblick

3

Bevor dieser Prozess in SAP durchgängig bearbeitet werden kann, sind einige Voraussetzungen zu schaffen.

Kapitel 2

In **Kapitel 2** folgt daher eine Einführung in die Grundlagen von SAP. Hier wird insbesondere Navigation und Bedienung erläutert und geübt – eine Grundvoraussetzung für die erfolgreiche Arbeit mit dem System.

Kapitel 3

Kapitel 3 befasst sich mit den Organisationsstrukturen, die in SAP zur Abbildung eines Unternehmens zur Verfügung stehen. Diese Kenntnisse werden am Ende des Kapitels auf die Modellfirma „Novum Computer GmbH" angewandt. Eine Anleitung zur Einrichtung der Modellfirma befindet sich im Anhang.

Kapitel 4

In **Kapitel 4** werden sämtliche Stammdaten behandelt und angelegt, die im Rahmen der betrachteten logistischen Prozesse benötigt werden – von Kunden- und Lieferantenstammdaten über Materialstämme, Stücklisten, Arbeitsplätze und Arbeitspläne bis zu Einkaufsinfosätzen, Konditionen und Orderbucheinträgen.

Kapitel 5

Hiermit sind alle Grundlagen gelegt, um in **Kapitel 5** den eigentlichen Logistikprozess zu bearbeiten, der in Abbildung 1.1 im Überblick dargestellt ist. Dieses Kapitel bildet den Kernpunkt des Buches und behandelt den kompletten Durchfluss der Materialien durch das Unternehmen. Behandelt wird der Stoff in der Folge der Prozessschritte

- Absatz- und Produktionsgrobplanung,

- Programmplanung,

- Materialbedarfsplanung,

- Externe Beschaffung,

- Fertigungssteuerung und

- Kundenauftragsabwicklung.

Jeder Abschnitt wird begleitet von Übungen am System – in Form einer durchgängigen Fallstudie am Beispiel der Modellfirma „Novum Computer GmbH".

1.1.4   Technische Voraussetzungen

Modellfirma

Die verwendete Modellfirma „Novum Computer GmbH" ist bewusst sehr übersichtlich gehalten und kann in ca. ½ Tag eingerichtet werden. Das Customizing dieser Firma kann als Übung verwendet oder vom Dozenten bzw. einem SAP-Betreuer im Unternehmen vorweggenommen werden.

SAP ab
4.6 A

Benötigt wird lediglich ein eigener SAP-Mandant (als Kopie des Standardmandanten 001), die SAP-Version muss 4.6 A oder höher sein. Weitere Anforderungen werden nicht gestellt. Auch werden keine SAP-Mustermandanten, wie z.B. IDES oder Live-AG, benötigt.

Alle Beispiele und Musterlösungen im Buch sind mit Version ECC 6.0 geprüft, können jedoch ab Version 4.6 A bearbeitet werden.

1.1.5   Abgrenzung zu anderen Büchern

Breite
anstatt
Tiefe

Mit diesem Buch wird keine Vollständigkeit der Darstellung bezüglich der angesprochenen SAP-Komponenten angestrebt. Vielmehr stehen die durchgängige Darstellung logistischer Prozesse und deren Interdependenzen im Mittelpunkt. Während die meisten anderen Bücher über SAP nur eine Komponente – und diese dann sehr tief – behandeln, liegt im vorliegenden Werk der Schwerpunkt eher auf der Breite des behandelten Stoffs und den betrieblichen Zusammenhängen.

Vertiefungen

Es können daher sicher nicht alle denkbaren Detailfragen durch dieses Buch beantwortet werden. Hier sei dem interessierten Leser die SAP Online-Hilfe bzw. die online verfügbare SAP Bibliothek empfohlen. Hilfreich können ggf. auch Bücher sein, die sich auf eine einzelne Komponente begrenzen. Bei Fragen zur Materialwirtschaft kann beispielsweise verwiesen werden auf Gratzl / Bauer (2004), zur Klärung von Punkten bezüglich Produktionsplanung und -steuerung auf Dittrich / Mertens / Hau / Hufgard (2009) zur Vertiefung von Fragestellungen bezüglich des Vertriebs auf Scheibler (2007) und last but not least für eine Vertiefung im Finanzwesen auf Hefner (2000).

1.2   SAP – Unternehmen und Software

Die drei Buchstaben SAP stehen sowohl für das Unternehmen SAP AG, als auch für deren Hauptprodukt, die betriebswirtschaftliche Software SAP.

1.2.1   Das Unternehmen SAP – eine Erfolgsgeschichte

Von der BGB-
Gesellschaft
zur AG

Die Geschichte der SAP AG ist eine der großen Erfolgsgeschichten deutscher Softwareunternehmen. 1972 von 5 ehemaligen IBM-Mitarbeitern als Gesellschaft bürgerlichen Rechts unter dem Namen „SAP Systemanalyse und Programmentwicklung" gegründet und 1981 in eine 5 Jahre zuvor als Vertriebsgesellschaft gegründete GmbH integriert, geht das Unternehmen 1988 als AG an die Börse.

9 Mitarbeiter werden zu 48.000

Ende des Gründungsjahres 1972 werden außer den 5 Gründern bereits 9 Mitarbeiter beschäftigt, 10 Jahre später sind einhundert erreicht, 1992 mehr als 3.100 und Ende des 2. Quartals 2010 sind – trotz Stellenabbau in 2009 aufgrund der Wirtschaftskrise – rund 48.000 Menschen weltweit beschäftigt.

Steiler Umsatzanstieg

Entsprechend entwickelt sich auch der Umsatz – von 620.000 DM im ersten Jahr über 831 Mio. DM nach zehn Jahren auf ca. 10,7 Milliarden Euro im Jahr 2009.

Drittgrößter Softwareanbieter

Mitte 2010 zählt das Unternehmen weltweit rund 95.000 Kunden in mehr als 35 Branchen und in über 120 Ländern. Damit ist SAP drittgrößter Softwareanbieter der Welt.

Von den 5 Gründern steht derzeit nur noch Hasso Plattner dem Unternehmen als Vorsitzender des Aufsichtsrates zur Verfügung.

1.2.2 Die Software SAP – Geschichte und Gegenwart

1.2.2.1 Geschichte

Vision

Die Vision der 5 Gründer von SAP war 1972 revolutionär – Standard-Anwendungssoftware für die Echtzeitverarbeitung (Real Time) zu entwickeln. Individualsoftware beherrschte damals den Markt, Batch-Verarbeitung war der Standard.

R als Markenzeichen

Das R aus Real Time war von Anfang an in den Produktnamen verankert, sozusagen als Qualitätsmerkmal und Markenzeichen. So heißt bereits die 1973 fertig gestellte Finanzbuchhaltung RF. 1975 folgt mit RM eine Software zur Abdeckung der Materialwirtschaft, d.h. für Einkauf, Bestandsführung und Rechnungsprüfung. Der Integrationsgedanke wird hiermit bereits realisiert – Daten der Materialwirtschaft fließen direkt in die Finanzbuchhaltung ein. Weitere Module folgen 1978 mit der Anlagenbuchhaltung und 1980 mit der Auftragsabwicklung als Modul RV.

Technologiewechsel mit R/2

1980 beginnt ein Technologiewechsel bei SAP. Man beschäftigt sich intensiv mit Datenbank- und Dialogsteuerungssystemen von IBM. Hiermit wird bis 1981 die erste stabile Version des Systems R/2 realisiert, in einer 2-Schicht-Architektur. R/2 wird in den Folgejahren kontinuierlich weiterentwickelt, neue Module kommen hinzu – z.B. RK, PPS und RP im Jahr 1984 – und 1989 eine neue, benutzerfreundlichere Oberfläche. Im gleichen Jahr wird auch die Programmierumgebung ABAP/4 eingeführt, die lange Zeit Basis der SAP-Entwicklung bleibt.

3-Schicht-Architektur von R/3

Neuere Entwicklungen zwingen SAP Ende der 80-er Jahre dazu, sich mit der Client-Server-Technologie auf UNIX-Basis zu beschäftigen. Das neue, hierauf basierende System erhält den Namen R/3, da es nach einer konsequenten 3-Schicht-Architektur konzipiert ist (siehe Abbildung 1.2).

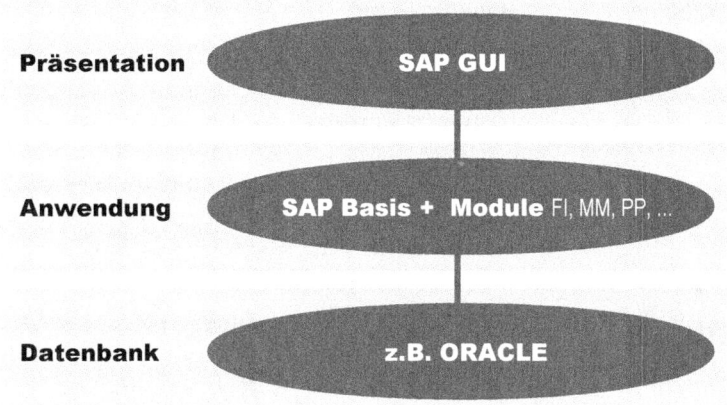

Abb. 1.2: 3-Schicht-Architektur von SAP R/3

Hardware- und Datenbank-unabhängigkeit

Die Anwendungsschicht von SAP R/3 kann im Gegensatz zu R/2 von Anfang an auf UNIX-Rechnern unterschiedlicher Hersteller betrieben werden, ab 1993 auch auf der SUN Hardwareplattform und 1994 wird eine NT-Version freigegeben. Ab dem Jahr 1996 steht auch AS/400 von IBM als Plattform zur Verfügung.

Die Präsentationsschicht ist mit dem unter MS Windows laufenden SAP GUI eine grafische Oberfläche und damit wesentlich komfortabler als die Benutzeroberfläche von R/2.

Die Datenbankschicht kann als Basis Relationale Datenbanken verschiedener Anbieter nutzen, z.B. ORACLE, Informix und viele andere.

R/3 wird erstmals 1991 auf der CeBIT präsentiert, die allgemeine Marktfreigabe folgt 1992, allerdings bei Weitem noch nicht mit dem vollen Funktionsumfang, den R/2 in der Zwischenzeit hat. Sukzessive wird in den Folgejahren die Funktionalität von R/2 auch in R/3 implementiert und weiter ausgebaut.

Internet

Gemeinsam mit Microsoft stellt SAP 1996 eine Internetstrategie vor, nachdem dem Unternehmen von Analysten vorgeworfen wurde, den neuen Trend verpasst zu haben. Die erste Strategie zielt darauf ab, über offene Schnittstellen Internet-Anwendungen mit R/3 zu koppeln. 3 Jahre später kündigt Vorstandssprecher

Hasso Plattner eine komplette Neuausrichtung an – mit my-SAP.com sollen die bestehenden ERP-Anwendungen von R/3 auf Basis der Webtechnologie mit E-Commerce-Lösungen verbunden werden. Ab dem Jahr 2000 werden von SAP Portallösung und elektronische Marktplätze angeboten.

1.2.2.2   Heutiger Stand

Vom Produkt zur Geschäfts-lösung

Anfänglich bot SAP seinen Kunden nur ein Produkt an, heute wird angestrebt, mit einem großen Produkt-Portfolio den Kunden Lösungen anzubieten. Die SAP Business Suite (früher my-SAP.com bzw. mySAP Business Suite genannt) ist daher eine Sammlung von Geschäftslösungen. Hierzu gehören z.B. SAP ERP (Enterprise Resource Planning), SAP CRM (Customer Relationship Management), SAP SRM (Supplier Relationship Management) und SAP SCM (Supply Chain Management).

Jede dieser Geschäftslösungen besteht wiederum aus einer unterschiedlichen Zusammenfassung der SAP-Komponenten SAP R/3, SAP BW (Business Warehouse), SAP EP (Enterprise Portal), SAP CRM (Customer Relationship Management), SAP SRM (Supplier Relationship Management), SAP SCM (Supply Chain Management) und SAP SEM (Strategic Enterprise Management).

SAP R/3 bleibt Kern-komponente

Als Kern der SAP Business Suite kann SAP ERP betrachtet werden. Hierin ist das frühere Hauptprodukt des Unternehmens, SAP R/3 in der Enterprise-Version, als Kernkomponente neben weiteren Komponenten integriert (z.B. SAP BW, SAP EP und SAP SEM).

Aus lizenztechnischer Sicht ist heute SAP R/3 nur noch für Bestandskunden als einzelnes Produkt verfügbar, Neukunden müssen R/3 im Rahmen einer Lösung aus der SAP Business Suite erwerben. Trotzdem ist und bleibt SAP R/3 sicherlich die Kernkomponente für die meisten Kunden von SAP-Software.

Netweaver wird Techno-logieplattform

Während R/3 bis zum Release 4.6 C technologisch gesehen aus 2 Teilen bestand (Basis und Applikation), die nicht getrennt upgedatet werden konnten, basieren alle SAP-Produkte heute auf der Technologieplattform SAP Netweaver. Ein großer Vorteil ist, dass mit Netweaver auch Fremdprodukte eingebunden werden können. Weiterhin können jetzt Updates der Technologieplattform (weitgehend) unabhängig von Updates der Anwendung durchgeführt werden.

1.3   Logistik und Supply Chain Management

Da sich dieses Buch mit logistischen Prozessen beschäftigt, wofür im Sprachgebrauch auch häufig der Begriff Supply Chain Management (SCM) synonym verwendetet wird, erscheint es angebracht, diese beiden Begriffe näher zu betrachten.

Ganz offensichtlich besteht bezüglich Definition und Abgrenzung der Begriffe eine gewisse Verwirrung. Dies wird bereits dadurch deutlich, dass bei einer Suche in google nach „Logistik Definition" 243.000 Links gefunden werden. Bei einer Suche nach „Supply Chain Management Definition" sogar 2.980.000 (Stand Juli 2005). Auch findet man in der einschlägigen Literatur verschiedenste Definitionen, die absolut nicht übereinstimmen.

Im Folgenden wird daher eine kurze Definition und Abgrenzung der Begriffe gegeben, wie sie in diesem Buch zu verstehen sind.

Definition:
Logistik

Unter (Unternehmens-) Logistik versteht man eine ganzheitliche, die einzelnen Funktionsbereiche im Unternehmen übergreifende Betrachtungsweise. Das Ziel ist die Optimierung der Materialflüsse sowie damit im Zusammenhang stehender Informationsflüsse. Die Logistik ist daher eine typische Querschnittsfunktion, da sie den gesamten Materialfluss des Unternehmens – vom direkten Zulieferer über das Lager und die Produktion bis zum Kunden – betrachtet und optimiert (vgl. z.B. Günther / Tempelmeier (2009) S. 9).

Definition:
Supply Chain
Management

Das Supply Chain Management (SCM) geht noch einen Schritt weiter. SCM hat eine übergreifende Prozessverbesserung zum Ziel. D.h. die gesamte logistische Kette, im Idealfall vom Rohstofflieferanten über die Zulieferer und das eigene Unternehmen bis zum Kunden, wird in die Betrachtung einbezogen. Ausgehend vom eigenen Unternehmen wird angestrebt, durchgängige und übergreifende Prozesse zu realisieren sowie diese zu steuern (vgl. z.B. Thaler (2007) S. 18).

Eine graphische Veranschaulichung der Zusammenhänge bietet Abbildung 1.3.

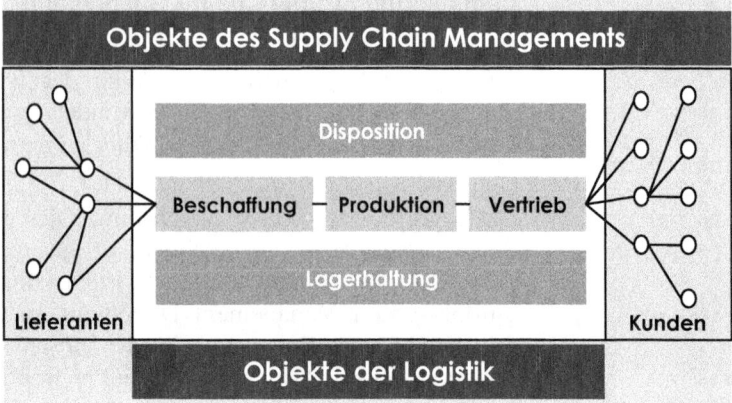

Abb. 1.3: Objekte der Logistik und des SCM

Abdeckung mit
SAP Software

Das SAP-System stellt alle notwendigen Funktionen für die Bearbeitung der logistischen Prozesse – Disposition, Einkauf, Lagerhaltung, Produktion und Vertrieb – zur Verfügung. Um das gesamte Supply Chain Management abzuwickeln, sind jedoch weitere Funktionen, insbesondere zur Steuerung der Lieferkette, notwendig. Hierzu bietet SAP das Produkt APO (Advanced Planner and Optimizer) an, dessen Behandlung jedoch den Rahmen dieses Buches sprengen würde. Wir werden uns daher auf die logistischen Prozesse und deren Abwicklung mit dem SAP-System beschränken. Dem an APO interessierten Leser sei beispielsweise Bothe / Nissen (2003) empfohlen.

2 Grundlagen SAP

Effizientes und sicheres Arbeiten in einen SAP-System setzt grundlegende Kenntnisse über den Bildschirmaufbau und die Navigation voraus.

Im vorliegenden Kapitel werden die wichtigsten Funktionen hierzu erläutert und innerhalb der Fallstudie gefestigt.

2.1 Anmeldung am System

2.1.1 SAP GUI

Die Kommunikation zwischen dem Benutzer und dem SAP-System erfolgt üblicherweise über das SAP GUI (Graphical User Interface) und ist lokal auf den entsprechenden Clients installiert. Zumeist befindet sich eine Ikone auf dem Windows-Desktop.

Abb. 2.1: SAP GUI Verknüpfung

Durch Doppelklick auf diese Ikone wird das SAP Logon gestartet.

Abb. 2.2: SAP Logon

Im Logon-Verzeichnis befinden sich meist mehrere Systeme. Durch Doppelklick auf das markierte System wird die Verbindung hergestellt.

2.1.2   Anmeldung

Anmelde-bildschirm

Der Anmeldebildschirm besteht aus den Eingabefeldern Mandant, Benutzer, Kennwort und Sprache.

Nach Eingabe des Mandanten und des Benutzers (von der Systemadministration vergeben) ist ein Passwort einzugeben. Sollte es sich um das Initialkennwort handeln (bei der Erstanmeldung), fordert das System zu einer Änderung auf.

Abb. 2.3: Anmeldebildschirm

Kennwort

Die Anforderungen an das Kennwort sind individuell im System hinterlegt. Beispielsweise kann eine Mindestlänge gefordert oder bestimmte Zeichenfolgen abgelehnt werden. Bei wiederholten Falschanmeldungen wird je nach Systemeinstellung der Benutzer gesperrt. Danach ist eine erneute Anmeldung nur durch Freischaltung des Benutzerstammsatzes möglich. Das Kennwort kann jederzeit vom Benutzer durch den Button „Neues Kennwort" auf dem Anmeldebildschirm geändert werden.

Sprache

Ein SAP-System unterstützt mehrere Sprachen. Ein Eintrag in diesem Feld hat zur Folge, dass die Benutzeroberfläche in der gewählten Sprache angezeigt wird. Erfolgt kein Eintrag, wird automatisch die Sprache verwendet, in der das SAP-System installiert wurde. Weiterhin ist es möglich, die Anmeldesprache im Benutzerstamm (siehe 2.4.2) zu hinterlegen und damit bei jeder erneuten Anmeldung das Feld automatisch vorzubelegen.

Mehrfach-anmeldung

Meldet sich ein Benutzer am gleichen System mehrfach an, so wird dies aus sicherheits- und lizenzrechtlichen Gründen protokolliert. Es erscheint eine SAP-Information mit drei Wahlmöglichkeiten:

- Alle anderen Anmeldungen automatisch beenden.

- Vorhandene Anmeldungen nicht beenden und zusätzlich neu anmelden.

- Abbrechen und Neuanmeldung.

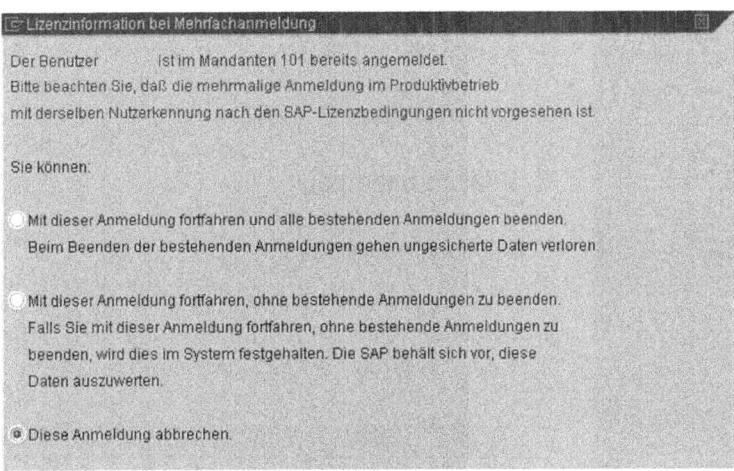

Abb. 2.4: Lizenzinformation bei Mehrfachanmeldung

Zusammenfassung der Vorgehensweise

1. Doppelklick auf die SAPlogon Ikone des Windows-Desktops.

2. Auswahl des Systems im SAPlogon durch Doppelklick.

3. Eingabe von Mandant, User und Kennwort.

4. Ggf. Änderung des Kennwortes.

5. Bestätigung der Eingaben durch <Enter>.

2.1.3   Übungen zur Fallstudie

Übung 2.1

Erstanmeldung

Melden Sie sich am SAP-System an. Systemname, Mandant, Benutzer und Initialpasswort erhalten Sie von Ihrem Dozenten bzw. Systemadministrator. Vergeben Sie bei Aufforderung ein neues Passwort.

Übung 2.2

Mehrfachanmeldung

Melden Sie sich erneut am SAP-System an, ohne die erste Anmeldung beendet zu haben. Bei Erscheinen der Lizenzinforma-

13

tion wählen Sie „Mit dieser Anmeldung fortfahren und alle bestehenden Anmeldungen beenden".

Übung 2.3

Sprachauswahl   Melden Sie sich erneut am SAP-System an. Verwenden Sie im
Feld „Sprache" den Sprachenschlüssel „EN". Sollte die Lizenzinformation erscheinen, wählen Sie wiederum den ersten Eintrag.

Übung 2.4

Passwort-   Starten Sie erneut das SAP-System und vergeben Sie auf dem
änderung   Anmeldebildschirm ein neues Kennwort. Bei Erscheinen der
Lizenzinformation wählen Sie den ersten Eintrag.

2.2   Bildschirmaufbau

2.2.1   Bildschirmbereiche

Alle Bildschirmbilder eines SAP-Systems bestehen aus gleich aufgebauten Kopf- und Fußbereichen. Der innere Teil ist für die jeweils aufgerufenen Anwendungen reserviert.

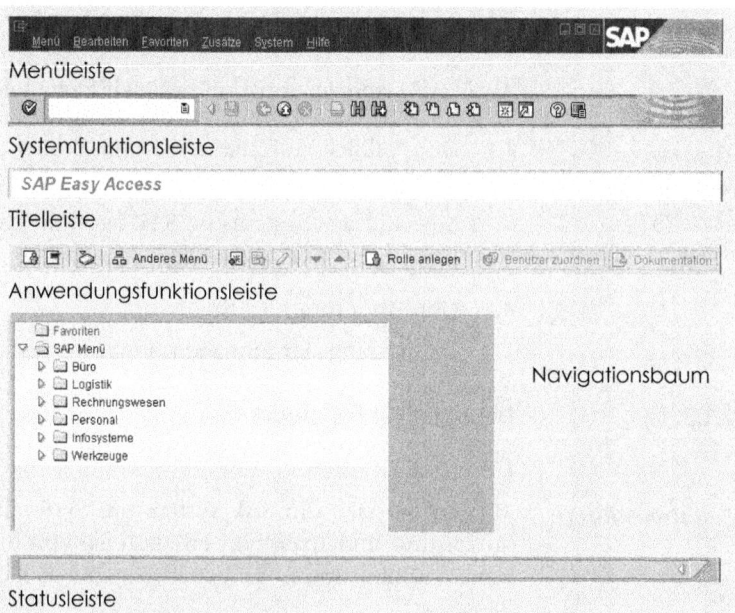

Abb. 2.5: Bildschirmaufbau

Menüleiste   Über der Systemfunktionsleiste befindet sich die Menüleiste. Die
angezeigten Menüs hängen von der jeweiligen Anwendung ab,

wobei die Menüpunkte *System* und *Hilfe* sowie der Layout-Button ▣ auf jedem Bildschirm zu finden sind.

Abb. 2.6: Menüleiste

Der Menüpunkt *System* umfasst Funktionen, die sich auf das gesamte System beziehen (z.B. Jobs, Modus, Benutzervorgaben und Abmelden).

Mit dem Menüpunkt *Hilfe* werden verschiedene Hilfen angeboten, wie z.B. Anwendungshilfen, SAP-Bibliothek oder das Glossar.

System-funktions-leiste

Die Systemfunktionsleiste bietet in Form von Drucktasten und einem Kommandofeld häufig benötigte Funktionen an.

Abb. 2.7: Systemfunktionsleiste

Das Kommandofeld wird durch das daneben stehende Dreieck ein- und ausgeblendet. Mit dem Kommandofeld können einzelne Anwendungen direkt gestartet werden. Weitere Eingabemöglichkeiten im Kommandofeld werden in den Folgeabschnitten erläutert.

Abb. 2.8: Kommandofeld

An dieser Stelle erfolgt die Erläuterung der einzelnen Symbole:

Symbol	Belegung	Name	Erläuterung
✅		Enter	Freigabe / Bestätigung der getätigten Eingaben.
💾	F11	Sichern	Sichern der zuvor eingegebenen Daten.
⬅	F3	Zurück	Mit dieser Taste gelangt man eine Anwendungsstufe zurück auf den vorherigen Bildschirm.
⬆	Umsch+ F3	Beenden	Die aktuelle Anwendung wird ohne Datensicherung verlassen. Ausgehend vom SAP Easy Access wird die Sitzung beendet.

	F12	Abbrechen	Auch diese Taste beendet die Anwendung ohne Sicherung der Daten. Alternativ kann dieser Befehl auch über *Bearbeiten* ➲ *Abbrechen* in der Menüleiste ausgeführt werden.
	Strg+P	Drucken	Starten der Druckfunktion.
	Strg+F	Suchen	Suchen von Daten, die auf dem aktuellen Bildschirm angezeigt werden.
	Strg+G	Weiter suchen	Erweiterte Suche nach Daten.
	Strg+Bild nach oben	Erste Seite	Positionierung auf die erste Seite einer angezeigten Liste.
	Bild nach oben	Vorige Seite	Positionierung auf die vorige Seite einer angezeigten Liste.
	Bild nach unten	Nächste Seite	Positionierung auf die nächste Seite einer angezeigten Liste.
	Strg+Bild nach unten	Letzte Seite	Positionierung auf die letzte Seite einer angezeigten Liste.
		Modus erzeugen	Erzeugung eines neuen SAP-Modus. Über *System* ➲ *Erzeugen Modus* in der Menüleiste ist die gleiche Aktion möglich.
		SAP GUI Verknüpfung erstellen	Dieser Button erzeugt eine Verknüpfung zu einer SAP-Transaktion, einer SAP-Anwendung oder einem SAP-Report auf dem Desktop.
	F1	F1-Hilfe	Durch Anklicken dieses Buttons wird eine kurze Feldhilfe zu dem Feld gezeigt, in dem sich aktuell der Cursor befindet.
	Alt+F12	Layout-Menü	Mit dieser Taste werden die Anzeigeoptionen angepasst.

Abb. 2.9: Symbole

Titelleiste

Der Inhalt der Titelleiste hängt von der jeweiligen Anwendung ab. Ein Beispiel zeigt folgende Abbildung.

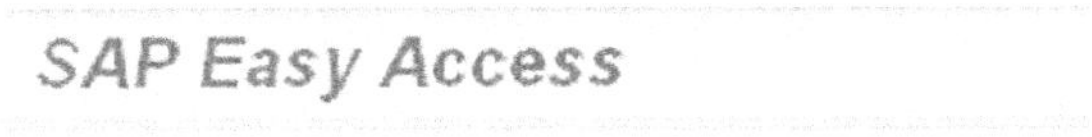
SAP Easy Access

Abb. 2.10: Titelleiste

Anwendungs-funktionsleiste

Zur Vereinfachung der täglichen Arbeit verfügen die meisten SAP-Bildschirme über eine Anwendungsfunktionsleiste. Die dort dargestellten Buttons sind anwendungsspezifisch.

Anderes Menü
Rolle anlegen
Benutzer zuordnen

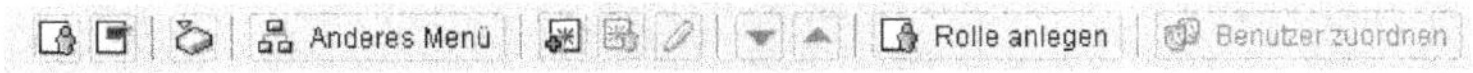

Abb. 2.11: Anwendungsfunktionsleiste

Statusleiste

Die Statusleiste am unteren Rand des SAP-Fensters ist zweigeteilt. Die linke Seite ist für Systemmeldungen reserviert, die rechte Seite zeigt in drei Feldern Informationen über das System an (Statusfelder).

M25 (1) (101)
h15
OVR

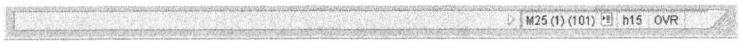

Abb. 2.12: Statusleiste

SAP unterscheidet drei Systemmeldungsarten:

1. Fehlermeldung: Eine Weiterbearbeitung ist nicht möglich, die Eingaben müssen zuerst korrigiert werden.

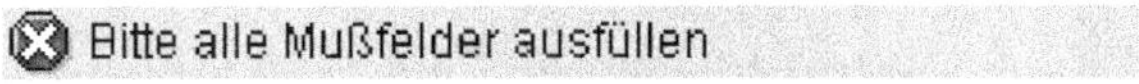
Bitte alle Mußfelder ausfüllen

Abb. 2.13: Fehlermeldung

2. Warnmeldungen: Das System macht den Anwender auf ein bestimmtes Systemverhalten aufmerksam. Die Warnmeldung muss durch <Enter> bestätigt werden.

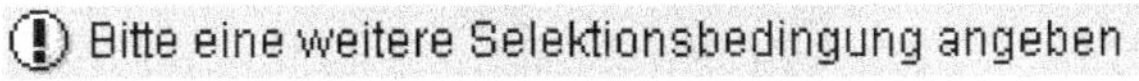
Bitte eine weitere Selektionsbedingung angeben

Abb. 2.14: Warnmeldung

3. Sonstige Systemmeldungen: Zur Information des Benutzers.

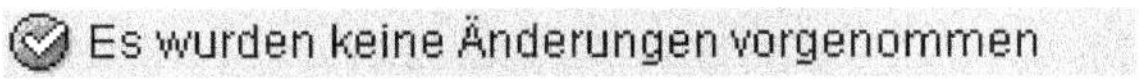
Es wurden keine Änderungen vorgenommen

Abb. 2.15: Sonstige Systemmeldung

Statusfelder

Die Statusfelder können durch das daneben angezeigte Dreieck ein- bzw. ausgeblendet werden.

Das erste Statusfeld bietet folgende Informationen (durch den Button 🔳 auswählbar):

- System
- Mandant
- Benutzer
- Programm
- Transaktion
- Antwortzeit
- Interpretationszeit
- Rückverbindungen / Flushes

Das zweite Statusfeld zeigt den aktuellen Servernamen. Im dritten Feld kann durch Klick in das Feld (alternativ über die Tastaturtaste EINFG) zwischen dem Überschreibmodus (OVR) und dem Einfügemodus (INS) gewechselt werden.

2.2.2   Feldtypen, Register und Dialogfenster

Feldstatus

Eingabebereite Felder sind im SAP-System weiß unterlegt, während Anzeigefelder grau dargestellt werden.

Abb. 2.16: Eingabe- und Anzeigefeld

Bei eingabebereiten Feldern ist zwischen Muss- und Kannfeldern zu unterscheiden. Mussfelder werden ohne Eingabe nicht akzeptiert und sind meist durch ein Häkchen-Symbol gekennzeichnet.

☑

Abb. 2.17: Mussfeld

Felder unterscheiden sich auch dadurch, ob Werte frei eingeben werden können, oder ob nur bestimmte, bereits im System vorhandenen Daten möglich sind. Sichtbar wird dies durch den so genannten F4-Wertehilfe-Button rechts neben dem Feld. Die genaue Funktionsweise wird in 2.8.2 erläutert.

Abb. 2.18: Feld mit Wertehilfe

Auswahlknöpfe und Ankreuz-felder

Mit Ankreuzfeldern (check buttons) können aus einer Liste von Auswahlmöglichkeiten beliebig viele oder keine Elemente ausgewählt werden, während bei Auswahlknöpfen (radio buttons) genau ein Element gewählt werden muss.

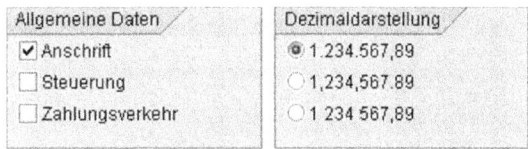

Abb. 2.19: Ankreuzfelder und Auswahlknöpfe

Register

Damit nicht immer wieder ein Bildschirmwechsel durchgeführt werden muss, sind viele Bildschirmmasken mit Registern hinterlegt. Somit ist eine leichtere Navigation durch Klick auf die entsprechende Registerkarte möglich. Ein Register besteht aus mindestens zwei Registerkarten mit entsprechenden Titeln.

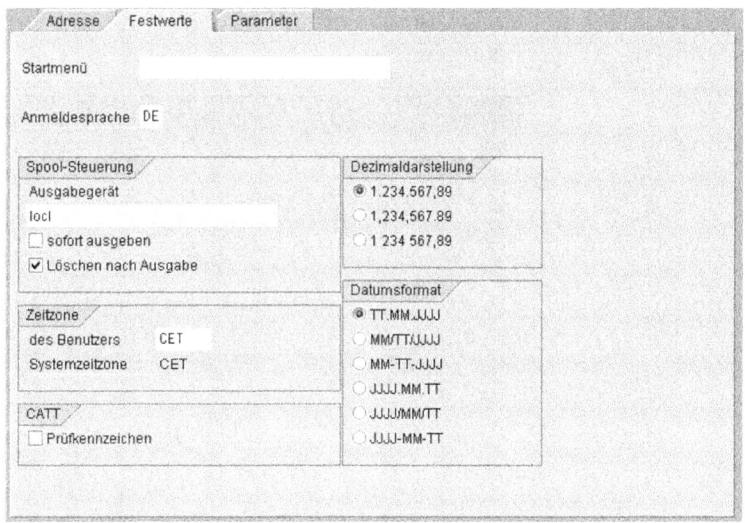

Abb. 2.20: Register

Dialogfenster

Werden vom SAP-System weitere Informationen für die Verarbeitung benötigt oder soll der Benutzer auf bestimmte Informationen hingewiesen werden, erscheint ein Dialogfenster, wobei das Primärfenster erhalten bleibt.

Um mit dem darunter liegenden Fenster weiter arbeiten zu können, muss eine angebotene Option im Dialogfenster ausgewählt
bzw. die Meldung durch <Enter> bestätigt werden.

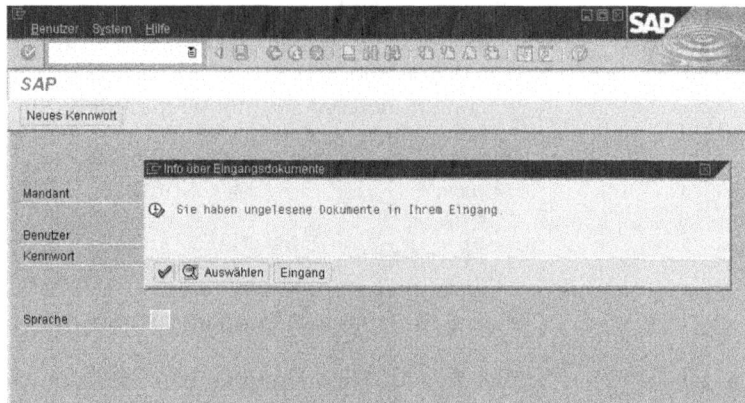

Abb. 2.21: Dialogfenster

2.3   Navigation

Beim Aufruf von SAP erscheint der SAP Easy Access Einstiegsbildschirm.

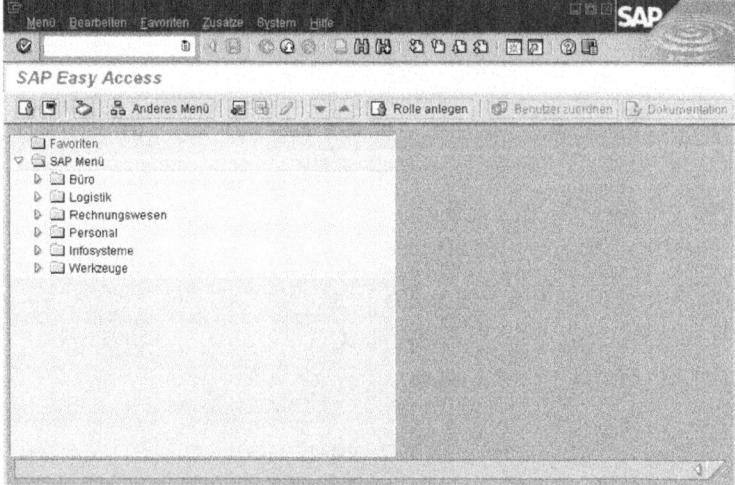

Abb. 2.22: SAP Easy Access Bildschirm

2.3.1   **Navigation über die Baumstruktur**

SAP Easy Access enthält eine Baumstruktur, anhand derer die Navigation vorgenommen werden kann. Die Baumstruktur enthält Ordner, zugehörige Unterordner und ausführbare Funktionen. Geöffnet werden die Ordner durch Doppelklick oder mit Klick auf das daneben stehende Dreieck.

Der Start einer Anwendung (Transaktion) ist nur auf unterster Ebene des Baumes möglich. Ausführbare Funktionen sind durch das Symbol ⊘ gekennzeichnet und werden durch Doppelklick gestartet.

Abb. 2.23: Baumstruktur

Benutzer-
menü /
SAP Menü

Seit Einführung der SAP Rollenkonzeption ist es möglich, die angezeigte Baumstruktur benutzerabhängig zu steuern. Eine Rolle beschreibt eine definierte Menge von Transaktionen, die der Benutzer für seine tägliche Arbeit benötigt. Vorteil der Zuweisung von Benutzermenüs ist, dass der entsprechende Mitarbeiter nur eine für seine Arbeit notwendige Sicht auf das SAP-System hat. Definition und Zuweisung der Menüs erfolgt von den Rollenverantwortlichen im Rahmen der Berechtigungsvergabe.

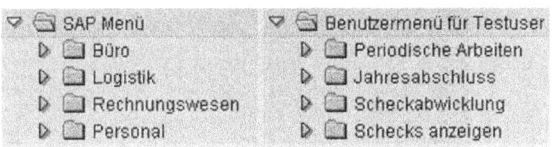

Abb. 2.24: SAP Menü und Benutzermenü

Die Umschaltung zwischen beiden Menüs wird durch die Drucktasten ⌷ ⌷ vorgenommen.

2.3.2   **Navigation über den Transaktionscode**

Neben dem Aufruf einer Anwendung über die Baumstruktur besteht auch die Möglichkeit im Kommandofeld einen so genannten Transaktionscode einzugeben und damit direkt in die Anwendung zu springen. Dieser Transaktionscode stellt den technischen Namen der Anwendung dar.

Abb. 2.25: Kommandofeld

Es gibt verschiedene Möglichkeiten herauszufinden, wie die Transaktionscodes definiert sind:

1. Im Easy Access Bildschirm durch Aufruf von *Zusätze* ➲ *Einstellungen* und Aktivierung von „Technische Namen anzeigen".

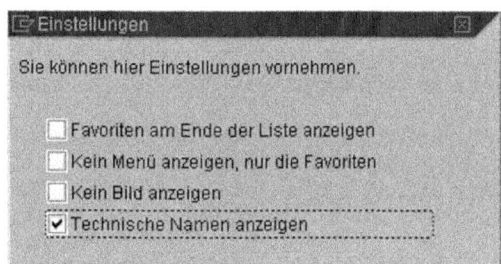

Abb. 2.26: Einstellungen

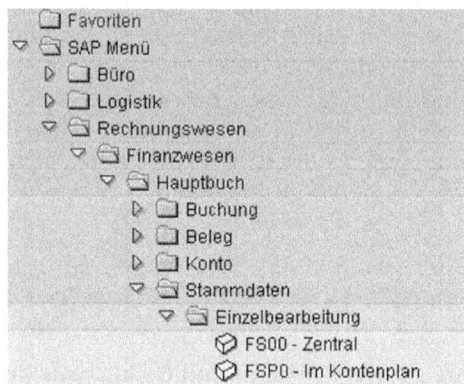

Abb. 2.27: Baumstruktur mit Transaktionscodes

2. Im Easy Access Bildschirm durch Eingabe des Befehles search_sap_menu im Kommandofeld. Nach Eingabe eines Suchbegriffes erscheinen die zugehörigen Transaktionscodes.

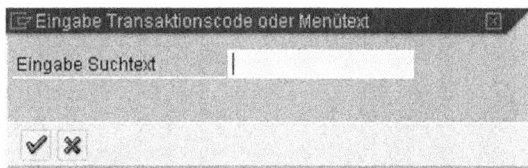

Abb. 2.28: Suchfeld

3. In einer Anwendung durch das Anzeigen des Transaktions-
    codes in der Statusleiste.

4. In einer Anwendung über den Pfad *System* ➲ *Status*. Im er-
    scheinenden Bild wird der Transaktionscode ausgegeben
    (Bereich Repository-Daten).

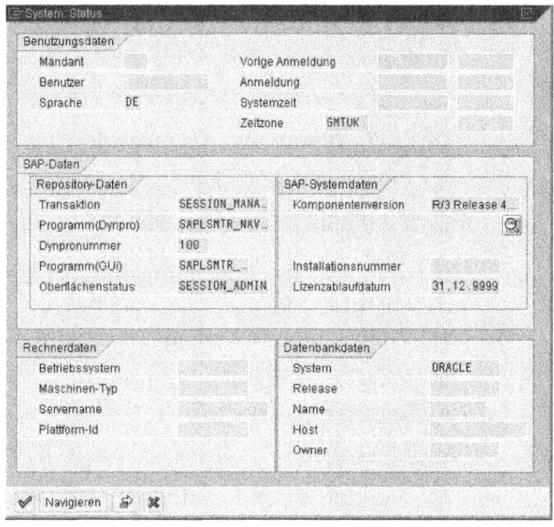

Abb. 2.29: Status

*Befehle im
Kommandofeld*
Werden dem Transaktionscode bestimmte Befehle im Kommandofeld vorangestellt, so führt dies neben dem Aufruf der Transaktion zu einem zusätzlichen Systemverhalten, z.B. zum Öffnen
eines neuen Modus. In folgender Tabelle sind einige nützliche
Befehle aufgeführt.

Transaktionscode	Erläuterung
/n	Beenden der aktuellen Transaktion. Das System kehrt zum Startmenü zurück.
/nxxxx	Transaktion wird im selben Modus aufgerufen (xxxx = Transaktionscode).
/o	Erzeugt einen neuen Modus.
/oxxxx	Transaktion wird in einem neuen Modus aufgerufen (xxxx = Transaktionscode).
/nend	Abmeldung vom System.
seach_sap_menu	Innerhalb des SAP Menüs Suche nach Transaktionscodes.
seach_user_menu	Innerhalb des Benutzermenüs Suche nach Transaktionscodes.

Abb. 2.30: Befehle im Kommandofeld

2.3.3   Favoriten anlegen und verwalten

Eine individuelle Gestaltungsmöglichkeit des Easy Access Bildschirms bildet das Anlegen von Favoriten. Als Favoriten anlegbar sind Transaktionen, Dateien, Webadressen und weitere Objekte.

Favoriten anlegen

Ein einfacher Weg, Transaktionen als Favoriten anzulegen, bietet das Drag&Drop Prinzip.

Vorgehensweise:

1. Markieren des Menüeintrags im Menübaum.

2. Ziehen und Fallen lassen des Eintrags an der gewünschten Stelle der Favoritenliste.

Alternativ kann auch manuell über *Favoriten* ➲ *Transaktion einfügen* die Transaktion eingegeben werden. Es wird dann ebenfalls ein Favorit angelegt.

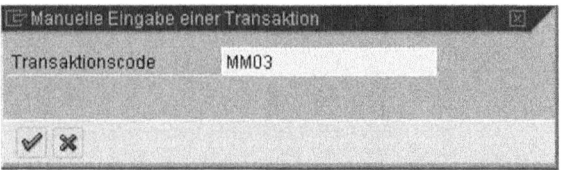

Abb. 2.31: Transaktionscode

Neben Transaktionen können auch Dateien und Webadressen als Favoriten angelegt werden.

Erreichbar ist diese Funktionalität über *Favoriten* ➲ *sonstige Objekte einfügen.*

Im folgenden Dialogfenster wird das Objekt ausgewählt und danach der entsprechende Name eingegeben.

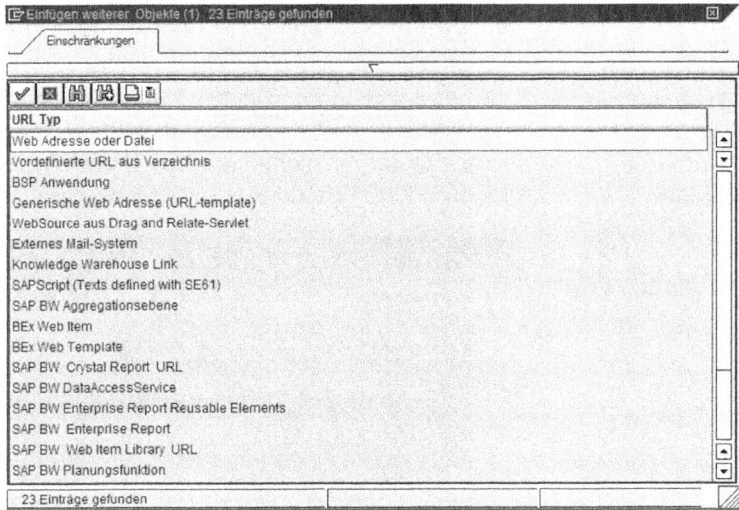

Abb. 2.32: Einfügen weiterer Objekte

Ordner einfügen

Angelegte Favoriten kann man individuell strukturieren. Zu diesem Zweck können in der Favoritenliste Ordner eingefügt und verschoben werden.

Vorgehensweise:

1. Pfad *Favoriten* ➲ *Ordner einfügen.*

2. Angabe des Ordnernamens.

3. Nach Bestätigung der Eingaben erscheint der Ordner in der Favoritenliste.

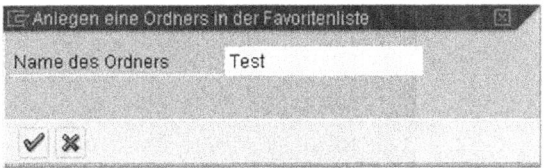

Abb. 2.33: Anlegen eines Ordners

*Favoriten
und Ordner
verschieben*

Favoriten und Ordner können im Baum verschoben werden:

1.   Markieren des gewünschten Ordners / Favoriten.

2.   Über den Pfad *Favoriten* ➲ *Verschieben* ➲ *Nach oben / Nach unten* wird der Ordner an die gewünschte Stelle verschoben.

Alternativ kann das Verschieben auch durch die Buttons ▼ ▲ in der Anwendungsfunktionsleiste erreicht werden. Ein Verschieben per Drag&Drop ist ebenfalls möglich.

*Favoriten und
Ordner umbe-
nennen und
löschen*

Um einen Favoriten oder Ordner umzubenennen, genügt es ihn zu markieren und dann über den Pfad *Favoriten* ➲ *Ändern* die Namensänderung vorzunehmen. Nach Eingabe und Bestätigung des geänderten Namens wird die Favoritenliste aktualisiert.

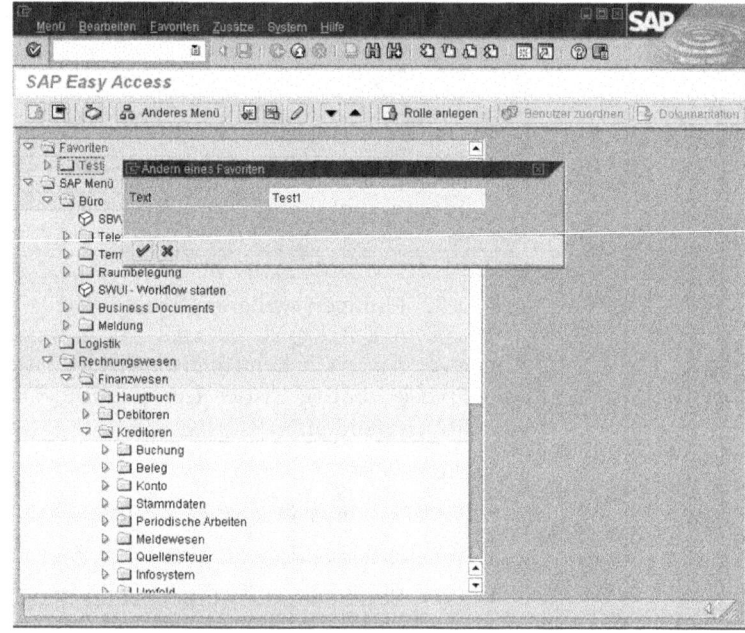

Abb. 2.34: Favoriten ändern

*Favoriten
und Ordner
löschen*

Das Löschen eines Ordners / Favoriten verläuft ähnlich durch:

1.   Markierung des Objektes.

2.   Pfadaufruf *Favoriten* ➲ *löschen.*

2.3.4   Desktopverknüpfungen

Viele Mitarbeiter in einem Unternehmen führen nur wenige Funktionen in einem SAP-System durch, wie beispielsweise Rückmeldeprozesse. Um den Einstieg in solchen Fällen zu vereinfachen, bietet sich an, bestimmte Funktionen mittels Verknüpfung auf den Desktop zu legen.

Vorgehensweise:

1.   Aufruf der Transaktion, die verknüpft werden soll.

2.   Klick auf den Button 🖉 in der Symbolleiste.

3.   Im Bild „Neue SAP-GUI-Verknüpfung" Eingabe der Bezeichnung.

4.   Bestätigung der Eingaben durch OK.

Es erscheint eine Ikone auf dem Windows-Desktop. Per Doppelklick auf die Verknüpfung wird ein verkürzter SAP-Anmeldebildschirm aufgerufen. Nach Eingabe des Kennwortes wird sofort die entsprechende Anwendung aufgerufen.

2.3.5   Funktionen der Barrierefreiheit

Neben den bisher erläuterten Navigationsmöglichkeiten bietet das SAP-System eine Reihe von weiteren Möglichkeiten, die Navigation, besonders für SAP-Benutzer mit einer Behinderung, zu vereinfachen.

Um diese Optionen zu nutzen, ist im Anmeldebildschirm das Ankreuzfeld „Barrierefreiheit" zu aktivieren. Voraussetzung für diese Zusatzoptionen ist aber, dass SAP in der Enterprise-Version mit einem HTML-Frontend verwendet wird (SAPGUI für HTML). SAP unterstützt in diesem Rahmen auch bedingt andere elektronische Hilfsmittel wie JAWS für Windows 4.x Screenreader und Magic 6.2 Vergrößerer.

Auf weitere Ausführungen wird in diesem Kontext verzichtet und auf die SAP-Bibliothek verwiesen.

2.3.6   Übungen zur Fallstudie

Übung 2.5

Navigation über die Baumstruktur

Navigieren Sie mittels der Baumstruktur über den Pfad *Logistik* ➲ *Materialwirtschaft* ➲ *Materialstamm* ➲ *Material* ➲ *Anzeigen* ➲ *Anzeigen akt. Stand* in die Anwendung Material anzeigen. Nach dem Aufruf kehren Sie in das Easy Access Menü zurück.

Übung 2.6

Navigation über Trans-aktionscodes

Gehen Sie in die Anwendung *Sachkontenbeleg erfassen* über *Rechnungswesen* ➲ *Finanzwesen* ➲ *Hauptbuch* ➲ *Buchung* ➲ *Sachkontenbeleg erfassen*.

Finden Sie mittels *System* ➲ *Status* den Transaktionsnamen für die Anwendung heraus und notieren Sie diesen. Gehen Sie danach in das Easy Access zurück und starten Sie die gleiche Anwendung mittels des zuvor notierten Transaktionscodes über das Kommandofeld.

Übung 2.7

Technische Namen anzeigen

Lassen Sie sich im Easy Access die technischen Namen anzeigen. Wie lautet der Transaktionscode zur Anwendung „Material anzeigen (aktueller Stand)"?

Übung 2.8

search_sap_menu

Suchen Sie im Easy Access über den Befehl „search_sap_menu" den Transaktionscode der Anwendung „Materialverzeichnis".

Übung 2.9

Favoriten durch Markierung anlegen

Markieren Sie im Menübaum die Anwendung „Sachkontenbeleg erfassen" über *Rechnungswesen* ➲ *Finanzwesen* ➲ *Hauptbuch* ➲ *Buchung* ➲ *Sachkontenbeleg erfassen*. Legen Sie sich diese Anwendung als Favoriten an.

Übung 2.10

Favoriten anlegen über Trans-aktionscodes

Legen Sie sich zur Transaktion FB60 einen Favoriten an und starten Sie diese. Danach kehren Sie in das Easy Access zurück. Löschen Sie danach den Favoriten wieder.

Übung 2.11

Einfügen einer Webadresse

Legen Sie sich einen Favoriten zur Webadresse „www.sap.com" an. Danach kehren Sie zum Easy Access zurück.

Übung 2.12

Ordner anlegen

Legen Sie sich den Ordner „Web" in den Favoriten an und verschieben Sie danach den Favoriten zur Webadresse von SAP (vorige Übung) in diesen neuen Ordner.

Übung 2.13

Umbenennung

Benennen Sie Ihren erstellten Ordner auf den Namen „Webadressen" um.

2.4   Veränderung von Benutzervorgaben

Damit ein Anwender in einem SAP-System arbeiten kann, ist ein Benutzerkonto (Benutzerstamm) erforderlich. Dieses Konto wird von der Systemadministration angelegt und neben den Adressdaten mit entsprechenden Berechtigungen versehen. Bestimmte Einstellungen können nachträglich vom Benutzer verändert werden und erleichtern so die tägliche Arbeit. Dies betrifft selbstverständlich nicht die Berechtigungsvergabe.

2.4.1   Halten und Setzen von Daten

Diese Funktionalität wird dann eingesetzt, wenn mehrere Datensätze mit ähnlichen Daten angelegt werden müssen (wie z.B. mehrere Bestellungen).
Mit „Halten Daten" können im Gegensatz zu „Setzen Daten" die Daten bei Bedarf geändert werden.

Vorgehensweise:

1.   Pflege der Felder innerhalb einer Bildschirmmaske.

2.   Über den Pfad *System ➲ Benutzervorgaben ➲ Halten Daten* (bzw. *Setzen Daten*) werden die Felder rot unterlegt, die gesetzt / gehalten werden konnten.

3.   Bei erneutem Aufruf der Anwendung werden die Felder entsprechend vorbelegt und können ggf. geändert werden.

Die Funktionen Halten Daten und Setzen Daten werden nicht in jeder Anwendung unterstützt.

Über *System ➲ Löschen Daten* können die Voreinstellungen zurückgenommen werden.

2.4.2   Eigene Benutzervorgaben ändern

Das SAP-System bietet dem Benutzer die Möglichkeit, bestimmte eigene Benutzervorgaben zu ändern. Dies betrifft neben der eigenen Adresse die Festwerte und Parametereinstellungen.

Die Änderung wird über *System ➲ Benutzervorgaben ➲ Eigene Daten* eingeleitet.

Adresse   Auf dem ersten Reiter „Adresse" können die Kommunikationsdaten (z.B. E-Mail, Telefon und FAX) sowie die Personendaten angepasst werden.

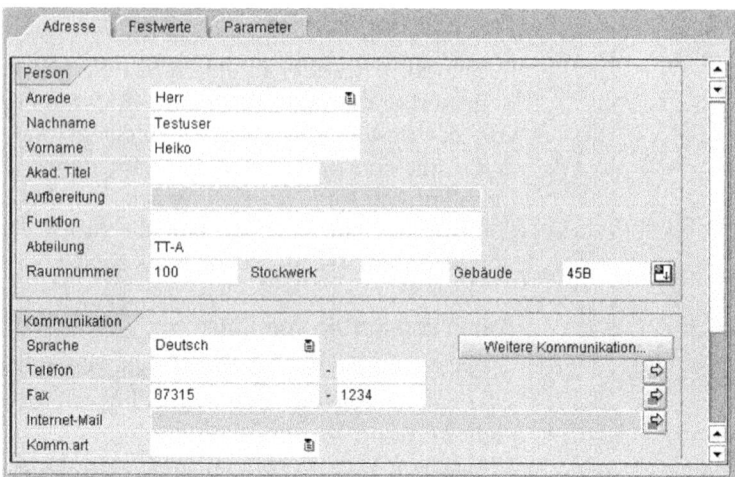

Abb. 2.35: Eigene Benutzervorgaben Adresse

Festwerte

Innerhalb des Reiters „Festwerte" können u.a. folgende Werte gesetzt werden:

Anmeldesprache

Ein Eintrag hier veranlasst bei einer Neuanmeldung, dass die Sprache als Vorschlag im Anmeldebildschirm erscheint.

Spoolsteuerung

Um die beim Druck erscheinende Bildschirmmaske zur Druck-parametrisierung vorzubelegen, kann der Standarddrucker ein-gegeben werden. Durch Aktivierung des Ankreuzfeldes „sofort ausgeben" wird der Druck auf ein Ausgabegerät sofort ausgeben. Ob ein beim Drucken automatisch erzeugter Spoolauftrag nach der Ausgabe gelöscht wird, hängt vom Ankreuzfeld „Löschen nach Ausgabe" ab.

Dezimaldarstellung und Datumsformat

Mit diesen Auswahlknöpfen (ab ERP 2004 Auswahlfelder) wird die Aufbereitung von Dezimalzahlen und des Datums beein-flusst. Abhängig von den gewählten Darstellungen werden die Zahlen- und Datumsfelder im entsprechenden Format angezeigt.

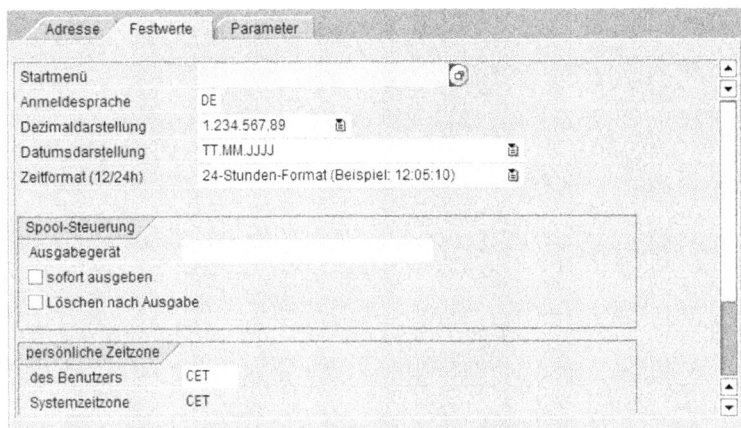

Abb. 2.36: Eigene Benutzervorgaben Festwerte

Parameter-ID   Bestimmte Felder im SAP-System verfügen über eine Parameter-ID. Mit Hilfe dieser ID kann ein Feld mit Vorschlagswerten aus dem SAP-Memory gefüllt werden. Wünscht ein Anwender beispielsweise, dass sobald das Feld Buchungskreis in einer Bildschirmmaske erscheint, dieses mit dem Wert 0001 vorbelegt wird, so kann dies durch Eintrag der Parameter-ID und des Parameterwertes erreicht werden.

Vorgehensweise:

1. Ermittlung der Parameter-ID zu einem Feld:
    Positionierung des Cursors auf dem betroffenen Feld. Danach Drücken der Funktionstaste <F1>. Es erscheint die F1-Hilfe zum Feld. Im Kopfbereich des Hilfefensters können durch den Button 🔧 die technischen Infos zum Feld angezeigt werden. Verfügt das Feld über eine Parameter-ID, so ist diese im Bereich Feld-Daten sichtbar.

2. Eintragung dieser Parameter-ID und des gewünschten Feldwertes im Reiter Parameter der eigenen Benutzervorgaben und Sichern der Eingaben.

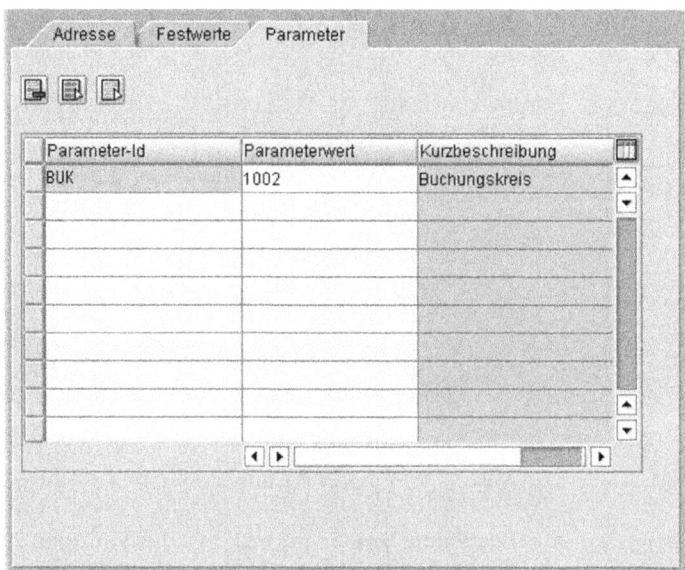

Abb. 2.37: Eigene Benutzervorgaben Parameter

2.4.3	**Übungen zur Fallstudie**

Übung 2.14

Halten und Setzen von Daten

Wechseln Sie über den Pfad *Rechnungswesen* ➲ *Finanzwesen* ➲ *Kreditoren* ➲ *Stammdaten* ➲ *Anlegen* in die Kreditorenanlage. Geben Sie im nun erscheinenden Bild folgende Daten ein:

Feldbezeichnung	Eingabedaten
Buchungskreis	0001
Kontengruppe	KRED
Kreditor	Testkreditor

Datenblatt 2.1

Nach Eingabe der Felder halten Sie sich die Daten über *System* ➲ *Benutzervorgaben* ➲ *Halten Daten*. Rufen Sie die Anwendung erneut auf. Die zuvor eingegebenen Daten sollten automatisch gehalten werden. Nehmen Sie die Voreinstellung wieder zurück.

Hinweis: Die Funktion „Halten Daten" wird nicht von allen Systemen unterstützt.

Übung 2.15

Adressdaten
ändern

Tragen Sie in Ihren Benutzervorgaben Ihren richtigen Namen und Vornamen (bzw. den Gruppennamen) ein.

Übung 2.16

Festwerte setzen

Veranlassen Sie das System dazu, dass beim Aufruf eines Druckes immer Ihr Drucker vorgeschlagen wird (alternativ Drucker locl bzw. $locl).

Übung 2.17

Parameter
setzen

Ermitteln Sie die Parameter-ID zum Feld Buchungskreis. Springen Sie hierzu in die Transaktion FB03. Ermitteln Sie zum Feld Buchungskreis die Parameter-ID und tragen Sie diese zusammen mit dem Feldwert „0001" in Ihre eigenen Benutzervorgaben ein. Springen Sie danach erneut in die Transaktion FB03, der Buchungskreis müsste nun vorbelegt sein.

2.5   Anpassung der Benutzeroberfläche

Der SAP-Bildschirm kann innerhalb festgelegter Grenzen vom Benutzer individuell gestaltet werden. Dies betrifft in erster Linie Farben, Cursor-Verhalten, Quick-Infos und Systemmeldungen.

2.5.1   SAP GUI Konfiguration

Die Konfiguration der grafischen SAP-Benutzeroberfläche ist auf Ebene der Windows-Systemsteuerung aufrufbar. Hier kann zwischen altem und neuem Design (ab Release 4.6) gewählt werden, wobei die Unterschiede hauptsächlich die Farbgestaltung betreffen. Damit die Einstellungen wirksam werden, ist eine Neuanmeldung erforderlich.

Vorgehensweise:

1.   Aufruf über den Windows-Desktop *Start* ➲ *System-steuerung*.

2.   Auswahl des Buttons „SAP-Konfiguration".

3.   Auf der Registerkarte „Designauswahl" Aktivierung des SAP Signature Designs, des Enjoy-Designs oder des Klassischen Designs.

4.   Durch Drücken auf die Taste „OK" werden die Eingaben gesichert.

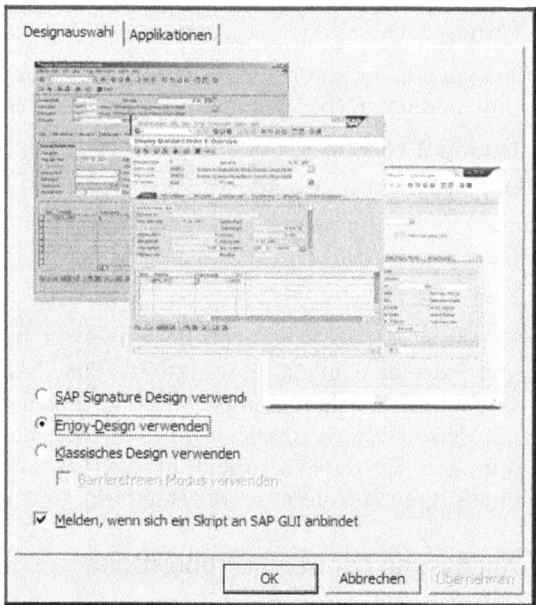

Abb. 2.38: SAP-Konfiguration

2.5.2   Anpassung des lokalen Layouts

Aufgerufen wird diese Funktionalität über die Drucktaste *Layout-Menü* ➲ *Optionen* in der Systemfunktionsleiste. Das Menü bietet verschiedene Einstellmöglichkeiten:

- Quick-Infos schnell oder langsam darstellen bzw. ganz ausschalten.

- Steuerung des Systemverhaltens bei Auslösung einer Nachricht.

- Cursorpositionen und Cursorbreite einstellen.

- Performanceoptionen für SAP-Grafiksystemprogramme einstellen.

Farb-einstellungen

Die Farben des SAP GUI können individuell gestaltet werden. Neben der eigenen Definition von Farben können auch vordefinierte Farbschemata verwendet werden.

Der Aufruf der Farbeinstellungen erfolgt im System-Tray (neben der Windows-Task-Leiste) durch Doppelklick auf das Symbol. Alternativ kann die Funktion auch über *Layout-Menü* ➲ *Design-Einstellungen* gestartet werden.

Es erscheint das Dialogfenster Einstellungen für das SAP GUI, in dem die Änderungen vorgenommen werden. Neben den Farbeinstellungen kann im Reiter „Allgemein" auch die Schriftgröße geändert und die Soundfunktion aktiviert werden.

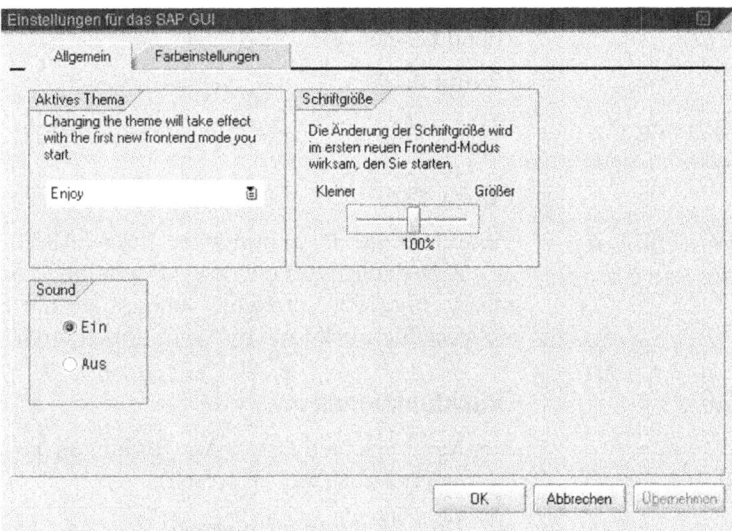

Abb. 2.39: Neues Design 1

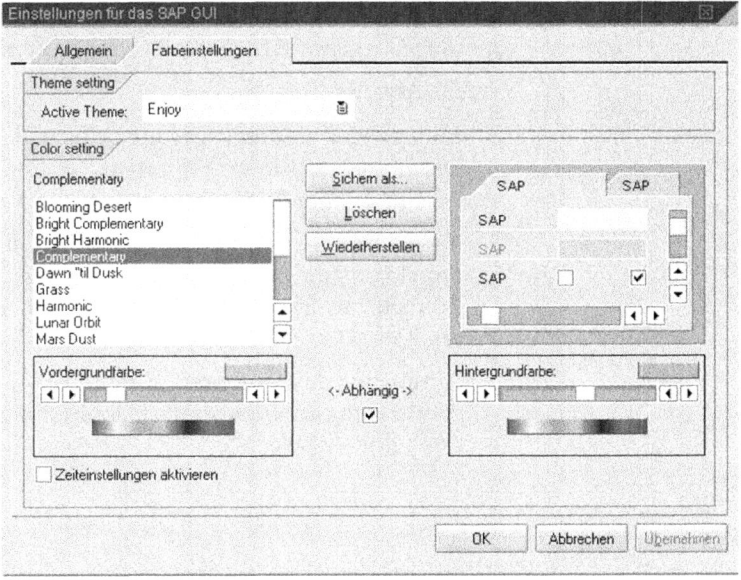

Abb. 2.40: Neues Design 2

2.5.3 Übungen zur Fallstudie

Übung 2.18

*SAP-
Konfiguration*

Überprüfen Sie, ob Ihr SAP GUI mit dem neuen oder alten Design arbeitet. Der Haken in der SAP-Konfiguration muss entsprechend gesetzt sein.

Übung 2.19

*Anpassung
lokales Layout*

Veranlassen Sie das System dazu, „Quick-Infos" schnell anzuzeigen.

Übung 2.20

*Einstellungen für
das SAP GUI*

Verändern Sie die Schriftgröße Ihres SAP GUI auf 90 %. Melden Sie sich danach erneut am System an. Die Größe der Schrift müsste nun reduziert sein. Nehmen Sie die zuvor getätigten Einstellungen zurück (auf 100%) und melden Sie sich erneut an.

2.6 Druckfunktionen

Aus den verschiedensten Anwendungen im SAP-System können Dokumente ausgegeben werden.

Bei Auslösung eines Drucks wird zuerst ein Spoolauftrag erstellt. Dieser Spoolauftrag enthält die auszugebenden Daten und ist grundsätzlich geräteunabhängig. Im zweiten Schritt wird über den Ausgabeauftrag der tatsächliche Druck an das angeschlossene Ausgabegerät (z.B. Drucker oder Faxgerät) gesendet.

Vorgehensweise:

1. Einleitung des Druckvorgangs durch den Button 🖨 in der Systemfunktionsleiste. Alternativ kann die Funktion über *System ➲ Liste ➲ Drucken* aufgerufen werden.

2. Es erscheint eine Bildschirmmaske, auf der die für den Druckvorgang relevanten Parameter eingestellt werden können (ab ERP 2004 als eigenes, inhaltlich stark reduziertes Popup).

3. Auslösung des Auftrages durch die Taste „Weiter" in der Anwendungsfunktionsleiste (ab ERP 2004 durch Auslösen des „grünen Hakens").

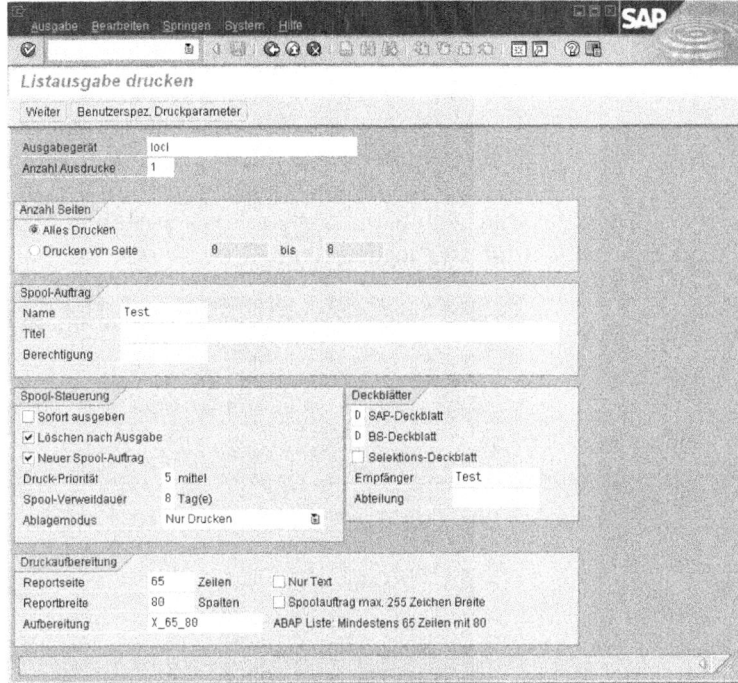

Abb. 2.41: Auslösung eines Druckes

Neben der Festlegung des Ausgabegerätes und der Anzahl der Ausdrucke kann über den Bereich der Spoolsteuerung festgelegt werden, ob der Spoolauftrag sofort nach Fertigstellung zum Ausgabegerät ausgegeben wird und ob er gelöscht werden soll. Neben dem klassischen Druck ist es über den Ablagemodus möglich, ein Dokument in ein entsprechendes Archiv zu stellen.

Standarddruck-
werte festlegen

Damit vermieden wird, dass im Druckbild einzelne Parameter stets neu eingegeben werden müssen, können Standardwerte im Benutzerstamm eingetragen werden. Hier kann beispielsweise ein bestimmtes Ausgabegerät als Standarddrucker definiert werden.

Vorgehensweise:

1.   Aufruf der Funktion über *System* ➲ *Benutzervorgaben* ➲ *Eigene Daten.*

2.   Auf der Registerkarte „Festwerte" Eingabe der benötigten Werte.

3.   Sichern der Eingaben.

Beim erneuten Aufruf der Druckfunktion werden die eingestellten Parameter automatisch übernommen und können ggf. abgeändert werden.

Druckstatus

Um zu überprüfen, ob beispielsweise ein Ausgabeauftrag tatsächlich gedruckt wurde, bietet das SAP-System die Möglichkeit, die Ausgabesteuerung aufzurufen und notwendige Aktivitäten durchzuführen. Die Funktion wird über *System* ➜ *Eigene Spoolaufträge* angestoßen.

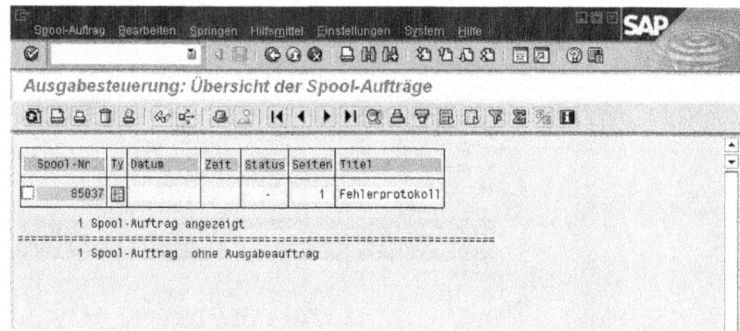

Abb. 2.42: Spoolauftrag

Sofern ein Spoolauftrag vorhanden ist, kann dieser beispielsweise gelöscht, angezeigt oder gedruckt werden.

Hardcopy

Neben der üblichen Druckfunktion erlaubt das System, einen Ausdruck des aktuellen Bildschirmes zu erzeugen. Der Druck wird sofort ausgeführt, ohne dass weitere Einstellungen notwendig sind. Die Auslösung erfolgt durch Klick auf den Layout-Button ▦ und Auswahl des Menüpunkts *Hardcopy* (ab ERP 2004 *Bildschirmabgriff*).

2.7   Arbeiten mit mehreren Modi

Das SAP-System ermöglicht es einem Benutzer, mit mehreren SAP-Anwendungen gleichzeitig zu arbeiten. Zu diesem Zweck kann der Benutzer mehrere Fenster (Modi) öffnen und grundsätzlich in den einzelnen Modi unabhängig arbeiten. Die Anzahl der erzeugbaren Modi hängt von den Systemeinstellungen ab (üblicherweise 6). Es ist selbstverständlich nicht möglich, Datenänderungen an gleichen Objekten in mehreren Modi gleichzeitig vorzunehmen. Zu diesem Zweck – und damit zur Vermeidung von Datenbankinkonsistenzen – verfügt das SAP-System über eine Sperrkonzeption. Als Beispiel sei der Versuch genannt, das Material 4563 in mehreren Modi gleichzeitig zu ändern.

Ein Modus kann über verschiedene Wege geöffnet werden.

1.   Über den Button ⊞ in der Systemfunktionsleiste.

2.   Über *System* ➲ *Erzeugen Modus.*

3.   Durch Eintrag des Befehls „/o" im Kommandofeld.

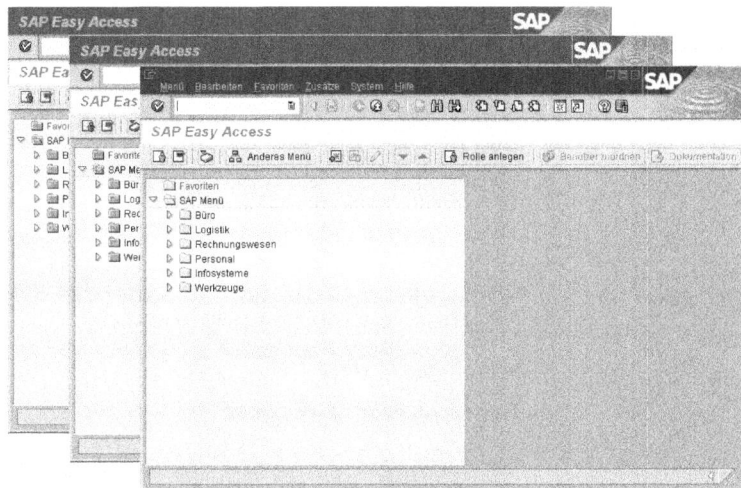

Abb. 2.43: mehrere Modi

*Schließen eines
Modus*   Ein Modus kann jederzeit über ⊠ geschlossen werden. Die gleiche Aktion wird über *System* ➲ *Löschen Modus* erreicht.

Zu beachten ist, dass durch Schließen eines Modus die entsprechende Transaktion ohne Sicherheitsabfrage geschlossen wird.
Nicht gesicherte Daten gehen dabei ggf. verloren!

2.8   Online-Hilfe

Auf Grund der Komplexität des SAP-Systems ist es unmöglich,
alle Funktionen bis ins Detail zu beherrschen. SAP bietet daher
mit dem Menü *Hilfe* umfassende Online-Hilfen.

2.8.1   SAP-Bibliothek und Glossar

SAP-Bibliothek   Die SAP-Bibliothek ist eine umfangreiche Online-Dokumentation
aller Funktionen und Anwendungen eines SAP-Systems in HTML-
Fomat.

Der Einstieg erfolgt über *Hilfe* ➲ *SAP-Bibliothek* in der Menüleiste. Die Navigation wird anhand einer im linken Bildbereich
dargestellten Baumstruktur vorgenommen.

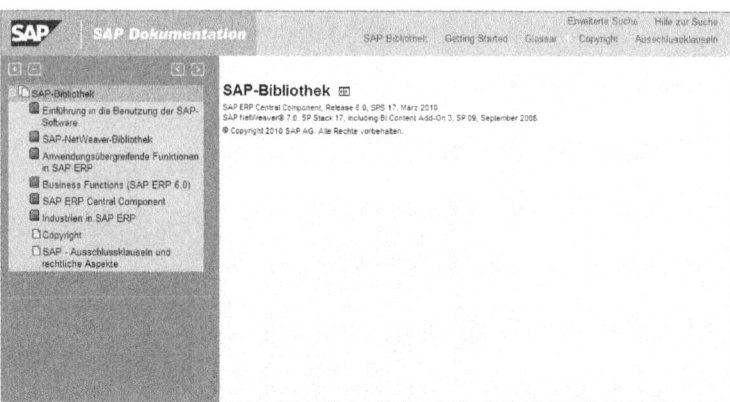

Abb. 2.44: SAP-Bibliothek

Glossar

SAP bietet ein Verzeichnis zu SAP-spezifischen und allgemeinen betriebswirtschaftlichen Begriffen an.

Vorgehensweise:

1.   Pfad *Hilfe* ➲ *Glossar*.

2.   Eingabe des Suchbegriffes.

3.   Auswahl des gefundenen Begriffes durch Doppelklick.

Abb. 2.45: Glossar

2.8.2   Feld- und Wertehilfe

Feldhilfe

Mit der Feldhilfe werden Erläuterungen zu einem Feld angezeigt.

Vorgehensweise:

1.   Positionierung des Cursors auf das entsprechende Feld.

2.   Aufruf der Feldhilfe über die Funktionstaste <F1>.

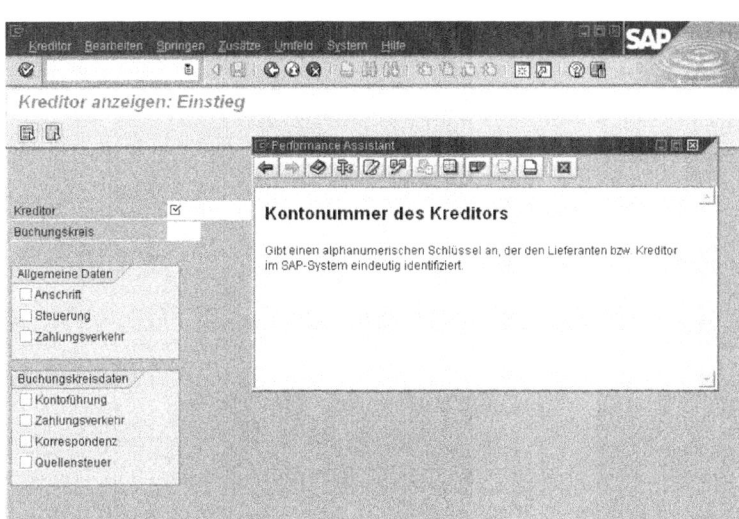

Abb. 2.46: Feldhilfe

Hilfe zur Anwendung

Über den Button oder in der Menüleiste über *Hilfe* ➲ *Hilfe zur Anwendung* wird eine kontextsensitive Hilfe zu einer SAP-Komponente gezeigt. Diese Hilfe ist wesentlich umfangreicher als die Feldhilfe.

Wertehilfe

Zu vielen Feldern kann die Wertehilfe (F4-Hilfe) genutzt werden. Ob ein Feld eine Wertehilfe besitzt, ist am Button neben dem Feld zu erkennen. Durch Klick auf diesen Button erscheint eine Liste möglicher Feldwerte (ggf. erscheint ein weiterer Zwischenbildschirm, um die Suche zu präzisieren). Da diese Liste unter Umständen sehr lang sein kann ist eine Einschränkung sinnvoll, bei der Platzhalterzeichen (*) verwendet werden können.

Vorgehensweise:

1.   Positionierung des Cursors auf das Feld, das mögliche Eingabewerte unterstützt.

2.   Eingabe eines oder mehrerer Zeichen gefolgt von einem Platzhalterzeichen (*).

3.   Klick auf den Wertehilfe-Button (Alternativ: Drücken von <F4>). Das System zeigt die möglichen Werte an.

4.   Der gewünschte Eintrag kann durch Doppelklick ausgewählt und in das bearbeitete Feld übertragen werden.

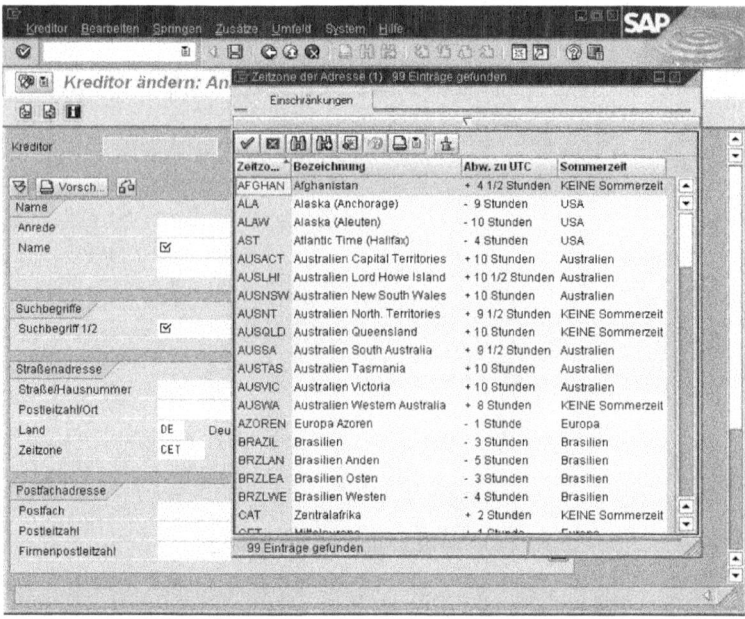

Abb. 2.47: Wertehilfe

2.8.3   Übungen zur Fallstudie

Übung 2.21

SAP-Bibliothek   Starten Sie die SAP-Bibliothek und suchen Sie das Buch „Haupt-buchhaltung".

Übung 2.22

SAP-Glossar   Starten Sie das SAP-Glossar und suchen Sie den Begriff „Bu-chungskreis".

Übung 2.23

Feldhilfe   Starten Sie die Transaktion FK03. Lassen Sie sich zum Feld „Kreditor" die Feldhilfe anzeigen.

2.9   Beenden des SAP-Systems

Es bestehen drei Möglichkeiten, sich aus einem SAP-System abzumelden.

1.   Über *System* ➲ *Abmelden* wird das SAP-System – unabhängig von der Anzahl geöffneter Modi – beendet.

2.   Durch Klick auf das Symbol 🗙 im SAP-Fenster. Die Abmeldung wird nur dann ausgeführt, wenn nur ein Modus

geöffnet ist. Ansonsten wird nur der Modus im Vordergrund geschlossen, die Anmeldung bleibt bestehen.

3.   Mit Hilfe der Tastenkombination <Alt> + <F4> wird ebenfalls der Modus im Vordergrund bzw. bei nur einem geöffneten Modus das ganze SAP-System geschlossen.

Nach Ausführung der Abmeldefunktion erscheint ein Dialogfenster mit der Mitteilung, dass ungesicherte Daten verloren gehen.

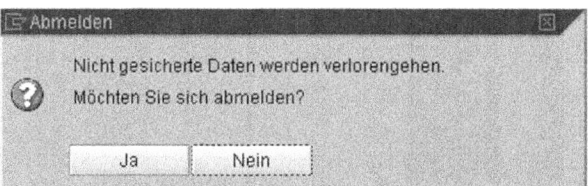

Abb. 2.48: Abmeldeinformation

Durch Bestätigung der Meldung mit „Ja" wird die Abmeldung vollzogen.

3 Organisationsstrukturen

Jedes Unternehmen verfügt über eine spezifische Aufbau- und Ablauforganisation. Diese Organisation orientiert sich an der Gesamtaufgabe des Betriebes und stellt eine sinnvolle arbeitsteilige Gliederung und Ordnung der betrieblichen Handlungsprozesse dar (vgl. Kosiol (1976)).

Man findet daher bei Unternehmen – je nach Größe, Rechtsform, Branche und weltweiter Verbreitung – die unterschiedlichsten Organisationsformen. Beispielsweise kennt man funktionale Organisationsstrukturen (die Hauptorganisationseinheiten sind nach dem Verrichtungsprinzip gebildet, z.B. Beschaffung, Produktion, Absatz, Verwaltung), Spartenorganisationen (Bildung von Hauptorganisationseinheiten nach dem Objektprinzip, z.B. nach Produktgruppen) und Mischformen wie z.B. Matrixorganisationen.

Bevor ein SAP-System produktiv eingesetzt werden kann, muss die organisatorische Gliederung des Unternehmens im System abgebildet werden. Die Definition und Zuordnung der Organisationsstrukturen findet im Customizing statt. Einmal definiert, zugeordnet und produktiv gestellt, ist eine Änderung meist nur mit erheblichem Aufwand möglich.

Die derzeit zu beobachtenden Globalisierungs- und Konzentrationstendenzen bewirken jedoch, dass immer häufiger Unternehmensteile gekauft und verkauft werden. Dies zieht immer massive Veränderungen der Unternehmensorganisation nach sich, die zwangsläufig dann auch in SAP abzubilden sind. Diese Anpassungen im laufenden Betrieb stellen die SAP-Abteilungen in den betroffenen Unternehmen vor große Herausforderungen.

Das folgende Kapitel beschreibt die wichtigsten Organisationsstrukturen aus den Bereichen Rechnungswesen, allgemeine Logistik und Vertrieb. Auf die Beschreibung von Organisationsstrukturen des Personalwesens wird verzichtet.

3.1 Der Mandant als oberste Gliederungsebene

Der Mandant stellt die oberste Gliederungsebene eines SAP-Systems dar. Bereits bei der Anmeldung am System ist der entsprechende Mandant anzugeben.

Der Mandant wird durch einen dreistelligen alphanumerischen Schlüssel definiert und ist eine handelsrechtlich, organisatorisch und datentechnisch abgeschlossene Einheit. Sämtliche Mandanten in einem SAP-System verfügen über getrennte Stammsätze und eigene Sätze an Tabellen. Nur wenige Funktionen und Tabellen sind mandantenübergreifend. Aus betriebswirtschaftlicher Sicht kann ein Mandant beispielsweise einen Konzern darstellen.

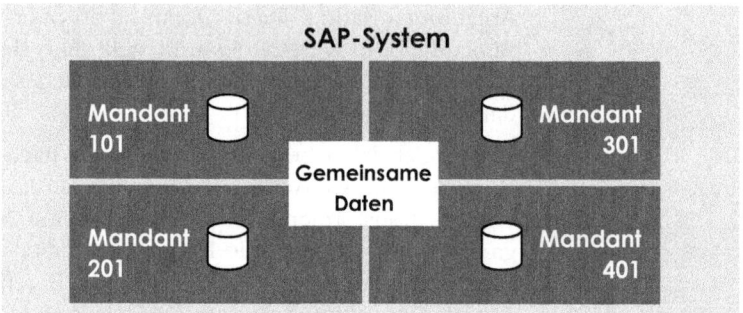

Abb. 3.1: Mandantenkonzeption

SAP liefert mit dem System verschiedene Mandanten aus, die bereits Customizingeinstellungen enthalten, z.B. den Mandanten 001.

Seit jeher wird die Fragestellung breit diskutiert, ob besser das ganze Unternehmen (Konzern) in einem Mandanten abzubilden ist, oder ob beispielsweise bei Großkonzernen die Führung mehrerer SAP-Systeme sinnvoller erscheint. Beide Lösungsansätze haben Vor- und Nachteile. Schlagendes Argument für ein Einmandantensystem ist sicherlich, dass nur hiermit die volle Integrationsfähigkeit des Systems genutzt werden kann, da alle Daten für das Gesamtunternehmen an einem Ort gehalten werden. Datentechnisch ist diese Lösung jedoch kritisch zu betrachten, da die Datenvolumenallokation enorm ist und die Unternehmensbereiche prozesstechnisch stark aneinander gebunden sind.

3.2   Organisationsstruktur für das Rechnungswesen

Zur Abbildung des internen und externen Rechnungswesens werden folgende Organisationselemente verwendet:

- Buchungskreis
- Geschäftsbereich
- Kostenrechnungskreis
- Ergebnisbereich

Auf die Organisationselemente Gesellschaft, Kreditkontroll-
bereich und Funktionsbereich wird nicht näher eingegangen.

3.2.1   Buchungskreis

Der Buchungskreis stellt die kleinste organisatorische Einheit des
externen Rechnungswesens dar. Über den Buchungskreis wird
eine abgeschlossene Buchhaltung dargestellt und damit den Auf-
lagen des Gesetzgebers nach Erstellung eines Jahresabschlusses
Rechnung getragen.

Häufig verfügt ein Unternehmen über mehrere inländische / aus-
ländische Töchter (rechtlich selbständige Gesellschaften), bei denen ein Einzelabschluss nach nationalem Recht verlangt wird.
Die Abbildung mehrerer Buchungskreise in einem Mandanten
wird deshalb unterstützt. Der Buchungskreis wird durch einen
4-stelligen alphanumerischen Code dargestellt.

Damit eine durchgängige Buchhaltung erreicht werden kann, ist
bei jeder Transaktion in der Finanzkomponente der Buchungskreis anzugeben.

3.2.2   Geschäftsbereich

Viele Unternehmen benötigen für interne Zwecke (z.B. für bestimmte Branchen oder Tätigkeitsfelder) eine Bilanz und GuV.
Dies ist mit dem Organisationselement Geschäftsbereich möglich.
Ein Geschäftsbereich kann mehreren Buchungskreisen zugeordnet werden. Der Geschäftsbereich ist eine rein interne Organisationseinheit, die damit erstellbare Bilanz und GuV entspricht
nicht den Anforderungen an das externe Rechnungswesen.

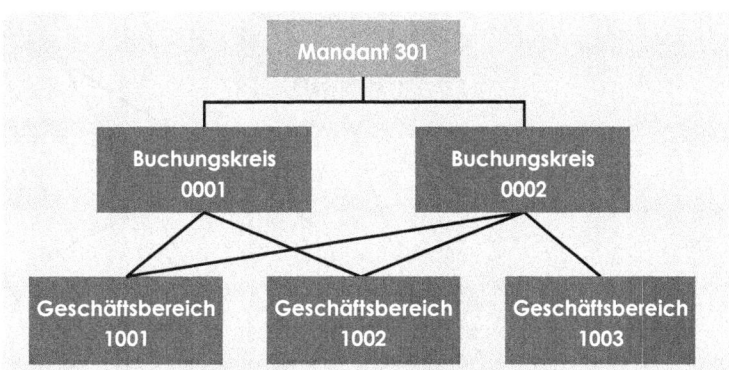

Abb. 3.2: Zusammenhang Buchungskreis - Geschäftsbereich

3.2.3   ### Kostenrechnungskreis

Beim Organisationselement Kostenrechnungskreis handelt es sich um ein Element des internen Rechnungswesens. Über den Kostenrechnungskreis wird die Kostenarten-, Kostenstellen-, Produktkosten- und Profit-Center-Rechnung abgebildet.

Kostenverrechnungen können nur innerhalb eines Kostenrechnungskreises durchgeführt werden. Um ein buchungskreisübergreifendes Controlling zu erreichen, werden mehrere Buchungskreise einem Kostenrechnungskreis zugeordnet. Voraussetzung hierbei ist aber, dass die Buchungskreise den gleichen Kontenplan verwenden.

Es ist nicht möglich, Buchungskreise und Kostenrechnungskreise so zu verknüpfen, dass ein Buchungskreis mehreren Kostenrechnungskreisen zugeordnet wird.

3.2.4   ### Ergebnisbereich

Auch der Ergebnisbereich stellt ein Organisationselement des Controllings und somit des internen Rechnungswesens dar. Auf Ebene des Ergebnisbereiches wird die Ergebnis- und Marktsegmentrechnung durchgeführt. Jedem Ergebnisbereich können mehrere Kostenrechnungskreise zugeordnet werden.

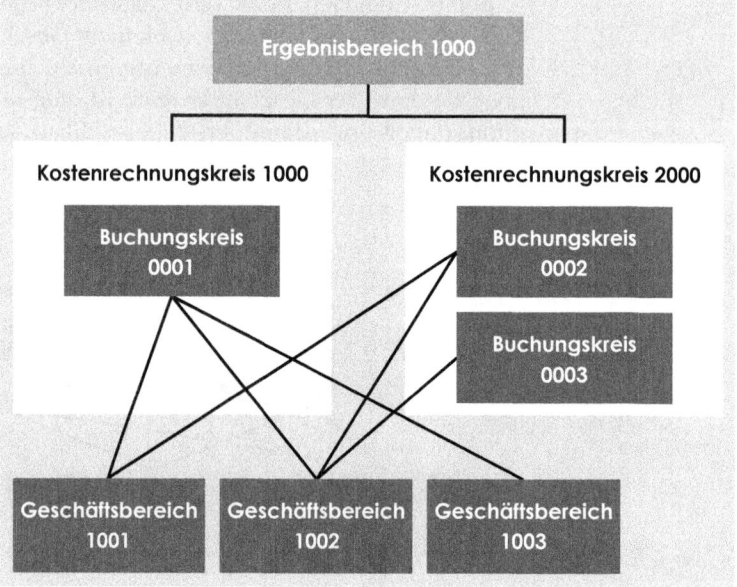

Abb. 3.3: Organisationsstrukturen des internen Rechnungswesens

3.3   Organisationsstrukturen in der allgemeinen Logistik

Folgende Organisationsstrukturen werden für die Abbildung der allgemeinen Logistik verwendet:

- Werk
- Lagerort
- Einkaufsorganisation
- Einkäufergruppe
- Bewertungskreis

3.3.1   Werk und Lagerort

Werk

Grundsätzlich gliedern die Werke das Unternehmen aus Sicht der Produktion, Instandhaltung und Disposition. Ein Werk ist im klassischen Sinne eine Produktionsstätte innerhalb einer Firma.

Ein Werk ist genau einem Buchungskreis zugeordnet, während einem Buchungskreis mehrere Werke zugeordnet werden können. Die Bestandsführung findet auf Werksebene statt.

Ein Werk ist nur dann für den Vertrieb nutzbar, wenn es als Auslieferungswerk eingerichtet wird.

Lagerort

Der Lagerort ist in SAP eine organisatorische Einheit zur Unterscheidung von Beständen innerhalb eines Werkes. Bestandsführung und Inventur erfolgt daher auf Lagerortebene. Für ein Werk können mehrere Lagerorte angelegt werden, die Zugehörigkeit eines Lagerortes zu mehreren Werken ist nicht möglich.

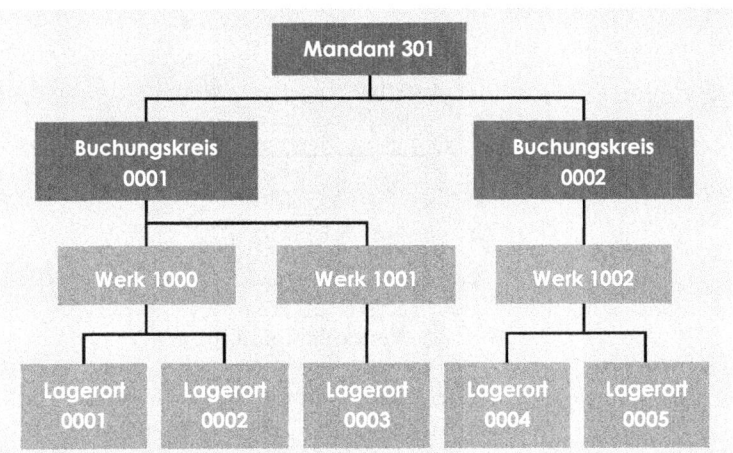

Abb. 3.4: Werk und Lagerort

3.3.2   **Einkaufsorganisation und Einkäufergruppe**

*Einkaufs-
organisation*

Die Einkaufsorganisation ist für die Abwicklung sämtlicher Ein-
kaufsfunktionen verantwortlich. Sie handelt beispielsweise Ein-
kaufskonditionen für ein oder mehrere Werke mit den Lieferanten aus.

Je nach Unternehmensstruktur kann die Einkaufsorganisation unterschiedlich gegliedert sein. Bei einer werksbezogenen Einkaufsorganisation wird eine Einkaufsorganisation genau einem
Werk zugeordnet und beschafft damit nur für dieses Werk die
Materialien. Soll eine Einkaufsorganisation für alle Werke eines
Buchungskreises zuständig sein, so spricht man von einer
werksübergreifenden Einkaufsorganisation.

Eine Einkaufsorganisation kann auch ohne Bezug zu einem
Buchungskreis eingerichtet werden und ist damit buchungskreis-
übergreifend.

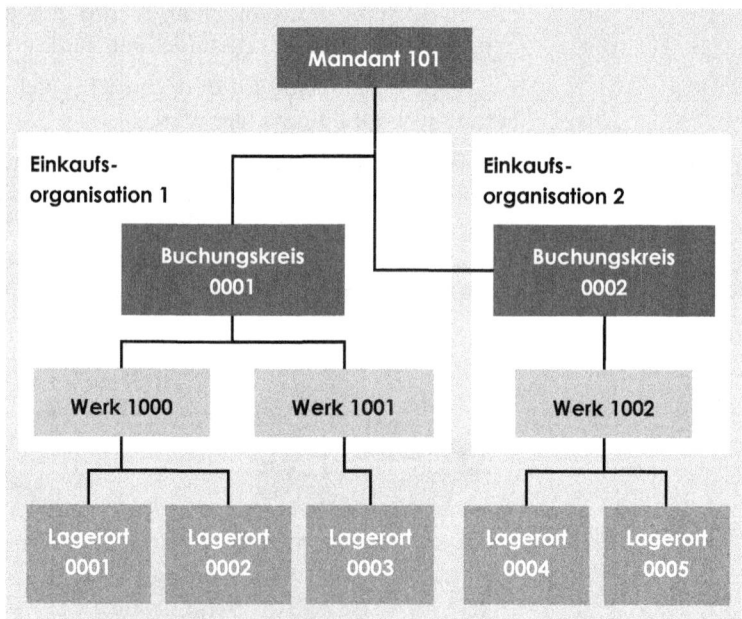

Abb. 3.5: Einkaufsorganisation

Einkäufergruppe

Eine Einkäufergruppe ist intern für die Beschaffung bestimmter
Materialien (oder Dienstleistungen) zuständig und damit gleichzeitig Ansprechpartner für die entsprechenden Lieferanten. Eine

Einkäufergruppe kann eine einzelne Person oder eine Gruppe von Personen sein.

3.3.3   Bewertungskreis

Auf Ebene des Bewertungskreises findet die Materialbewertung statt. Bei der Bewertung des Bestands auf Werksebene kann ein Material in unterschiedlichen Werken mit verschiedenen Preisen bewertet werden, während bei der Bestandsbewertung auf Buchungskreisebene für das Material in allen Werken, die zu diesem Buchungskreis gehören, der gleiche Bewertungspreis gilt.

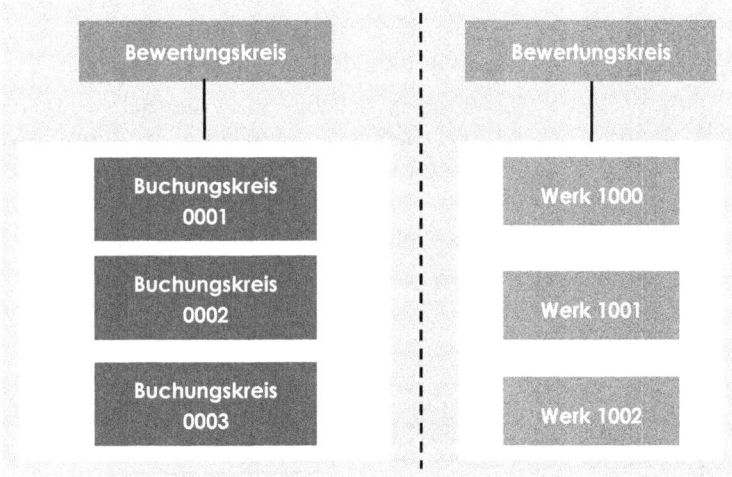

Abb. 3.6: Bewertungskreis

3.4   Organisationsstrukturen im Vertrieb

Zur Abwicklung des Vertriebsprozesses stehen folgende Organisationsstrukturen zur Verfügung:

- Verkaufsorganisation
- Vertriebsweg
- Sparte
- Vertriebsbereich
- Verkaufsbüro
- Verkäufergruppe

Auf die Organisationselemente Auslieferungswerk und Versandstelle wird in diesem Kontext verzichtet.

3.4.1   Verkaufsorganisation, Vertriebsweg und Sparte

Verkaufs-organisation

Das Grundelement der Vertriebsabwicklung stellt die Verkaufs-organisation dar. Im rechtlichen Sinne ist die Verkaufsorganisation für die verkauften Waren und Dienstleistungen verantwortlich. Geschäftsvorfälle werden innerhalb einer Verkaufsorganisation abgewickelt. Eine Verkaufsorganisation ist genau einem Buchungskreis zugeordnet, ein Buchungskreis kann jedoch über mehrere Verkaufsorganisationen verfügen.

Vertriebsweg

Um den Marktgegebenheiten gerecht werden zu können, arbeitet der Vertrieb in der Regel mit mehreren Vertriebswegen. Vertriebswege sind Vertriebskanäle oder Absatzschienen. Typische Vertriebswege sind beispielsweise Großhandel, Direktverkauf oder Großkunden.

Es können beliebig viele Vertriebswege einer Verkaufsorganisation zugeordnet werden. Ein Vertriebsweg kann auch von mehreren Verkaufsorganisationen genutzt werden.

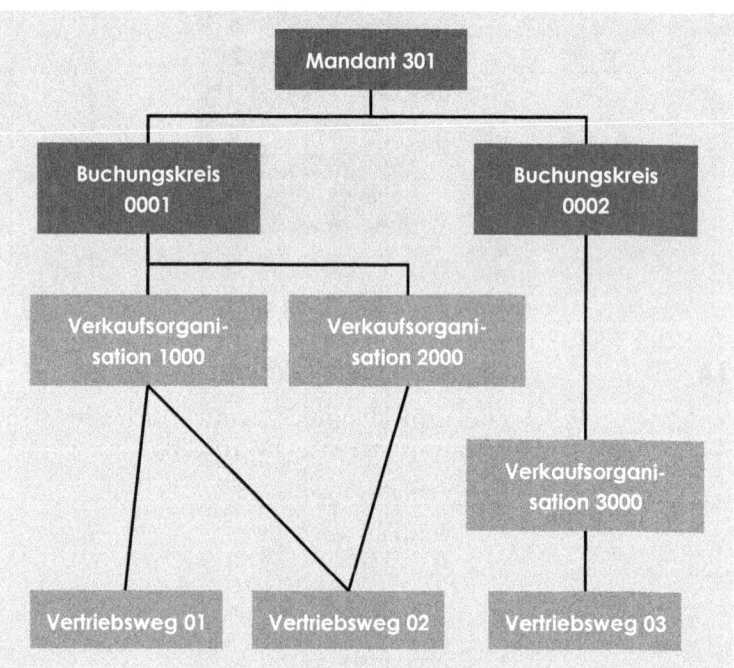

Abb. 3.7: Verkaufsorganisation und Vertriebsweg

Sparte

Das zu verkaufende Produktspektrum wird im Unternehmen in Sparten unterteilt. Die spartenmäßige Organisation des Vertriebes ist auch im SAP-System möglich.

Es können beliebig viele Sparten einer Verkaufsorganisation zugeordnet werden. Eine Sparte kann dabei zu mehreren Verkaufsorganisationen gehören.

Für jede Sparte können kundenindividuelle Vereinbarungen getroffen werden. Dies betrifft beispielsweise die Preis- und Lieferkonditionen.

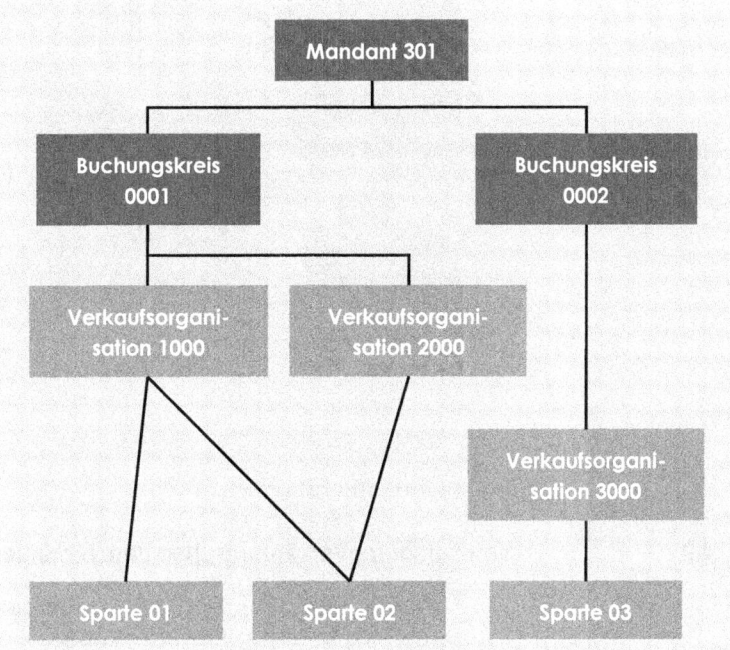

Abb. 3.8: Verkaufsorganisation und Sparte

3.4.2   Vertriebsbereich

Der Vertriebsbereich ist die Kombination zwischen Verkaufsorganisation, Vertriebsweg und Sparte. Der Vertriebsbereich ist maßgeblich dafür, welche Materialien auf einem Vertriebsweg verkauft werden können.

Alle Verkaufsbelege, Lieferbelege und Fakturen sind einen Vertriebsbereich eindeutig zugeordnet. Die Abwicklung jedes Vertriebsprozesses bezieht sich genau auf einen Vertriebsbereich.

Die Stammdaten im Vertrieb werden in der Regel pro Vertriebsbereich gepflegt, beispielsweise:

- vertriebsrelevante Stammdaten der Debitoren,
- vertriebsrelevante Stammdaten der Materialien,
- Konditionen (Preise, Zu- und Abschläge).

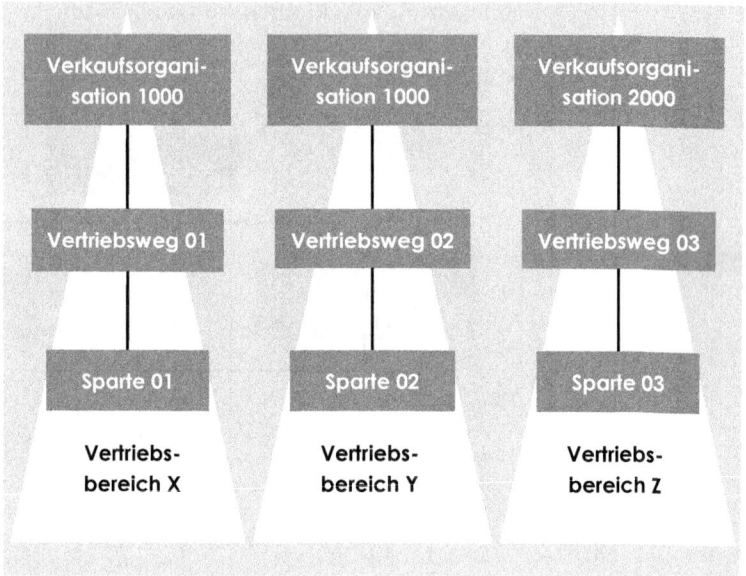

Abb. 3.9: Vertriebsbereich

3.4.3   Verkaufsbüro, Verkäufergruppe und Verkäufer

Verkaufsbüro

Räumliche Aspekte der Vertriebsorganisation werden mit Verkaufsbüros dargestellt. Ein Verkaufsbüro ist im Sinne einer Niederlassung zu verstehen. Verkaufsbüros können mehreren Vertriebsbereichen zugeordnet werden. Wird ein Auftrag innerhalb eines Vertriebsbereiches erfasst, muss das verwendete Verkaufsbüro für diesen Vertriebsbereich zulässig sein.

Verkäufergruppe

Die personelle Ausgestaltung der Verkaufsbüros wird über Verkäufergruppen dargestellt. Die Verkäufergruppen sind damit den Verkaufsbüros zugeordnet.

Verkäufer   Einer Verkäufergruppe werden ein oder mehrere Verkäufer zugeordnet. Diese Zuordnung ist im Stammsatz des Vertriebsbeauf-
tragten vorzunehmen.

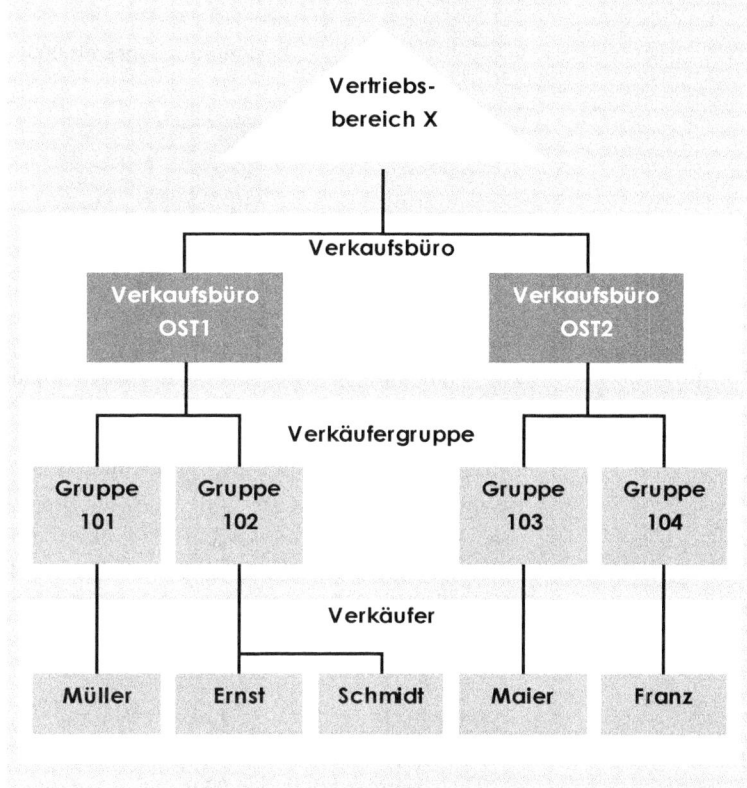

Abb. 3.10: Verkaufsbüro, Verkäufergruppe und Verkäufer

3.5   Organisatorische Gliederung der Modellfirma

Die Modellfirma „Novum Computer GmbH" ist ein kleiner PC-
Hersteller und weist demzufolge eine sehr übersichtliche und
einfache Organisationsstruktur auf.

*Organisations-
struktur des
externen Rech-
nungswesens*

Ihren Sitz hat das Unternehmen in Konstanz. Da es über keine
weiteren verbundenen Unternehmen verfügt, ist ein Buchungskreis ausreichend. Geschäftsbereiche werden nicht genutzt. Das
Controlling, also die Kostenarten-, Kostenstellen-, Produktkosten-
und Profit-Center-Rechnung wird über den Kostenrechnungskreis
0001 durchgeführt, welcher dem Buchungskreis 0001 zugeordnet
ist. Auf die Ergebnis- und Marktsegmentrechnung wird verzichtet.

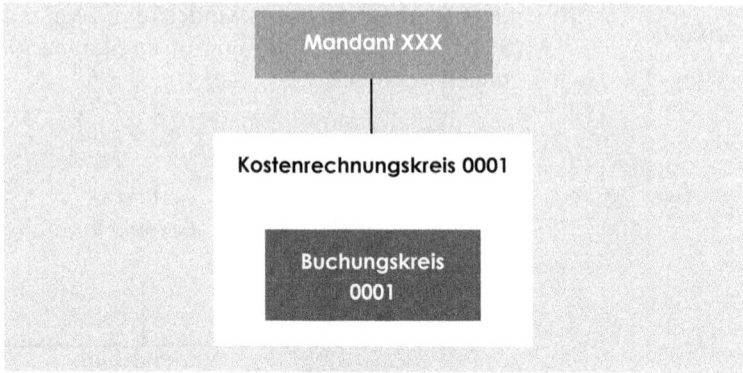

Abb. 3.11: Organisation Modellfirma / Rechnungswesen

*Organisations-
struktur der
allgemeinen
Logistik*

Die Novum Computer GmbH ist ein reiner Montagebetrieb. Alle
zur Herstellung von PCs benötigten Materialien werden zu-
gekauft und anschließend montiert. Diese Montage findet am
Firmensitz in einer Werkshalle statt. Dort werden auch zwei
Lager geführt. Organisatorisch bedeutet dies, dass das Unternehmen über ein Werk 0001 verfügt, dem zwei Lagerorte 0001
und 0002 zugeordnet sind. Der Einkauf wird ebenfalls zentral
vorgenommen. Zu diesem Zweck ist die Einkaufsorganisation
0001 eingerichtet.

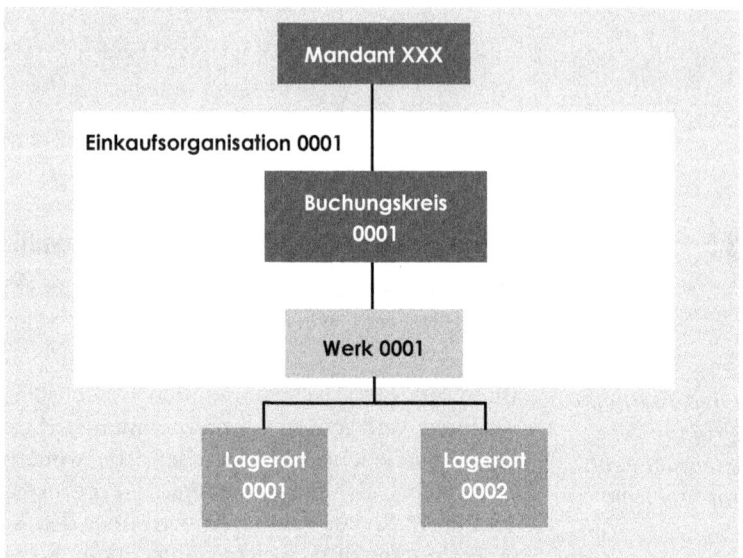

Abb. 3.12: Organisation Modellfirma / allgemeine Logistik

*Organisations-
struktur im
Vertrieb*

Die montierten PCs werden von der Novum Computer GmbH selbst vertrieben. Diese Aufgabe wird von der zentralen Verkaufsorganisation 0001 wahrgenommen. Als Absatzkanal dient der Groß- und Einzelhandel (Vertriebsweg 01 und 02). Alle Produkte sind in einer Sparte zusammengefasst (Sparte 01). Es ergeben sich hierdurch zwei Vertriebsbereiche (A und B). Diese beiden Vertriebsbereiche sind personell durch ein Verkaufsbüro mit einem Mitarbeiter verbunden.

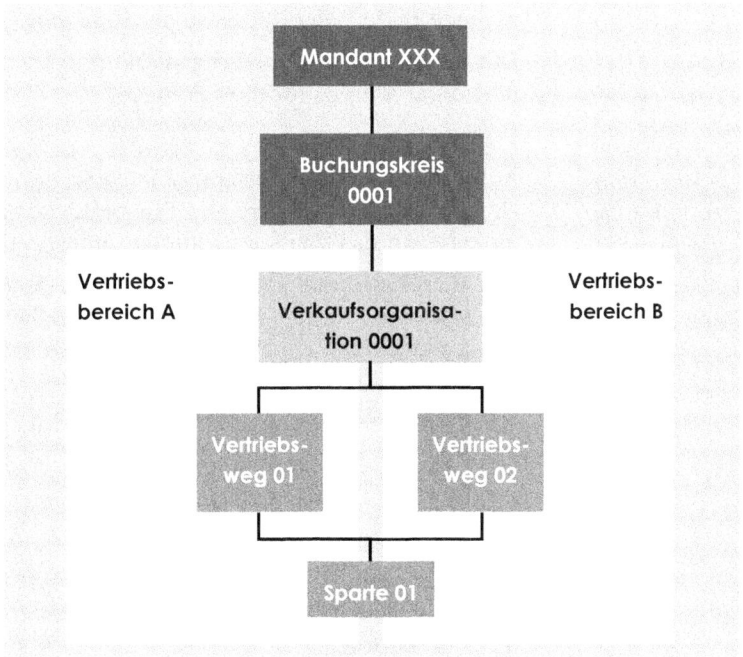

Abb. 3.13: Organisation Modellfirma / Vertrieb

3.6   Übungen zur Fallstudie

Die Firma PC Performance AG sei ein direkter Konkurrent zur Modellfirma Novum Computer GmbH. Sie ist ebenfalls ein Montagebetrieb und vertreibt hochwertige PCs und Drucker für den professionellen Einsatz. Für die Novum Computer GmbH ist es für den weiteren Ausbau des Marktes wichtig, mehr über den Aufbau des Konkurrenzunternehmens zu erfahren. Anhand der folgenden Übungen lässt sich die Aufbauorganisation skizzieren.

Übung 3.1

Die PC Performance AG hat ihren Hauptsitz in Nürnberg.

Neben diesem Standort befindet sich in Ungarn ein kleines Montagewerk. Dieses Werk ist rechtlich selbständig und muss nach nationalem ungarischem Recht einen Jahresabschuss erstellen.

Kostenarten-, Kostenstellen- und Kostenträgerrechnung wird für beide Standorte gemeinsam vorgenommen. Dies trifft ebenfalls auf die Ergebnis- und Marktsegmentrechnung zu. Das Unternehmen bildet seine Prozesse mit Hilfe eines SAP-Systems ab.

Skizzieren Sie die Aufbauorganisation des internen und externen Rechnungswesens für diese Firma.

Übung 3.2

Auf Grund der Lohnkostenproblematik wird im Montagewerk in Ungarn das Motherboard der PCs bestückt und danach zur Endmontage an das Werk am Hauptsitz transportiert.

Um durch gebündelten Einkauf höhere Stückzahlen und somit einen kostengünstigeren Einkauf zu erreichen, werden sämtliche Einkaufsaktivitäten für das Unternehmen von der Zentrale aus getätigt.

Beide Standorte verfügen über jeweils 4 Lagerorte.

Skizzieren Sie die Aufbauorganisation der allgemeinen Logistik für die PC Performance AG.

Übung 3.3

Bereits vor Jahren entschloss sich die Geschäftleitung der PC Performance AG, je einen Vertriebskanal für den Großhandel und für den Einzelhandel zu bilden, um den spezifischen Kundenwünschen besser entsprechen zu können. Alle Vertriebsaktivitäten werden zentral aus Nürnberg vorgenommen.

Das Produktprogramm wurden in zwei Sparten gegliedert – „High-End-PCs" und „Printing". Während über die Sparte Printing nur der Großhandel bedient wird, erfolgt der Vertrieb der High-End-PCs ausschließlich über den Einzelhandel.

Dem Leiter für den Gesamtvertrieb sind zwei Mitarbeiter für die beiden gebildeten Vertriebsbereiche direkt unterstellt. Beide Vertriebsbereiche nutzen zum Absatz die Verkaufsbüros „Europa" und „restliche Welt".

Skizzieren Sie die Aufbauorganisation des Vertriebes.

4 Stammdaten

Sowohl bei der Einführung, als auch im laufenden Betrieb eines SAP-Systems kommt der Pflege von Stammdaten eine große Bedeutung zu. Stammdaten sind Daten, die über einen längeren Zeitraum unverändert bleiben. Sie enthalten Informationen, die in gleicher Weise immer wieder benötigt werden.

Bewegungsdaten Im Gegensatz dazu ergeben sich Bewegungsdaten aus einem Prozess (Geschäftsvorfall). Sie greifen zur Informationsgewinnung auf die Stammdaten zurück. Als Beispiel sei die Erfassung eines Kundenauftrages genannt. Dies ist nur möglich, wenn dem System vorher der entsprechende Kunde in Form eines Kundenstammsatzes bekannt gemacht und auch das zu verkaufende Material als Stammsatz hinterlegt worden ist.

Das SAP-System enthält eine Fülle verschiedenartiger Stammdaten. Im vorliegenden Kapitel werden folgende behandelt:

- Lieferanten und Kundenstammdaten
- Materialstamm
- Stückliste
- Arbeitsplatz und Arbeitsplan
- Einkaufsinfosatz
- Orderbuch und Quotierung
- Konditionen im Vertrieb

4.1 Lieferanten- und Kundenstamm

4.1.1 Grundlagen

Zur Durchführung des betrieblichen Leistungserstellungs- und Leistungsverwertungsprozesses pflegt ein Unternehmen intensive Verbindungen zu seinen Geschäftspartnern. Zur Beschaffung und zum Vertrieb von Sach- und Dienstleistungen benötigt das Unternehmen Informationen über die Lieferanten und Kunden. Diese Daten werden in SAP in entsprechenden Stammsätzen, mit Bezug auf die Organisationsstrukturen, gepflegt.

4.1.2 **Organisation von Lieferanten- und Kundenstammsätzen**

Die Datenhaltung von Lieferanten- und Kundenstammsätzen in einem SAP-System erfolgt zentral, sie kommen also immer nur einmal vor. Damit werden Redundanzen vermieden und es ist sichergestellt, dass Änderungen nur einmal eingegeben werden müssen und dann systemweit gelten. Die Geschäftspartnerstammsätze werden von verschiedenen Abteilungen zur Durchführung der Businessprozesse genutzt. Während Kundenstammsätze von der Buchhaltung (dort bezeichnet als Debitoren) und von der Vertriebsabteilung benötigt werden, sind Lieferantenstammsätze für den Einkauf und die Buchhaltung (dort bezeichnet als Kreditoren) von Bedeutung. Diesen Erfordernissen wird das SAP-System dadurch gerecht, dass die Stammdaten in verschiedene Sichten eingeteilt sind.

Sichten des Kundenstammes Der Kundenstamm (Debitor) besteht aus einem allgemeinen Teil, sowie der Buchhaltungs- und Vertriebssicht. Die allgemeinen Daten gelten mandantenweit, während die Buchhaltungssichten pro Buchungskreis angelegt werden und die Vertriebssichten pro Vertriebsbereich gelten. Jede Sicht enthält eine Reihe von Daten, die in Datenbereiche aufgegliedert sind.

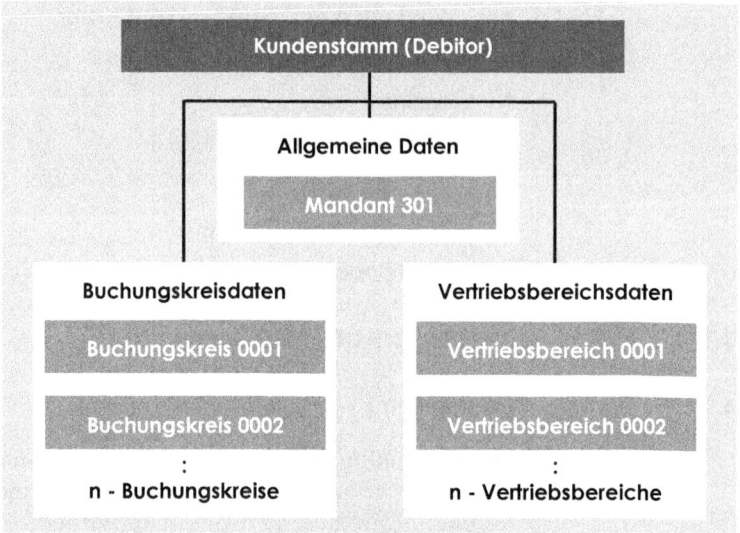

Abb. 4.1: Sichten eines Kundenstammes

*Sichten des
Lieferanten-
stammes*

Wie der Kundenstamm verfügt auch der Lieferantenstamm über einen allgemeinen Teil, der mandantenweit gilt, und eine Buchhaltungssicht, welche für einen bestimmten Buchungskreis angelegt wird. Die Daten zur Abwicklung der einkaufsspezifischen Prozesse werden in der Einkaufssicht je Einkaufsorganisation gepflegt. Auch im Lieferantenstamm sind innerhalb der Segmente die Daten in Datenbereiche organisiert.

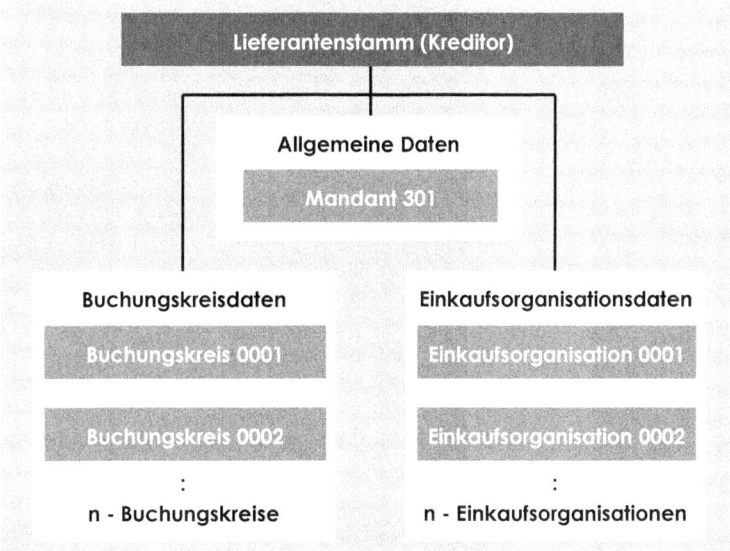

Abb. 4.2: Sichten eines Lieferantenstammes

4.1.3   Datenbereiche

Im folgenden Abschnitt werden die Inhalte der einzelnen Stammdatensichten im Überblick gezeigt.

*Datenbereiche
des Lieferanten-
stammes*

Lieferantenstamm	
Allgemeine Daten	
Adresse	Name der Firma, Anschrift, Kommunikation.
Steuerungsdaten	Angabe der Umsatzsteuer-Identifikations-Nummer des Lieferanten, Steuerinformationen und weitere Referenzdaten.
Zahlungsverkehr	Daten zu Bankverbindungen des Lieferanten.

Buchungskreisdaten	
Kontoführung	Angabe des Abstimmkontos in der Hauptbuchhaltung, Sortierschlüssel für die Einzelpostenanzeige, Daten zur Kontoverzinsung und Quellensteuerfunktionalitäten.
Zahlungsverkehr	Angabe der Zahlungsbedingungen, des Zahlweges (z.B. Überweisung), abweichende Zahlungsempfänger und Zahlsperren.
Korrespondenz	Angaben zum Ablauf der maschinellen Mahnung bei überfälligen kreditorischen Forderungen, weitere Daten zur Korrespondenz, insbesondere Angabe des Buchhaltungssachbearbeiters.
Einkaufsorganisationsdaten	
Einkaufsdaten	Angaben zu Einkaufskonditionen, z.B. Bestellwährung, Zahlungsbedingung und Incoterms, Angaben zur weiteren maschinellen Abwicklungen.
Partnerrollen	Eingabe der möglichen Partner z.B. Bestelladresse, Lieferant oder Rechnungssteller.

Abb. 4.3: Inhalte der Lieferantendatenbereiche

Datenbereiche des Kunden-stammes

Kundenstamm	
Allgemeine Daten	
Adresse	Name der Firma, Anschrift, Kommunikation.
Steuerungsdaten	Angabe der Umsatzsteuer-Id des Kunden und weitere Daten zur Kontosteuerung.
Zahlungsverkehr	Daten zu Bankverbindungen des Kunden.
Marketing	Marketingdaten über den Kunden, z.B. Nielsenbezirk, Branche und Mitarbeiterzahl.
Abladestelle	Angabe der Stellen beim Kunden, an denen das Material abzuladen ist.
Ansprechpartner	Eingabe verschiedener Ansprechpartner beim Kunden mit entsprechenden Adressdaten.

Buchungskreisdaten	
Kontoführung	Angabe des Abstimmkontos, Sortierschlüssel für die Einzelpostenanzeige, Daten zur Kontoverzinsung und Quellensteuerfunktionalitäten.
Zahlungsverkehr	Angabe der Zahlungsbedingungen, des Zahlweges (z.B. Überweisung) und Zahlsperren.
Korrespondenz	Angaben zum Ablauf der maschinellen Mahnung und weitere Daten zur Korrespondenz.
Versicherung	Daten zu Warenkreditversicherungen.
Vertriebsbereichsdaten	
Verkauf	Angaben zur Preisfindung und Auftragsabwicklung.
Versand	Daten zur Steuerung des Versandes, z.B. Lieferprioritäten oder Zulässigkeit von Teillieferungen.
Faktura	Angaben zur Rechnungsstellung bezüglich Ausgangssteuer, Liefer- und Zahlungsbedingungen und Fakturaterminsteuerungen.
Partnerrollen	Eingabe der möglichen Partner.

Abb. 4.4: Inhalte der Kundendatenbereiche

4.1.4   Kontengruppe

Bei Anlage eines Geschäftspartnerstammsatzes muss eine Kontengruppe angegeben werden. Die Kontengruppe wird im Customizing definiert und übernimmt folgende Steuerungsfunktionen:

Steuerung der Nummernvergabe

Jeder Geschäftspartner wird innerhalb eines Mandanten eindeutig über eine Nummer geführt. Über die Kontengruppe erfolgt die Definition, ob die Nummer extern oder intern vergeben wird. Bei externer Vergabe wählt der Anwender selbst eine Nummer während bei der internen Vergabe das System die Nummer zuweist. Neben der Art der Nummernvergabe wird über Nummernkreise gesteuert, in welchem Nummernbereich, abhängig von der Kontengruppe, die Nummer zu wählen ist. Bei externer Vergabe prüft das System, ob die gewählte Nummer (auch alphanumerisch) sich im vorgegebenen Nummernkreis befindet, während bei der interner Vergabe die nächste freie Nummer im Nummernkreisintervall gezogen wird.

Einmalkunde / -lieferant

Für Geschäftspartner, mit denen das Unternehmen nur einmal bzw. sehr selten in Geschäftsbeziehung steht, erweist es sich als sinnvoll, ein CpD-Konto (Conto pro Diverse) anzulegen. Beispielsweise kann ein solches Sammelkonto für Kunden eines bestimmten Landes angelegt werden. Wird eine Kontengruppe als CpD-Kontengruppe definiert, verursacht dies, dass nur die Stammdaten zu erfassen sind, welche auf alle Einmalkunden- und -lieferanten zutreffen. Beispielsweise sind dann alle Anschriftenfelder ausgeblendet.

Bildaufbau

Die Kontengruppe steuert auch den Bildaufbau. Im Customizing wird hierzu hinterlegt, welche Felder eines Stammsatzes ausgeblendet oder eingabebereit sind und ob die Felder zu füllen sind (Mussfelder) oder aber gefüllt werden können (Kannfelder).

Partnerschema / Partnerrollen

Gegenüber dem Unternehmen kann ein Geschäftspartner in unterschiedlichen Rollen auftreten. Ein Lieferant liefert z.B. die Ware und ist damit Warenlieferant, während die Rechnungsstellung von einem anderen Unternehmen vorgenommen wird. Im Einkauf werden standardmäßig folgende Partnerrollen verwendet:

- Lieferant
- Bestelladresse
- Warenlieferant
- Rechnungssteller

Der Vertrieb kennt folgende Partnerrollen:

- Auftraggeber
- Warenempfänger
- Rechnungsempfänger
- Regulierer

Die folgende Abbildung zeigt zusammenfassend die Steuerungsfunktionen der Kontengruppe auf.

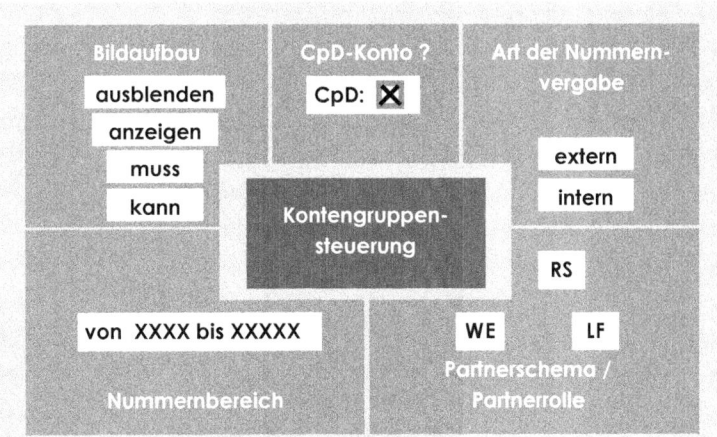

Abb. 4.5: Kontengruppensteuerung

4.1.5   Abstimmkonto

Das externe Rechnungswesen im SAP-System ist in ein Hauptbuch und mehrere Nebenbücher untergliedert. Das Hauptbuch
ist Grundlage für die Erstellung von Bilanz sowie GuV und enthält demzufolge Forderungs- und Verbindlichkeitskonten.

Lieferanten und Kunden werden aus Finanzsicht auf Neben-
büchern als Offene-Posten-Buchhaltung geführt.

Damit die Forderungs- und Verbindlichkeitskonten im Hauptbuch zu jeder Zeit den gleichen Stand wie die Nebenbuchhal-
tungen der Debitoren und Kreditoren aufweisen, sind die Nebenbücher über das Abstimmkonto im Debitoren- und Kredito-
renstamm mit dem Hauptbuch verknüpft. Bei jedem Buchungs-
vorgang auf einen Debitor oder Kreditor wird das Abstimmkonto
im Hauptbuch automatisch mitgebucht (Mitbuchkontentechnik).

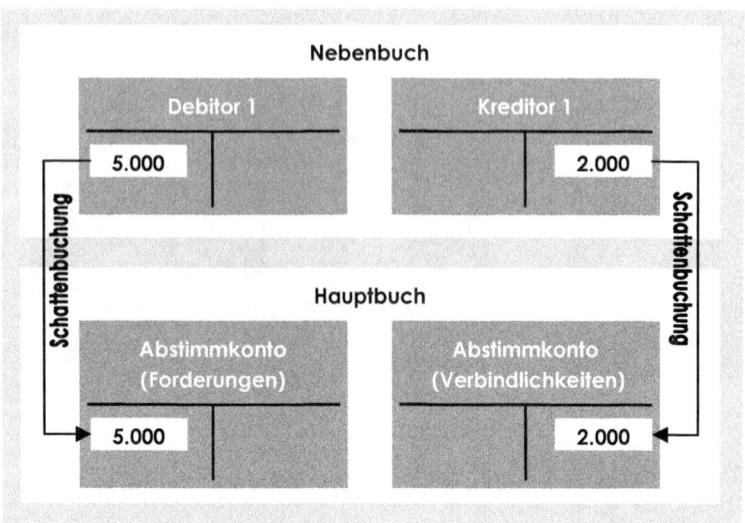

Abb. 4.6: Mitbuchkontentechnik

4.1.6   Kundenstammsätze pflegen

4.1.6.1   Grundlagen

*Kundenstamm
anlegen*

Je nach Anforderung werden Kundenstammsätze entweder zentral angelegt oder nur für das jeweilig benötigte Segment (Vertriebssegment bzw. Buchhaltungssegment) erfasst.

Egal für welches Szenario man sich entscheidet, muss im Einstiegsbild eine Kontengruppe und eine Kontonummer (bei externer Vergabe) angegeben werden. Danach sind die entsprechenden Organisationseinheiten auszuwählen (Einkaufsorganisation bzw. Buchungskreis).

Der dem Einstieg folgende Bildschirm ist so aufgebaut, dass über entsprechende Registerkarten in die einzelnen Datenbereiche gewechselt werden kann. Die Segmentauswahl (allgemeine Daten, Buchungskreisdaten bzw. Vertriebsdaten) findet über Buttons in der Anwendungsfunktionsleiste statt. Am Ende der Erfassung müssen die Daten über den Button „Speichern" gesichert werden.

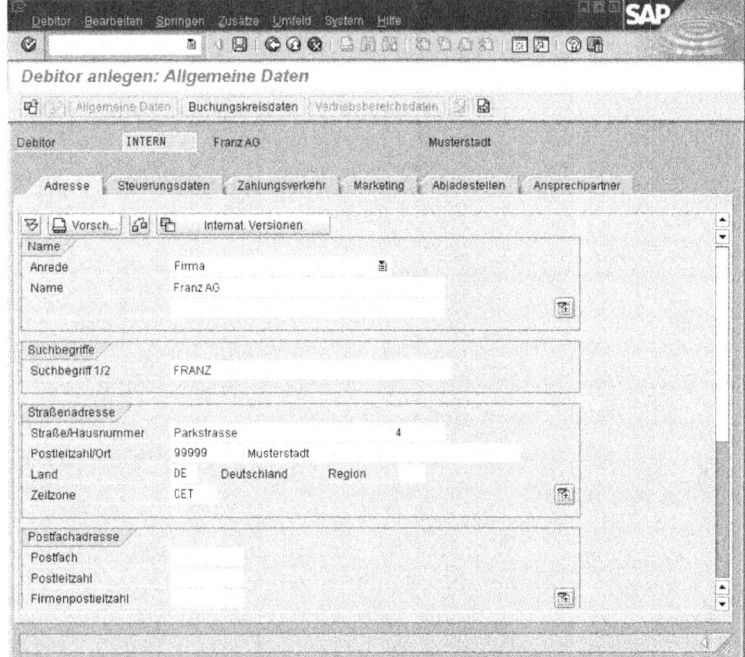

Abb. 4.7: Debitorenstammregister

Für die Anlage eines Kundenstammsatzes stehen verschiedene Einstiegsmöglichkeiten zur Verfügung:

1.   Aus dem Bereich Vertrieb:

Zentral: *Logistik* ➲ *Vertrieb* ➲ *Stammdaten* ➲ *Geschäftspartner* ➲ *Kunde* ➲ *Anlegen* ➲ *Gesamt (XD01)*.

Vertriebssicht: *Logistik* ➲ *Vertrieb* ➲ *Stammdaten* ➲ *Geschäftspartner* ➲ *Kunde* ➲ *Anlegen* ➲ *Vertrieb (VD01)*.

2.   Aus dem Bereich Buchhaltung:

Zentral: *Rechnungswesen* ➲ *Finanzwesen* ➲ *Debitoren* ➲ *Stammdaten* ➲ *Zentrale Pflege* ➲ *Anlegen (XD01)*.

Buchhaltungssicht: *Rechnungswesen* ➲ *Finanzwesen* ➲ *Debitoren* ➲ *Stammdaten* ➲ *Anlegen (FD01)*.

Vorgehensweise:

1.   Wahl des Einstiegs.

2.   Auswahl der Kontengruppe im Einstiegsbild. Abhängig von der Wahl der Kontengruppe muss eine Kontonummer eingegeben werden oder wird vom System vergeben. Je nach

dem, ob Daten zu einem Buchungskreis und / oder zu einem Vertriebsbereich erfasst werden sollen, ist die entsprechende Organisationsstruktur mit auszuwählen. Nach Bestätigung der Eingaben durch <Enter> wird der Folgebildschirm aufgerufen.

3. Pflege der allgemeinen Daten. Durch Anwahl der Registerblätter kann in die einzelnen Datenblöcke gesprungen werden.

4. Die entsprechenden Segmentdaten (Buchungskreisdaten und / oder Vertriebsbereichsdaten) werden durch die Buttons in der Anwendungsfunktionsleiste ausgewählt. Der Titel der jeweiligen Registerkarte zeigt an, wo man sich befindet.

5. Nach Erfassung aller notwendigen Daten Sichern der Eingaben.

Kundenstamm mit Vorlage anlegen

Wenn bei der Anlage eines neuen Stammsatzes festgestellt wird, dass bereits ein anderer Stammsatz mit ähnlichen Daten angelegt ist, kann man diesen Stammsatz als Vorlage nutzen. Im Einstiegsbild ist hierzu der Vorlagedebitor einzugeben. Das System übernimmt die Daten aus dem bestehenden Stammsatz (soweit möglich) in den neuen Stammsatz.

Abb. 4.8: Vorlagedebitor

Kundenstämme können selbstverständlich auch geändert und angezeigt werden. Der Aufruf erfolgt in gleicher Weise wie das Anlegen von Kundenstämmen, also aus dem Vertrieb oder aus der Buchhaltung heraus.

1. Aus dem Bereich Vertrieb:

Zentral: *Logistik ➲ Vertrieb ➲ Stammdaten ➲ Geschäftspartner ➲ Kunde ➲ Ändern/Anzeigen ➲ Gesamt (XD02/XD03).*

Vertriebssicht: *Logistik* ➲ *Vertrieb* ➲ *Stammdaten* ➲ *Geschäftspartner* ➲ *Kunde* ➲ *Ändern/Anzeigen* ➲ *Vertrieb (VD02/VD03)*.

2. Aus dem Bereich Buchhaltung:

    Zentral: *Rechnungswesen* ➲ *Finanzwesen* ➲ *Debitoren* ➲ *Stammdaten* ➲ *Zentrale Pflege* ➲ *Ändern (XD02) / Anzeigen (XD03)*.

    Buchhaltungssicht: *Rechnungswesen* ➲ *Finanzwesen* ➲ *Debitoren* ➲ *Stammdaten* ➲ *Ändern (FD02) / Anzeigen (FD03)*.

4.1.6.2   Übungen zur Fallstudie

Übung 4.1

Kundenstamm anlegen

Im Rahmen intensiver Vorverkaufsaktivitäten ist es der Novum Computer GmbH gelungen, einen neuen Kunden zu gewinnen. Legen Sie den notwendigen Kundenstamm im System an.

Hinweis: Verwenden Sie für die Anlage die zentrale Pflegetransaktion XD01 und schreiben Sie sich die vom System vergebene Debitorennummer in das Datenblatt A2.1 (siehe Anhang). Beachten Sie folgende Daten:

Einstiegsbild			
Kontengruppe	Debitor allgemein (DEBI)		
Kontonummer	intern vergeben		
Buchungskreis	0001	Verkaufsorganisation	0001
Vertriebsweg	01	Sparte	01
Allgemeine Daten Reiter „Adresse"			
Name	Franz Lang KG		
Suchbegriff ½	Lang		
Straße/Hausnummer	Industrieweg 8		
Postleitzahl/Ort/Land	99999/Musterstadt/DE		
Allgemeine Daten Reiter „Steuerungsdaten"			
USt-Id.Nr.	DE999999999		
Buchungskreisdaten Reiter „Kontoführung"			
Abstimmkonto	140000		

Buchungskreisdaten Reiter „Zahlungsverkehr"			
Zahlungsbedingung	0001		
Vertriebsbereichsdaten Reiter „Verkauf"			
Kundenbezirk	000001	Verkaufsbüro	0001
Verkäufergruppe	die Ihnen zugewiesene Verkäufergruppe		
Währung	EUR	Preisgruppe	01
Vertriebsbereichsdaten Reiter „Versand"			
Versandbedingung	01	Auslieferungswerk	0001
Vertriebsbereichsdaten Reiter „Faktura"			
Incoterms	CIF Kosten, Versicherung, Fracht		
Zahlungsbedingung	0001	Kontierungsgruppe	01
Steuern	Spalte Steuerklasse = 1		

Datenblatt 4.1

Übung 4.2

Kundenstamm anzeigen

Lassen Sie sich den angelegten Kundenstamm mit allen Sichten anzeigen.

Übung 4.3

Kundenstamm ändern

Leider wurde vom zuständigen Mitarbeiter vergessen, in der Buchhaltungssicht des Kundenstammes den Buchhaltungssachbearbeiter einzupflegen. Holen Sie dies nach und verwenden Sie den Ihnen zugewiesenen Sachbearbeiter.

4.1.7   Lieferantenstammsätze pflegen

4.1.7.1   Grundlagen

Lieferanten-stamm anlegen

Wie auch die Kundenstammsätze werden die Lieferantenstammsätze entweder zentral angelegt oder nur für das jeweilig benötigte Segment (Einkaufssegment bzw. Buchhaltungssegment) erfasst.

Auf dem Einstiegsbild ist eine Kontengruppe einzugeben und je nach Nummernvergabe auch eine Kontonummer. Ebenfalls notwendig ist, je nach Einstieg, die Angabe des Buchungskreises und der Einkaufsorganisation.

Entgegen dem Kundenstamm sind die Bildschirmmasken des Lieferantenstammes nicht in einem Register zusammengefasst. Das

System durchläuft die einzelnen Eingabebilder nacheinander, bis die letzte Bildschirmmaske zur Sicherung erreicht ist.

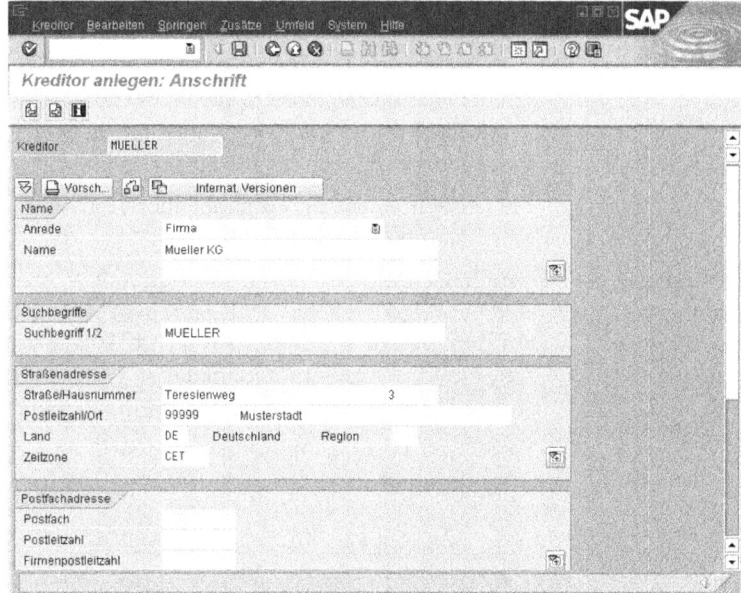

Abb. 4.9: Kreditorenstammanlage

Für die Anlage eines Lieferantenstammes stehen bereichsab-hängig verschiedene Einstiege zur Verfügung.

1. Aus dem Bereich Einkauf:

    Zentral: *Logistik ➲ Materialwirtschaft ➲ Einkauf ➲ Stammdaten ➲ Lieferant ➲ Zentral ➲ Anlegen (XK01)*.

    Einkaufssicht: *Logistik ➲ Materialwirtschaft ➲ Einkauf ➲ Stammdaten ➲ Lieferant ➲ Einkauf ➲ Anlegen (MK01)*.

2. Aus dem Bereich Buchhaltung:

    Zentral: *Rechnungswesen ➲ Finanzwesen ➲ Kreditoren ➲ Stammdaten ➲ Zentrale Pflege ➲ Anlegen (XK01)*.

    Buchhaltungssicht: *Rechnungswesen ➲ Finanzwesen ➲ Kreditoren ➲ Stammdaten ➲ Anlegen (FK01)*.

Vorgehensweise:

1. Wahl des Einstiegs.

2. Auswahl der Kontengruppe im Einstiegsbild. Bei externer Nummernvergabe ist eine Kontonummer einzugeben.

Neben der Kontengruppe sind, abhängig vom gewählten Einstieg, die Organisationsstrukturen Buchungskreis bzw. Einkaufsorganisation auszuwählen.

3.   Die folgenden Bildschirmmasken sind auszufüllen und jeweils durch <Enter> nacheinander aufrufbar (alternativ über die Buttons ⊡ ⊡ in der Anwendungsfunktionsleiste). In der Titelleiste wird jeweils gezeigt, in welcher Bildschirmmaske man sich befindet.

4.   Nach erfolgter Eingabe aller notwendigen Daten wird der Stammsatz gesichert.

Lieferanten-stamm mit Vorlage anlegen

Auch Lieferantenstämme können mit Vorlage angelegt werden. Die Vorlagedaten des Lieferanten werden dann (soweit möglich) in den Stammsatz des anzulegenden Lieferanten kopiert. Im Einstiegsbild der Lieferantenanlage sind der entsprechende Lieferant und die Organisationsstrukturen einzugeben.

Abb. 4.10 Vorlagekreditor

Lieferanten-verzeichnis

Um einen Überblick über im System bestehende Lieferanten zu erhalten kann ein Lieferantenverzeichnis angezeigt werden.

Über den Pfad *Logistik ➲ Materialwirtschaft ➲ Einkauf ➲ Stammdaten ➲ Lieferant ➲ Listanzeigen ➲ Verzeichnis Einkauf (MKVZ)* erfolgt der Aufruf. Im erscheinenden Selektionsbild werden die Auswahlkriterien eingegeben. Nach Bestätigung der Eingaben wird das Verzeichnis angezeigt. Es enthält die wichtigsten Daten zu den gewählten Lieferanten.

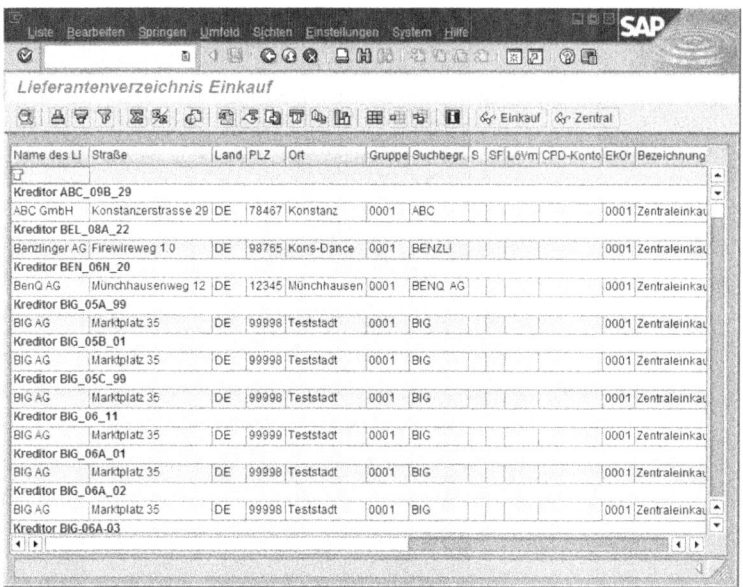

Abb. 4.11: Lieferantenverzeichnis

4.1.7.2   Übungen zur Fallstudie

Übung 4.4

Lieferanten-stamm anlegen

Die Einkaufsabteilung hat sich nach eingehender Qualitäts-prüfung entschlossen, mit einem neuen Lieferanten Geschäftsbe-ziehungen aufzunehmen. Legen Sie einen Lieferantenstamm an.

Hinweis: Verwenden Sie für die Anlage die zentrale Pflegetrans-aktion (XK01) und schreiben Sie sich die von Ihnen vergebene Kreditorennummer in das Datenblatt A2.1 (siehe Anhang). Be-achten Sie folgende Daten:

Einstiegsbild			
Kreditor	BIG_XXX_XX		
Kontengruppe	Lieferant (0001)		
Buchungskreis	0001	Einkaufsorganisation	0001
Bild Allgemeine Daten „Anschrift"			
Name	BIG AG	Suchbegriff ½	Big
Straße/Hausnummer	Marktplatz 35		
Postleitzahl/Ort/Land	99998/Teststadt/DE		

Bild Allgemeine Daten „Zahlungsverkehr"			
Land	DE	Bankschlüssel	67270003
Bankkonto	99999XXXXX		
Bild Buchungskreisdaten „Kontoführung"			
Abstimmkonto	160000		
Bild Buchungskreisdaten „Zahlungsverkehr"			
Zahlungsbedingung	0001	Zahlwege	U
Bild Buchungskreisdaten „Korrespondenz"			
Mahnverfahren	0001	Sachb.Buchh.	Ihr Sachbearbeiter
Bild Einkaufsorganisation „Einkaufsdaten"			
Bestellwährung	EUR	Zahlungsbedingung	0001
Incoterms	CPT Frachtfrei		
Einkäufergruppe	Im Bereich „Vorschlagswerte Material" Ihre Einkäufergruppe.		

Datenblatt 4.2

Übung 4.5

Lieferanten-stamm anzeigen

Lassen Sie sich die Buchhaltungssicht des angelegten Lieferanten-stammes anzeigen.

Übung 4.6

Lieferanten-verzeichnis

Verschaffen Sie sich mittels des Lieferantenverzeichnisses einen Überblick über die im System angelegten Lieferanten.

4.1.8   Geschäftspartnerstammsätze sperren und löschen

Geschäftspartner-stammsätze sperren

Um zu verhindern, dass mit Geschäftspartnern weiter im SAP-System gearbeitet werden kann, beispielsweise weil der Lieferant schlechte Ware liefert oder der Kunde Rechnungen nicht bezahlt, können entsprechende Stammsatzsperren gesetzt werden. Dies geschieht entweder je Organisationseinheit oder aber für alle Organisationseinheiten. Es ist ebenfalls möglich, nur einzelne Vorgänge zu sperren, z.B. zur Verhinderung der Anlage eines Kundenauftrages. Diese Sperren bleiben solange aktiv, bis sie wieder entfernt werden.

Der Aufruf der Sperrfunktionen findet sich innerhalb des Menübaumes in dem Bereich, aus dem auch die Änderung / Anzeige und Anlage der Geschäftspartner durchgeführt wird.

Geschäftspartner-stammsätze löschen

Wird ein Geschäftspartner im System nicht mehr benötigt, beispielsweise weil seit langer Zeit kein Geschäftskontakt mehr besteht, bietet sich an, diesen aus dem operativen System zu entfernen. Ein einfaches Löschen ist nicht möglich. Im ersten Schritt wird eine Löschvormerkung gesetzt und im zweiten Schritt erfolgt durch die entsprechenden Systembetreuer eine Archivierung der Stammsätze. Damit wird der Geschäftspartner aus dem operativen System gelöscht und in ein Archiv ausgelagert.

Entsprechend den Stammsatzsperren ist auch eine Löschvormerkung auf verschiedenen Organisationsebenen möglich. Der Aufruf der Funktionen findet sich ebenfalls unter den oben genannten Menübäumen.

4.2 Materialstamm

Der Materialstamm gehört in SAP zu den mächtigsten Stammdaten überhaupt und wird wie andere Stammdaten auch von verschiedenen Fachabteilungen, wie z.B. Einkauf, Bestandsführung, Disposition und Rechnungsprüfung, genutzt. Der Materialstamm enthält alle materialspezifischen Daten innerhalb eines Unternehmens. Durch die zentrale Speicherung aller benötigten Informationen zu einem Objekt werden Redundanzen vermieden. Weiterhin wird sichergestellt, dass alle beteiligten Prozesse und Abteilungen auf die gleichen Stammdaten zugreifen.

Grundsätzlich unterscheidet man im Materialstamm zwei Arten von Daten:

- Beschreibende Daten, z.B. Namen, Größen und Mengeneinheiten.
- Steuernde Daten, wie z.B. Dispositionsmerkmale.

4.2.1 Organisatorische Eingliederung

Entsprechend der Organisationsstruktur eines Unternehmens ist ein Materialstamm hierarchisch gegliedert:

Daten auf Mandantenebene

Diese Daten gelten für das gesamte Unternehmen, wie z.B. Warengruppe, Materialkurztexte, Basismengeneinheit und Alternativmengeneinheiten.

Daten auf Werksebene

Eine Reihe von Daten wird auf Werksebene angelegt. Dazu zählen beispielsweise Prognose- und Dispositionsdaten.

Daten auf Lagerortebene

Hierbei handelt es sich um Daten, die für bestimmte Lagerorte gelten, hauptsächlich Lagerortbestände.

4.2.2 Sichten eines Materialstammes

Ein Materialstamm ist in verschiedene Sichten unterteilt. Die einzelnen Fachbereiche greifen auf die spezifischen Sichten zu und pflegen diese jeweils für die entsprechende Organisationsstruktur. Eine Sicht kann ein oder mehrere Bildschirmmasken umfassen.

Folgende Sichten können unterschieden werden:

Grunddaten

Die Grunddaten sind übergreifend und gelten für das gesamte Unternehmen. Dies betrifft Materialkurztexte, Mengeneinheiten, Warengruppen, Abmessungen und Gültigkeiten.

Buchhaltung

Je nachdem, ob die Bewertung des Materials auf Werksebene oder Buchungskreisebene vorgenommen wird (im Customizing einstellbar, siehe Kapitel Organisationsstrukturen), muss bei der Anlage der Buchhaltungsdaten ein Buchungskreis oder Werk angegeben werden. Die einzugebenden Daten beziehen sich hauptsächlich auf die Bewertung, also die Preissteuerung und die Bewertungsklasse.

Klassifizierung

Materialien mit gleichen Eigenschaften können zu Materialklassen zusammengefasst und unternehmensweit genutzt werden.

Kalkulation

Sofern eine Bewertung auf Werksebene erfolgt, werden Kalkulationsdaten erfasst. Kalkulationsdaten dienen innerhalb des internen Rechnungswesens zur Feststellung der Herstellkosten bzw. Selbstkosten. Die Kalkulation ist gleichzeitig Basis zur Ermittlung von Sollkosten, möglichen Abweichungen der produzierten Materialien und Berechnung des Deckungsbeitrages für die abgesetzten Materialien.

Prognose

Auch die Bedarfsprognose findet auf Werksebene statt. Mit Hilfe der eingegebenen Prognosedaten werden Prognosewerte für den zukünftigen Bedarf ermittelt und als Grundlage für die Bedarfs-planung berücksichtigt.

Disposition

Die Disposition (Bedarfsplanung) von Materialen findet immer auf Werksebene statt. Das Dispositionsverfahren gibt an, wie ein Material bedarfsmäßig geplant wird. Dispositionsverfahren kön-nen in verbrauchsgesteuerte (Orientierung an vergangenen Verbräuchen) und plangesteuerte (Orientierung an zukünftigen Bedarfen, z.B. mittels einsprechender Prognosemodelle) Ver-fahren unterteilt werden.

Fertigungshilfsmittel

Fertigungshilfsmittel sind Einrichtungen (Werkzeuge, Messmittel, usw.), die den Fertigungsprozess unterstützen aber nicht in das Material eingehen. Die einzugebenden Daten werden für die Fertigungshilfsmittelverwaltung benötigt.

Einkauf

Hier werden Daten für den Einkauf der Materialien gepflegt, wie beispielsweise die Bestellmengeneinheit, die Einkäufer- und Warengruppe und Einstellungen zum Mahnverfahren, falls die bestellte Ware nicht rechtzeitig geliefert wird. Außerdem können Einkaufsbestelltexte hinterlegt werden, die bei Auslösung einer Bestellung gezogen werden.

Qualitätsmanagement

Qualitätsmanagementdaten werden auf Werksebene verwaltet. Diese Daten definieren einerseits, ob für das Material ein Quali-tätsmanagement aktiv ist und andererseits wie die Steuerung durchzuführen ist.

Vertrieb

Ist ein Material zum Verkauf vorgesehen, so müssen die Ver-triebssichten gepflegt werden. Inhalte auf diesen Bildschirm-masken beziehen sich hauptsächlich auf Verkaufsmengeneinhei-ten des Werks, aus dem die Ware an den Kunden geliefert wird (Auslieferungswerk). Weitere Daten bzgl. Ausgangssteuer, Mate-rialgruppierungen, Versandsteuerung, Abwicklung im Außen-handel und Vertriebstexte (für die Kommunikation mit dem Kunden) sind einzupflegen.

Werks- / Lagerortbestände

Die Bildschirmmasken „Lagerortbestand" und „Werksbestand" zeigen die aktuellen Bestände auf Werks- und Lagerortebene.

Lagerung

Hier werden die Lagerungsdaten hinterlegt, insbesondere wo genau das Material liegt (Lagerplatz), Haltbarkeitsdaten bei verderblichen Materialien und besondere Lagerungsvorschriften (z.B. Temperaturbedingung und Gefahrstoffkennzeichnung).

Lagerverwaltung

Wird ein Material mittels Lagerverwaltung administriert, so sind in dieser Sicht entsprechenden Daten einzugeben, beispielsweise Lagerungsstrategien (nach welchen Kriterien die Einlagerung und Auslagerung erfolgen soll) und wie das Material bei Eingang auf Lagerhilfsmittel umzulagern ist (z.B. von Kartons auf Paletten).

Arbeitsvorbereitung

Die Arbeitsvorbereitung umfasst alle Maßnahmen der Fertigungssteuerung und -planung, die eine reibungslose Produktionsdurchführung sicherstellen. Im Materialstamm sind hier entsprechende Eingaben zu tätigen, insbesondere die Eigenfertigungszeit in Tagen, die Fertigungsmengeneinheit, die für die Fertigungssteuerung verantwortliche Gruppe, das Fertigungssteuerungsprofil (steuert unter anderem den Kapazitätsabgleich und den automatischen Wareneingang) sowie Angaben, innerhalb welcher Toleranzen die Fertigungsauftragsmenge sich befinden darf.

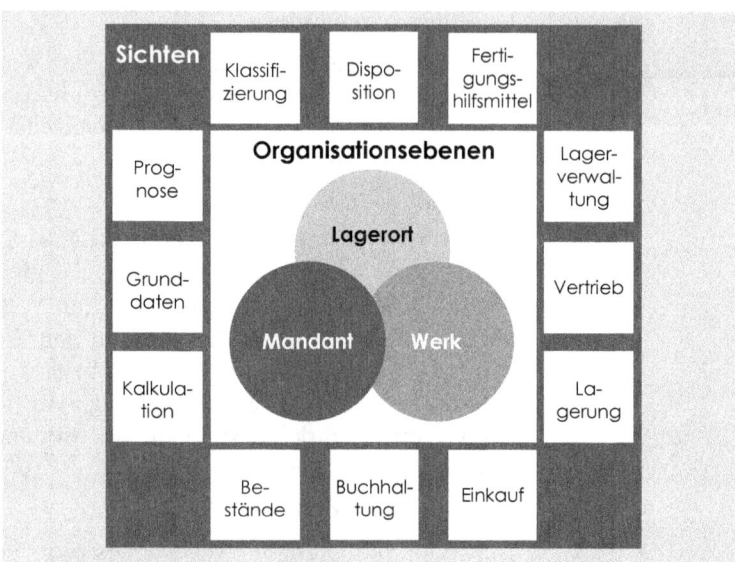

Abb. 4.12: Materialstammsichten

4.2.3   Materialart und Branche

Materialart   Materialien, die gleiche oder ähnliche Eigenschaften bezüglich Einkauf, Produktion und Vertrieb aufweisen, werden in Materialarten zusammengefasst. Die Materialart hat steuernde Eigenschaften und erlaubt die einheitliche Verwaltung der Materialien. Das SAP-System verfügt über eine Reihe von Standardmaterialarten, wie z.B.:

Rohstoffe (ROH)

Kennzeichnend für Rohstoffe ist, dass sie ausschließlich fremdbeschafft werden. Demzufolge enthalten sie zwar Einkaufsdaten, jedoch keine Arbeitsvorbereitungsdaten.

Halbfabrikate (HALB)

Diese Materialien können eigengefertigt oder fremdbeschafft werden. Sie enthalten zum Zwecke der Eigenfertigung Arbeitsvorbereitungsdaten und zum Zwecke der Fremdbeschaffung Einkaufsdaten.

Dienstleistungen (DIEN)

Dienstleistungen können vom Unternehmen erbracht oder aber von extern angefordert werden. Ein Transport und die Lagerhaltung sind nicht möglich.

Fertigerzeugnisse (FERT)

Fertigerzeugnisse sind immer Materialien, die ein Unternehmen selbst herstellt. Weiterhin sind sie für den Verkauf bestimmt. Sie enthalten daher keine Einkaufsdaten, wohl aber Vertriebssichten.

Die Materialart wird beim Einstieg in den Materialstamm angegeben. Mit der entsprechenden Auswahl sind unter anderem folgende Steuerungselemente verbunden:

- Art der Nummernvergabe (extern oder intern).

- Nummernkreisintervall (aus welchem Nummernbereich die Materialnummer gezogen wird).

- Welche Bildschirmmasken in welcher Reihenfolge erscheinen. Weiterhin welche Sichten überhaupt anlegbar sind.

- Welche Beschaffungsart das Material hat (eigengefertigt, fremdbezogen oder beides).

- Bestandsführungspflicht, d.h. ob Mengenveränderungen im Materialstammsatz fortgeschrieben werden und ob sich Wertveränderungen auf den Bestandskonten der Finanzbuchhaltung niederschlagen.

Branche

Außer der Materialart muss beim Einstieg in die Materialstammanlage eine Branche (Industriezweig) ausgewählt werden. Standardmäßig sind die Branchen Anlagebau, Chemie, Maschinenbau und Pharmazie eingerichtet. Mit Festlegung der Branche werden die Bildfolge und die Feldauswahl des Materialstammes gesteuert. Im Gegensatz zur Materialart lässt sich die Zuordnung eines Materials zu einer Branche nachträglich nicht mehr ändern!

4.2.4   Bewertungsverfahren und Bewertungsklasse

Materialpreis-steuerung

Mit der Angabe der Bewertungsart im Materialstamm wird festgelegt, wie ein Material preislich beim Wareneingang und -ausgang zu bewerten ist. Es werden zwei Bewertungsverfahren unterschieden:

Bewertung zum Standardpreis (Preissteuerung „S")

Sämtliche Bestandsbuchungen (Materialzugänge und -abgänge) erfolgen zu dem im Materialstamm festgelegten Standardpreis. Differenzen zum Bestellpreis werden auf Preisdifferenzkonten gebucht.

Bewertung zum gleitenden Durchschnittspreis (Preissteuerung „V")

Materialzugänge werden zum Bestellpreis bewertet, die Abgänge zum aktuellen gleitenden Durchschnittspreis, der bei jeder Bewegung automatisch berechnet wird. Der gleitende Durchschnittspreis ergibt sich durch die Formel Gesamtwert / Gesamtmenge.

Beispiel:

- Bestand: 0 Mengeneinheiten (ME)

- Zugang: 4 ME zum Bestellpreis von 100 EUR pro ME
  V-Preis = (4 ME * 100 EUR) / 4 ME = 100 EUR pro ME

- Weiterer Zugang: 2 ME zu je 88 EUR
  Gesamtwert = 4 ME * 100 EUR + 2 ME * 88 EUR = 576 EUR
  V-Preis = 576 EUR / 6 ME = 96 EUR pro ME

- Weiterer Zugang: 6 ME zu je 98 EUR
  V-Preis = (6 ME * 96 EUR + 6 ME * 98 EUR) / 12 ME = 97 EUR pro ME

Abweichungen zwischen Bestellpreis und Rechnungseingangspreis (beispielsweise für 100,- EUR bestellt, Lieferant berechnet aber 105,- EUR pro Einheit) werden im Hauptbuch direkt auf das Materialbestandkonto gebucht.

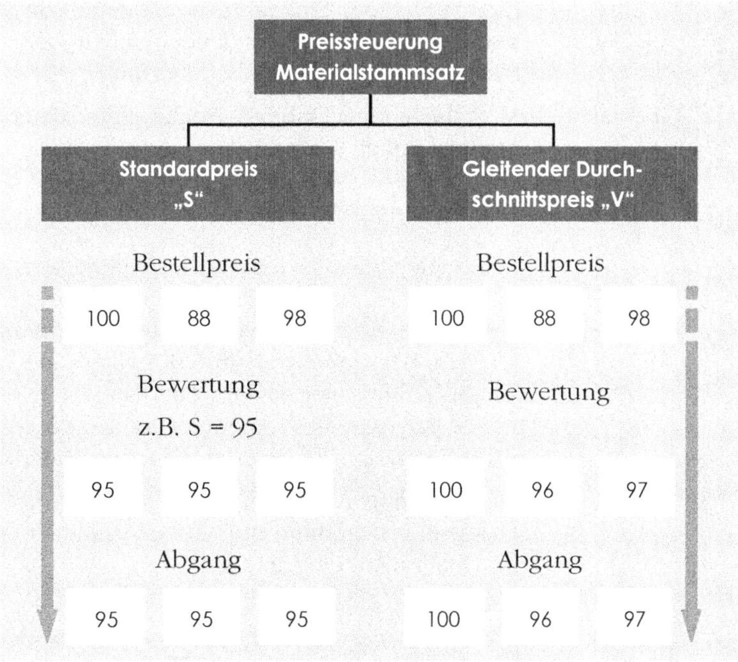

Abb. 4.13: Materialpreisbewertung

Bewertungs-
klasse

Wird ein Material wertmäßig geführt, ist eine Abbildung im externen Rechnungswesen erforderlich. Hierzu muss im Materialstamm hinterlegt werden, auf welches Bestandskonto zu buchen ist. Dies wird über die Bewertungsklasse festgelegt. Zumeist werden gleiche Materialarten mit gleichen Bewertungsklassen geführt und damit auf gleiche Bestandskonten gebucht.

4.2.5   Mengeneinheiten

Im Materialstamm wird zwischen Basismengeneinheit und Alternativmengeneinheiten unterschieden. Alle Materialdaten werden grundsätzlich in der Basismengeneinheit fortgeschrieben. Die Alternativmengeneinheiten werden immer in die Basismengeneinheit umgerechnet.

Basismengeneinheit

Unter dieser Mengeneinheit erfolgt die Bestandsverwaltung.

Alternativmengeneinheiten

Zusätzlich zur Basismengeneinheit können, abhängig vom Fachbereich, weitere Mengeneinheiten geführt werden, z.B.: Bestellmengeneinheit: Einkauf eines Materials in einer anderen Mengeneinheit als die Basismengeneinheit (z.B. Basismengeneinheit Stück, Bestellmengeneinheit Dutzend).

Verkaufsmengeneinheit: Verkauf eines Materials in einer anderen Mengeneinheit als die Basismengeneinheit.

4.2.6   ## Dispositionsverfahren

Die Materialdisposition, auch Materialbedarfsplanung genannt, hat zum Ziel, zukünftige Materialbedarfe zu ermitteln und diese termingerecht zu beschaffen. Aus der Materialdisposition heraus werden Bestellmengen und Bestelltermine festgelegt und überwacht. Es gibt eine Reihe von Dispositionsverfahren, die entweder plangesteuert (deterministisch) oder verbrauchsgesteuert sind. Das Dispositionsverfahren ist im Materialstamm anzugeben.

Die folgende Abbildung zeigt im Überblick die verschiedenen Dispositionsverfahren auf. Auf einzelne Prognoseverfahren wird im Detail nicht eingegangen.

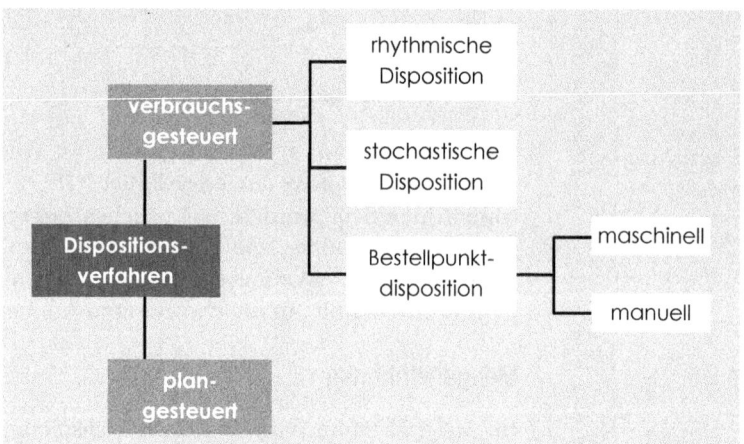

Abb. 4.14: Dispositionsverfahren

4.2.6.1   ## Verbrauchsgesteuerte Disposition

Bestellpunkt-disposition

Bei der Bestellpunktdisposition wird eine Bestellung dann ausgelöst, wenn der Meldebestand (erstmals) unterschritten wird. Diese Überprüfung findet bei jedem Materialabgang statt.

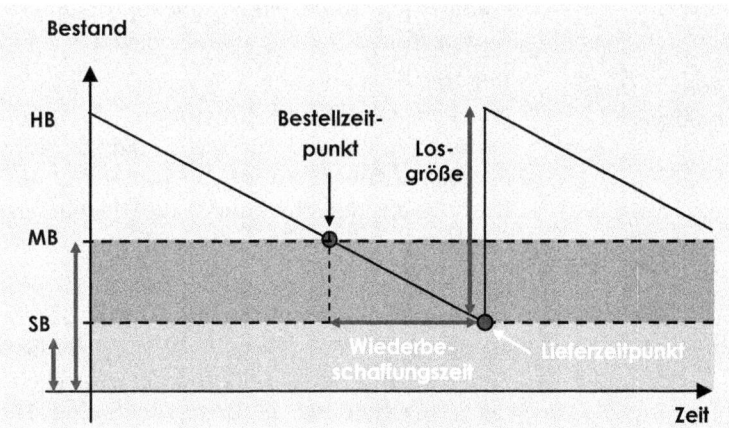

Abb. 4.15: Bestellpunktdisposition

Begriffserläuterung:

- Meldebestand (MB) oder Bestellpunkt: Verbrauch in der Wiederbeschaffungszeit + Sicherheitsbestand. Bei erstmaliger Unterschreitung wird eine Bestellung ausgelöst.

- Sicherheitsbestand (SB): So genannte eiserne Reserve, deckt ungeplante Mehrverbräuche und Lieferverzögerungen während der Wiederbeschaffungszeit ab.

- Höchstbestand (HB): Menge die nach einer Anlieferung am Lager sein soll.

- Bestellzeitpunkt: Zeitpunkt der (erstmaligen) Unterschreitung des Meldebestandes.

- Losgröße: Wiederbeschaffungsmenge.

Die Differenz zwischen Meldebestand und Sicherheitsbestand spiegelt die Menge wider, die innerhalb der Wiederbeschaffungszeit des Materials bei planmäßiger Entnahme verbraucht wird. Bei der Bestellpunktdisposition wird das Lager zum Bestellzeitpunkt grundsätzlich zum Höchstbestand aufgefüllt. Es kann aber auch eine feste Lösgröße eingegeben oder alternativ der Bedarf mit Hilfe von Prognoseverfahren berechnet werden. Definiert wird dies durch die Wahl des Losgrößenverfahrens im Materialstammsatz.

Wird eine manuelle Bestellpunktdisposition gewünscht, so ist im Materialstamm der Melde- und Sicherheitsbestand manuell einzugeben. Es besteht aber auch die Möglichkeit, diese Werte automatisch durch ein Prognoseprogramm berechnen zu lassen (automatische Bestellpunktdisposition).

Bestellrhythmus-disposition

Bei der rhythmischen Disposition wird das Material immer im gleichen Zeitabstand (Rhythmus) daraufhin überprüft, ob der verfügbare Bestand für die Bedarfsdeckung im nächsten Zeitintervall ausreicht. Ist dies nicht der Fall, erfolgt eine Bestellung. Der Dispositionsrhythmus, die Planlieferzeit (Wiederbeschaffungszeit) und die Dispositionslosgröße muss im Materialstamm angegeben werden.

Anhand des Dispositionsdatums prüft das System, ob das Material zur Disposition ansteht. Wenn ja, wird das Zeitintervall bis zum nächsten Dispositionsdatum zuzüglich der Lieferzeit ermittelt. Danach erfolgt die Bedarfsrechnung. Hierzu wird der Bedarf für das nächste Zeitintervall (Dispositionstermin + Dispositionsrhythmus + Einkaufsbearbeitungszeit + Planlieferzeit + Wareneingangsbearbeitungszeit) berechnet (über Prognose oder andere Ermittlung) und mit dem verfügbaren Bestand verglichen.

Reicht der verfügbare Bestand nicht aus, um den Bedarf des Zukunftsintervalls zu befriedigen, liegt eine Unterdeckung vor und es wird eine Bestellanforderung ausgelöst. Dieses Verfahren wird häufig dann eingesetzt, wenn ein Lieferant z.B. nur zu einem bestimmten Wochentag liefern kann.

Stochastische Disposition

Die stochastische Disposition ist ein weiteres Verfahren der verbrauchsgesteuerten Disposition. Wie die anderen verbrauchsgesteuerten Verfahren auch, orientiert es sich am Materialverbrauch. Zukünftige Bedarfe werden (periodenweise) durch Prognoserechnungen ermittelt. Im Gegensatz zur maschinellen Bestellpunktdisposition fließen diese ermittelten Bedarfe jedoch direkt in die Materialbedarfsplanung ein. Die Prognoserechnungen finden regelmäßig statt und sorgen dafür, dass die ermittelten Bedarfe sich dem Verbrauchsverhalten anpassen, da der Prognosebedarf um die tatsächlich eingetretenen Materialverbräuche korrigiert wird. Die Höhe der Bestellung richtet sich nach dem gewählten Losgrößenverfahren (z.B. Höchstbestand, feste Losgröße oder Prognosewert).

4.2.6.2   Plangesteuerte (deterministische) Disposition

Die plangesteuerte Disposition orientiert sich nicht an den zu erwartenden Verbräuchen, sondern leitet den Materialbedarf aus dem zukünftigen Produktionsprogramm ab. Das Produktionsprogramm ergibt sich aus vorhandenen Kundenaufträgen, Planprimärbedarfen, Reservierungen usw.. Diese Form der Planung wird häufig bei hochwertigen und teuren Materialien (A-Teile) verwendet. Das Produktionsprogramm enthält zwar Art und Menge der zu produzierenden Fertigerzeugnisse, nicht aber die daraus resultierenden Bedarfe an Rohstoffen und Halbfabrikaten. Die Bedarfsermittlung für diese Teile erfolgt deshalb über die Stücklistenauflösung.

4.2.7   Materialstamm anlegen

Ein Materialstamm kann entweder sofort oder geplant angelegt werden. Notwendig wird die Anlage eines Materialstammsatzes immer dann, wenn entweder für das Material noch kein Stammsatz vorhanden ist oder aber der bestehende Stammsatz um nicht vorhandene Sichten erweitert werden soll.

Es gibt zwei zentrale Einstiegsmöglichkeiten. Entweder im Bereich der Materialwirtschaft oder aber im Bereich der Produktion.

Angelegt werden die Stammdaten entweder zentral (Grunddaten und alle Fachbereichsdaten) oder dezentral (jeder Fachbereich legt seine eigenen Sichten an).

Anlegen eines Materialstammsatzes

Auf dem Einstiegsbild der Materialanlage werden die Materialart und die Branche angegeben. Bei externer Nummernvergabe ist eine entsprechende Nummer einzugeben. Im zweiten Schritt werden die Sichten und die Organisationsebenen gepflegt.

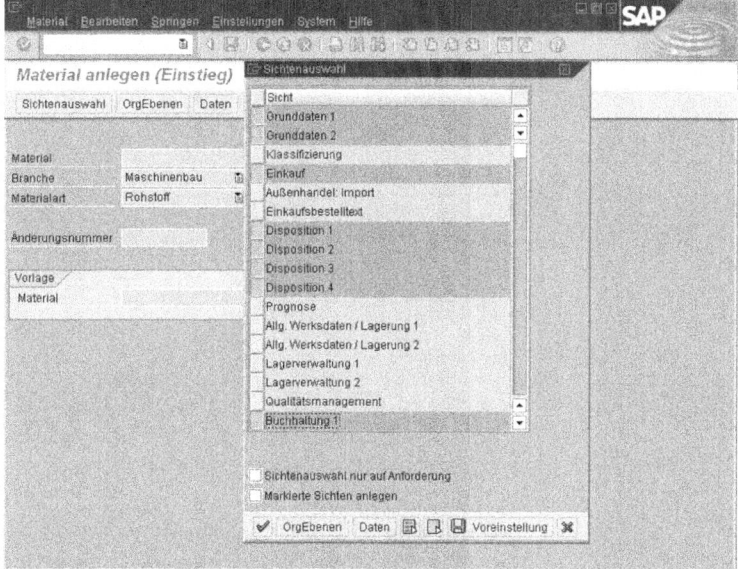

Abb. 4.16: Materialstamm anlegen – erster Schritt

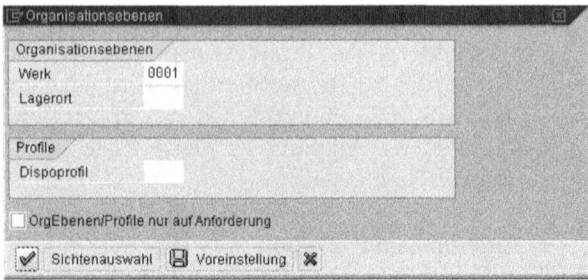

Abb. 4.17: Materialstamm anlegen – zweiter Schritt

Das Pflegebild für die einzelnen Fachbereichsdaten wird innerhalb eines Registers dargestellt. Die in der Sichtenauswahl gewählten Bereiche sind dabei mit einer Ikone markiert. Es ist jedoch auch möglich, andere Sichten zu pflegen (durch Klick auf das entsprechende Registerblatt).

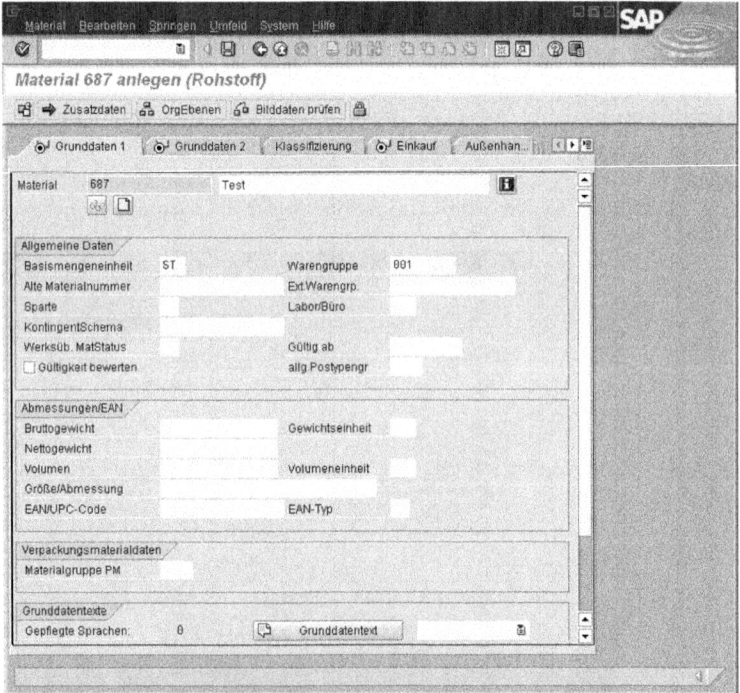

Abb. 4.18: Materialstamm anlegen – dritter Schritt

Neben dem allgemeinen Einstieg gibt es auch die Möglichkeit, ein Material „speziell" anzulegen. Dies bedeutet, dass bereits im

Menüpfad ausgewählt wird, für welche Materialart das Material angelegt werden soll.

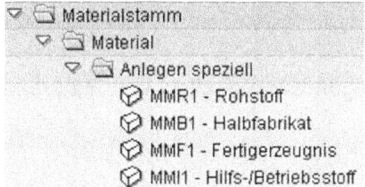

Abb. 4.19: Material speziell anlegen

Vorgehensweise:

1.   Wahl des Einstiegs:

   Logistik ➲ Materialwirtschaft ➲ Materialstamm ➲ Material ➲ Anlegen allgemein ➲ Sofort (MM01) oder

   Logistik ➲ Produktion ➲ Stammdaten ➲ Materialstamm ➲ Material ➲ Anlegen allgemein ➲ Sofort (MM01).

2.   Auf dem Einstiegsbild Eingabe der Materialart (darauf wird verzichtet, wenn der Einstieg *Material ➲ Anlegen speziell ➲ <Materialart>* gewählt wurde) und der Branche. Eingabe der Materialnummer bei externer Nummernvergabe. Soll ein Material mit Vorlage angelegt werden (die Daten des Vorlagematerials werden dann kopiert), muss die Nummer des Vorlagematerials eingegeben werden. Bestätigung der Eingaben durch <Enter>.

3.   Markierung der Sichten die angelegt werden sollen. Bestätigung durch <Enter>.

4.   Eingabe der erforderlichen Organisationsebenen (wenn mittels eines Vorlagematerials angelegt wurde, müssen auch die Organisationsebenen des Vorlagematerials angeben werden). Bestätigung durch <Enter>.

5.   Eingabe des Materialkurztextes und der Basismengeneinheit. Durch <Enter> werden die zu Beginn ausgewählten Sichten aufgerufen. Alternativ können die Sichten auch durch Anklicken der entsprechenden Registerblätter ausgewählt werden. Dies gilt auch für Sichten, die im Einstiegsbild nicht explizit ausgewählt wurden. Diejenigen Sichten, die ausgewählt wurden, sind mit einer Ikone gekennzeichnet.

6.   Ist das letzte Datenbild erreicht, sind die Eingaben zu sichern.

Erweitern von Material-stammsätzen

Falls bereits ein Materialstamm angelegt ist, jedoch weitere Sichten bzw. Organisationsebenen gepflegt werden sollen, geschieht dies nicht durch Änderungstransaktionen, sondern mit Hilfe der entsprechenden Transaktionen zum Anlegen (z.B. MM01).

4.2.8   Ändern / Anzeigen und Löschen von Materialstammsätzen

Änderung

Eine Änderung eines Materials kann sofort oder zu einem späteren Termin geplant werden.

Vorgehensweise:

1. Wahl des Einstiegs:

    Logistik ➲ *Materialwirtschaft* ➲ *Materialstamm* ➲ *Material* ➲ *Ändern* ➲ *Sofort (MM02)* bzw. *Planen (MM12)* oder

    Logistik ➲ *Produktion* ➲ *Stammdaten* ➲ *Materialstamm* ➲ *Material* ➲ *Ändern* ➲ *Sofort (MM02)* bzw. *Planen (MM12)*.

2. Eingabe der Materialnummer. Soll eine geplante Änderung vorgenommen werden, ist der Zeitpunkt der Änderung einzugeben. Bestätigung der Eingabe durch <Enter>.

3. Eingabe der zu ändernden Sichten. Bestätigung durch <Enter>.

4. Eingabe der entsprechenden Organisationsstruktur. Bestätigung durch <Enter>.

5. Auf dem erscheinenden Datenbild sind die Änderungen vorzunehmen und die Eingaben zu sichern.

Wurde eine geplante Änderung vorgenommen, so muss diese aktiviert werden.

Vorgehensweise:

1. Im Menü des Materialstammes Auswahl des Pfades *Material* ➲ *Ändern* ➲ *Aktivieren (MM13)*.

2. Dateneingabe auf dem Einstiegsbild und *Programm* ➲ *Ausführen* in der Menüleiste wählen.

3. Die geplanten Änderungen werden aktiviert.

Anzeigen

Das Anzeigen eines Materialstammes kann zu einem bestimmten Stichtag oder zu einem aktuellen Stand erfolgen. Damit ist es möglich, Daten stichtagsbezogen anzuzeigen.

Der Einstieg erfolgt über das Menü Materialstamm durch Auswahl des Pfades *Material* ➲ *Anzeigen* ➲ *Anzeigen akt. Stand (MM03)* bzw. *Anzeigen z. Stichtag (MM19)*.

Löschen eines Material-stammes

Ein Materialstamm kann nicht einfach aus einem operativen SAP-System gelöscht werden (dies gilt für praktisch alle Stammsätze). Er wird im ersten Schritt mit einer Löschvormerkung versehen und im zweiten Schritt mittels Archivierungs- und Löschprogramm (vom Systemadministrator) aus dem operativen System herausgelöst.

Das Setzen der Löschvormerkung geschieht im Materialstammmenü über *Material ➲ Zum Löschen vormerk. ➲ Sofort (MM06)* bzw. *Planen (MM16)*.

4.2.9   Materialverzeichnis

Das Materialverzeichnis im SAP-System ermöglicht es, nach bestimmten Selektionskriterien Materialien auflisten zu lassen.

Aufgerufen wird diese Funktion im Materialstammmenü über *Sonstige ➲ Materialverzeichnis (MM60)*. Nach Eingabe der Selektionskriterien wird die Liste über *Programm ➲ Ausführen* in der Menüleiste gestartet.

Material	Werk	BewertArt	Materialkurztext	Ltz. Änd	MatArt	Warengrp	BME	EKG	ABC	DMK	BewKl
A103_09B_29	0001		Novum NB 1025		FERT	01	ST			PD	7920
E301_08B_19	0001		Notebook NB1020	04.12.2008	FERT	01	ST	019		PD	7920
E311_08B_19	0001		Notebook NB1025	04.12.2008	FERT	01	ST	019		PD	7920
F001_00_02	0001		NB 1020		FERT	01	ST			PD	7920
F002_00_02	0001		NB 1025		FERT	01	ST			PD	7920
F01_0409	0001		Notebook 1020	22.04.2009	FERT	01	ST			PD	7920
F01_08B_10	0001		Notebook NB1020 Komplettpaket	24.11.2008	FERT	01	ST			PD	7920
F02_0409	0001		Notebook 1025	22.04.2009	FERT	01	ST			PD	7920
F02_08B_10	0001		Notebook NB1025 Komplettpaket	24.11.2008	FERT	01	ST			PD	7920
F09B_0001	0001		Novum NB1025		FERT	01	ST			PD	7920
F09B_0002	0001		Novum NB1028		FERT	01	ST			PD	7920
F101-08B_06	0001		Novum PC	15.11.2008	FERT	01	ST			PD	7920
F101_04	0001		NB 1016 Notebook	05.05.2008	FERT	01	ST			PD	7920
F101_05A_1	0001		NB1016	13.05.2008	FERT	01	ST			PD	7920
F101_05A_99	0001		Novum PC	03.08.2005	FERT	01	ST			PD	7920
F101_05B_01	0001		Novum PC	07.11.2005	FERT	01	ST			PD	7920
F101_05C_99	0001		Novum PC	20.08.2005	FERT	01	ST			PD	7920
F101_06A_01	0001		Novum PC	24.04.2006	FERT	01	ST			PD	7920
F101_06A_010	0001		Novum PC	03.04.2006	FERT	01	ST			PD	7920
F101_06A_02	0001		Novum PC	03.04.2006	FERT	01	ST			PD	7920

Abb. 4.20: Materialverzeichnis

4.2.10   Übungen zur Fallstudie

Übung 4.7

Materialstämme anlegen

Auf Grund der gestiegenen Nachfrage nach Personal Computern hat sich die Novum Computer GmbH entschlossen, einen neuen PC in ihr Produktprogramm aufzunehmen. Sie sind damit beauftragt worden, die notwendigen Materialstammsätze anzulegen. Die Angaben zu den Materialien finden Sie im Datenblatt A2.2. *Hinweis:* Legen Sie zuerst alle Rohstoffe an, danach die Halbfabrikate und zum Schluss das Fertigerzeugnis. Im Folgenden werden die notwendigen Dateneingaben aufgezeigt, wobei sich innerhalb einer Materialart die Materialien nur in der Materialnummer und der Bezeichnung unterscheiden.

Rohstoffe			
Einstieg			
Material	siehe Datenblatt A2.2		
Branche	Maschinenbau	Materialart	Rohstoff
Sichtenauswahl			
Grunddaten 1, Einkauf, Disposition 1-3, Allgemeine Werksdaten / Lagerung 1, Buchhaltung 1, Kalkulation 1			
Organisationsebenen			
Werk	0001	Lagerort	0001
Reiter „Grunddaten 1"			
Materialbezeichnung	siehe Datenblatt A2.2		
Basismengeneinheit	ST	Warengruppe	01
Bruttogewicht	siehe Datenblatt A2.2		
Gewichtseinheit	KG	Nettogewicht	s. Datenblatt A2.2
Reiter „Einkauf"			
Einkäufergruppe	Ihr Einkäufer	WE-Bearbeitungszeit	1
Reiter „Disposition 1"			
Dispomerkmal	PD		
Disponent	Ihr Disponent	Dispolosgröße	EX
Reiter „Disposition 2"			
WE-Bearbeitungszeit	1	Planlieferzeit	1
Horizontschlüssel	000		

Reiter „Disposition 3"

Periodenkennzeichen	M		
Strategiegruppe	10	Verfügbarkeitsprüf.	01

Reiter „Werksdaten/Lagerung 1"

Kommissionierbereich	001	Raumbedingungen	01

Reiter „Buchhaltung 1"

Bewertungsklasse	3000		
Preissteuerung	S	Standardpreis	s. Datenblatt A2.2

Reiter „Kalkulation 1"

keine weiteren Dateneingaben erforderlich

Datenblatt 4.3

Halbfabrikate

Einstieg

Material	siehe Datenblatt A2.2		
Branche	Maschinenbau	Materialart	Halbfabrikat

Sichtenauswahl

Grunddaten 1, Einkauf, Disposition 1-3, Arbeitsvorbereitung,
Allgemeine Werksdaten / Lagerung 1, Buchhaltung 1, Kalkulation 1

Organisationsebenen

Werk	0001	Lagerort	0001

Reiter „Grunddaten 1"

Materialbezeichnung	siehe Datenblatt A2.2		
Basismengeneinheit	ST	Warengruppe	01
Bruttogewicht	siehe Datenblatt A2.2		
Gewichtseinheit	KG	Nettogewicht	s. Datenblatt A2.2

Reiter „Einkauf"

Einkäufergruppe	Ihr Einkäufer	WE-Bearbeitungszeit	1

Reiter „Disposition 1"

Dispomerkmal	PD		
Disponent	Ihr Disponent	Dispolosgröße	EX

Reiter „Disposition 2"			
Beschaffungsart	X	Eigenfertigungszeit	1
WE-Bearbeitungszeit	1	Planlieferzeit	1
Horizontschlüssel	000		

Reiter „Disposition 3"			
Periodenkennzeichen	M		
Strategiegruppe	10	Verfügbarkeitsprüf.	01

Reiter „Arbeitsvorbereitung"			
Fertigungssteuerer	der Ihnen zugewiesene Fertigungssteuerer		
EigenfertZeit	1	ProdLagerort	0001

Reiter „Werksdaten / Lagerung 1"			
Kommissionierbereich	001	Raumbedingungen	01

Reiter „Buchhaltung 1"			
Bewertungsklasse	7900		
Preissteuerung	S	Preiseinheit	1
Standardpreis	siehe Datenblatt A2.2		

Reiter „Kalkulation 1"	
keine weiteren Dateneingaben erforderlich	

Datenblatt 4.4

Fertigerzeugnis			
Einstieg			
Material	siehe Datenblatt A2.2		
Branche	Maschinenbau		
Materialart	Fertigerzeugnis		
Sichtenauswahl			
Grunddaten 1, VerkaufsorgDaten 1+2, Vertrieb: allg. / Werksdaten, Vertriebstext, Disposition 1-3, Allgemeine Werksdaten / Lagerung 1, Buchhaltung 1, Kalkulation 1			
Organisationsebenen			
Werk	0001	Lagerort	0001
Verkaufsorg.	0001	Vertriebsweg	01

Reiter „Grunddaten 1"

Materialbezeichnung	siehe Datenblatt A2.2		
Basismengeneinheit	ST	Warengruppe	01
Bruttogewicht	siehe Datenblatt A2.2		
Gewichtseinheit	KG	Nettogewicht	s. Datenblatt A2.2

Reiter „Vertrieb: „VerkOrg 1"

Basismengeneinheit	ST
Auslieferungswerk	0001
Sparte	01
Steuerdaten	in der Zeile Feld „Steuerklasse": 1

Reiter „Vertrieb: „VerkOrg 2"

Allg.Pos.typenGruppe	NORM	Positionstypengruppe	NORM

Reiter „Vertrieb: allg./Werk"

Verfügbarkeitsprüf.	02		
TranspGr	0001	Ladegruppe	0001
BearbZeit	1	Basismenge	100

Reiter „Vertriebstext"

Vertriebstext Deutsch	Novum PC

Reiter „Disposition 1"

Dispomerkmal	PD		
Disponent	Ihr Disponent	Dispolosgröße	EX

Reiter „Disposition 2"

Beschaffungsart	X	Eigenfertigungszeit	1
WE-Bearbeitungszeit	1	Planlieferzeit	1
Horizontschlüssel	000		

Reiter „Disposition 3"

Periodenkennzeichen	M	Strategiegruppe	10
Verfügbarkeitsprüf.	02		

Reiter „Werksdaten / Lagerung 1"

Kommissionierbereich	001	Raumbedingungen	01

Reiter „Buchhaltung 1"			
Bewertungsklasse	7920		
Preissteuerung	S	Preiseinheit	1
Standardpreis	siehe Datenblatt A2.2		
Reiter „Kalkulation 1"			
keine weiteren Dateneingaben erforderlich			

Datenblatt 4.5

Übung 4.8

Materialsicht erweitern

Nach Anlage aller Materialien stellen Sie fest, dass vergessen wurde, die Arbeitsvorbereitungssicht im Fertigerzeugnis zu pflegen. Legen Sie die Sicht „Arbeitsvorbereitung" für das Werk „0001" nachträglich an. Tragen Sie in dieser Sicht im Feld „Fertigungssteuerer" den Ihnen zugewiesenen Fertigungssteuerer ein, der Produktionslagerort ist „0001" und die Eigenfertigungszeit „1". Weitere Eingaben sind nicht erforderlich.

Hinweis: Da Sie den Materialstamm des Fertigerzeugnisses um eine Sicht erweitern, müssen Sie die Anlagetransaktion MM01 verwenden.

Übung 4.9

Materialstamm ändern / anzeigen

Das angelegte Fertigerzeugnis kann derzeit sowohl eigengefertigt als auch fremdbeschafft werden. Um die Fremdbeschaffung zu verhindern, ändern Sie in der Dispositionssicht 2 des Materials (für Werk „0001" und Lagerort „0001") die Beschaffungsart auf „E". Lassen Sie sich danach das Material erneut anzeigen und überprüfen Sie, ob das Material in der Dispositionssicht 2 korrekt geändert wurde.

Übung 4.10

Material- verzeichnis

Überprüfen Sie mittels des Materialverzeichnisses, ob Sie alle Materialien angelegt haben. Geben Sie hierzu in der Selektion Ihren Benutzernamen im Feld „Ersteller" ein.

4.3   Stücklisten

4.3.1   Grundlagen

Definition

Eine Stückliste ist eine Aufstellung über die Anzahl von Teilen, die zur Herstellung eines Erzeugnisses benötigt werden. Teile können hierbei Rohstoffe, Hilfsstoffe, Zulieferteile oder auch

Halbfabrikate sein. Nach ihrem Einsatzzweck werden Stücklisten differenziert in Konstruktions-, Fertigungs- und Dispositionsstücklisten. Bezüglich ihres Aufbaus unterscheidet man zwischen Struktur-, Mengenübersichts- und Baukastenstücklisten.

Rezepte

In verschiedenen Branchen werden Stücklisten unter anderen Bezeichnungen geführt. So werden sie beispielsweise in der Chemischen Industrie sowie in der Nahrungsmittelindustrie als Rezepte oder Rezepturen bezeichnet.

Die folgende Abbildung zeigt die Erzeugnisstruktur eines einfachen, in 4 Stufen produzierten Fertigprodukts F_1.

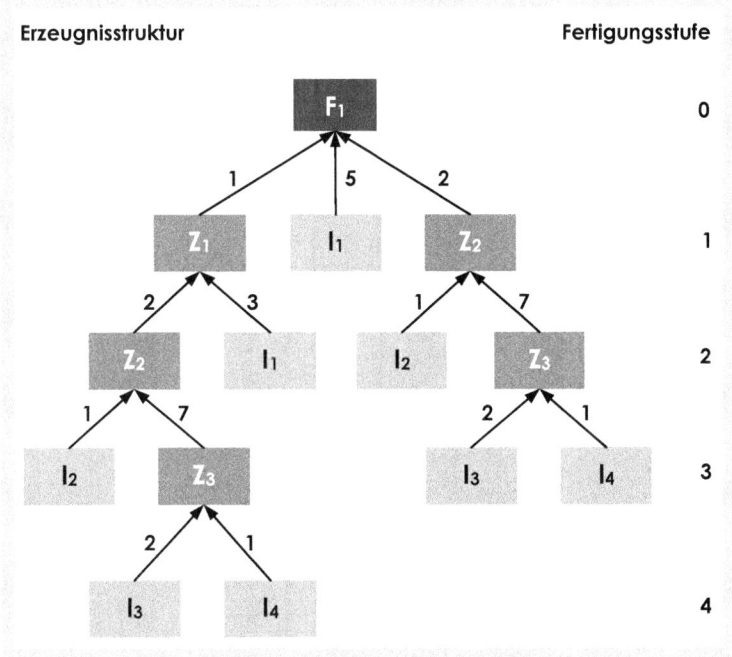

Abb. 4.21: Erzeugnisstruktur

Erzeugnisstrukturen

Werden Erzeugnisstrukturen als Graphen dargestellt, so sind die Knoten die beteiligten Materialien. Mit F_i werden Fertigprodukte bezeichnet Die Knoten Z_j sind Zwischenerzeugnisse (auch Halbfabrikate oder Baugruppen genannt) und unter I_k sind fremdbezogene Inputmaterialien (Teile, Rohstoffe, Hilfsstoffe) zu verstehen. Die Pfeile (oder Kanten) geben den fertigungstechnischen Zusammenhang wieder. Die Zahlen an den Pfeilen die jeweilige Menge, mit der eine Komponente in den übergeordneten Knoten eingeht.

Detaillierte Informationen zu den Knoten der Erzeugnisstrukturen, d.h. den Materialien, sind in den Materialstammsätzen abgelegt. Informationen zu den Pfeilen, d.h. zu den fertigungstechnischen Zusammenhängen und benötigten Mengen, bilden die Stücklisten ab. In der Praxis haben sich 3 verschiedene Stücklistenarten durchgesetzt – Strukturstücklisten, Mengenübersichtsstücklisten und Baukastenstücklisten.

Struktur-stückliste

Eine Strukturstückliste zeigt sämtliche Teile und Baugruppen mit Mengenangaben (mit denen sie in die direkt übergeordnete Baugruppe eingehen) sowie die fertigungstechnischen Zusammenhänge eines Fertigerzeugnisses auf. Die folgende Tabelle zeigt die Strukturstückliste zur Erzeugnisstruktur in Abbildung 4.21.

Strukturstückliste zu Fertigerzeugnis F_1		
Fertigungsstufe	**Material**	**Menge**
.1	Z_1	1
..2	Z_2	2
...3	I_2	1
...3	Z_3	7
....4	I_3	2
....4	I_4	1
..2	I_1	3
.1	I_1	5
.1	Z_2	2
..2	I_2	1
..2	Z_3	7
...3	I_3	2
...3	I_4	1

Abb. 4.22: Strukturstückliste

Mengenüber-sichtsstückliste

Eine Mengenübersichtsstückliste (auch Mengenstückliste genannt) ist eine reine Auflistung der benötigten Erzeugniskomponenten zur Herstellung eines Fertigproduktes, ohne fertigungstechnischen Zusammenhang. Die folgende Tabelle zeigt die Mengenstückliste zur Erzeugnisstruktur in Abbildung 4.21.

Mengenübersichtsstückliste zu Fertigerzeugnis F_1	
Material	**Menge**
Z_1	1
Z_2	4
Z_3	28
I_1	8
I_2	4
I_3	56
I_4	28

Abb. 4.23: Mengenübersichtsstückliste

Baukasten-
stückliste

Baukastenstücklisten zeigen lediglich die in ein Fertigerzeugnis oder eine Baugruppe direkt eingehenden Komponenten mit den zugehörigen Mengen auf. Sie bilden daher aus der Erzeugnisstruktur nur je 1 Stufe ab. Besteht ein Fertigprodukt aus mehreren Fertigungsstufen, so sind auch mehrere Baukastenstücklisten notwendig, um das gesamte Erzeugnis darzustellen.

Der große Vorteil von Baukastenstücklisten ist, dass sie redundanzfrei sind. Für eine Komponente, die mehrfach vorkommt, wird nur 1 Baukastenstückliste benötigt. Sie sind daher sehr änderungsfreundlich und bieten sich für die Speicherung in relationalen Datenbanken an. Weiterhin enthalten sie (in ihrer Gesamtheit gesehen) sämtliche Informationen über Mengen und fertigungstechnische Zusammenhänge, so dass aus ihnen problemlos graphische Darstellungen der Erzeugnisstruktur, Strukturstücklisten sowie Mengenstücklisten erzeugt werden können.

Die folgende Abbildung 4.24 zeigt die 4 Baukastenstücklisten zur Erzeugnisstruktur aus Abbildung 4.21.

Baukastenstückliste zu Fertigerzeugnis F_1	
Material	**Menge**
Z_1	1
Z_2	2
I_1	5

Baukastenstückliste zu Halbfabrikat Z_1	
Material	**Menge**
Z_2	2
I_1	3

Baukastenstückliste zu Halbfabrikat Z_2		Baukastenstückliste zu Halbfabrikat Z_3	
Material	Menge	Material	Menge
Z_3	7	I_3	2
I_2	1	I_4	1

Abb. 4.24: Baukastenstücklisten

Verwendungs-
nachweise

Neben Stücklisten sind in der Praxis auch Verwendungsnachweise im Einsatz. Bei diesen Listen ist die Betrachtungsweise genau umgekehrt wie bei Stücklisten. Während Stücklisten die Frage klären, welche Komponenten zur Erzeugung eines Fertigprodukts oder einer Baugruppe in welcher Menge benötigt werden, zeigen Verwendungsnachweise auf, in welche Fertigerzeugnisse und Baugruppen ein betrachtetes Objekt (Teil oder Baugruppe) in welcher Menge eingeht.

Entsprechend der verschiedenen Stücklistenarten kennt man Struktur-, Mengen- und Baukastenverwendungsnachweise.

Da Verwendungsnachweise genau die umgekehrte Betrachtungsweise auf das Datenmaterial von Stücklisten darstellen, sind sie aus Baukastenstücklisten ebenfalls zu generieren.

4.3.2   Stücklistenorganisation in SAP

Stücklisten im SAP-System werden in Baukastenform angelegt. Alle anderen Stücklistenarten lassen sich über die Baukastenstücklisten generieren.

Stückliste auf
Werks- / und
Konzernebene

Die Pflege und Verwaltung von Stücklisten erfolgt grundsätzlich auf Werksebene. Dies bedeutet, dass jede Stückliste einen eindeutigen Werksbezug hat. Alternativ dazu besteht die Möglichkeit, Konzernstücklisten anzulegen. Diese haben bei der Anlage keinen Werksbezug, werden aber nachträglich einem oder mehreren Werken durch Referenzen zugeordnet.

Organisatorische
Einbettung

Wie bereits erwähnt, wird eine Stückliste pro Werk angelegt. Dies bedeutet als Konsequenz, dass für das gleiche Material in mehreren Werken auch mehrere Stücklisten (mit unterschiedlichen Nummern) vorhanden sein können. Es besteht jedoch die Möglichkeit, eine Stückliste mehreren Werken zuzuordnen. Stücklistenänderungen wirken sich dann aber auf alle zugeordneten Werke aus.

Zeitbezug

Stücklisten besitzen eine zeitliche Gültigkeit. Das Beginndatum der Gültigkeit wird beim Anlegen der Stückliste angegeben, während das Enddatum automatisch auf den 31.12.9999 gesetzt wird.

Wird die Stückliste später geändert, erfolgt automatisch eine Abgrenzung der Gültigkeit der ursprünglichen Stückliste.

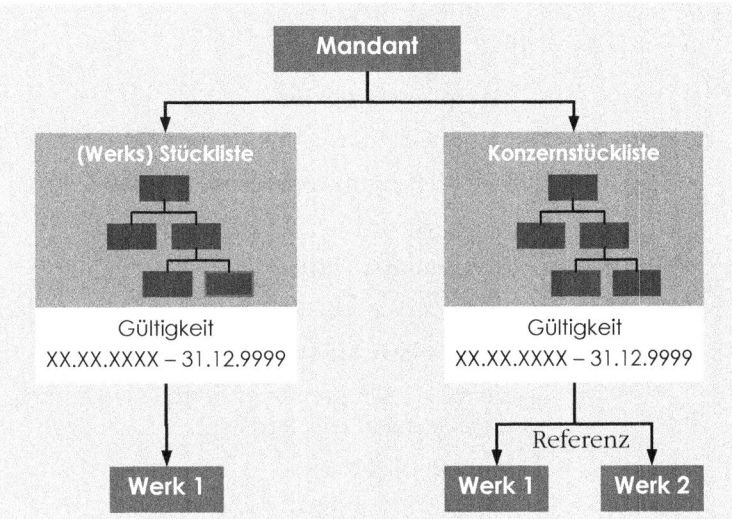

Abb. 4.25: Werkszuordnung und Konzernstückliste

4.3.3   Stücklistenaufbau

Stücklisten-verwendung

Beim Einstieg in die Stücklistenanlage muss die Stücklistenverwendung angegeben werden. Die Stücklistenverwendung erlaubt es, für jeden innerbetrieblichen Bereich eigene Stücklisten zu führen und steuert, welche innerbetrieblichen Bereiche die Stückliste verwenden dürfen. Standardmäßig werden 8 verschiedene Verwendungen unterstützt, unter anderem:

Konstruktionsstückliste

Enthält alle technischen Daten und Informationen, die konstruktionsrelevant sind.

Fertigungsstücklisten

Daten, die aus fertigungstechnischer Sicht gebraucht werden. Ist eine Stückliste fertigungsrelevant, so wird sie beispielsweise in einen Planauftrag übernommen.

Kalkulationsstückliste

Daten für die Ermittlung der Materialeinsatzkosten eines Erzeugnisses. Ist die Stückliste kalkulationsrelevant, so wird sie für die Preisfindung in der Erzeugniskalkulation berücksichtigt.

Stücklisten-typen

In SAP lassen sich folgende Stücklistentypen anlegen:

Materialstückliste

Bezug auf ein Material.

Equipmentstückliste

Im Rahmen der Instandhaltung Bezug auf ein Equipment.

Stückliste zum technischen Platz

Bezug zu einem technischen Platz.

Dokumentstückliste

Bezug zu einem Dokument.

Auftragsstückliste

Stückliste, die zu einem bestimmten Auftrag für ein konfigurierbares Material angelegt wird.

Projektstückliste

Bezug zu einem konkreten Projekt.

Die folgenden Ausführungen beschränken sich hauptsächlich auf die Materialstückliste.

Problem der Rekursivität

Stücklisten sind rekursiv, wenn das fertig gestellte Produkt selbst Teil der Stückliste ist, d.h. das gleiche Material sich im Kopf und in einer Position befindet. Das System meldet eine Rekursivität als möglichen Fehler. Dies kann aber auch gewünscht sein und ist dann in der Stückliste anzugeben (unter dem Reiter „Alle Daten" in der entsprechenden Position). Folgende Abbildung zeigt ein Beispiel zur Rekursivität.

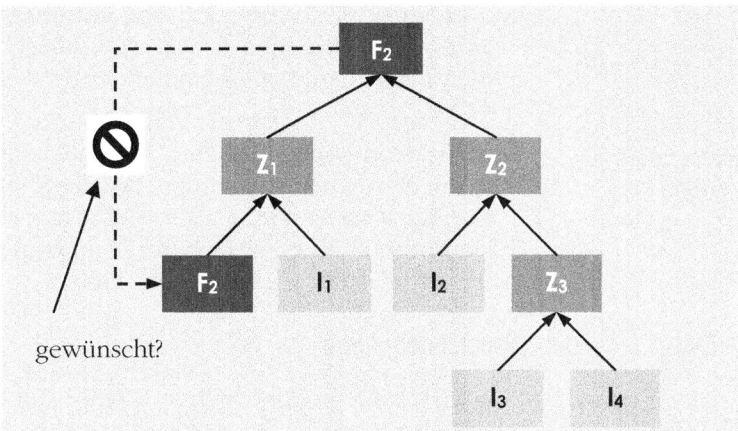

gewünscht?

Abb. 4.26: Rekursivität in Stücklisten

Positionstypen

Die Anlage einer Stücklistenposition erfolgt mit einem Positionstyp. Der Positionstyp steuert, welche Felder erscheinen, welches Kann- oder Mussfelder sind, wie der Bildaufbau der Positionen gesteuert wird, ob Bestandsmengen gepflegt werden, Unterpositionen unterstützt werden und z.B. negative Mengen erlaubt sind.

Zu den bedeutendsten Positionstypen gehören der Positionstyp L (Lagerposition) und der Positionstyp N (Nichtlagerposition). Soll ein Material in der Stückliste angelegt werden, welches bestandsmäßig geführt wird, ist Positionstyp L zu verwenden. Der Positionstyp N für Nichtlagerpositionen ist für Materialien reserviert, die nicht bestandsmäßig geführt werden. Diese Komponente wird dann direkt, am Lager vorbei, für einen Planauftrag / Fertigungsauftrag beschafft. Der Positionstyp N erlaubt es, auch Materialien zu erfassen, die keine Materialnummer und damit keinen Materialstamm besitzen.

In diesem Zusammenhang sei noch auf Positionstyp D (Dokumentenposition) hingewiesen. Hiermit kann eine Komponente bzw. das Erzeugnis ausführlich dokumentiert werden.

Kopf- und Positionsstatus einer Stückliste

Auf Kopf- und Positionsebene wird in der Stückliste ein Status gepflegt. Der Schlüssel auf Kopfebene zeigt, abhängig von den verschiedenen Arbeitsgebieten (z.B. Kalkulation, Konstruktion), den Bearbeitungsstand an, beispielsweise ob die Stückliste aktiv oder inaktiv ist.

Auf Positionsebene steuert der Status, für welchen Bereich die Stücklistenposition Gültigkeit hat, beispielsweise ob sie in der

Konstruktion, Fertigung oder Instandhaltung bedeutsam ist. Das Kennzeichen „Fertigungsrelevanz" verursacht, dass die Position in den Planauftrag übernommen und der Sekundärbedarf ermittelt wird.

Berechtigungs-
gruppe

Im Stücklistenkopf kann eine Berechtigungsgruppe angegeben werden. Wird hier eine Gruppe gepflegt, prüft das System bei jedem Stücklistenaufruf, ob der Aufrufende (Benutzer) in seinem Benutzerprofil über diese Berechtigungsgruppe verfügt. Wenn nein, wird der Zugang auf die Stückliste verweigert.

4.3.4   Stücklistenpflege

Stücklistenkopf
und Stücklisten-
positionen

Wie viele andere Objekte in SAP (z.B. Kundenauftrag, Buchhaltungsbeleg usw.) besteht auch die Stückliste aus einem Kopf und einer oder mehreren Positionen. Der Kopf enthält Daten, die für die gesamte Stückliste gelten, während die Positionen Informationen beinhalten, die sich jeweils auf einen bestimmten Bestandteil beziehen.

Beim Einstieg in die Stücklistenanlage ist das Werk, das Material, die Verwendung und die Gültigkeit anzugeben.

Der Stücklistenkopf beinhaltet hauptsächlich die Stücklistentexte, die Basismenge (Menge auf die sich alle Komponentenmengen beziehen) und Verwaltungsdaten (Benutzer, der die Stückliste angelegt bzw. geändert hat und Gültigkeit) sowie mit der Stückliste verbundene Dokumente.

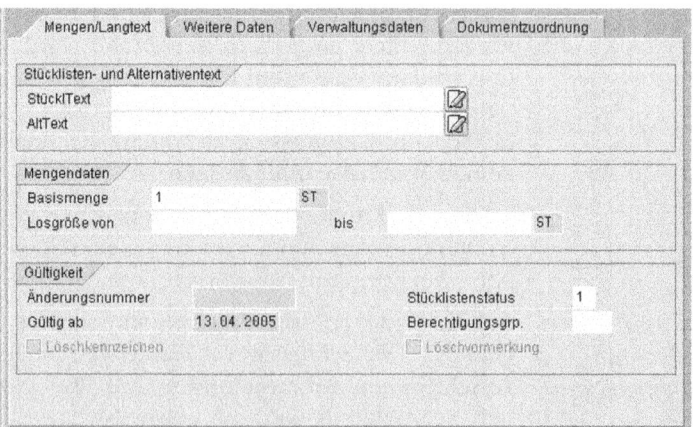

Abb. 4.27: Stücklistenkopf

Im Positionsbild werden die benötigten Komponenten eingegeben. Zu jeder Position sind Positionsdetails pflegbar. Welche Registerblätter in den Positionsdetails erscheinen, hängt vom angegebenen Positionstyp ab. Es gibt Daten, die für alle Positionstypen relevant sind und Daten, die nur für bestimmte Positionstypen pflegbar sind.

Pos	P...	Komponente	Komponentenbezeichn...	Menge	ME	BGr	U...	Gültig ab	
0010	L	312	Motherboard Sockel 7	1	ST			11.04.2005	▲
0020	L	670	CPU AMD Athlon XP 280...	1	ST			11.04.2005	▼
0030									
0040									
0050									
0060									
0070									▲
0080									▼

Positionieren...   Einstieg   Eintrag   1 / 2

Abb. 4.28: Positionsübersicht einer Stückliste

Material-
stückliste
anlegen

Vorgehensweise:

1. Menü *Logistik* ➲ *Produktion* ➲ *Stammdaten* ➲ *Stücklisten*
    ➲ *Stückliste* ➲ *Materialstückliste* ➲ *Anlegen (CS01)*.

2. Auf dem Einstiegsbild ist das Material anzugeben, das Werk
    (falls kein Werk angegeben ist, wird die Stückliste als Konzernstückliste angelegt) und die Verwendung. Bestätigung
    durch <Enter>.

3. Auf dem folgenden Bild werden die Stücklistenpositionen in
    Listform eingegeben (Positionsübersicht). Über die Registerkarten können verschiedene Funktionen gewählt werden.
    Zuerst wird der Positionstyp angegeben. Im Feld Komponente wird das Material eingegeben, in den entsprechenden
    Feldern die Menge und ggf. die Mengeneinheit. Durch
    Bestätigung der Eingaben mit <Enter> prüft das System die
    Daten und wechselt ggf. in das entsprechende Positionsdetailbild. Das Positionsdetailbild ist auch manuell durch Doppelklick auf die Position erreichbar bzw. durch das Markieren der Position und *Springen* ➲ *Position* in der Menüleiste.

4. Als nächstes werden die Kopfdaten gepflegt. Bei der Anlage
    übernimmt das System bereits relevante Daten in den Stücklistenkopf. Die Daten sind auch über *Springen* ➲ *Kopf* in
    der Menüleiste erreichbar.

5. Nach vollständiger Datenerfassung sind die Daten zu sichern. Die Stückliste wird angelegt und eine interne Nummer vergeben.

Stücklisten mit Vorlage anlegen

Eine Stückliste kann mit Vorlage angelegt werden. Relevante Daten werden dann aus der Vorlagestückliste in die neue Stückliste eingefügt.

Vorgehensweise:

1. Menü *Logistik* ➲ *Produktion* ➲ *Stammdaten* ➲ *Stücklisten* ➲ *Stückliste* ➲ *Materialstückliste* ➲ *Anlegen (CS01)*.

2. Auf dem Einstiegsbild sind das Material und das Werk anzugeben. Nach Anwahl von *Materialstückliste* ➲ *Vorlage kopieren* in der Menüleiste erscheint ein Dialogfenster, auf dem die relevanten Daten der Vorlagestückliste einzugeben sind. Nach Bestätigung der Eingaben werden die Daten in die neue Stückliste kopiert und können angepasst werden.

3. Nach kompletter Datenerfassung sind die Eingaben zu sichern.

Stücklisten änderungen vornehmen

Eine bestehende Stückliste kann auch geändert werden.

Vorgehensweise:

1. Im Stücklistenmenü wird die Änderungsfunktion über den Pfad *Stückliste* ➲ *Materialstückliste* ➲ *Ändern (CS02)* aufgerufen.

2. Auf dem Einstiegsbild sind die Daten für die zu ändernden Stückliste anzugeben und zu bestätigen.

3. Nach kompletter Datenänderung auf den Pflegebildern werden die Eingaben gesichert.

Änderungen einer Stückliste werden im SAP-System in Änderungssätzen abgespeichert. Damit ist es möglich, Stücklisten zu jedem Änderungsstand anzuzeigen.

Material- stückliste anzeigen

Vorgehensweise:

1. Die Anzeigefunktion wird im Stücklistenmenü über den Pfad *Stückliste* ➲ *Materialstückliste* ➲ *Anzeigen (CS03)* ausgelöst.

2. Auf dem Einstiegsbild sind die identifizierenden Daten der Stückliste anzugeben. Durch Angabe der Gültigkeitsdaten kann eine Stückliste, die zu einem bestimmten Zeitpunkt gültig war, aufgerufen werden.

3.   Nach Bestätigung der Eingaben zeigt das System die Stückliste an.

Löschfunktionen einer Stückliste

Die Löschfunktionen in einer Stückliste sind getrennt nach Kopf- und Positionslöschungen. Grundsätzlich kann die Löschung direkt erfolgen (die gesamte Stückliste bzw. die entsprechende Position wird gelöscht). Wird dagegen im Stücklistenkopf eine Löschvormerkung gesetzt, wird sie erst im Rahmen eines Reorganisationslaufes vom System entfernt und in ein Archiv verlagert.

Wichtig ist in diesem Zusammenhang auch, dass neben der Gesamtlöschung (Löschung ohne Historie) auch die Löschung mit Historie möglich ist. Es wird dann im Gegensatz zur Gesamtlöschung nur der entsprechende Änderungsstammsatz (ab Gültigkeitsdatum) gelöscht.

Vorgehensweise:

1.   Im Stücklistenmenü wird die Funktion über den Pfad *Stückliste ➲ Materialstückliste ➲ Ändern (CS02)* aufgerufen.

2.   Nach dem Erfassen der identifizierenden Daten der Stückliste im Einstiegsmenü und Bestätigung der Eingaben wird die Stückliste im Änderungsmodus gezeigt.

3.   Soll die Löschung auf Positionsebene erfolgen, so ist die Position zu markieren und in der Anwendungsfunktionsleiste der Button „Löschen" anzuklicken.

4.   Soll die Löschung auf Kopfebene erfolgen, ist zuerst das Kopfdetailbild auszuwählen (über die Menüleiste *Springen ➲ Kopf* oder über den Button „Kopf" in der Anwendungsfunktionsleiste) und dann im Reiter „Mengen / Langtext" die Löschvormerkung zu setzen. Soll die Stückliste direkt gelöscht werden, so ist dies über die Menüleiste *Materialstückliste ➲ Löschen* möglich.

4.3.5   Stücklistenauswertungen

Wie bereits mehrfach erwähnt, werden in SAP die Stücklisten in Form von Baukästen im System gehalten. Alle anderen Stücklistenarten werden über Auswertungsfunktionalitäten aus den Baukastenstücklisten erzeugt. Beispielhaft werden im Folgenden wichtige Auswertungsmöglichkeiten aufgezeigt.

Struktur-stückliste

Der Einstieg in die Strukturstückliste erfolgt im Stücklistenmenü über *Auswertungen ➲ Stücklistenauflösung ➲ Materialstückliste ➲ Struktur mehrstufig (CS12)*. Nach Eingabe der Selektionsparameter wird die Strukturstückliste über den Ausführungsbutton in der Anwendungsfunktionsleiste (alternativ Taste <F8>) angezeigt.

Struktur - mehrstufig

Material	799
Werk/Verw./Alt.	0001 / 1 / 01
Bezeichnung	Novum Multimedia 10-04
Basismenge (ST)	1,000

Stufen-Nr.	Pos.	Obj	Komponentennummer	Objektkurztext	Überl.	Menge	Menge (KMe)	ME	PTp	AsN
1	0010		792	Rechnereinheit Mulitm...		1,000	1	ST	L	
.2	0010		784	Gehäuse ULTRON MI...		1,000	1	ST	L	
.2	0020		782	Mitsumi Media Drive 7 i...		1,000	1	ST	L	
.2	0030		778	16*52" DVD-ROM Lauf...		1,000	1	ST	L	
.2	0040		776	Festplatte 2*400 GB S-..		1,000	1	ST	L	
.2	0050		772	12x8x DVD DUAL Bren...		1,000	1	ST	L	
.2	0060		786	Motherboard Multimedi...		1,000	1	ST	L	
.2	0070		735	Grafikkarte ATI Radeon...		1,000	1	ST	L	
.2	0080		528	Sound		1,000	1	ST	L	
...3	0010		519	Steinberg Cubase		1,000	1	ST	L	
...3	0020		518	Steinberg Xphraze		1,000	1	ST	L	
.1	0030		761	Aktivboxen 160W Ultro...		1,000	1	ST	L	
.1	0040		692	Länderkit 04		1,000	1	ST	L	
.2	0010		359	Handbuch PC		1,000	1	ST	L	
.2	0020		658	Logitech Cordl. Deskto...		1,000	1	ST	L	
.2	0030		360	Kabelset		1,000	1	ST	L	

Abb. 4.29: Mehrstufige Strukturstücklistenanzeige

Stücklisten-browser

Für Materialstücklisten steht ein Materialstücklistenbrowser zur Verfügung. Aufgerufen wird dieser im Stücklistenmenü über *Stückliste* ➲ *Materialstückliste* ➲ *Mehrstufig* ➲ *Materialstücklistenbrowser (CSMB)*. Im Einstiegsbild sollten zuerst Einstellungen zur Auflösung und Anzeige getätigt werden. Dies geschieht über die Menüleiste *Zusätze* ➲ *Einstellungen*. Nach Sicherung der Einstellungen und Eingabe der Selektionsparameter kann der Browser gestartet werden. Er bietet umfangreiche Navigationsmöglichkeiten innerhalb der Produktstruktur, u.a. den Wechsel in die jeweilige Materialstückliste.

Mengenüber-sichtsstückliste

Die Mengenübersichtsstückliste wird im Stücklistenmenü über *Auswertungen* ➲ *Stücklistenauflösung* ➲ *Materialstückliste* ➲ *Mengenübersicht (CS13)* aufgerufen.

Verwendungs-nachweis

Ein Verwendungsnachweis (Auflistung die zeigt, in welche Fertigprodukte und Halbfabrikate ein Material eingeht), kann im Stücklistenmenü über *Auswertungen* ➲ *Verwendung* ➲ *Material (CS15)* ausgegeben werden.

4.3.6   **Übungen zur Fallstudie**

Übung 4.11

Material-
stücklisten
anlegen

Legen Sie gemäß Ihrem Datenblatt A2.2 (siehe Anhang) Material-stücklisten (Baukastenstücklisten) für alle Halbfabrikate und das Fertigerzeugnis an.

Hinweis: Beginnen Sie zuerst mit der Anlage der Stücklisten zu allen Halbfabrikaten und beachten Sie folgende Vorgaben:

Einstiegsbild			
Material	das von Ihnen angelegte Halbfabrikat bzw. Fertigerzeugnis		
Werk	0001	Verwendung	1
Gültig ab	aktuelles Datum		
Positionsübersicht Allgemein			
Positionstyp	für jede Zeile L		
Komponente	je Zeile die direkt eingehenden Materialien laut Datenblatt A2.2		
Menge	je Zeile 1		

Datenblatt 4.6

Übung 4.12

Materialstück-
liste anzeigen

Lassen Sie sich die Materialstückliste zu Ihrem Fertigerzeugnis anzeigen.

Übung 4.13

Stücklisten-
auswertungen

Führen Sie verschiedene Stücklistenauswertung aus:

a)   Lassen Sie sich die Strukturstückliste mehrstufig zu Ihrem Fertigerzeugnis anzeigen (mit der Anwendung „PP01") und überprüfen Sie, ob die Erzeugnisstruktur dem Datenblatt A2.2 entspricht.

b)   Prüfen Sie mittels eines Verwendungsnachweises, in welchen Materialstücklisten Ihr Halbfabrikat Z102_XXX_XX verwendet wird (Art der Verwendung „direkt").

c)   Rufen Sie den (Material-) Stücklistenbrowser für Ihr Fertigerzeugnis auf. Verwenden Sie dabei das Werk „0001" und die Anwendung „PP01".

Hinweis: Sollten Sie erstmals den Browser aufrufen, müssen Sie im Einstiegsbild über *Zusätze* ➲ *Einstellungen* in der

Menüleiste Ihre persönlichen Einstellungen pflegen. Setzen Sie auf dem erscheinenden Zwischenbild den Haken bei „autom.Aktual." und sichern Sie die Einstellung über den Button „Speichern". Danach ist der Aufruf des Browsers über <F8> (alternativ über den ersten Button in der Anwendungs-funktionsleiste) möglich.

4.4   Arbeitsplatz

4.4.1   Grundlagen

Ein Arbeitsplatz ist ein Ort der Leistungserbringung für den Ferti-gungsprozess. Der Begriff Arbeitsplatz ist daher nicht beschränkt auf Orte, an denen manuelle Arbeiten durchgeführt werden können. An einem Arbeitsplatz kann

Arbeitsplatz-arten

- manuelle Bearbeitung,

- maschinelle Bearbeitung mit menschlicher Bedienung oder

- vollautomatische Bearbeitung

stattfinden.

Wichtig für die Charakterisierung eines Arbeitsplatzes (für Zwecke der Produktionsplanung und -steuerung) sind insbeson-dere folgende Daten:

Daten eines Arbeitsplatzes

- Arbeitsplatzart (manuelle, maschinelle oder automatische Bearbeitung).

- Geforderte Qualifikation (bei Bedarf menschlicher Arbeits-leistung).

- Erbringbare Leistungen (z.B. Bohren, Fräsen oder Packen).

- Kapazität (Normalkapazität, Maximalkapazität).

- Rüstzeiten.

- Verrechnungssätze für Bearbeitungszeit und Rüstzeit.

Arbeitsplatz-gruppen

Um die Planung zu erleichtern, werden Arbeitsplätze meist zu Arbeitsplatzgruppen zusammengefasst. Einer Arbeitsplatzgruppe gehören austauschbare Arbeitsplätze an, d.h. sie müssen

- vergleichbare technische Gegebenheiten aufweisen,

- am gleichen Standort angesiedelt sein und

- annähernd gleiche Kosten für Rüsten und Bearbeiten verur-sachen.

4.4.2   Arbeitsplatzstruktur in SAP

Neben Stücklisten und Arbeitsplänen zählen die Arbeitsplätze zu den wichtigsten Stammdaten in der Produktionsplanung und -steuerung in SAP.

Arbeitsplatzart

Angelegt werden Arbeitsplätze immer in Bezug zu einem Werk. Abhängig von der gewählten Arbeitsplatzart (z.B. Person) erfolgt die Steuerung,

- welche Daten gepflegt werden können,
- über welchen Feldstatus die Daten verfügen (Muss, Kann),
- in welchen Arbeitsplänen die Arbeitsplätze verwendet werden dürfen und
- ob die Historie durch Änderungssätze fortgeschrieben wird.

Daten in Arbeitsplätzen

Der Arbeitsplatzstammsatz in SAP ist in verschiedene Bildgruppen eingeteilt, die je nach Arbeitsplatzart unterschiedliche Ausprägungen besitzen.

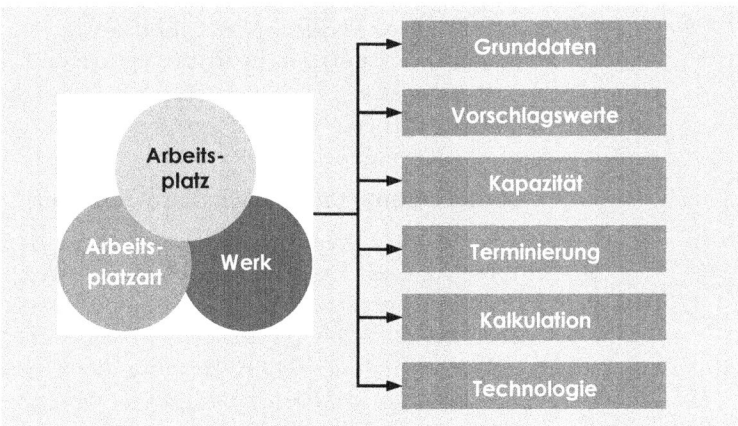

Abb. 4.30: Bildgruppen eines Arbeitsplatzes

Grunddaten

In den Grunddaten zum Arbeitsplatz werden unter anderem der Verantwortliche und der Standort für den Arbeitsplatz eingegeben, weiterhin in welchen Plänen er verwendet werden darf. Innerhalb der Grunddaten erfolgt auch die Vorgabewertbehandlung. Vorgabewerte werden für die Kalkulation (Kostenberechnung), die Terminierung (Durchführungszeiten) und die Kapazitätsplanung (Kapazitätsbedarfe) benötigt.

Vorschlagswerte

Beim Arbeitsplatz werden Vorschlagswerte definiert, die später beim Anlegen eines Vorgangs in den Arbeitsplan kopiert werden. Dort können sie dann, sofern sie im Arbeitsplatz nicht als Referenz gekennzeichnet sind, geändert werden. Unter anderem wird über den Vorgangssteuerschlüssel im Arbeitsplatz gesteuert, ob Vorgänge zurückgemeldet werden müssen, ob Lohnscheine gedruckt werden oder ein automatischer Wareneingang aus der Rückmeldung erzeugt wird.

Kapazität

Innerhalb der Bildgruppe „Kapazitäten" werden verschiedene Formeln zur Berechnung des Kapazitätsbedarfes hinterlegt, unter anderem Formeln für das Rüsten, Bearbeiten und Abrüsten.

Terminierung

Grundlage für die Terminierung bildet die Kapazitätsart. Diese bestimmt, ob es sich beispielsweise um eine Maschinen- oder Personalkapazität handelt. Innerhalb der Terminierung werden verschiedene Formeln zur Ermittlung der Durchführungszeit (Summe aus Rüstzeit, Bearbeitungszeit und Abrüstzeit eines Vorganges) eingegeben und die Übergangszeiten (Zeit zwischen zwei Vorgängen, ermittelt aus Transportzeit, Liegezeit und Pufferzeit) näher spezifiziert.

Kalkulations- und Personalsystemdaten

Hier werden Daten zur Kostenrechnung hinterlegt, um die Leistung, die am Arbeitsplatz erbracht wurde, auf das Produkt zu verrechnen. Insbesondere werden die Kostenstellen und die Leistungsarten für die erbrachten Leistungen hinterlegt. Die im Arbeitsplatz hinterlegten Leistungsarten werden in die im Arbeitsplan zugeordneten Vorgänge übernommen und können dort, sofern kein Referenzkennzeichen gesetzt ist, geändert werden.

Arbeitsplatz-hierarchie

Es ist möglich, Arbeitsplätze zu einer Arbeitsplatzhierarchie zusammenzufassen. Durch die Pflege einer Hierarchie können Kapazitätsplanung, Kapazitätsangebote und -bedarfe der Arbeitsplätze verdichtet werden.

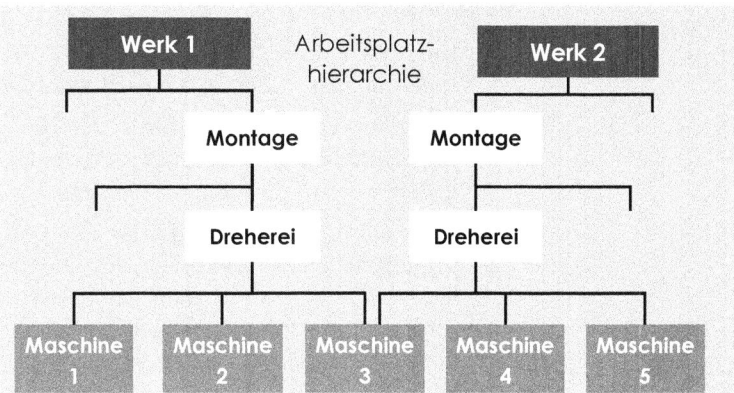

Abb. 4.31: Arbeitsplatzhierarchie

4.4.3   Pflege von Arbeitsplätzen

Die Anlage des Arbeitsplatzes erfordert im Einstiegsbild den Namen des Arbeitsplatzes, des Werkes und der Arbeitsplatzart. Auf dem zentralen Pflegebild sind die einzelnen Bildgruppen über Registerkarten anwählbar.

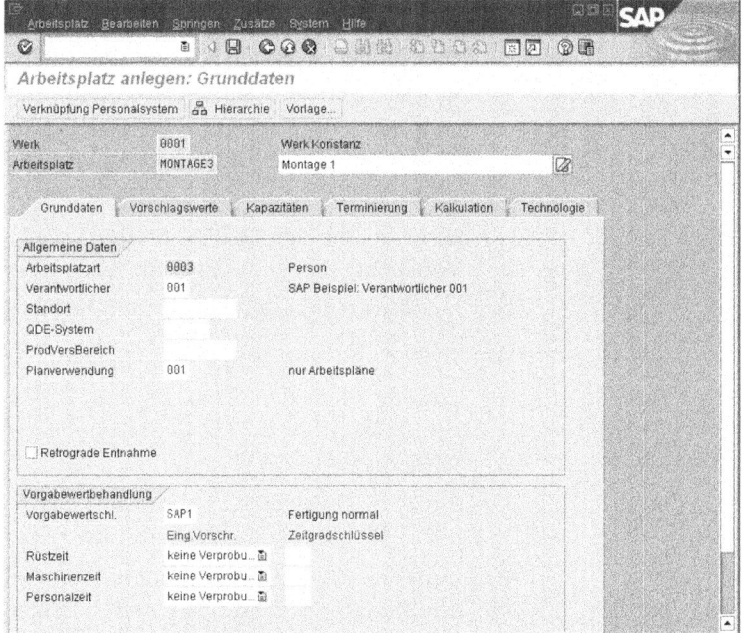

Abb. 4.32: Arbeitsplatzpflege

Anlage eines Arbeitsplatzes

Vorgehensweise:

1. Der Aufruf erfolgt über *Logistik* ➜ *Produktion* ➜ *Stammdaten* ➜ *Arbeitsplätze* ➜ *Arbeitsplatz* ➜ *Anlegen (CR01)*.

2. Auf dem Einstiegsbildschirm sind das Werk, der Arbeitsplatzschlüssel und die Arbeitsplatzart anzugeben. Die Eingaben werden mit <Enter> bestätigt.

3. Innerhalb des Hauptbildschirmes werden die Grunddaten gezeigt. Hier ist eine Kurzbezeichnung, ein Verantwortlicher, die Planverwendung und ein Vorgabewertschlüssel für den Arbeitsplatz einzugeben. Durch Klick auf die einzelnen Registerblätter werden die Bildgruppen aufgerufen.

4. Sind alle Daten eingegeben, sind sie zu sichern.

Anlage eines Arbeitsplatzes mit Vorlage

Ein Arbeitsplatz kann mit Vorlage angelegt werden. Das System übernimmt dann die Daten des Vorlagearbeitsplatzes als Vorschlagswerte.

Vorgehensweise:

1. Einstieg über den Pfad *Logistik* ➜ *Produktion* ➜ *Stammdaten* ➜ *Arbeitsplätze* ➜ *Arbeitsplatz* ➜ *Anlegen (CR01)*.

2. Auf dem Einstiegsbildschirm sind das Werk, der Arbeitsplatzschlüssel und die Arbeitsplatzart anzugeben. Zusätzlich sind der Vorlagearbeitsplatz und das Vorlagewerk einzugeben. Die Eingaben werden mit <Enter> bestätigt.

3. Es wird ein Zwischenbild simuliert, auf dem die Daten zu markieren sind, die übernommen werden sollen. Die Daten sind durch <Enter> zu bestätigen oder durch den Button „Kopieren".

4. Es erscheint der Hauptbildschirm, auf dem die Daten des Vorlagearbeitsplatzes als Vorschlagswerte erscheinen.

5. Nach Abschluss der Pflege sind die Daten zu sichern.

Vorgehensweise zum Ändern / Anzeigen:

Ändern und Anzeigen eines Arbeitsplatzes

1. Einstieg über den Pfad *Logistik* ➜ *Produktion* ➜ *Stammdaten* ➜ *Arbeitsplätze* ➜ *Arbeitsplatz* ➜ *Anzeigen (CR03)* bzw. *Ändern (CR02)*.

2. Auf dem Einstiegsbildschirm sind das Werk und der Arbeitsplatzschlüssel einzugeben und mit <Enter> zu bestätigen.

3. Der Hauptbildschirm erscheint. Die Navigation in die einzelnen Bildgruppen erfolgt durch die entsprechenden Registerkarten.

4.   Wurde der Änderungsmodus aufgerufen, sind die geänderten Daten zu sichern.

Arbeitsplatz löschen

Ein Arbeitsplatz kann nur dann direkt gelöscht werden, wenn er nicht verwendet wird (z.B. in Arbeitsplänen). Falls der Arbeitsplatz noch verwendet wird, kann eine Löschvormerkung gesetzt werden.

Vorgehensweise:

1.   Einstieg über den Pfad *Logistik ➲ Produktion ➲ Stammdaten ➲ Arbeitsplätze ➲ Arbeitsplatz ➲ Ändern (CR02)*.

2.   Auf dem Einstiegsbildschirm sind das Werk und der Arbeitsplatzschlüssel einzugeben und mit <Enter> zu bestätigen.

3.   Der Hauptbildschirm erscheint. Über die Menüleiste *Arbeitsplatz ➲ Löschen* kann die Löschung vollzogen werden. Wird der Arbeitsplatz noch verwendet, erscheint in der Statusleiste eine entsprechende Fehlermeldung. In diesen Fällen kann in der Menüleiste über *Zusätze ➲ Status ➲ Löschvorm. / Rücknahme* eine Löschvormerkung gesetzt werden.

4.4.4   Auswertungen

Arbeitsplatzliste

Auch zum Arbeitsplatz ist eine Reihe von Auswertungen verfügbar. Unter anderem eine Arbeitsplatzliste, welche eine Selektion von Arbeitsplätzen mit den wichtigsten Daten ermöglicht.

Der Einstieg in die Auswertung erfolgt über *Logistik ➲ Produktion ➲ Stammdaten ➲ Arbeitsplätze ➲ Auswertungen ➲ Arbeitsplatzliste (CR05)*.

Arbeitsplatzinformationssystem

Eine ebenfalls nützliche Auswertungsmöglichkeit bietet das Arbeitsplatzinformationssystem. Es ist über *Logistik ➲ Produktion ➲ Stammdaten ➲ Arbeitsplätze ➲ Auswertungen ➲ Arbeitsplatzinformationssystem* (CR60) erreichbar und bietet eine interaktive Liste mit einer Reihe von Absprungmöglichkeiten.

4.4.5   Übungen zur Fallstudie

Übung 4.14

Arbeitsplatz anzeigen

Die benötigten Arbeitsplätze sind bereits im System vorhanden. Lassen Sie sich den Arbeitsplatz „MONTAGE" anzeigen. Welche Arbeitsplatz- und Kapazitätsart ist hinterlegt?

Übung 4.15

Arbeitsplatzliste
Stellen Sie über die Arbeitsplatzliste fest, welche Arbeitsplätze für das Werk „0001" insgesamt angelegt sind.

4.5   Arbeitsplan

4.5.1   Grundlagen

In Stücklisten ist festgehalten, welche Materialien (Rohstoffe, Hilfsstoffe, Halbfabrikate, ...) in eine Baugruppe oder ein Fertigerzeugnis eingehen. Für Zwecke der Fertigung sind jedoch weitere Informationen dringend notwendig, um ein Halbfabrikat oder Fertigerzeugnis (möglichst kostenoptimal) herstellen zu können.

Die notwendigen Informationen sind im Einzelnen:

Informationen für die Fertigung

- was ist   (zu erstellendes Erzeugnis)
- wo   (Arbeitsplatz)
- woraus   (eingehende Materialien)
- womit   (Maschinen und Werkzeuge)
- in welcher Reihenfolge   (Arbeitsablauf)
- in welcher Zeit   (Vorgabezeit)

zu produzieren.

Dies sind die Inhalte eines Arbeitsplans. Arbeitspläne können daher als die entscheidenden Dokumente des Herstellungsprozesses angesehen werden, da sie dem Werker genau vorgeben, wie er einen Fertigungsauftrag abzuarbeiten hat.

Grunddaten für Planung ...
Da die Arbeitspläne Vorgabezeiten sowie benötigte Maschinen und Werkzeuge beinhalten, bilden sie darüber hinaus die Basis für planerische Zwecke im Rahmen der Produktionsplanung und -steuerung. Insbesondere werden die Daten aus den Arbeitsplänen für

- Betriebsmittelplanung,
- Reihenfolgeplanung und
- Feinterminierung

eingesetzt.

... Kalkulation ...
Aber auch für die Erzeugniskalkulation beinhalten sie mit den Vorgabezeiten für Rüsten und Bearbeitung unverzichtbare Basisdaten.

... und Entloh-
nung

Weiterhin dienen die Vorgabezeiten Zwecken der leistungsbezogenen Entlohnung, d.h. auch die Lohnbuchhaltung greift auf Informationen aus den Arbeitsplänen zu.

Notwendige
Informationen

Zur Erstellung eines Arbeitsplanes müssen der Arbeitsvorbereitung folgende Grunddaten zwingend zur Verfügung stehen:

- Zeichnung und
- Stückliste.

Weiterhin werden benötigt:

- Arbeitsplatzbeschreibungen,
- Maschinenleistungsdaten und
- Arbeitsverfahrensanweisungen.

Da die Arbeitplanung in erster Linie auf eine wirtschaftliche Fertigung abzielt, werden zur Festlegung der am Besten geeigneten Fertigungsverfahren Informationen über die zu fertigenden Mengen benötigt. Liegen diese – zum Beispiel bei Neuprodukten – noch nicht vor, so sind zumindest Schätzungen hierfür notwendig. Die benötigten Daten sind im Einzelnen:

- Lösgröße,
- jährliche Produktionsmenge und
- Lebensdauer des Erzeugnisses.

Um nicht für jedes Erzeugnis eine komplette Neuplanung erstellen zu müssen, wird in der Praxis meist auf Arbeitsplänen ähnlicher Erzeugnisse aufgebaut. In diesem Fall werden zusätzlich

- Teileklassifikationen und
- Arbeitspläne ähnlicher Teile

benötigt.

Ermittlung
Vorgabezeiten

Eine der schwierigsten und zugleich verantwortungsvollsten Aufgaben im Rahmen der Arbeitsplanerstellung ist die Ermittlung der Vorgabezeiten. Fehler bei der Festlegung wirken sich negativ auf die Planung einer kontinuierlichen Auslastung der Betriebsmittel aus. Weiterhin auch auf die Entlohnung der Beschäftigten, was zu erheblichen Verstimmungen in der Belegschaft führen kann.

Es ist daher eine Vielzahl von Methoden zur Vorgabezeitermittlung im Einsatz. Die bekanntesten sind:

- Messung von Ist-Zeiten (nur möglich, wenn das Erzeugnis bereits gefertigt wird).

- Verfahren vorbestimmter Zeiten (Soll-Zeiten werden auf Basis kleinster Bausteine von Bewegungsabläufen zusammengesetzt).

- Simulation von Arbeitsabläufen (vor der Aufnahme der Fertigung).

- Analogieschlüsse (auf der Basis gemessener Ist-Zeiten ähnlicher Arbeitsabläufe).

4.5.2   Arbeitsplanstruktur in SAP

Plantypen

Arbeitspläne in einem SAP-System lassen sich in so genannte Plantypen einteilen. Neben (Standard) Linienplänen, Planungsrezepten, Grobplanungsprofilen, Standardnetzen und Prüfplänen sind vor allem Normalarbeitspläne von Bedeutung.

Normalarbeitspläne beschreiben auftragsneutral die materialbezogene Fertigung, während Standardarbeitspläne überwiegend materialunabhängig sind und als Vorlage und Referenz für Normalarbeitspläne verwendet werden.

Der Einsatz von Standardarbeitsplänen bietet sich zur Beschreibung von Vorgangsabfolgen an, die im Unternehmen häufig vorkommen. Der Vorteil ergibt sich dann dadurch, dass wenn eine solche Vorgangsabfolge in einem Normalarbeitsplan vorkommt, per Referenz auf den Standardarbeitsplan verwiesen wird. Die Vorgangsabfolge muss demzufolge nicht schrittweise in den Normalarbeitsplan eingegeben und Änderungen müssen nicht in jedem Normalarbeitsplan vollzogen werden, sondern erfolgen zentral im Standardarbeitsplan. Folgende Abbildung zeigt eine Referenz eines Normalarbeitsplans auf einen Standardarbeitsplan.

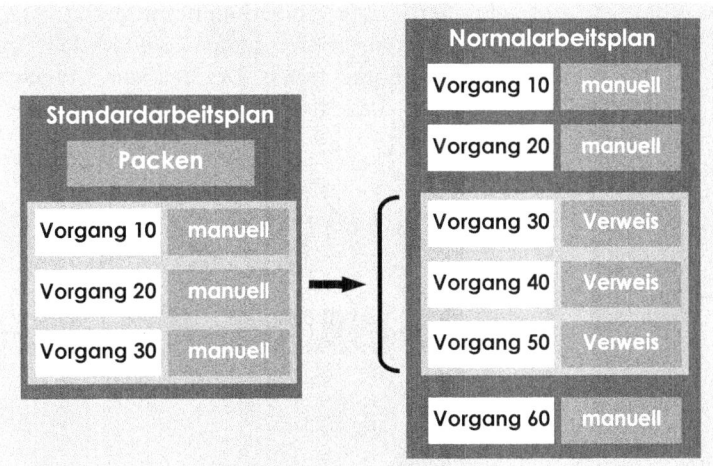

Abb. 4.33: Standardarbeitsplan

Plangruppe und Plangruppenzähler

Für ein Material können mehrere unterschiedliche Pläne in unterschiedlichen Werken angelegt werden. Jeder Arbeitsplan ist eindeutig einer Plangruppe zugeordnet. Die Plangruppe fasst Pläne mit ähnlichen Fertigungsabläufen zusammen, oder dient zur Gruppierung ähnlicher Materialien. Werden mehrere Pläne innerhalb einer Plangruppe verwendet, unterscheiden sie sich durch den Plangruppenzähler. Der Arbeitsplan wird also eindeutig über die Plangruppe und den Plangruppenzähler identifiziert.

Aufbau des Stammsatzes

Der Arbeitsplanstammsatz besteht aus einem Plankopf, der Informationen enthält, die für den gesamten Arbeitsplan gelten und aus einer oder mehreren Folgen, die die Summe der notwendigen Arbeitsschritte (Vorgänge) in zeitlicher Reihenfolge beinhalten.

4.5.3   Arbeitsplanvorgänge und Arbeitsplanfolgen

Wie bereits erläutert, werden zur Fertigung / Montage eines Erzeugnisses die einzelnen Arbeitsschritte (Bohren, Drehen, ...) als Arbeitsplanvorgänge in das SAP-System eingegeben. Die Summe aller Vorgänge in zeitlicher Reihenfolge wird als Stammfolge bezeichnet.

Folgentypen

Neben der Stammfolge gibt es auch die Möglichkeit, parallele Folgen und alternative Folgen zu definieren. Bei einer parallelen Folge handelt es sich um eine Abfolge von Vorgängen, die zeitlich parallel zur Stammfolge durchgeführt werden können. Die alternative Folge kommt der Forderung nach, dass z.B. bei be stimmten Engpasssituationen auf andere, gleichwertige Vorgänge ausgewichen werden kann. Folgendes Beispiel zeigt die Einbindung der Folgentypen. Der zeitliche Unterschied wird durch Folgenpuffer ausgeglichen.

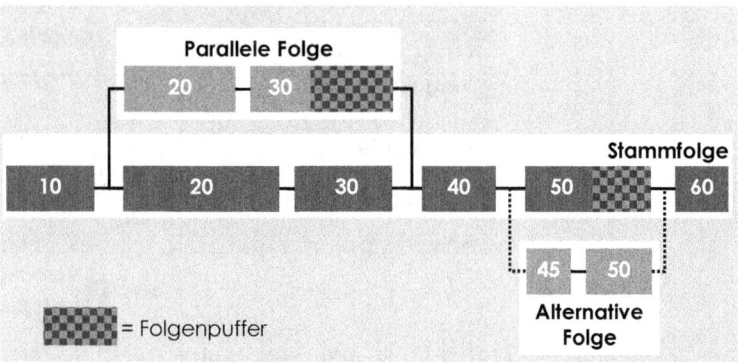

Abb. 4.34: Folgentypen

Vorgänge

Bei der Definition der einzelnen Arbeitsschritte in einem Arbeitsplan werden Vorgangstexte hinterlegt, Angaben zum Arbeitsplatz gemacht an dem der Vorgang auszuführen ist, Vorgabezeiten definiert und Steuerungsdaten festgelegt. Daneben sind folgende Daten notwendig:

Materialkomponenten

Verfügt das dem Arbeitsplan zugrunde liegende Material über eine Stückliste, können deren Komponenten den Vorgängen des Arbeitsplans zugeordnet werden. Erfolgt keine Zuordnung, werden alle definierten Materialien der Stückliste bei Beginn des ersten Vorgangs bereitgestellt.

Fertigungshilfsmittel

Neben Materialkomponenten können den einzelnen Vorgängen auch Fertigungshilfsmittel zugeordnet werden. Fertigungshilfsmittel werden zwar zur Durchführung eines Vorgangs benötigt, gehen aber nicht in das zu fertigende Material ein. Typisch sind hier Werkzeuge. Fertigungshilfsmittel verfügen im SAP entweder über einen Fertigungshilfsmittelstamm oder einen Materialstamm.

Prüfmerkmale

Sollen während der Vorgangsdurchführung Qualitätsprüfungen durchgeführt werden, kann dies anhand eines Prüfmerkmals identifiziert werden.

Ereignispunkte

Im Vorgang kann festgelegt werden, dass bei Eintritt eines Ereignisses bestimmte Folgefunktionen ausgeführt werden. Typisch ist beispielsweise das Ereignis Rückmeldung eines Fertigungsauftrages.

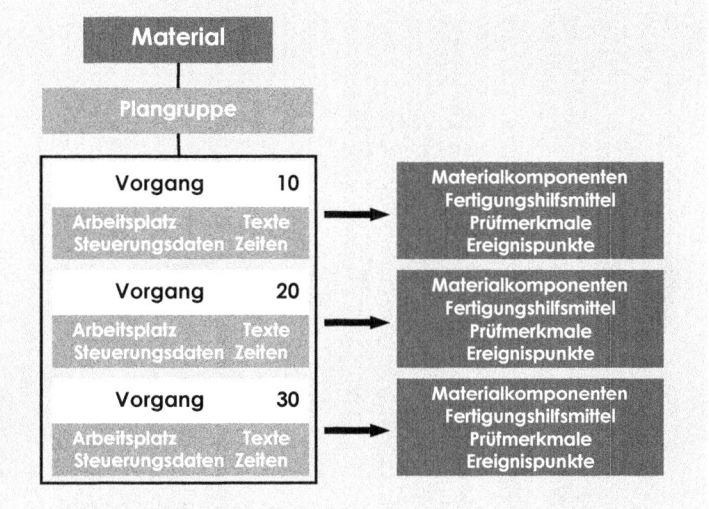

Abb. 4.35: Arbeitsplanvorgänge

4.5.4   Pflege von Normalarbeitsplänen

Die Anlage von Normalarbeitsplänen beginnt mit der Erfassung der Einstiegsdaten. Danach werden die Kopfdaten, die Vorgänge und die einzelnen Zuordnungen zu den Vorgängen gepflegt. Über das Kopfdetailbild lassen sich die anderen Pflegebildschirme (z.B. die Vorgangspflege) erreichen.

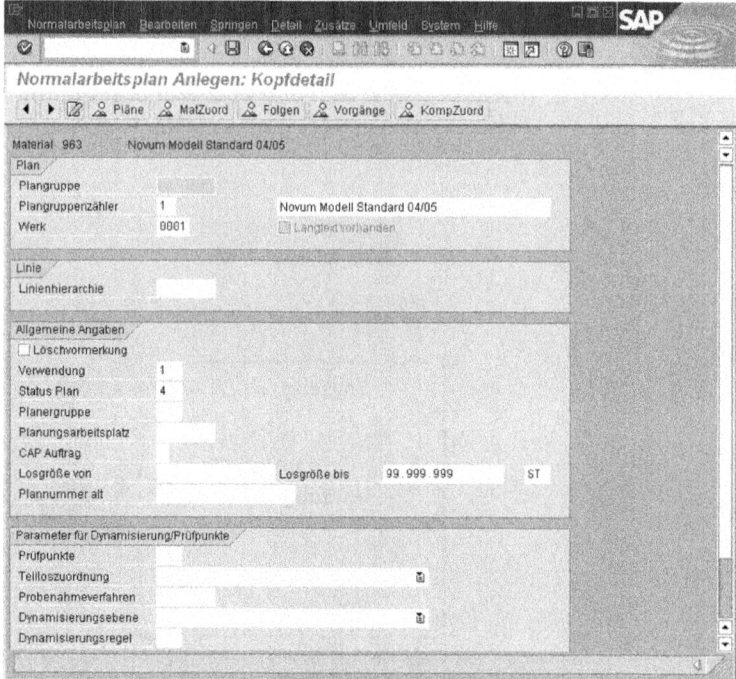

Abb. 4.36: Kopfdaten Normalarbeitsplan

Anlage eines Normalarbeits-planes

Vorgehensweise:

1. Der Einstieg erfolgt über *Logistik* ➲ *Produktion* ➲ *Stammdaten* ➲ *Arbeitspläne* ➲ *Arbeitspläne* ➲ *Normalarbeitspläne* ➲ *Anlegen (CA01)*.

2. Auf dem Einstiegsbild ist das Material, das Werk und die Plangruppe anzugeben. Es kann entweder eine bereits vorhandene Nummer ausgewählt oder eine neue Plangruppennummer erzeugt werden. Im Standard bietet das SAP-System bei der Anlage einer neuen Plangruppe die Möglichkeit, entweder eine eigene Nummer zu vergeben oder durch das System eine Nummer vergeben zu lassen (die Plangruppe ist dann nicht zu füllen). Es kann außerdem ein Gültigkeitsbeginn für den Arbeitsplan eingegeben werden.

3. Über *Detail* ➲ *Plankopf* in der Menüleiste werden die Daten für den Kopf gepflegt, insbesondere der Kurztext, die Verwendung des Arbeitsplanes und der Planstatus.

4. Danach erfolgt die Pflege der Vorgänge über *Springen* ➲ *Vorgangsübersicht* (über die Menüleiste) in tabellarischer

Form. In der erscheinenden Vorgangsübersicht ist der Vorgang – ggf. der Untervorgang und der Arbeitsplatz – an dem der Vorgang ausgeführt werden soll, einzugeben. Nicht erfasste Daten werden ggf. über den Arbeitsplatz automatisch eingefügt.

5. Nachdem die Vorgänge in zeitlicher Reihenfolge eingegeben wurden, werden je Vorgang die Materialkomponenten, die Fertigungshilfsmittel und die Prüfmerkmale eingegeben.

6. Eingabe der Materialkomponenten: In der Menüleiste wird über *Springen* ➲ *KompZuord.* die Funktion aufgerufen. Das System versucht, beim Aufruf eine hinterlegte Stückliste heranzuziehen und die darin enthaltenen Materialkomponenten einzufügen. Ist keine Stückliste vorhanden, wird in einem Dialogfenster die Möglichkeit angeboten, eine solche anzulegen. Die Materialkomponenten können nun vorgangsbezogen zugeordnet werden. Dazu wird die Materialkomponente markiert und die Funktion *Bearbeiten* ➲ *NeuzuOrdnen* in der Menüleiste aufgerufen. Im erscheinenden Dialogfenster kann der entsprechende Vorgang eingegeben werden. Ist keine Zuordnung zu Vorgängen erfolgt, werden die Materialkomponenten zu Beginn des ersten Vorgangs bereitgestellt.

7. Fertigungshilfsmittel werden ebenfalls über die Vorgangsübersicht zugeordnet. Der Vorgang ist zu markieren und über *Springen* ➲ *FertHilfsmittel* im erscheinenden Dialogfenster das Fertigungshilfsmittel und die Menge anzugeben.

8. Pflege der Folgen: Wird nichts anderes vorgegeben, wird automatisch die Stammfolge 0 angelegt. Sind parallele bzw. alternative Folgen gewünscht, werden hierzu weitere Folgen angelegt. Ausgehend vom Kopfdetailbild wird die Folgenübersicht durch *Springen* ➲ *Folgenübersicht* in der Menüleiste aufgerufen. Im erscheinenden Bild ist grundsätzlich die Stammfolge 0 bereits eingetragen. Über *Bearbeiten* ➲ *Neue Einträge* in der Menüleiste kann im erscheinenden Dialogfenster entweder eine parallele oder alternative Folge angelegt werden. Im erscheinenden Detailbildschirm sind weitere Angaben zu tätigen, beispielsweise welches der Absprung- und Rücksprungvorgang in der Stammfolge ist. Nach Bestätigung der Daten ist die neue Folge im Folgenübersichtsbild vorhanden. Dieser Folge können wiederum Vorgänge und Materialkomponenten zugeordnet werden.

9. Nach Abschluss aller Eingaben ist der Arbeitsplan zu sichern.

Ändern und Anzeigen eines Normalarbeits- planes

Vorgehensweise Ändern / Anzeigen:

1. Der Einstieg erfolgt über *Logistik* ➲ *Produktion* ➲ *Stamm- daten* ➲ *Arbeitspläne* ➲ *Arbeitspläne* ➲ *Normalarbeitspläne* ➲ *Ändern (CA02)* bzw. *Anzeigen (CA03)*.

2. Im Einstiegsbild sind die Daten zu dem zu ändernden Arbeitsplan einzugeben.

3. Über *Detail* ➲ *Plankopf* in der Menüleiste wird in den Plan- kopf gewechselt. Von dort kann in die einzelnen Sichten gesprungen und dort können ggf. die Daten geändert wer- den.

4. Sofern Änderungen durchgeführt wurden, sind diese zu sichern.

Löschen eines Normalarbeits- planes

Vorgehensweise Löschen: :

1. Aufruf über den Pfad *Logistik* ➲ *Produktion* ➲ *Stammdaten* ➲ *Arbeitspläne* ➲ *Zusätze* ➲ *Löschen von Plänen* ➲ *Mit Ar- chivierung (CA99)* bzw. *Ohne Archivierung (CA98)*. Die Transaktion CA99 ist für Anwender nicht zu empfehlen, da hier ein Wechsel in die zentrale Archivierungsfunktionalität erfolgt.

2. Wurde die Funktion „Ohne Archivierung" ausgewählt, er- scheint das Einstiegsbild zur Löschung. Nach Angabe der zu löschenden Arbeitsplandaten wird über *Programm* ➲ *Aus- führen* in der Menüleiste ein Zwischenbild simuliert.

3. Auf dem erscheinenden Zwischenbild werden die selektier- ten Pläne zur Löschung angeboten. Durch Ankreuzen der Pläne und Klick auf den Button „Weiter" werden die Pläne gelöscht.

4.5.5   Übungen zur Fallstudie

Übung 4.16

Normalarbeits- plan anlegen

Legen Sie für Ihre Halbfabrikate und Ihr Fertigerzeugnis jeweils einen Normalarbeitsplan an und beachten Sie folgende Daten:

Einstiegsbild			
Material	das von Ihnen angelegte Halbfabrikat bzw. Fertigerzeugnis		
Werk	0001	Plangruppe	automatisch gesetzt
Stichtag	aktuelles Tagesdatum		
Kopfdetail			
Plangruppenzähler	automatisch gesetzt		
Werk	0001	Verwendung	1
Status Plan	4		
Vorgangsübersicht			
Pro Arbeitsplan wird nur 1 Vorgang gepflegt.			
Arbeitsplatz	für alle Halbfabrikate = MONTAGE, für das Fertigerzeugnis = PACKEN		
Steuerschlüssel	PD01	Werk	0001
Komponentenzuordnung			
Sofern die zugehörige Materialstückliste richtig angelegt wurde, werden die Materialien automatisch gezogen, es sind keine weiteren Eingaben nötig.			

Datenblatt 4.7

Übung 4.17

Arbeitsplan anzeigen Lassen Sie sich den Arbeitsplan zu Ihrem Fertigprodukt anzeigen. Welche Komponenten sind zugeordnet?

4.6   Einkaufsinfosatz

4.6.1   Grundlagen und organisatorische Eingliederung

Der Einkaufsinfosatz (Einkaufsinformationssatz) enthält Einkaufsinformationen zu einem bestimmten Material und zum Lieferanten des Materials. Er bildet somit die Verknüpfung zwischen Lieferant und Material. Insbesondere kann der Einkäufer mit Hilfe des Infosatzes feststellen, zu welchen Preisen und Konditionen geliefert werden kann, welche Unter- und Überlieferungen toleriert werden und welche Lieferzeiten für das Material vorgesehen sind. Ein Infosatz kann für ein Werk oder eine Einkaufsorganisation angelegt werden.

Informationen des Infosatzes werden bei der Anlage von Einkaufsbelegen (z.B. Bestellung und Lieferplan) als Vorschlagswerte angeboten.

Beschaffungs-
arten

Unterschieden werden Infosätze nach Beschaffungsarten:

Normalinfosatz

Diese Informationen werden für normale Bestellungen von Materialien und Dienstleistungen verwendet.

Lohnbearbeitung

Bei der Beschaffungsart Lohnbearbeitung wird ein Material vom Lieferanten gefertigt, wobei die zur Fertigung benötigten Komponenten vom Besteller geliefert werden.

Pipeline

Ein solcher Infosatz enthält Einkaufsinformationen über ein Material, welches über Leitungen zur Verfügung gestellt wird (Öl, Gas, Wasser oder Strom).

Konsignation

Bei der Konsignation wird das Material beim Besteller auf Kosten des Lieferanten bereitgestellt und nach den Bedürfnissen des Bestellers abgerufen. Informationen hierzu werden im Konsignationsinfosatz gehalten.

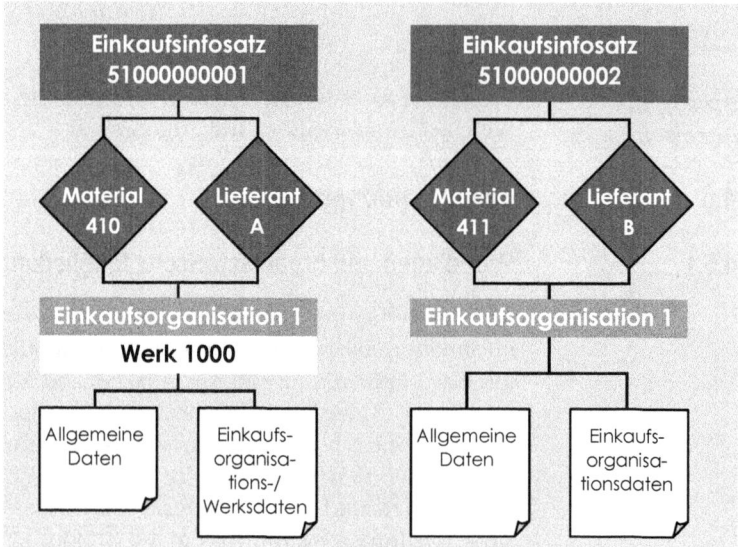

Abb. 4.37: Organisatorische Eingliederung von Infosätzen

Obige Abbildung 4.37 zeigt den organisatorischen Zusammenhang von Einkaufsinfosätzen sowie deren Dateninhalte.

4.6.2   Daten in Einkaufsinfosätzen

Einkaufsinfosätze bestehen aus einem allgemeinen Datenteil mit
Informationen, die für alle Organisationseinheiten gültig sind
und einem einkaufsorganisatorischen bzw. einkaufsorganisato-
risch / werksbezogenen Teil, der für die jeweils angelegte Organisationseinheit gilt. Abbildung 4.38 zeigt die relevanten Daten.

Allgemeine Daten (für alle Organisationseinheiten gültig)	
Lieferantendaten	Lieferantenbezogene Daten wie Mahnparameter und Verkäuferangaben.
Ursprungsdaten	Daten über die Herkunft des Materials (z.B. Ursprungsland).
Bestellmengen-einheit	Information, in welchen Mengeneinheiten bestellt wird (z.B. Stück).

Konditionen (gültig für die gewählte Einkaufsorganisation bzw. Einkaufsorganisation/Werk)

Hier werden zum Material die Preise (z.B. Bruttopreis), Abschläge
(z.B. Rabatte) Verpackungs- / Frachtzuschläge und weitere Konditionen gepflegt.

**Einkaufsorganisationsdaten (gültig für die gewählte Einkaufs-
organisation bzw. Einkaufsorganisation / Werk)**

In diesem Bereich werden hauptsächlich Steuerungsdaten hinterlegt,
beispielsweise:

- Wie lange dauert es, das Material zu beziehen (Planlieferzeit)?
- Welcher Einkäufer / Einkäufergruppe ist zuständig?
- Wie viel wird üblicherweise von diesem Material beim Lieferanten bestellt (Normalmenge)?
- Wie viele Mengeneinheiten mindestens zu bestellen sind (Mindestmenge)?
- Wie viel Prozent Unterlieferung / Überlieferung durch den Lieferanten akzeptiert wird?

Texte

Standardmäßig können zwei Textarten gepflegt werden:

- Infonotiz: Diese Notiz erscheint später nicht auf der Bestellung.
- Bestelltext: Dieser Text erscheint zu der entsprechenden Bestell-position, ist also für den Lieferanten sichtbar.

Abb. 4.38: Daten der Einkaufsinfosätze

Datenfort-
schreibung

Daten der Einkaufsinfosätze können manuell oder automatisch gepflegt werden.

Die automatische Pflege sorgt dafür, dass aus Bestellungen, Rahmenverträgen und Angeboten automatisch Infosätze angelegt oder aktualisiert werden. Voraussetzung hierfür ist, dass im Einkaufsbeleg das Fortschreibungskennzeichen „InfoUpdate" gesetzt wird. Es gibt verschiedene Standardfortschreibungskennzeichen, die im Einzelnen folgendes Systemverhalten verursachen:

Fortschreibungskennzeichen „A"

Das System sucht zuerst, ob ein Infosatz auf Werksebene existiert. Wenn ja, wird dieser aktualisiert. Wenn nein, wird der Infosatz auf Einkaufsorganisationsebene fortgeschrieben. Falls auch dort kein Infosatz gefunden wird, wird ein Infosatz auf Ebene der Einkaufsorganisation angelegt.

Fortschreibungskennzeichen „B"

Es wird auf Ebene des Werkes gesucht, ob ein Infosatz angelegt ist. Wenn ja, wird dieser aktualisiert. Wenn nein, wird auf Werksebene ein Infosatz angelegt.

Fortschreibungskennzeichen „C"

Es wird auf Ebene der Einkaufsorganisation gesucht, ob ein Infosatz angelegt ist. Wenn ja, wird dieser aktualisiert. Wenn nein, wird auf Einkaufsorganisationsebene ein Infosatz angelegt.

4.6.3   Konditionen

Im Einkaufsinfosatz werden für das Material Konditionen lieferantenabhängig hinterlegt.

Konditionen sind Vereinbarungen, die das Unternehmen mit dem Lieferanten trifft, insbesondere bzgl. Preisen, Zu- und Abschlägen, Frachtkosten und Zahlungskonditionen wie z.B. Skontofristen. Über die Konditionen wird letztendlich der Nettopreis in der Bestellung bestimmt. Der Unterschied zwischen Nettopreis und Bruttopreis liegt darin, dass der Bruttopreis Zu- und Abschläge nicht berücksichtigt.

Konditionen können direkt in den Einkaufsbelegen (Angebote, Rahmenverträge und Bestellungen) gepflegt werden oder in den Einkaufsinfosätzen.

Unterschieden werden die Konditionen nach Kopf- und Positionskonditionen. Während Kopfkonditionen für den gesamten

Beleg gelten, sind Positionskonditionen nur für die entsprechende Position relevant.

Konditionen können zeitabhängig oder ohne Gültigkeitszeitraum definiert werden. Grundsätzlich sind Konditionen in Einkaufsinfosätzen zeitabhängig, werden also mit einem Gültigkeitszeitraum angelegt, während Konditionen in Bestellungen zeitunabhängig sind.

Konditionsart

Die Pflege der Konditionen in Einkaufsbelegen und Einkaufsinfosätzen erfolgt durch Eingabe einer oder mehrerer Konditionsarten. Pro Kondition sind im Customizing eine oder mehrere Konditionsarten hinterlegt. Beispielsweise existieren standardmäßig zur Kondition „Preise" die Konditionsarten Bruttopreis, Aktionspreis und Nettopreis. Innerhalb der Kondition Zu- oder Abschläge beispielsweise Rabatt und Fracht.

Vorschlags-
ermittlung

Bei Anlage eines Einkaufsbeleges wird vom SAP-System automatisch versucht, Konditionen zu ermitteln und diese im Einkaufsbeleg als Vorschlag zur Verfügung zu stellen. Dabei erfolgt die Ermittlung auf zwei Arten. Zunächst wird gesucht, ob für das eingegebene Material und den eingegeben Lieferant ein Einkaufsinfosatz vorhanden ist. Wenn ja, wird geprüft ob dort Konditionen hinterlegt sind. Wenn ja, werden diese vorgeschlagen. Enthält jedoch der Infosatz keine Konditionen, so ermittelt das System über die Nummer des letzten Einkaufsbeleges (diese wird im Einkaufsinfosatz fortgeschrieben) die Preise und schlägt diese vor.

Folgende Abbildung zeigt das Zusammenspiel und die Findung von Konditionsarten, Konditionen und deren Fortschreibung in Einkaufsbelegen und Einkaufsinfosätzen.

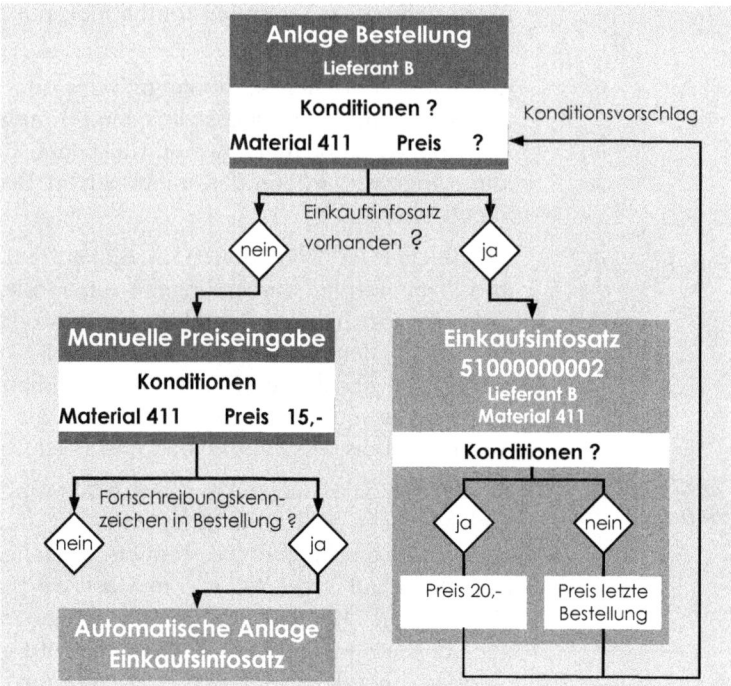

Abb. 4.39: Konditionsfindung im Einkauf

4.6.4   Einkaufsinfosätze pflegen

Einkaufsinfosätze lassen sich – wie andere Stammdaten auch – anlegen, ändern und löschen.

Auf dem Einstiegsbild sind bei der Anlage der Lieferant, die Materialnummer und abhängig davon, ob der Infosatz für eine Einkaufsorganisation oder für Einkaufsorganisation / Werk gelten soll, die entsprechenden Organisationsdaten anzugeben. Die Beschaffungsart (Art des Infotyps) ist ebenfalls auszuwählen. Die Infosatznummer wird bei interner Nummernvergabe vom System vergeben, ansonsten ist sie einzugeben.

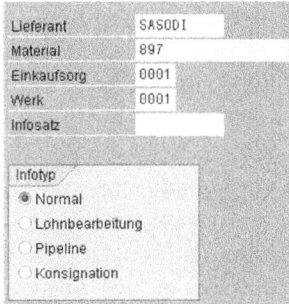

Abb. 4.40: Einstieg in die Infosatzpflege

Auf dem Folgebild wird der allgemeine Datenteil angezeigt. Durch die Buttons in der Anwendungsfunktionsleiste kann in die anderen Datenbereiche gesprungen werden.

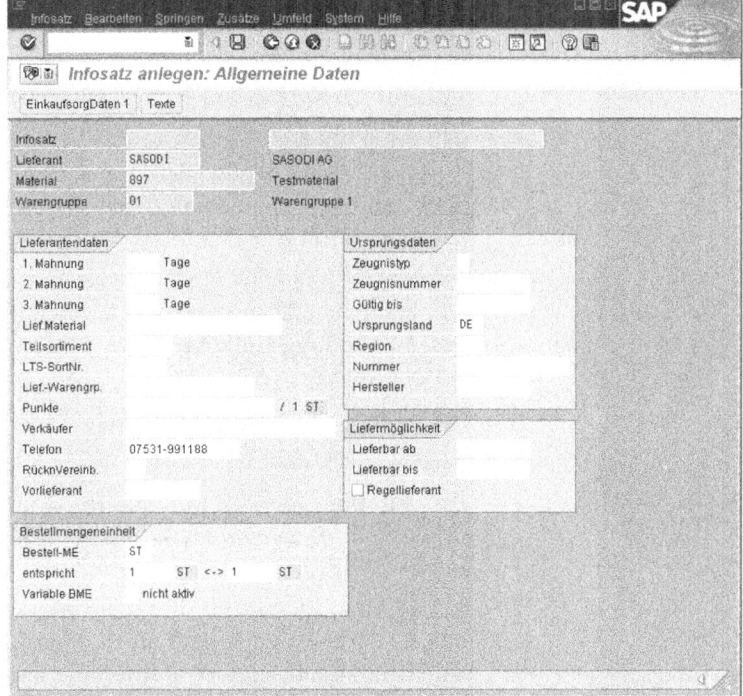

Abb. 4.41: Pflegebild Einkaufsinfosatz

Anlage von Ein-
kaufsinfosätzen

Vorgehensweise Anlage:

1.   Einstieg über den Pfad *Logistik* ➲ *Materialwirtschaft* ➲ *Einkauf* ➲ *Stammdaten* ➲ *Infosatz* ➲ *Anlegen (ME11)*.

2. Auf dem Einstiegsbild Angabe von Lieferant, Material, Organisationsebenen und bei externer Nummernvergabe die Infosatznummer. Nach Bestätigung der Eingaben erscheint der allgemeine Datenteil.

3. Innerhalb des allgemeinen Datenteils werden die Daten gepflegt, die für den gesamten Infosatz gelten. Durch <Enter> werden automatisch nacheinander die weiteren Datenbereiche aufgerufen. Alternativ dazu können die Datenbilder auch über die Buttons in der Anwendungsfunktionsleiste aufgerufen werden. Auf dem Einkaufsorganisationsdatenbild ist ein Preis einzugeben, der über *Zusätze* ➲ *Konditionen* (oder über den Button in der Anwendungsfunktionsleiste) näher spezifiziert werden kann.

4. Nach Eingabe aller Daten ist der Einkaufsinfosatz zu sichern.

Ändern und Anzeigen von Einkaufsinfosätzen

Vorgehensweise Ändern / Anzeigen:

1. Einstieg über den Pfad Logistik ➲ Materialwirtschaft ➲ Einkauf ➲ Stammdaten ➲ Infosatz ➲ Ändern (ME12) / Anzeigen (ME13).

2. Auf dem Einstiegsbild sind entweder die Infosatznummer oder Lieferant, Material und die Organisationsbereiche einzugeben. Durch <Enter> wird der allgemeine Datenteil durchlaufen.

3. Die einzelnen Datenbereiche können über die Buttons in der Anwendungsfunktionsleiste aufgerufen und ggf. geändert werden.

4. Änderungen sind durch Sichern zu bestätigen.

Einkaufsinfosätze löschen

Vorgehensweise Löschen:

1. Einstieg über den Pfad *Logistik ➲ Materialwirtschaft ➲ Einkauf ➲ Stammdaten ➲ Infosatz ➲ Zum Löschen vormerken (ME15).*

2. Auf dem Einstiegsbild sind entweder die Infosatznummer oder Lieferant, Material und Organisationsbereiche einzugeben. Durch <Enter> werden die Eingaben bestätigt.

3. Auf dem Folgebild wird entschieden, ob die Löschvormerkung nur für die Einkaufsorganisationsdaten gesetzt werden soll oder ob der komplette Infosatz mit einer Löschvormerkung versehen wird.

4. Die Eingaben sind zu sichern. Innerhalb eines Archivierungslaufes werden alle Einkaufsinfosätze, die eine Löschvormerkung besitzen, aus dem operativen System eliminiert.

4.6.5   Auswertungen

Für den Einkäufer stehen verschiedene Auswertungen über Einkaufsinfosätze im System zur Verfügung, insbesondere die Nettopreissimulation und die Angebotspreisermittlung.

Nettopreis-
simulation

Mit der Nettopreissimulation ist es möglich, Preise und Konditionen verschiedener Lieferanten zum gleichen Material oder Preise aller Materialien eines Lieferanten zu vergleichen.

Vorgehensweise bei Vergleich eines Materials bei verschiedenen Lieferanten:

1. Einstieg über *Logistik ➲ Materialwirtschaft ➲ Einkauf ➲ Stammdaten ➲ Infosatz ➲ Listanzeigen ➲ Zum Material (ME1M)*.

2. Auf dem Selektionsbild sind die entsprechenden Parameter einzugeben. Durch *Programm ➲ Ausführen* wird die Auswertung gestartet.

3. Innerhalb des Auswertungsbildschirms wird durch Ankreuzen der Infosätze die Preissimulation durchgeführt.

Vorgehensweise bei Vergleich aller Materialien zu einem Lieferanten:

1. Einstieg über *Logistik ➲ Materialwirtschaft ➲ Einkauf ➲ Stammdaten ➲ Infosatz ➲ Listanzeige ➲ Zum Lieferanten (ME1L)*.

2. Im Selektionsbild sind die entsprechenden Parameter einzugeben. Durch *Programm ➲ Ausführen* wird die Auswertung gestartet.

3. Innerhalb des Auswertungsbildschirms kann durch Ankreuzen der Infosätze die Preissimulation durchgeführt werden.

Angebotspreis-
entwicklung

Neben der Nettopreissimulation kann über die Angebotspreisentwicklung festgestellt werden, wie sich Konditionen in Einkaufsinfosätzen im Zeitablauf entwickelt haben.

1. Einstieg über *Logistik ➲ Materialwirtschaft ➲ Einkauf ➲ Stammdaten ➲ Infosatz ➲ Listanzeigen ➲ Angebotspreisentw. (ME1E)*.

2. Eingabe der Selektionskriterien.

3.   Durch *Programm* ➲ *Ausführen* wird die Selektion ausgeführt.

4.6.6   Übungen zur Fallstudie

Übung 4.18

Einkaufsinfosatz anlegen

Legen Sie zu allen Rohstoffen einen Einkaufsinfosatz an. Alle
Materialien werden vom gleichen Lieferanten bezogen. Beachten
Sie folgende Daten:

Einstiegsbild			
Lieferant	der von Ihnen angelegte Lieferant BIG_XXX_XX		
Material	die von Ihnen angelegten Rohstoffe laut Datenblatt A2.2		
Einkaufsorganisation	0001	Werk	0001
Infotyp	Normal		
Allgemeine Daten			
1. Mahnung	5		
2. Mahnung	10	3. Mahnung	20
Einkaufsorganisationsdaten 1			
Planlieferzeit	sofern nicht bereits gefüllt 1		
Einkäufergruppe	sofern nicht bereits gefüllt ihre Einkäufergruppe		
Normalmenge	1	Nettopreis	Preis s. Datenblatt A2.2

Datenblatt 4.8

Übung 4.19

Einkaufsinfosatz-auswertung

Lassen Sie sich über die Transaktion ME1L (Infosätze zum Lieferanten) alle Einkaufsinfosätze zu Ihrem Lieferanten anzeigen.
Merken Sie sich die Infosatznummer zum Material I101_XXX_XX
und sehen Sie sich diesen Einkaufsinfosatz über die Transaktion
ME13 (Infosatz anzeigen) an.

Übung 4.20

Einkaufsinfosatz ändern

Auf Grund bekannter Lieferschwierigkeiten Ihres Lieferanten für
das Material I101_XXX_XX (Flatscreen) sollen Mahnungen in
kürzeren Abständen erfolgen. Ändern Sie den Einkaufsinfosatz
ab, indem Sie im Bereich der allgemeinen Daten die Mahninter-
valle auf 2, 5 und 10 Tage reduzieren.

4.7 Orderbuch und Quotierung

Orderbuch und Quotierung sind Stammdaten für die Bezugs-quellenfindung. Die Bezugquellenfindung unterstützt den Ein-käufer innerhalb des Beschaffungsprozesses bei der Ermittlung von Lieferanten, die ein benötigtes Material bzw. eine Dienst-leistung liefern können.

4.7.1 Orderbuch

4.7.1.1 Grundlagen und organisatorische Eingliederung

Im Orderbuch werden Materialien werksbezogen aufgeführt, für die es feste, erlaubte und gesperrte Bezugsquellen gibt. Jede die-ser Bezugsquelle wird zeitabhängig durch einen Orderbuchsatz definiert.

Sind Orderbucheinträge zu einem Material vorhanden, werden sie in Bestellanforderungen (dieses Element wird in späteren Ausführungen näher erläutert) bei der Bezugsquellenfindung vorgeschlagen bzw. geprüft, ob die getätigten manuellen Einga-ben zur Bezugsquelle erlaubt sind. Bei Bestellungen wird die Bezugsquelle ebenfalls geprüft.

Auswirkungen   Orderbucheinträge haben auf Folgeprozesse erheblichen Ein-fluss. Insbesondere steuern sie

- über welche Bezugsquellen innerhalb eines definierten Zeit-raums fix beschafft wird (die Bezugsquelle gilt dann als bevorzugt),

- über welche Bezugsquelle nicht beschafft werden darf (die Bezugsquelle ist gesperrt) und

- welche Materialien bei der Fremdbeschaffung innerhalb eines Zeitraums überhaupt nicht bestellt werden dürfen (das Material ist gesperrt).

Orderbuch-pflicht   Zu einem Material kann im Materialstamm (in den Einkaufsda-ten) das Kennzeichen „Orderbuchpflicht" gesetzt werden. Das Kennzeichen bewirkt, dass das Material nur dann beschafft wer-den kann, wenn entsprechende Bezugsquellen im Orderbuch hinterlegt sind. Soll für alle Materialien eines Werkes Orderbuch-pflicht bestehen, ist dies im Customizing einzustellen.

Pflegemöglich-keiten   Ein Orderbuchsatz kann manuell, automatisch, über einen Rah-menvertrag (z.B. Lieferplan) oder aus einem Einkaufsinfosatz erzeugt werden.

Manuelle Pflege

Der Orderbuchsatz wird manuell über die entsprechende Anlagetransaktion eingegeben.

Maschinelle Pflege

Das System erzeugt automatisch für jeden Infosatz (der zum Material angelegt wurde) und jede Rahmenvertragsposition (welche das Material enthält) einen Orderbuchsatz.

Pflege über einen Infosatz

Bei Anlage oder Ändern eines Infosatzes kann gleichzeitig das Orderbuch gepflegt werden.

Pflege über einen Rahmenvertrag

Bei Anlage oder Ändern einer Rahmenvertragsposition kann diese ins Orderbuch übernommen werden.

4.7.1.2   Orderbucheinträge pflegen

Wie bereits erläutert, können Orderbucheinträge automatisch erzeugt oder manuell angelegt werden.

Bei der manuellen Anlage sind im Einstiegsbild die Materialnummer und das Werk anzugeben.

Im Übersichtsbild werden die einzelnen Sätze zum gewählten Material angelegt, wobei vorausgesetzt wird, dass entsprechende Einkaufsinfosätze / Rahmenverträge vorhanden sind.

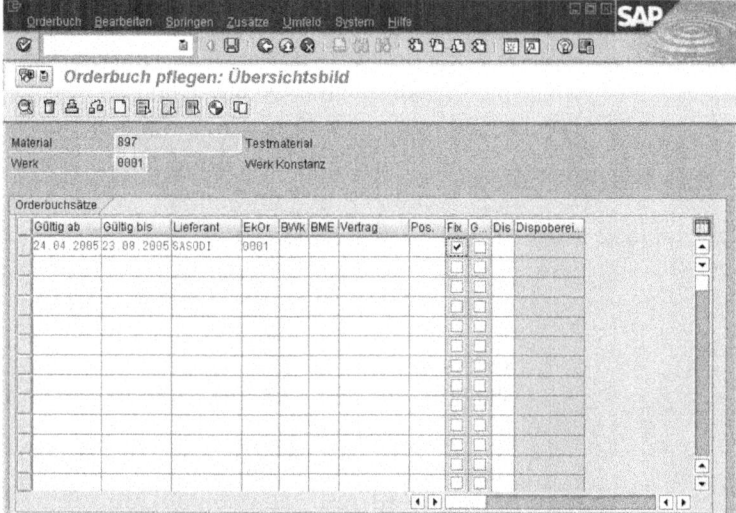

Abb. 4.42: Orderbuchpflege

Anlage / Ändern von Orderbuchsätzen

Vorgehensweise Anlage / Ändern:

1. Der Einstieg erfolgt über den Pfad *Logistik* ➲ *Materialwirtschaft* ➲ *Einkauf* ➲ *Stammdaten* ➲ *Orderbuch* ➲ *Pflegen (ME01)*.

2. Im erscheinenden Datenbild ist das Material und das Werk einzugeben und durch <Enter> zu bestätigen.

3. Es erscheint das Übersichtsbild, auf dem zeilenweise die Bezugsquellen eingegeben (oder geändert) werden.

    Folgende Daten sind einzugeben (oder zu ändern): Gültigkeitszeitraum, Lieferant und Einkaufsorganisation bzw. Nummer des Rahmenvertrages (z.B. Lieferplan). Soll die Bezugsquelle bevorzugt bzw. gesperrt werden, sind die entsprechenden Kennzeichen zu setzen. Beachtet werden sollte auch das Dispositionskennzeichen. Wird gewünscht, dass in Bestellanforderungen, die im Rahmen der Disposition erzeugt werden, die Bezugsquelle zugeordnet wird, ist das Kennzeichen „1" im Feld „Dis" einzugeben. Neben der manuellen Anlage im Übersichtsbild ist es auch möglich, über den Button „Erzeugen Sätze" in der Anwendungsfunktionsleiste das System aufzufordern, nach Beschaffungsinformationen in Einkaufsinformationssätzen bzw. Rahmenverträgen zu suchen und diese als Orderbuchsätze vorzuschlagen.

4. Sind alle Orderbuchsätze eingegeben (geändert) sind diese zu sichern.

Anzeigen von Orderbuchsätzen

Vorgehensweise Anzeige:

1. Der Einstieg erfolgt über *Logistik* ➲ *Materialwirtschaft* ➲ *Einkauf* ➲ *Stammdaten* ➲ *Orderbuch* ➲ *Anzeigen (ME03)*.

2. Im erscheinenden Datenbild ist das Material und das Werk einzugeben und durch <Enter> zu bestätigen.

3. Die Daten werden angezeigt.

Löschen von Orderbuchsätzen

Vorgehensweise Löschen:

1. Der Einstieg erfolgt über den Pfad *Logistik* ➲ *Materialwirtschaft* ➲ *Einkauf* ➲ *Stammdaten* ➲ *Orderbuch* ➲ *Pflegen (ME01)*.

2. Im erscheinenden Datenbild ist das Material und das Werk einzugeben und durch <Enter> zu bestätigen.

3. Der zu löschende Orderbuchsatz ist zu markieren. Über *Bearbeiten* ➲ *Löschen* in der Menüleiste und Bestätigung des erscheinenden Dialogfensters wird die Löschung vollzogen.

4. Die Änderungen sind zu sichern.

Automatisch Orderbuch-einträge erzeugen

Mittels der Transaktion ME05 lassen sich Orderbuchsätze automatisch erzeugen.

Vorgehensweise:

1. Einstieg über *Logistik* ➲ *Materialwirtschaft* ➲ *Einkauf* ➲ *Stammdaten* ➲ *Orderbuch* ➲ *Folgefunktionen* ➲ *Erzeugen (ME05)*.

2. Der Selektionsbildschirm erscheint. Die entsprechenden Selektionsdaten sind einzugeben, insbesondere ob es sich um einen Echtlauf oder einen Testlauf handelt. Beim Testlauf werden bestehende Daten nicht verändert bzw. keine Orderbucheinträge erzeugt. Über *Programm* ➲ *Ausführen* in der Menüleiste wird die Selektion gestartet.

3. Es folgt eine Auflistung aller Sätze, die hinzugefügt bzw. geändert oder gelöscht werden. Die Sätze können einzeln angekreuzt und damit übernommen werden. Nach Sicherung der Daten werden die Orderbuchsätze erzeugt.

4.7.2   Quotierung

4.7.2.1   Grundlagen und organisatorische Eingliederung

Soll ein Material abwechselnd von mehreren Lieferanten, also über unterschiedliche Bezugsquellen, bezogen werden, kann dies durch die Anlage einer Quotierung für dieses Material erreicht werden. Durch Angabe einer Quote wird festgelegt, in welchen Anteilsverhältnissen von den möglichen Bezugsquellen beschafft wird.

Die Quotierung wird werksbezogen für einen festgelegten Zeitraum vorgenommen. Ein Material ist nur dann quotierungsfähig, wenn im Materialstamm das Quotierungskennzeichen gesetzt ist.

Quotierte Gesamtmenge

Je nach Ausprägung des Quotierungskennzeichens berechnet das System fortlaufend aus Bestellanforderungen, Bestellungen, Lieferplaneinteilungen, Kontraktabrufen und Planaufträgen die quotierte Gesamtmenge.

Welche Bezugsquelle als nächstes herangezogen wird, berechnet sich über die Quotenzahl. Beschafft wird über die Bezugsquelle, die über die niedrigste Quotenzahl verfügt.

Quotierte Menge / Quote = Quotenzahl

Beispiel:

Lieferant	Material	%	Quote	Quotierte Menge	Quotenzahl
A	411	20	2	200	= 200 / 2 = 100
B	411	50	5	400	= 400 / 5 = 80
C	411	30	3	100	= 100 / 3 = 33,3

Da Lieferant C über die niedrigste Quotenzahl verfügt, wird die nächste Beschaffung über ihn ausgelöst.

Quotenbasis-menge

Falls innerhalb einer bestehenden Quotierung eine neue Bezugs-quelle aufgenommen wird, kann eine zusätzliche quotierte Basis-menge verwendet werden. Damit wird die Problematik gelöst, dass sonst immer über die neue Bezugsquelle beschafft würde, bis deren Quotenzahl die Quotenzahlen der anderen Bezugs-quellen erreicht hätte.

4.7.2.2   Quotierungen pflegen

Soll eine Quotierung durchgeführt werden, so ist darauf zu ach-ten, dass einerseits das Werk und andererseits auch das Material die Quotierung zulässt. Auf dem Einstiegsbild sind Material und Werk anzugeben. Auf dem Folgebildschirm wird der Zeitraum der Quotierung eingegeben (Kopfübersicht) und im Positions-übersichtsbild werden die entsprechenden Einträge getätigt.

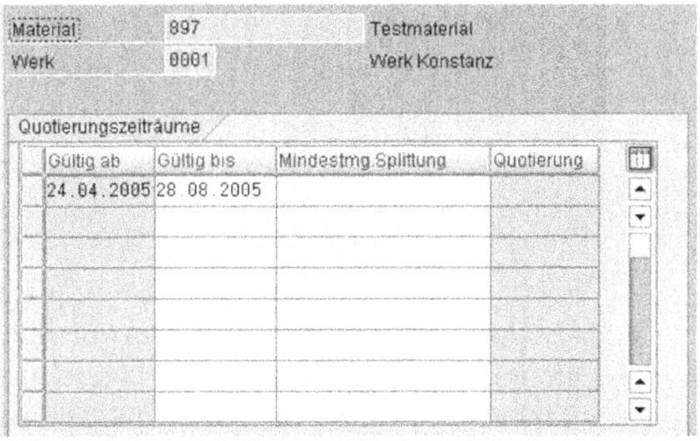

Abb. 4.43: Quotierungszeitraum

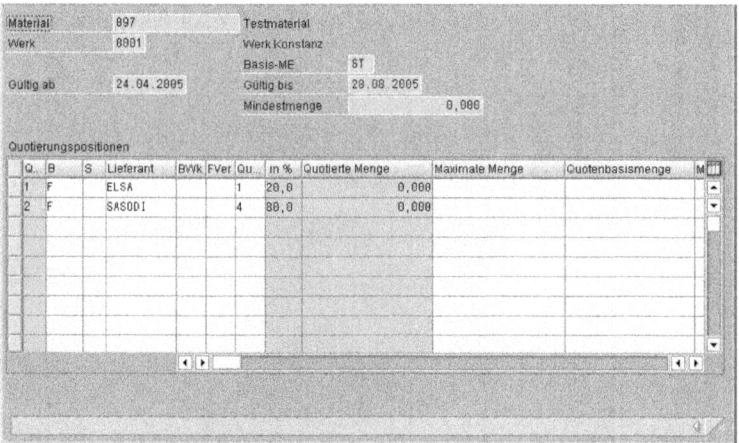

Abb. 4.44: Quotierungspflege

Anlage / Ändern von Quotierungen

Vorgehensweise Anlegen / Ändern:

1. Aufruf der Funktion über *Logistik* ➲ *Materialwirtschaft* ➲ *Einkauf* ➲ *Stammdaten* ➲ *Quotierung* ➲ *Pflegen (MEQ1)*.

2. Im erscheinenden Datenbild ist das Material und das Werk einzugeben und durch <Enter> zu bestätigen.

3. Die Übersicht der Quotierungszeiträume erscheint. Hier ist das Datum einzugeben, bis zu dem die Quotierung gültig sein soll. Sind bereits Quotierungszeiträume vorhanden, erscheinen diese ebenfalls in der Übersicht.

4. Der Datensatz ist zu markieren und über *Springen* ➲ *Positionsübersicht* in der Menüleiste in die Quotierungspositionen zu wechseln.

5. Für die einzelnen Bezugsquellen können u.a. eingegeben (bzw. Quotierungen geändert) werden:

    a.   Beschaffungsart   (fremd- oder eigenbeschafft)
    b.   Lieferant
    c.   Beschaffungswerk   (nur bei Eigenfertigung)
    d.   Quote
    e.   Quotenbasismenge   (falls erforderlich)

    Durch <Enter> berechnet das System selbständig (anhand der Quotenverteilung) die prozentualen Anteile. Soll eine Quotierungsposition gelöscht werden, wird die Position markiert und über *Bearbeiten* ➲ *Löschen* in der Menüleiste entfernt.

6.   Nach Eingabe (Änderung) aller Quotierungspositionen ist die Quotierung zu sichern.

Anzeigen von Quotierungen

Vorgehensweise Anzeige:

1.   Aufruf der Funktion über *Logistik* ➲ *Materialwirtschaft* ➲ *Einkauf* ➲ *Stammdaten* ➲ *Quotierung* ➲ *Anzeigen (MEQ3)*.

2.   Im Einstiegsbild werden das Material und das Werk eingegeben und mit <Enter> bestätigt.

3.   Die Daten werden angezeigt. Um in die Positionsübersicht zu springen, ist die entsprechende Quotierungsgültigkeit zu markieren und über *Springen* ➲ *Positionsübersicht* in der Menüleiste die Übersicht aufzurufen.

4.7.3   Übungen zur Fallstudie

Übung 4.21

Orderbuch-eintrag anlegen

Legen Sie für die Materialien I102_XXX_XX und I212_XXX_XX je einen Orderbucheintrag an und beachten Sie folgende Daten:

Einstiegsbild	
Material	I102_XXX_XX bzw. I212_XXX_XX
Werk	0001
Übersichtsbild	
Gültig ab / Gültig bis	aktuelles Tagesdatum / 31.12.2999
Lieferant	der von Ihnen angelegte Lieferant BIG_XXX_XX
EkOr / Fix / Dis	0001 / X / 1

Datenblatt 4.9

Übung 4.22

Maschinelle Erzeugung von Orderbuchsätzen

Erzeugen Sie für alle anderen Rohstoffe ebenfalls Orderbucheinträge, nutzen Sie dabei die Funktionalität der automatischen Orderbucherzeugung (ME05). Beachten Sie folgende Daten:

Selektionsbild	
Material von / bis	Geben Sie über die Mehrfachselektion (Button befindet sich neben dem Feld „Material bis") alle von Ihnen angelegten Rohstoffe ein (nicht Materialien, für die bereits Infosätze erzeugt wurden).
Werk	0001
Alle Sätze zu Material / Werk	auswählen
Gültig von / Gültig bis	aktuelles Tagesdatum – 31.12.2999
Dispositionskennzeichen	1
Vorhandene Sätze werden ungültig	auswählen
Testlauf	Haken entfernen
Auswahlbild	
Alle angebotenen Sätze markieren und speichern.	

Datenblatt 4.10

Übung 4.23

Orderbuch-einträge anzeigen

Überprüfen Sie für das Material I208_XXX_XX, ob tatsächlich ein Orderbucheintrag erzeugt wurde.

4.8   Konditionen im Vertrieb

4.8.1   Grundlagen

Konditionen bzw. Konditionssätze sind wesentliche Stammdaten für die Preisfindung im Vertrieb. Konditionen sind Vereinbarungen über Preise, Zu- und Abschläge, Frachtkosten, Steuern usw., die abhängig von den Einflussfaktoren (z.B. Kunde, Empfängerland, ...) angelegt werden. Durchgeführt wird die Preisfindung im Vertrieb durch die Konditionstechnik. Abgebildet werden die einzelnen Preisbestandteile über Konditionsarten. Folgendes Beispiel zeigt den Ablauf der Konditionstechnik.

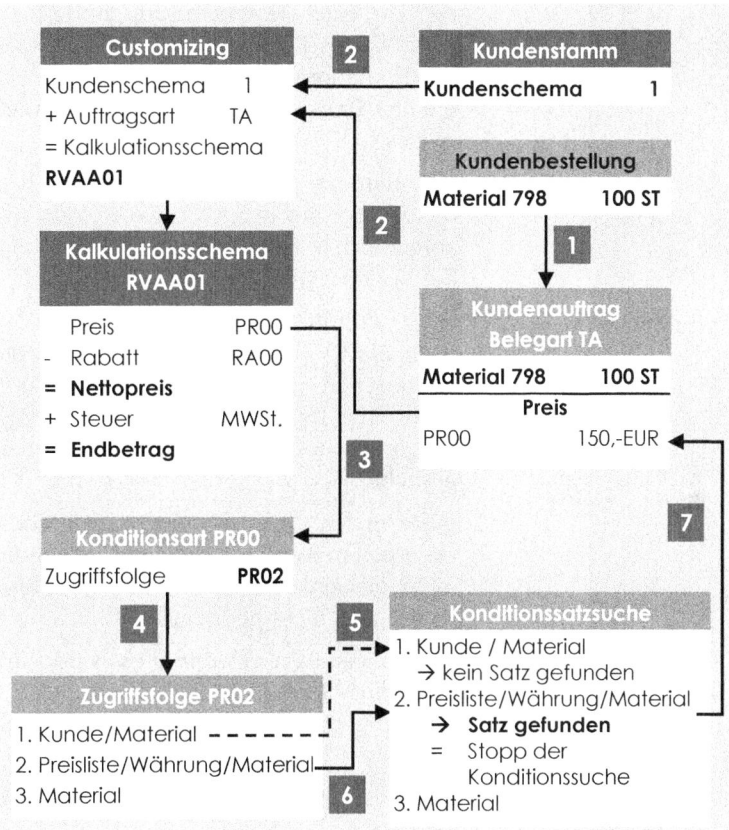

Abb. 4.45: Konditionsfindung im Vertrieb

Erläuterung des Beispiels:

1.   Der Kunde bestellt 100 Stück des Materials 798. Die Auf-
      tragsabwicklung legt daraufhin einen Kundenauftrag für das
      Material und die bestellte Menge an. Sobald die Position
      eingegeben wurde, erfolgt die Preisfindung anhand der
      Konditionstechnik.

Kalkulations-   2.   Über Auftragsart und Kundenschema, welches im Kunden-
schema   stamm hinterlegt ist, wird in einer Customizingtabelle das
                        Kalkulationsschema gefunden. Das Kalkulationsschema ist
                        das Regelwerk für die Preisfindung. Es enthält alle Preisbe-
                        standteile (Konditionsarten), die im Verkaufsbelegkopf bzw.
                        in der Verkaufsbelegposition vorkommen können und steu-
                        ert die Zugriffsfolge, die festlegt, in welcher Reihenfolge das
                        System nach Konditionssätzen sucht. Konditionssätze wer-

den zu einer Konditionsart gepflegt und zwar auf unterschiedlichen Ebenen. Beispielsweise kann standardmäßig für die Konditionsart PR00 ein Preis pro Kunde oder ein allgemeiner Preis ohne Kundenbezug angelegt werden (oder beides).

3.   Nachdem das Kalkulationsschema gefunden wurde, beginnt das System mit der Abarbeitung der im Kalkulationsschema aufgeführten Konditionsarten. Im obigen Beispiel ist dies die Konditionsart PR00, die die Zugriffsfolge PR02 enthält.

Zugriffsfolge   4.   Diese Zugriffsfolge (im Beispiel PR02) besagt, dass zuerst nach einem Konditionssatz PR00 zu suchen ist, der einen spezifischen Preis pro Kunde enthält. Anschließend wird nach einer Preisliste für das Material in der entsprechenden Währung und zum Schluss nach einen Preis für das Material gesucht.

5.   Beim ersten Versuch wird entsprechend der Zugriffsfolge nach einem kundenindividuellen Konditionssatz für das Material gesucht. Die Suche ist erfolglos, ein Konditionssatz wurde also nicht gepflegt.

6.   Da der erste Zugriff erfolglos war, wird im zweiten Zugriff nach einer Preisliste für das Material in der entsprechenden Währung gesucht. Diesmal findet das System einen Konditionssatz. Damit wird der 3. Zugriff nicht mehr ausgeführt.

7.   Der Preis wird in den Auftrag übernommen.

4.8.2   Pflege von Konditionssätzen

Konditionssätze können einerseits auf unterschiedlichen Ebenen und andererseits mittels Regelwerk unterschiedlich berechnet werden. Beispielsweise ist es möglich, den Bruttopreis für ein Material (PR00) so zu hinterlegen, dass er grundsätzlich 150,- EUR beträgt, aber für einen spezifischen Kunden 130,- EUR. Es existieren dann zwei Konditionssätze. Wird ein Kundenauftrag nun angelegt, so sucht das System mittels der bereits erläuterten Zugriffsfolge nach einem passenden Eintrag (zuerst ob ein kundenindividueller Preis hinterlegt, ist ansonsten wird der Materialpreis genommen).

Konditionssätze werden in der Regel abhängig von der Organisationsstruktur des Vertriebs angelegt. Damit ist es möglich, beispielsweise für verschiedene Verkaufsorganisationen und Vertriebswege unterschiedliche Konditionen zu pflegen.

In diesem Zusammenhang sei auch darauf hingewiesen, dass Konditionssätze mit einem Gültigkeitszeitraum versehen werden können.

Es gibt mehrere Einstiegsmöglichkeiten, um Vertriebskonditionen zu pflegen. Folgende Ausführungen beschränken sich auf die Schnellerfassung. Es besteht auch die Möglichkeit, direkt über die Konditionsart die Pflege vorzunehmen.

Der Pfad hierzu lautet: *Logistik* ➲ *Vertrieb* ➲ *Stammdaten* ➲ *Konditionen* ➲ *Selektion über Konditionsart* ➲ *Anlegen (VK11) / Ändern(VK12) / Anzeigen (VK13).*

Nach der Auswahl der Konditionsliste im linken Navigationsmenü wird im rechten Teil des Bildschirmes die Ebene angezeigt, auf der die Konditionssätze gepflegt werden können.

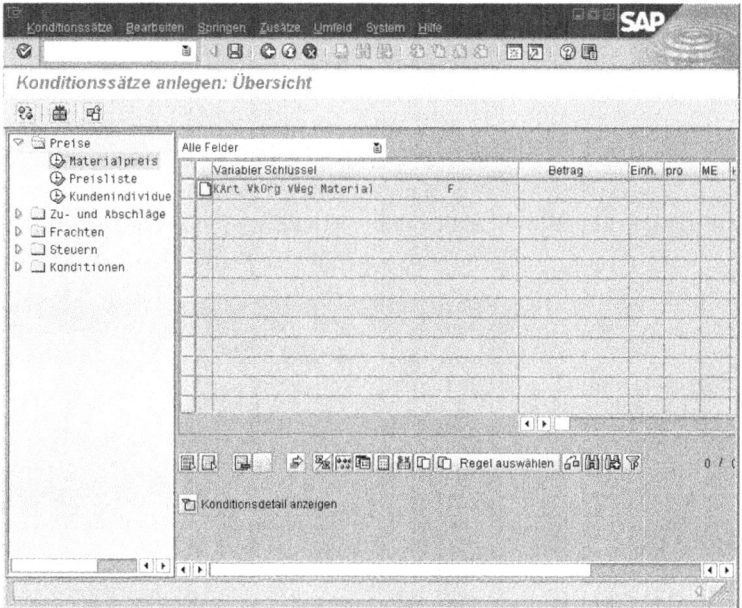

Abb. 4.46: Konditionsanlage Übersicht

Durch Doppelklick auf den entsprechenden Eintrag erscheint im rechten Bildschirm die Schnellerfassung für die Konditionssatzanlage.

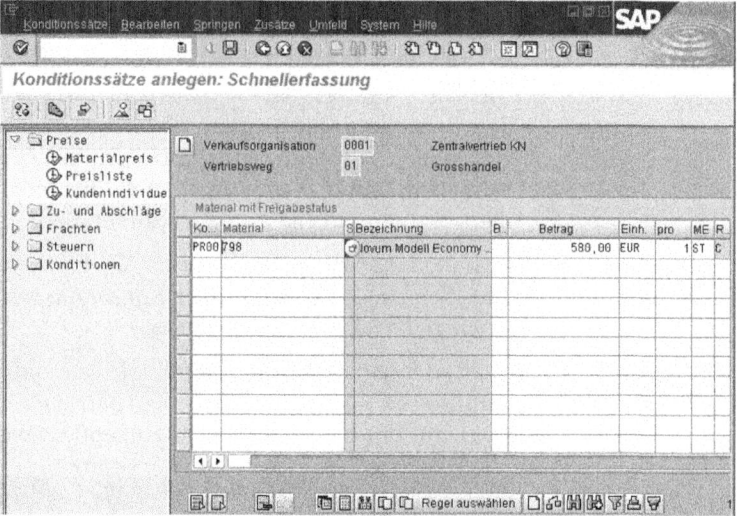

Abb. 4.47 Konditionsanlage Schnellerfassung

Bei der Anlage eines Konditionssatzes kann eine Preisstaffel definiert werden. Solch eine Preisstaffel bietet sich dann an, wenn man abhängig von der Auftragsmenge für ein bestimmtes Produkt dem Kunden einen niedrigeren Preis gewähren will (z.B. bis 100 Stück 20,- EUR, ab 101 Stück 18,- EUR).

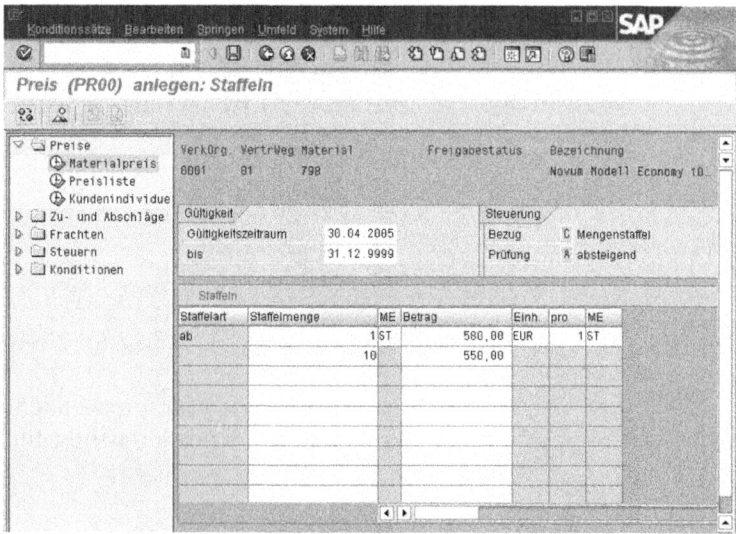

Abb. 4.48: Konditionsanlage Staffelpreise

Vorgehensweise Anlegen:

1. Pfad über *Logistik* ➲ *Vertrieb* ➲ *Stammdaten* ➲ *Kondi-*
tionen ➲ *Anlegen (VK31)*.

2. Auf dem erscheinenden Pflegemenü wird in der linken Bildschirmhälfte auf die entsprechende Konditionsliste navigiert und mit Doppelklick der Eintrag ausgewählt.

3. Auf der rechten Seite erscheint daraufhin die Ebene, auf der die Konditionssätze gepflegt werden können. Durch Doppelklick auf die Ebene erscheint im rechten Bildschirm die Schnellerfassung.

4. In der Schnellerfassungsliste sind zuerst die Organisationseinheiten und die Belegwährung anzugeben, für die die Konditionsliste gelten soll. Danach werden zeilenmäßig die Konditionssätze angelegt. Neben der Konditionsart ist die Materialnummer (bzw. je nach Konditionsliste auch Kunde, Steuerklassifikation, Lieferbedingung usw.) anzugeben und ggf. der Bearbeitungsstatus (sofern die Funktionalität im Customizing gepflegt ist). In der Spalte „Rechenregel" kann eine Konditionsrechenregel angegeben werden. Diese Regel steuert, wie die Konditionsart berechnet wird, also ob es sich um einen absoluten Betrag handelt oder z.B. um einen Prozentsatz. Wird keine Rechenregel angegeben, so wird die Rechenregel gezogen, die standardmäßig zu dieser Konditionsart im Customizing festgelegt wurde. Hierzu ist nach Eingabe der Konditionsart und der Materialnummer (bzw. Kunde, Lieferbedingungen usw.) die <Enter> Taste zu drücken. In der Spalte „Betrag" wird entweder der Konditionsbetrag oder aber ein Konditionsprozentsatz angegeben (sofern die Rechenregel dies zulässt) und in den weiteren Spalten die Währung und die Mengeneinheit inklusive der Anzahl (z.B. 10 EUR für 1 Mengeneinheit). Es bleibt dem Benutzer freigestellt, einen Gültigkeitszeitraum anzugeben. Wird dieser nicht explizit eingetragen, so wird die Gültigkeit ab aktuellem Tagesdatum bis 31.12.9999 gesetzt.

5. Wird ein Konditionssatz für ein Preiselement angelegt, kann auch eine Preisstaffel hinterlegt werden. Es gibt verschiedene Arten von Preisstaffeln. Ist sie beispielsweise mengenabhängig, können dem Kunden abhängig von der Auftragsmenge unterschiedliche Preise gewährt werden. Der Aufruf der Preisstaffel erfolgt durch Doppelklick auf den angelegten Konditionssatz bzw. über den entsprechenden Button in der Anwendungsfunktionsleiste.

6. Sofern alle Daten zum Konditionssatz eingegeben wurden, sind die Eingaben zu sichern.

Ändern und Anzeigen von Konditions-sätzen

Vorgehensweise Ändern / Anzeigen:

1. Pfad über ➲ *Logistik* ➲ *Vertrieb* ➲ *Stammdaten* ➲ *Konditionen* ➲ *Ändern (VK32)* bzw. *Anzeigen (VK33)*.

2. Auf dem erscheinenden Pflegemenü wird in der linken Bildschirmhälfte auf die entsprechende Konditionsliste navigiert und mit Doppelklick der gewünschte Eintrag ausgewählt.

3. Es erscheint ein weiteres Selektionsbild, auf dem die Organisationsebenen und die Konditionsart ausgewählt werden. Die Selektionseingaben sind zu bestätigen.

4. Es erscheint wiederum das Pflegebild, wobei in der rechten Bildschirmhälfte alle Konditionssätze erscheinen, die unter Punkt 3 ausgewählt wurden. In der Liste können nun die Änderungen durchgeführt werden. Wird über die Anzeigetransaktion eingestiegen, sind Änderungen nicht möglich.

5. Enthält der zu ändernde Konditionssatz eine Preisstaffel und soll diese geändert werden, so ist der entsprechende Konditionssatz in der Liste doppelt zu klicken. Im erscheinenden Detailmenü im unteren rechten Bildschirmbereich kann über die Registerkarte „Staffel" die Preisstaffel geändert werden. Erfolgte der Einstieg über die Anzeigetransaktion, wird die Preisstaffel angezeigt.

6. Nachdem alle Änderungen vollzogen wurden, sind die Eingaben zu sichern (sofern die Änderungstransaktion aufgerufen wurde).

Konditionssätze löschen

Je nach Customizingeinstellung zur Konditionsart kann ein Konditionssatz gelöscht oder aber mit einem Löschkennzeichen versehen werden. Das physische Löschen führt dazu, dass der Konditionssatz nicht mehr zur Verfügung steht. Dagegen verursacht die Löschvormerkung, dass er im System erhalten bleibt, aber für die Preisfindung nicht mehr berücksichtigt wird. Die mit Löschvormerkung versehenen Sätze werden im Rahmen eines Archivierungslaufes auf ein Archivsystem ausgelagert.

Der Einstieg erfolgt über die Transaktion „Konditionsänderung". Innerhalb des gewählten Konditionssatzes ist das Feld „Löschkennzeichen" anzukreuzen.

4.8.3   Konditions- und Nettopreisliste

*Konditions-
listen*

Gerade bei Unternehmen mit einer vielfältigen Kunden- und Produktstruktur sind häufig sehr viele Konditionssätze im System gepflegt. Konditionslisten bieten die Möglichkeit, nach verschiedenen Kriterien Auswertungen über vorhandene Konditionssätze zu generieren – beispielsweise welche Konditionssätze für welche Kunden mit welcher Gültigkeit vorhanden sind. Konditionslisten können im Customizing definiert und dann in der Anwendung ausgeführt werden. Ein Standard-SAP-System beinhaltet bereits bei der Auslieferung eine Vielzahl von voreingestellten Konditionslisten.

Vorgehensweise:

1. Aufruf der Konditionslisten über *Logistik ➲ Vertrieb ➲ Stammdaten ➲ Konditionen ➲ Liste ➲ Konditionsliste (V/LD)*.

2. Auf dem ersten Einstiegsbild ist die Konditionsliste zu wählen und über *Bearbeiten ➲ Ausführen* in der Menüleiste die Selektion aufzurufen.

3. Nach Eingabe der Selektionen und *Programm ➲ Ausführen* werden in der Menüleiste die Auswertungen angezeigt.

Nettopreisliste

Neben der Konditionsliste bietet die Nettopreisliste eine schnelle Möglichkeit, Kunden eine Preisauskunft über Materialien zu geben.

Vorgehensweise:

1. Aufruf der Nettopreisliste über *Logistik ➲ Vertrieb ➲ Stammdaten ➲ Konditionen ➲ Liste ➲ Nettopreisliste (V_NL)*.

2. Auf dem Selektionsbild sind die gewünschten Selektionen einzugeben – insbesondere Organisationseinheiten, Kunden- und Materialdaten. Über *Programm ➲ Ausführen* in der Menüleiste wird die Selektion durchgeführt und das Ergebnis angezeigt.

3. Die erscheinende Liste (im so genannten ALV-Format) ist interaktiv und lässt eine Reihe von Funktionen zu, beispielsweise das Komprimieren und Expandieren der Ergebnisse.

4.8.4   ## Übungen zur Fallstudie

Übung 4.24

Konditionssatz   Die Preiskalkulation für den neu einzuführenden Novum PC
anlegen   F101_XXX_XX ergab, dass er – unabhängig vom jeweiligen
                     Kunden – für 1299,- EUR verkauft werden soll. Pflegen Sie dazu
                     den entsprechenden Konditionssatz und beachten Sie folgende
                     Daten:

Einstiegsbild Transaktion VK31	
Linker Bildschirmbereich	Auswahl „Materialpreis" im Ordner „Preise"
Rechter Bildschirmbereich	Auswahl des variablen Schlüssels „KArt VkOrg VWeg Material"
Schnellerfassung (rechter Bildschirm)			

Verkaufsorganisation	0001		
Vertriebsweg	01	Konditionsart	PR00
Material	das von Ihnen angelegte Fertigerzeugnis F101_XXX_XX		
Betrag	1299		

Datenblatt 4.11

Übung 4.25

Konditionssatz   Überprüfen Sie, ob der Konditionssatz für Ihr Fertigerzeugnis tat-
anzeigen   sächlich angelegt wurde.

5 Logistische Prozesse

Im folgenden Kapitel werden die wesentlichsten Logistikprozesse und deren Abbildung im SAP-System aufgezeigt. Dabei liegt der Fokus nicht auf der kompletten Abhandlung aller in SAP möglichen Prozesse (dies wäre schon aus Kapazitätsgründen unmöglich), sondern auf einem in sich geschlossenen Überblick.

Die einzelnen Prozesse werden in unterschiedlichen SAP-Anwendungskomponenten abgewickelt und greifen praktisch an jeder Stelle auf die im Vorkapitel dargestellten Stammdaten zurück. Zur ersten Orientierung werden die wesentlichen Komponenten vorgestellt. Dabei ist zu beachten, dass innerhalb eines Prozesses mehrere Komponenten angesprochen werden. Danach erfolgt schrittweise, ausgehend von der Absatz- und Produktionsgrobplanung, die Darstellung der wesentlichsten logistischen Prozesse innerhalb eines Unternehmens. Abgerundet wird das Kapitel durch Übungen zur Fallstudie.

5.1 Logistische Anwendungskomponenten in SAP

Das SAP-System lässt sich in Anwendungskomponenten gliedern, die jede für sich bestimmte betriebliche Funktionen wahrnimmt. Auch heute findet sich noch eine Vielzahl von Unternehmen, die nur Teile des SAP-Systems einsetzen. Beispielsweise wird zwar die Komponente Materialwirtschaft (MM) genutzt, die Produktionsplanung und -steuerung (PP) wird jedoch auf anderen externen Systemen durchgeführt (und durch Schnittstellen mit dem SAP-System gekoppelt). Ein betrieblicher Prozess läuft nahezu immer in mehreren SAP-Anwendungskomponenten ab. Als Beispiel hierfür sei der Fertigungssteuerungsprozess genannt. Dieser wird zwar hauptsächlich in der Komponente PP durchgeführt, der Prozess greift aber an unterschiedlichen Stellen immer wieder auf andere Komponenten zurück, wie unter anderem im Rahmen der Bestandsführung auf die Komponente MM.

Die wesentlichsten Logistikkomponenten sind die Produktionsplanung (PP = Production Planning) und -steuerung, die Materialwirtschaft (MM = Material Management) und der Vertrieb (SD = Sales and Distribution). Im Besonderen sei hier auf die Komponenten Finanzwesen (FI = Financials) und Controlling (CO =

Controlling) hingewiesen. Sie können zwar nicht als „klassische" Logistikkomponenten bezeichnet werden, da sie innerhalb der Logistikkette meist nur Daten empfangen, sind jedoch zur Abbildung des externen und internen Rechnungswesens unabdingbar.

5.1.1   Produktionsplanung und -steuerung (PP)

Die Produktionsplanung und -steuerung (PP) ist für den Leistungserstellungsprozess im Unternehmen zuständig. PP lässt sich in Planungs- und Durchführungsprozesse gliedern. Zentrale Rolle bei der Produktionsplanung und -steuerung spielt der Fertigungsauftrag.

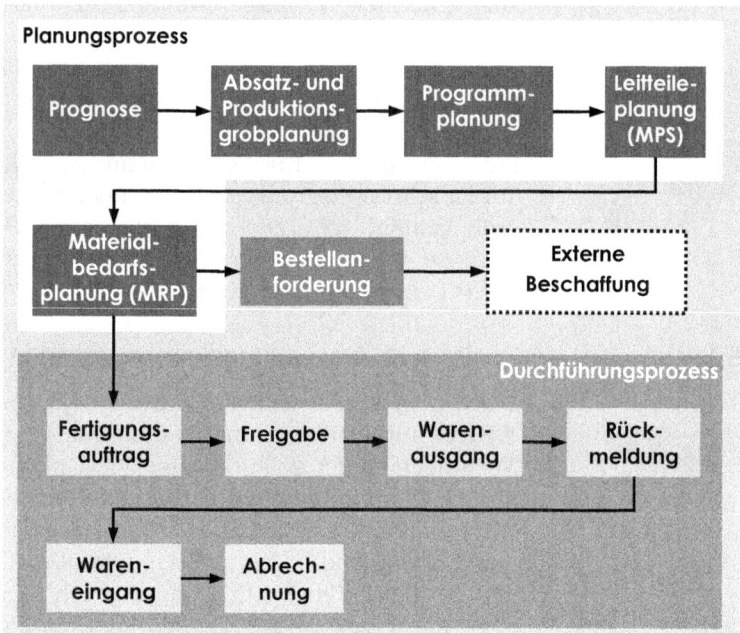

Abb. 5.1: Produktionsprozess

5.1.2   Materialwirtschaft (MM)

Die Komponente Materialwirtschaft (MM) beschäftigt sich unter anderem mit der Bestandsführung, der Abwicklung des Einkaufsprozesses und der Rechnungsprüfung. Im Bereich des Einkaufs werden Roh- Hilfs-, Betriebsstoffe und Handelswaren beschafft sowie eingehende Lieferantenrechnungen mittels Rechnungsprüfung sachlich und rechnerisch geprüft. Die Bestandsführung befasst sich mit der mengen- und wertmäßigen Führung der Materialbestände und führt die Verbuchung der entsprechenden Lagerbewegungen aus. Daneben ist sie zuständig für die Inventur.

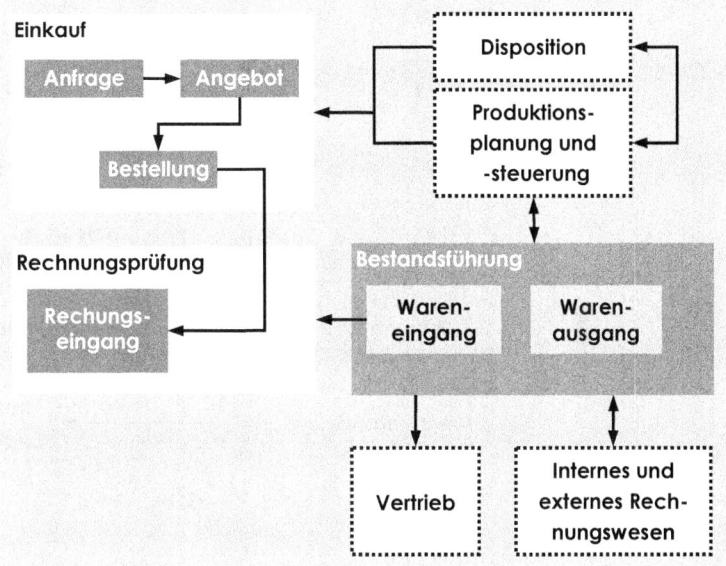

Abb. 5.2: Prozesse der Materialwirtschaft

5.1.3   Vertrieb (SD)

Innerhalb der Komponente Vertrieb (SD) werden alle maßgeblichen Vorverkaufsaktivitäten unterstützt, wie beispielsweise die Angebotserstellung. Die Erfassung von Kundenaufträgen erfolgt in Form von Verkaufsbelegen und über die Lieferung / Kommissionierung wird im Rahmen der Versandabwicklung an den Kunden ausgeliefert. Am Schluss des Vertriebsprozesses steht die Fakturierung der gelieferten Materialien und Dienstleistungen.

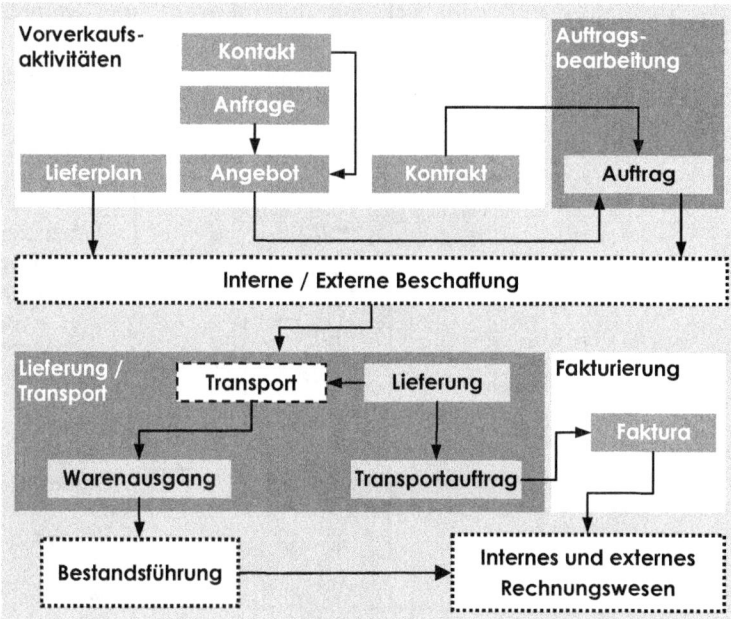

Abb. 5.3: Prozesse des Vertriebs

5.1.4   Finanzwesen (FI) und Controlling (CO)

Das interne und externe Rechnungswesen wird durch die Komponenten CO und FI abgebildet. Hauptziel des Finanzwesens ist die Erstellung der Bilanz mit der Gewinn- und Verlustrechnung, was innerhalb des so genannten Hauptbuches abgebildet wird. Zur Führung der Debitoren- Kreditoren- und Anlagenbuchhaltung stehen entsprechende Nebenbücher zur Verfügung.

Das interne Rechnungswesen beschäftigt sich vor allem mit der Kostenartenrechnung, dem Gemeinkostencontrolling und der Ergebnisrechnung. Daneben werden die Produktkostenrechnung und die Profit-Center-Rechnung unterstützt.

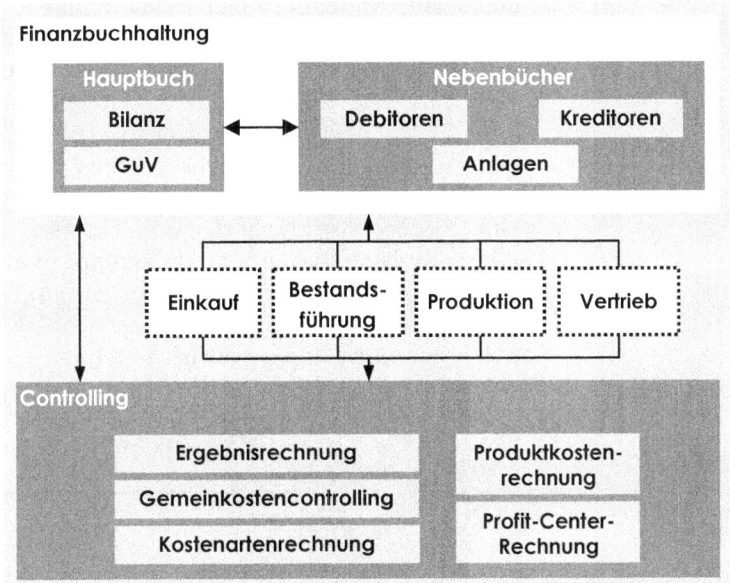

Abb. 5.4: Zusammenhänge Logistik und FI/CO

5.2   Absatz- und Produktionsgrobplanung

5.2.1   Grundlagen

*Begriffs-
definition*

Die Absatz- und Produktionsgrobplanung (SOP = Sales & Operations Planning) ist im Bereich PP (Production Planning) angesiedelt und hat zum Ziel, zu erwartende Absatz- und Produktionsmengen zu prognostizieren und deren Durchführbarkeit abzuschätzen.

Der Absatzplan legt fest, welche Enderzeugnisse (bzw. Produktgruppen) in welchen Mengen und in welchen Perioden (zeitliche Komponente) abgesetzt werden sollen. Der Produktionsplan beinhaltet (ebenfalls periodenabhängig) die geplanten produzierten Einheiten an Enderzeugnissen (bzw. Produktgruppen). Beide Pläne sind aufeinander abgestimmt, wobei der Produktionsplan in aller Regel aus dem Absatzplan abgeleitet wird.

Planungsebene

Die Planung erfolgt entweder auf Ebene der Enderzeugnisse oder auf Ebene der Produktgruppen. Eine Produktgruppe fasst Erzeugnisse nach unterschiedlichen Kriterien zusammen. Sie könnte beispielsweise aus Materialien ähnlicher Beschaffenheit bestehen. Eine Produktgruppe wird einstufig oder mehrstufig aufgebaut, wobei auf unterster Stufe immer Materialien definiert sein müssen. Eine mehrstufige Produktgruppe bedeutet, dass sich innerhalb der Gruppe wieder Produktgruppen befinden. Die unterste Ebene enthält die einzelnen Materialien. Damit auf Ebene von Produktgruppen geplant werden kann, müssen innerhalb der Produktgruppenhierarchie Anteilsfaktoren angegeben werden. In der Regel beträgt die Summe der Anteilsfaktoren auf einer Ebene 100%. Nach der Erstellung des Absatz- und Produktionsgrobplanes für eine Produktgruppe wird der Plan disaggregiert, also gemäß den Anteilsfaktoren auf die untergeordneten Hierarchieebenen aufgelöst. Folgende Abbildung zeigt eine Produktgruppe und deren Anteilsfaktoren.

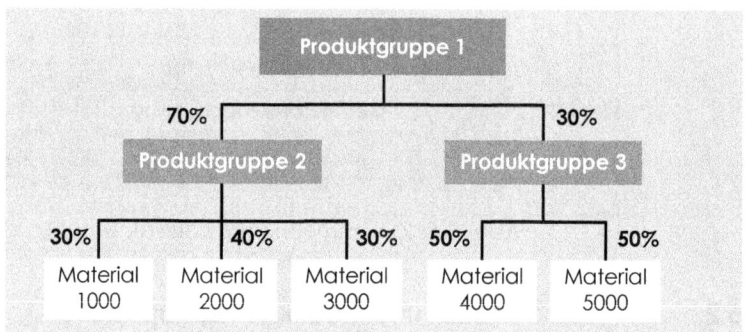

Abb. 5.5: Mehrstufige Produktgruppe

Die Anlage und Pflege einer Produktgruppe ist über *Produktion* ➲ *Absatz-/Grobplanung* ➲ *Produktgruppe* ➲ *Anlegen (MC84) / Ändern (MC86) / Anzeigen (MC85)* möglich.

5.2.2   Durchführung der Absatz- und Produktionsgrobplanung

Planungs-
tableau

Der Absatz- und Produktionsgrobplan wird werksbezogen in einem Planungstableau entwickelt. Durch verschiedene Versionierungen sind unterschiedliche Planungsszenarien (z.B. pessimistisch oder optimistisch) möglich.

Nach Aufruf des Tableaus wird die Periodeneinteilung gewählt (Tage, Wochen, Monate oder Kombinationen). Das Planungstableau selbst besteht aus je einer Zeile für den Absatzplan, den Produktionsplan, den durch das System errechneten Lagerbestand, den Ziellagerbestand und die Zielreichweite. Die Zielreichweite berechnet sich dabei aus Lagerbestand / Durchschnittsbedarf, der Durchschnittsbedarf wiederum aus Absatzmenge / Anzahl Arbeitstage.

Produktionsgrobplanung anlegen										

Material   968   Fertigerzeugnis
Werk   0001
Version   007 Version 007   Neu inaktiv

Planungstableau	EH	M 05.2005	M 06.2005	M 07.2005	M 08.2005	M 09.2005	M 10.2005	M 11.2005		
Absatz	ST	40	100	200						
Produktion	ST	80	130	130						
Lagerbestand	ST	40	70							
Ziellagerbestand	ST									
Reichweite	···	19	15							
Zielreichweite	···									

Abb. 5.6: Planungstableau Absatz- / Produktionsgrobplan

Das Tableau ist auf unterschiedliche Arten pflegbar. Üblicherweise wird zuerst der Absatzplan periodenweise eingegeben und dann der zugehörige Produktionsplan erfasst. Der Produktionsplan kann – muss aber nicht – den Periodenmengen des Absatzplanes folgen. Er kann beispielsweise zur gleichmäßigen Auslastung der Produktion geglättet werden.

Es sei in diesem Zusammenhang darauf hingewiesen, dass neben der manuellen Eingabe des Absatzplanes verschiedene Methoden zur Verfügung stehen, um die Werte aus anderen Komponenten des SAP-Systems zu übernehmen, u.a. aus dem Vertriebsinformationssystem oder aus der Ergebnisplanung in der Komponente CO-PA (Ergebnis- und Marktsegmentrechnung).

Vorgehensweise:

Anlage Grobplan

1. Einstieg über den Pfad *Logistik* ➲ *Produktion* ➲ *Absatz-/Grobplanung* ➲ *Planung* ➲ *Für Material* ➲ *Anlegen (MC87)*.

2. Auf dem Einstiegsbild sind das Material und das Werk einzugeben. Nach Bestätigung durch <Enter> wird ggf. ein Zwischenbild zur Versionierung angezeigt.

3. Auf dem ggf. erscheinenden Dialog zur Versionierung schlägt das System eine neue Version vor. Die Daten werden durch <Enter> bestätigt.

4. Es erscheint das Planungstableau. Hier kann im ersten Schritt über *Bearbeiten ➲ Periodeneinteilung* in der Menüleiste die Periodenlänge geändert werden (Tage, Monate, ..).

5. Die Periodendaten für den Absatzplan und den Produktionsplan sind zeilenweise einzugeben. *Hinweis:* Es besteht auch die Möglichkeit, den Produktionsplan auf Grundlage der Zielreichweite zu erstellen.

6. Nach Eingabe aller notwendigen Periodenwerte ist der Plan über den Button „Speichern" zu sichern.

5.2.3   Pflege von Absatz- und Produktionsgrobplänen

Die eingegebenen Absatz- und Produktionszahlen können zu jeder Zeit angezeigt und geändert werden.

Anzeige und Änderung

Vorgehensweise:

1. Aufruf über *Logistik ➲ Produktion ➲ Absatz-/Grobplanung ➲ Planung ➲ Für Material ➲ Ändern (MC88)* bzw. *Anzeigen (MC89)*.

2. Auf dem Einstiegsbild ist neben dem Material und dem Werk auch die Versionsnummer anzugeben (es können mehrere existieren). Dies geschieht über den Button „Aktive Version" (es gibt nur eine) bzw. "inaktive Version". Sind mehrere inaktive Versionen vorhanden, muss eine ausgewählt und das Zwischenbild bestätigt werden.

3. Der Absatz- und Produktionsplan erscheint und kann (je nach Einstieg) geändert oder angezeigt werden.

4. Wurden die Daten geändert, so sind sie zu sichern.

Disaggregation

Anstatt Enderzeugnisse zu planen, ist – wie bereits erwähnt – auch eine Grobplanung über Produktgruppen möglich. Der Einstieg erfolgt hier über *Logistik ➲ Produktion ➲ Absatz-/Grobplanung ➲ Planung ➲ Für Produktgruppe ➲ Anlegen (MC81)*.

Wird der Plan für eine Produktgruppe auf einer der oberen Stufen der Produkthierarchie erzeugt, werden nicht automatisch die Pläne auf den untergeordnete Hierarchiestufen erstellt. Dies muss mittels Disaggregation vorgenommen werden. Die Disaggregation wird über *Logistik ➲ Produktion ➲ Absatz-/Grobplanung ➲ Disaggregation ➲ <Wahl der entsprechenden Transaktion>* durchgeführt.

Versionsaktivierung

Bei der Anlage eines Absatz- und Produktionsgrobplanes wird dieser unter einer Versionsnummer gespeichert. Sofern keine

weiteren Planversionen existieren, legt das System den Absatz-
und Produktionsgrobplan unter der einzig aktiven Version A00
an. In der Regel sind aber mehrere Planungen vorhanden und
demzufolge alle weiteren Versionen inaktiv. Soll eine inaktive
Version aktiviert werden, geschieht dies über die Versionsverwaltung. Dort kann ein Plan auch gelöscht werden.

Vorgehensweise:

1. Aufruf der Funktion über *Logistik ➲ Produktion ➲ Absatz-/
   Grobplanung ➲ Planung ➲ Versionsverwaltung ➲ Kopieren (MC78)*.

2. Auf dem Versionsbild ist die Quellversion anzugeben (hier
   die inaktive Version) und die Zielversion (falls die Zielversion die aktive Version sein soll ist dies die Nummer A00).

3. Durch Anklicken des Buttons „Kopieren" in der Anwendungsfunktionsleiste überführt das System die Quellversion
   in die Zielversion.

5.2.4   Übungen zur Fallstudie

Übung 5.1

*Absatz- und
Produktions-
grobplan
erfassen*

Die Novum Computer GmbH erwartet, dass sie im Folgemonat
500 des neu entwickelten PCs am Markt absetzen kann. Es liegen
derzeit zwar noch keine konkreten Kundenbestellungen vor, das
Unternehmen hat sich jedoch entschlossen, das Fertigerzeugnis
bereits zu produzieren und anfallende Kundenbestellungen aus
dem Lager zu bedienen. Legen Sie im System für den Folgemonat (aktueller Monat + 1) einen Absatz- und Produktionsgrobplan an.

Hinweis: Die Planung für das Fertigerzeugnis erfolgt auf Material-
ebene. Steigen Sie über die Änderungstransaktion MC88 ein,
damit die aktive Version gezogen werden kann. Beachten Sie
folgende Daten:

Einstiegsbild	
Material	F101_XXX_XX
Werk	0001
Versionsauswahl	Button „Aktive Version" drücken
Planungstableau	
Spalte aktueller Monat + 1	Absatz = 500 Produktion = 500

Datenblatt 5.1

5.3   Programmplanung

5.3.1   Grundlagen

Die Programmplanung hat zur Aufgabe, Bedarfsmengen und Liefertermine für Enderzeugnisse festzulegen und als Ergebnis ein Produktionsprogramm zu erstellen. Das Produktionsprogramm enthält die festgelegten Bedarfsmengen und -termine für die geplanten Enderzeugnisse in Form von Planprimärbedarfen. Kundenbedarfe werden nicht innerhalb der Programmplanung, sondern in den erzeugten Kundenaufträgen generiert.

Nach der Erstellung des Absatz- und Produktionsgrobplanes (SOP) kann er an die Programmplanung übergeben werden.

Neben der Übergabe aus SOP ist es auch möglich, die Programmplanung manuell – durch Eingabe der entsprechenden Planprimärbedarfe – zu erstellen.

Grundvoraussetzung für die Erstellung des Produktionsprogramms ist die Festlegung einer Planungsstrategie für die betroffenen Erzeugnisse. Die Planungsstrategien bilden den Kern der Programmplanung und werden im folgenden Abschnitt näher erläutert.

5.3.2   Planungsstrategien

Mit Hilfe von Planungsstrategien werden Produktionsmengen und -termine in der Zukunft festgelegt. In SAP lassen sich Planungsstrategien in drei Bereiche einteilen:

- Lagerfertigungsstrategien
- Kundenauftragsbezogene Strategien
- Kombination aus diesen beiden Strategien

Jeder dieser Bereiche verfügt über eine ganze Reihe möglicher Planungsstrategien. Es würde den Rahmen dieses Buches bei weitem überschreiten, auf alle Strategien einzugehen. Hier wird auf spezifische Literatur verwiesen. Dennoch werden zum Verständnis der Programmplanung einige wichtige Planungsstrategien vorgestellt.

5.3.2.1   Lagerfertigungsstrategien (make to stock)

Typisch für die Lagerfertigung ist die Produktion auf Lager. Es besteht innerhalb der Produktion kein Bezug zu Kundenaufträgen, Kundenaufträge selbst werden aus dem Lager bedient. Die

Feststellung des zukünftigen Bedarfs an Erzeugnissen wird mittels Vorplanung durchgeführt. Dabei erfolgt beispielsweise die Übernahme der Zahlen aus der Absatz- und Produktionsgrobplanung. Innerhalb der Lagerfertigung wird zwischen anonymer Lagerfertigung und Vorplanung mit Endmontage unterschieden. Jede dieser Bereiche kennt unterschiedliche Strategien.

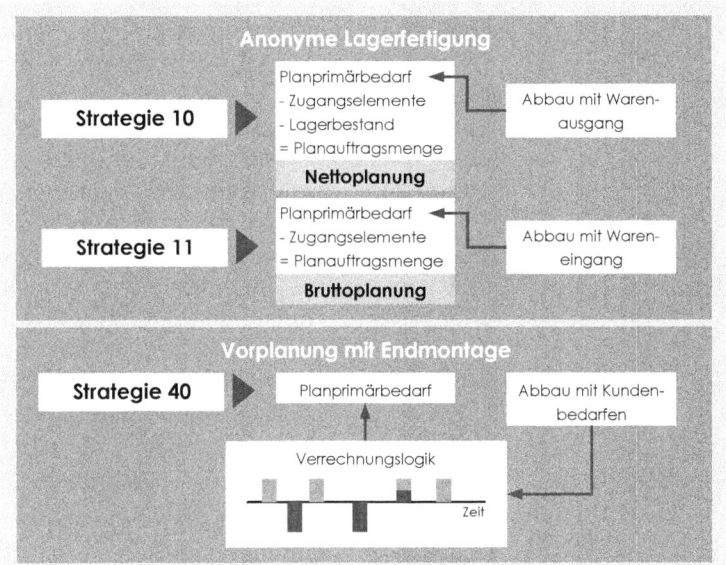

Abb. 5.7: Lagerfertigungsstrategien

Anonyme Lagerfertigung

Die anonyme Lagerfertigung besteht u. a. aus den Strategien 10 und 11.

Strategie 10   Bei Strategie 10 handelt es sich um eine Nettoplanung. Zur Ermittlung der tatsächlichen Planauftragsmenge werden der Lagerbestand, der Planprimärbedarf und sämtliche Zugänge (z.B. aus Bestellungen) berücksichtigt. Der Abbau des Produktionsprogramms – und damit der Planprimärbedarfsmenge – erfolgt mit dem Warenausgang aus dem Lager zur Befriedigung von Kundenaufträgen. Gemäß dem FIFO-Prinzip (First-In-First-Out) wird dabei der älteste Planprimärbedarf reduziert.

Strategie 11   Im Gegensatz dazu berücksichtigt Strategie 11 den Lagerbestand nicht. In die Berechnung fließen ausschließlich Zugangselemente ein. Sie wird deshalb Bruttoplanung genannt. Abgebaut wird das Produktionsprogramm durch den Wareneingang ins Lager.

Vorplanung mit Endmontage

Strategie 40

Während die anonyme Lagerfertigung häufig nur im Massenfertigungsbereich verwendet wird, findet die Vorplanung mit Endmontage ein breiteres Einsatzgebiet und eignet sich immer dann, wenn die Erzeugnismengen gut vorhersehbar sind. Kundenaufträge werden auch hier aus dem Lagerbestand befriedigt, innerhalb der Programmplanung erfolgt die Vorplanung der Enderzeugnisse ohne Kundenauftragsbezug. Eingehende Kundenaufträge verrechnen sich jedoch (entgegen der anonymen Lagerfertigung) mit dem vorgeplanten Planprimärbedarf. Übersteigen die Kundenaufträge den geplanten Bedarf, so werden systemtechnisch zusätzlich Fertigungs- und Einkaufsmengen zur Befriedigung dieser nicht geplanten Nachfrage eingestellt und der Produktionsplan automatisch angepasst. Umgekehrt – wenn also die Kundennachfrage geringer ausfällt als der Plan – wird die Differenzmenge als Lagerbestand aufgebaut. Eine Produktionsplananpassung erfolgt nicht. Ausgelöst wird die Verrechnung durch eine genaue Verfügbarkeitsprüfung nach ATP (Avaiable to Promise) in der Kundenauftragsabwicklung. Das System prüft, ob zur Deckung der Kundenauftragsmengen genügend Planprimärbedarfe eingeplant wurden und ändert bei Unterdeckung den Programmplan.

Die Art der Verrechnung zwischen Plan und Kundenaufträgen hängt vom Verrechnungsmodus ab:

Verrechnungs-modus

Verrechnungsmodus 1 = Rückwärtsrechnung

Die Kundenbedarfe werden gegen die Planprimärbedarfe (nacheinander) verrechnet, die zeitlich vor den Kundenbedarfen liegen.

Verrechnungsmodus 3 = Vorwärtsrechnung

Hier werden Kundenbedarfe mit Planprimärbedarfen verrechnet, die zeitlich nach dem Kundenbedarf liegen.

Verrechnungsmodus 2 und 4 = Kombinationen aus Verrechnungsmodus 1 und 3

Die Rückwärts- und Vorwärtsrechnung werden in diesen Modi kombiniert. Eingestellt werden der Verrechnungsmodus und die zugehörigen Intervalle (innerhalb welcher Zeitachse wird verrechnet?) entweder im Materialstamm oder aber pro Werk und Dispositionsgruppe. Bei Auslieferung der Ware an den Kunden (Warenausgang) erfolgt die Löschung der betroffenen Planprimärbedarfsmengen.

Weitere Strategien der Lagerfertigung sind z.B.:

- Losfertigung (Strategie 30)

- Vorplanung auf Baugruppenebene (Strategie 70)

- Vorplanung auf Dummybaugruppenebene (Strategie 59)

5.3.2.2   Kundenauftragsbezogene Planungsstrategien (make to order)

Bei diesen Strategien sollen grundsätzlich die Enderzeugnisse erst dann gefertigt werden, wenn konkrete Kundenaufträge vorliegen. Dies bedeutet, dass für jeden zu erfüllenden Kundenauftrag ein eigener Lagerbestand (Kundeneinzelbestand) aufgebaut wird. Der Kundenauftrag ist der Bedarfs- und Produktionsverursacher. Es gibt mehrere Strategien, die die Kundeneinzelfertigung unterstützen, u.a. die klassische Kundeneinzelfertigung, die Vorplanung ohne Endmontage und die Montageabwicklung.

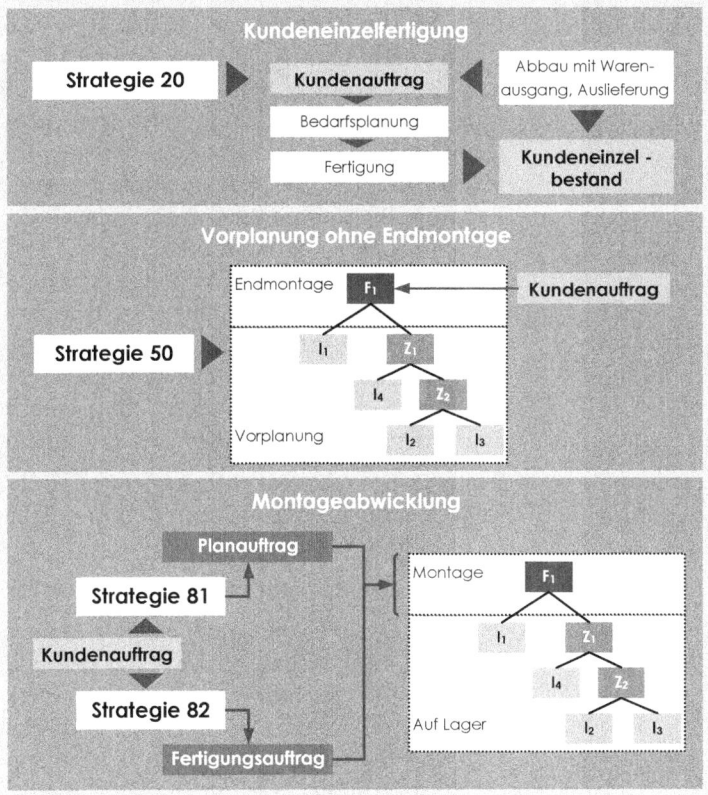

Abb. 5.8: Kundenauftragsbezogene Planungsstrategien

Kundeneinzelfertigung

Strategie 20

Bei der klassischen Kundeneinzelfertigung (Strategie 20) wird ein Enderzeugnis speziell für einen Kunden gefertigt. Kundenaufträge führen zu entsprechenden Bedarfen, für die keine Nettobedarfsrechnung durchgeführt wird (keine Verrechnung mit anderen Kundenaufträgen und keine Verrechnung mit einem anonymen Lagerbestand). Gefertigt wird im Standard die exakte Losgröße (also genau die Menge, die der Kunde bestellt).

Die durch den Kundenauftrag entstehenden Lagerbestände werden als Kundeneinzelbestand verwaltet. Es ist nicht möglich, diesen Lagerbestand gegen einen anderen Kundenauftrag auszutauschen. Sobald das gefertigte Material an den Kunden ausgeliefert ist, erfolgt der Abbau des Kundeneinzelbestandes und des Bedarfs.

Vorplanung ohne Endmontage

Strategie 50

Bei Strategie 50 wird das Material ebenfalls speziell für einen Kunden gefertigt. Der Prozess ist hier jedoch zweigeteilt. Im ersten Schritt werden unabhängig von Kundenbedarfen die Baugruppen mittels Vorplanung (Planprimärbedarfe) beschafft oder gefertigt und im zweiten Schritt bei Eintreffen entsprechender Kundenaufträge die nachgefragten Fertigerzeugnisse aus den Baugruppen endmontiert. Technisch werden Bedarfe der Enderzeugnisse als Planprimärbedarfe in die Programmplanung eingestellt. Der folgende Materialbedarfsplanungslauf (nähere Erläuterung im nächsten Abschnitt) lässt jedoch zuerst nur eine Fertigung / Beschaffung bis zur Fertigungsstufe vor der Endmontage zu. Die Endmontage ist erst bei Eintreffen des Kundenauftrags möglich. Sobald der Kundenauftrag eintrifft, verrechnet er sich gegen den Planprimärbedarf in der Menge des Kundenauftrags.

Strategie 50 schafft kurze Lieferzeiten, da zum Zeitpunkt des Kundenauftrages alle Baugruppen und Komponenten bereits auf Lager liegen.

Montageabwicklung mit Fertigungsaufträgen

Strategie 82

Es gibt verschiedene Strategien der Montageabwicklung. In der Regel liegen die Komponenten der Fertigungserzeugnisse bereits auf Lager. Durch Eintreffen eines Kundenauftrages wird geprüft, ob die zugehörigen Komponenten verfügbar sind, ein mögliches Lieferdatum wird ermittelt und bei Strategie 82 wird direkt ein Fertigungsauftrag erzeugt. Ein Materialbedarfsplanungslauf ist nicht erforderlich.

Weitere kundenauftragsbezogene Planungsstrategien sind z.B.:

- Vorplanung auf Baugruppenebene ohne Endmontage (Strategie 74).

- Vorplanung mit Vorplanungsmaterial (Strategie 60).

- Montageabwicklung mit Netzplan ohne Projekt (Strategie 83).

5.3.2.3   Verfügbarkeitsprüfung

Bei Erfassung eines Kundenauftrages muss dem Kunden mitgeteilt werden, ob ein Produkt zum bestellten Termin lieferbar ist. Die Verfügbarkeitsprüfung liefert die entsprechende Aussage und bestätigt damit den Termin im Kundenauftrag oder schlägt einen anderen Termin vor. Soll ein Material einer Verfügbarkeitsprüfung unterworfen werden, ist im Materialstamm ein entsprechendes Kennzeichen zu setzen (im Bereich Disposition).

Es werden zwei Verfügbarkeitsprüfungen unterschieden. Einerseits die Prüfung gegen Planprimärbedarfe (Vorplanungsprüfung) und andererseits die ATP-Prüfung (Available to Promise).

Vorplanungs-prüfung

Die Vorplanungsprüfung untersucht, ob für Kundenbedarfe entsprechende offene Planprimärbedarfe vorhanden sind. Wie die Verrechnung durchgeführt wird, hängt vom hinterlegten Verrechnungsmodus und den Verrechnungsintervallen ab (siehe Erläuterungen dazu bei Strategie 40). Die Vorplanungsprüfung berücksichtigt weder andere Zugänge noch Lagerbestände. Findet das System entsprechende offene Vorplanungsmengen, kann der Termin bestätigt werden. Wenn nicht, erfolgt gemäß dem Verrechnungsmodus eine teilweise Bestätigung oder aber eine Bestätigung zu einem anderen Termin.

ATP-Prüfung

Die ATP-Prüfung untersucht, ob die benötigte Bedarfsmenge aus Kundenaufträgen durch den Bestand und alle anderen Zugangselemente (z.B. Planaufträge und Fertigungsaufträge) gedeckt ist. Wenn ja, wird die Menge zum gewünschten Termin im Kundenauftrag bestätigt. Wenn nein, wird nur teilbestätigt.

Durch die Verrechnung der bestätigten Menge mit dem Bestand bzw. den anderen Zugangselementen bleibt ggf. eine Differenzmenge übrig, die ATP-Menge. Diese Menge steht für neu eintreffende Aufträge zur Verfügung und berechnet sich wie folgt.

Lagerbestand
+ geplante Zugänge
- geplante Abgänge
= ATP-Menge

Folgende Abbildung zeigt die beiden Prüfungsverfahren.

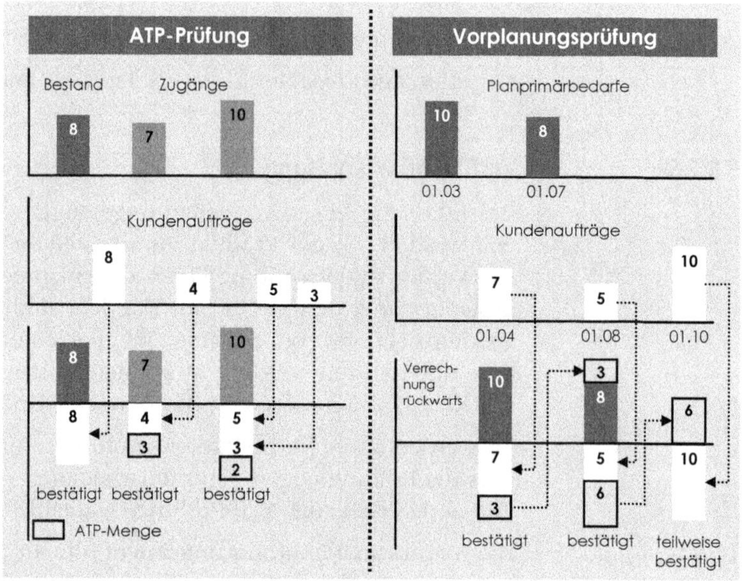

Abb. 5.9: Verfügbarkeitsprüfung

5.3.3   Planungseinstellungen

Um das System zu veranlassen, ein Material nach einer bestimmten Planungsstrategie zu planen, sind verschiedene Einstellungen nötig.

Die Planungsstrategie wird im Customizing festgelegt und dort einer Bedarfsart aus der Programmplanung und / oder einer Bedarfsart für Kundenaufträge zugeordnet. Damit verschiedene Planungsstrategien für ein Material verwendet werden können, werden Planungsstrategien in Strategiegruppen zusammengefasst. Eine Strategiegruppe besteht aus einer Hauptstrategie und – wenn noch andere Planungsstrategien zugeordnet wurden – aus mehreren Nebenstrategien.

Die Strategiegruppe wird im Materialstamm innerhalb der Dispositionssicht 3 eingetragen. Dieser Eintrag sorgt dafür, dass bei der Anlage von Planprimärbedarfen zu einem Material die hinterlegte Bedarfsart für die Vorplanung herangezogen und bei der Anlage eines Kundenauftrags zum Material die hinterlegte Bedarfsart für Kundenaufträge ermittelt wird.

Neben der automatischen Ermittlung können die Bedarfsarten auch manuell in der Kundenauftragsposition (Sicht „Beschaffung") oder in den Bedarfsparametern bei der Anlage von Planprimärbedarfen eingegeben werden. Daneben ist auch eine Parametrisierung im Benutzerstamm möglich (zur Parametrisierung siehe 2.4.2).

Erfolgt eine Änderung der Bedarfsart durch die Parametrisierung oder durch eine manuelle Änderung, prüft das System ob die eingetragene Bedarfsart als Nebenstrategie in der Strategiegruppe erlaubt ist und weist sie ggf. ab.

Folgende Tabelle zeigt beispielhaft die im Standard den Strategien zugeordneten Bedarfsarten.

Strategie	Bedeutung	Bedarfsart Vorplanung	Bedarfsart Kunden auftrag
Lagerfertigungsstrategien			
10	Anonyme Lagerfertigung / Nettoplanung	KSL: Verkauf ab Lager ohne Verrechnung mit Planprimärbedarf	LSF: Anonyme Lagerfertigung
11	Anonyme Lagerfertigung / Bruttoplanung	KSL: Verkauf ab Lager ohne Verrechnung mit Planprimärbedarf	BSF: Bruttoplanprimärbedarf
40	Vorplanung mit Endmontage	KSV: Kundenauftrag mit Verrechnung	VSF: Vorplanung mit Endmontage
Kundenauftragsbezogene Planungsstrategien			
20	Kundeneinzelfertigung	KE: Kundeneinzelfertigung ohne Verrechnung	keine Vorplanung
50	Vorplanung ohne Endmontage	KEV: Kundeneinzelfertigung mit Verrechnung	VSE: Vorplanung ohne Endmontage
81	Montageabwicklung mit Planaufträgen	KMSE: Montage Planauftrag	keine Vorplanung
82	Montageabwicklung mit Fertigungsaufträgen	KMFA: Montage mit Fertigungsauftrag	keine Vorplanung

Abb. 5.10: Planungsstrategien und Bedarfsarten

5.3.4   **Durchführung der Programmplanung**

Als Ergebnis der Programmplanung werden im Produktionsprogramm die Planprimärbedarfe eingestellt. Durch verschiedene Versionen können mehrere Planprimärbedarfe zu einem Material angelegt und verglichen werden. Neben der manuellen Eingabe ist auch die Übernahme aus der Absatz- und Produktionsplanung, aus einem anderen Programmplan oder aus der Materialprognose möglich.

Manuelle Anlage

Bei der manuellen Anlage der Planprimärbedarfe werden die einzelnen Mengen zu einem Material in einem Tableau periodengerecht eingetragen.

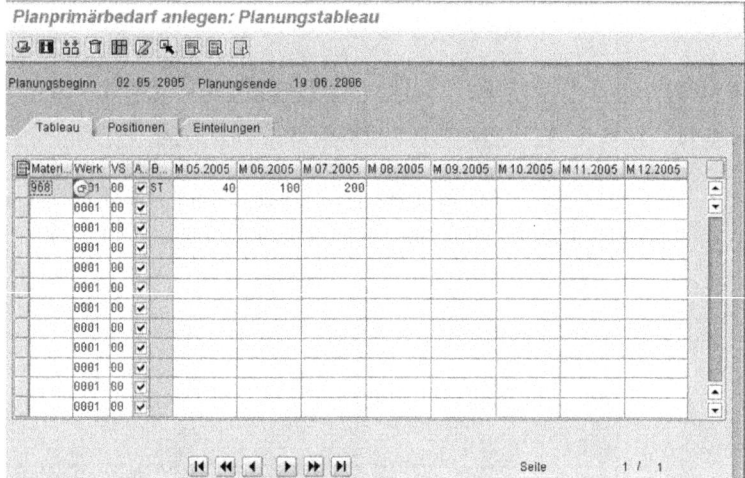

Abb. 5.11: Eingabe Planprimärbedarf

Vorgehensweise:

1.   Aufruf über *Logistik* ➲ *Produktion* ➲ *Produktionsplanung* ➲ *Programmplanung* ➲ *Planprimärbedarf* ➲ *Anlegen* *(MD61)*.

2.   Im Einstiegsbild ist das Material, das Werk und die Version anzugeben. Zusätzlich werden der Planungszeitraum und das entsprechende Periodenkennzeichen (z.B. Monat, Tag) festgelegt. Eine Änderung der defaultmäßig gezogenen Bedarfsparameter ist über *Einstellungen* ➲ *Benutzerparameter* in der Menüleiste möglich.

3.   Durch Bestätigung der Einstiegsparameter wird das Planungstableau aufgerufen. Hier können die entsprechenden

Periodenwerte eingetragen werden. Die im Einstiegsbild angegebene Version wird in die Position übernommen. Sollen die Werte dispositiv wirksam sein (also in der Materialbedarfsplanung Berücksichtigung finden), ist das Aktivkennzeichen „AK" zu setzen.

4.   Sind alle Angaben getätigt, wird das Tableau über den Button „Speichern" gesichert.

Übernahme aus SOP

Neben der manuellen Anlage können die Planprimärbedarfe auch durch Übernahme aus der Absatz- und Produktionsgrobplanung ermittelt werden. Im Planungstableau sind hierfür die Positionen zu markieren und danach die Funktion *Bearbeiten* ➲ *Bedarfsübernahme* ➲ *Grob.-Plan* ➲ *Gesamt* in der Menüleiste aufzurufen. Das System kopiert daraufhin die Werte in das Tableau.

Alternativ kann die Übergabe auch direkt im Absatz- und Produktionsgrobplan durchgeführt werden. Hierzu ist im Planungstableau der Absatz- und Produktionsgrobplanung die Funktion *Zusätze* ➲ *Überg.* ➲ *Programmplan* in der Menüleiste zu wählen. Nach Eingabe der Übergabeversion, der Übergabestrategie, der Bedarfsart und der Version des zu erstellenden Planprimärbedarfs werden die Daten übergeben und gesichert (sofern das Kennzeichen „Verbuchung dunkel" gesetzt ist).

5.3.5   Pflege von Planprimärbedarfen

Nach der Anlage von Planprimärbedarfen ist eine Anzeige und Änderung möglich.

Vorgehensweise:

1.   Der Einstieg erfolgt über *Logistik* ➲ *Produktion* ➲ *Produktionsplanung* ➲ *Programmplanung* ➲ *Planprimärbedarf* ➲ *Ändern (MD62)* bzw. *Anzeigen (MD63)*.

2.   Auf dem Einstiegsbild ist das Material, das Werk und die Bedarfsart auszuwählen. Die Versionen, die eingeschlossen werden sollen, sind zu markieren und der Planungszeitraum ist festzulegen. Durch <Enter> wird das Tableau aufgerufen.

3.   Je nach Einstieg können die Daten auf dem Tableau geändert werden.

4.   Wurden die Daten geändert, sind sie zu sichern.

5.3.6   Übungen zur Fallstudie

Übung 5.2

Planprimär-
bedarf anlegen

Legen Sie für Ihr Fertigerzeugnis einen Planprimärbedarf von 500 Stück im Folgemonat an (für das Werk „0001"). Nutzen Sie dabei die Funktionalität der Übernahme des Absatz- und Produktionsgrobplanes.

Hinweis: Steigen Sie über die Transaktion MD61 ein und überprüfen Sie zuerst die Bedarfsparameter. Übernehmen Sie im Planungstableau Ihren Absatz- und Produktionsgrobplan aus der vorherigen Übung und beachten Sie folgende Daten:

Einstiegsbild	
Material	F101_XXX_XX
Werk	0001
Version	00
Planungszeitraum von / bis	aktuelles Tagesdatum – 2 Monate in der Zukunft
Planungsperiode	M
Bedarfsparameter	
Werk „0001", Bedarfsart „LSF"	
Planungstableau	
Markieren der 1. Zeile und Übernahme des Absatz- und Produktionsgrobplanes über *Bearbeiten* ➲ *Bedarfsübernahme* ➲ *Grob.-Plan* ➲ *Gesamt.*	

Datenblatt 5.2

Übung 5.3

Überprüfen Sie, ob der Planprimärbedarf korrekt eingestellt wurde, insbesondere, ob das Kennzeichen „AK" (Aktive Version) und die Version „00" gesetzt sind.

5.4   Materialbedarfsplanung

5.4.1   Grundlagen

Die Materialbedarfsplanung (MRP = Material Requirement Planning), auch Dispositionsplanung genannt, sorgt dafür, dass die vom Kunden nachgefragten Erzeugnisse und die Produkte, die im Rahmen von Planprimärbedarfen eingeplant wurden, termingerecht zur Verfügung stehen. Die Bedarfsplanung verfolgt dabei das Ziel, einerseits die optimale Lieferbereitschaft sicherzustellen und andererseits die Kosten zu minimieren. Das Ergebnis ist ein Produktions- bzw. Beschaffungsplan. Folgende Abbildung zeigt den Prozess der Materialbedarfsplanung. Die einzelnen Schritte werden in den weiteren Abschnitten nacheinander behandelt.

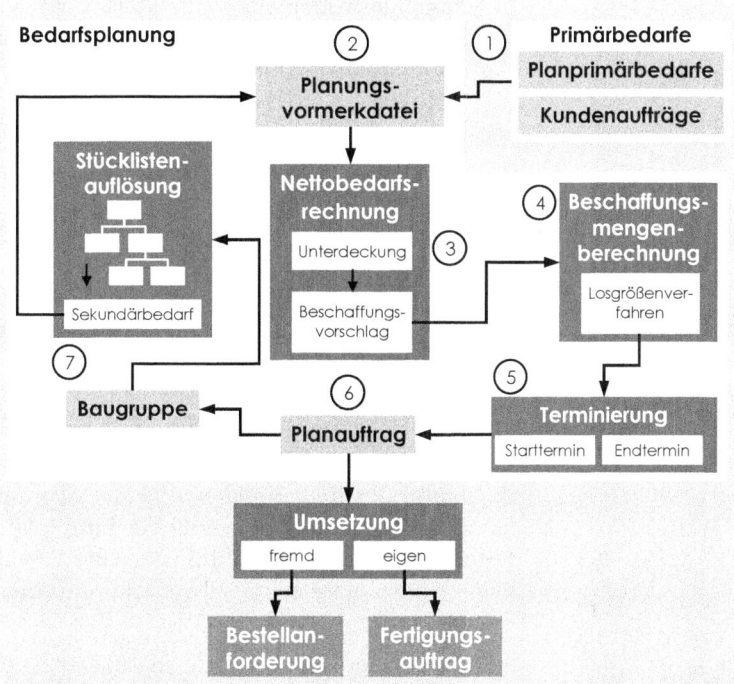

Abb. 5.12: Ablauf der Materialbedarfsplanung

Erläuterung zum Prozessablauf:

1. Durch Kundenaufträge und Planprimärbedarfe ergeben sich die zukünftig benötigten Primärbedarfe.

2. Über die Planungsvormerkdatei prüft das System, ob das Material in den Planlauf mit einfließt.

3. Kernelement der Materialbedarfsplanung ist die Nettobedarfsrechnung. Dabei wird geprüft, ob der benötigte Bedarf durch den Lagerbestand und fest geplante Zugänge gedeckt ist. Wird eine Unterdeckung festgestellt, erstellt die Planung einen Beschaffungsvorschlag.

4. Die Höhe der zu beschaffenden Menge wird mit den hinterlegten Losgrößenverfahren berechnet.

5.   Danach erfolgt die Terminierung und damit die Berechnung der Eckstart- und Eckendtermine (ggf. auch die Durchlaufterminierung) für die Beschaffungselemente.

6.   Die Beschaffungselemente für die Materialien werden erstellt. Handelt es sich um ein fremdzubeschaffendes Material wird entweder ein Planauftrag oder direkt eine Bestellanforderung bzw. eine Lieferplaneinteilung erzeugt (je nach Einstellung im Bedarfsplanungslauf). Ist das Material eigenzufertigen wird ein Planauftrag generiert, welcher später zu einem Fertigungsauftrag umgewandelt wird.

7.   Beinhaltet das Beschaffungselement ein Material, welches eine Baugruppe darstellt, wird zur Ermittlung der Sekundärbedarfe die hinterlegte Stückliste aufgelöst und der Prozess erneut durchgeführt.

5.4.2   Planungsarten, Planungsumfang und Planungssteuerung

Mit Planungsart und Planungsumfang wird festgelegt, welche Materialien in der Bedarfsplanung Berücksichtigung finden.

Planungsart

Der MRP-Lauf wird in der Regel für ein Werk vorgenommen und dort entweder für ein Material (Einzelplanung) oder für alle Materialien (Gesamtplanung). Bei der Einzelplanung wird außerdem festgelegt, ob diese einstufig (nur eine Stücklistenstufe wird aufgelöst) oder mehrstufig (alle Stücklistenstufen werden aufgelöst) erfolgt.

*Planungs-
umfang*

Auf Grund der teilweise langen Laufzeiten des Planungslaufs ist es ggf. sinnvoll, den Planungsumfang so einzuschränken, dass nur die Materialien geplant werden, welche eine dispositionrelevante Veränderung erfahren haben. Dieses Verfahren wird Netchange-Verfahren (Veränderungsplanung) genannt. Dagegen werden bei der Neuplanung alle Materialien eines Werkes im Planungslauf betrachtet. Dieser Planungsumfang bietet sich beispielsweise bei der erstmaligen Durchführung eines Laufes an und hat entsprechend höhere Laufzeiten.

*Planungs-
horizont*

Bei der Veränderungsplanung kann der Planungshorizont (über die Dispositionsgruppe) festgelegt werden. Standardmäßig erfolgt die Veränderungsplanung unbegrenzt. Soll die Planung jedoch nur Materialien berücksichtigen, die innerhalb eines festgelegten Intervalls (Planungshorizont) eine dispositive Änderung erfahren haben, wird dies durch die Angabe eines Planungshorizonts (innerhalb der Dispositionsgruppe) erreicht.

Technisch wertet das System – abhängig vom Planungsumfang und der Planungsart – die Planungsvormerkdatei aus, welche im folgenden Abschnitt näher erläutert wird.

Planungs-
steuerung

Die Steuerung des Materialbedarfsplanungslaufs wird anhand einer Dispositionsgruppe vorgenommen. Dieses Organisationsobjekt wird im Customizing definiert und steuert beispielsweise den Planungshorizont, das Erstellungskennzeichen für Bestellanforderungen (Parameter im MRP-Lauf auswählbar) und das Kennzeichen für Lieferplaneinteilungen (Parameter im MRP-Lauf). Die Dispositionsgruppe wird dem Material im Materialstamm (Disposition 1) zugeordnet. Ist sie dort nicht eingetragen, erfolgt die Planung des Materials mit den Steuerungsparametern, die für das Werk vorgesehen sind (im Customizing unter Werksparameter eingestellt).

Beeinflusst wird die Bedarfsplanung durch verschiedene Einträge im Materialstamm (innerhalb der Dispositionssichten), beispielsweise durch das Dispositionsmerkmal (welches Dispositionsverfahren wird angewandt?) und das Losgrößenverfahren (welche Menge wird gefertigt bzw. fremdbeschafft?).

5.4.3   Primärbedarfe und Planungsvormerkdatei

Durch Kundenaufträge und durch die Programmplanung (Planprimärbedarfe) entstehen Bedarfe, die termin- und mengengerecht zur Verfügung stehen müssen. Anhand dieser Basis wird im ersten Schritt der Materialbedarfsplanung die Planungsvormerkdatei ausgewertet um festzustellen, welche Materialien geplant werden sollen.

Planungs-
vormerkdatei

Die Planungsvormerkdatei enthält alle Materialien, die dispositionsrelevant sind. Sobald ein Materialstamm mit entsprechenden Dispositionssichten und einem gültigen Dispositionsmerkmal angelegt wurde, wird dies in die Vormerkdatei aufgenommen.

Bestandsveränderungen, Zu- und Abgänge (z.B. Bestellungen oder Fertigungsaufträge) und das Löschen von Zu- und Abgängen zu einem Material führen ebenfalls zu entsprechenden Einträgen in der Planungsvormerkdatei, da es sich hierbei um dispositionsrelevante Änderungen handelt.

Planungs-
vormerkdatei
anzeigen

Die Planungsvormerkdatei ist allgemein verfügbar und kann über den Pfad *Logistik ➲ Produktion ➲ Bedarfsplanung ➲ Planung ➲ Planungsvormerkung ➲ Anzeigen (MD21)* aufgerufen werden.

Auswertung der Planungs-vormerkdatei

Die Auswertung der Vormerkdatei läuft in verschiedenen Schritten ab. Im Wesentlichen wird zuerst überprüft, ob das Material überhaupt in der Vormerkdatei vorhanden ist und dispositionsrelevante Veränderungen vollzogen wurden. Danach wird die Dispositionsstufe des Materials gelesen. Die Materialien werden von oben nach unten geplant, also zuerst die Dispositionsstufe 0, dann 1 bis zur letzten Dispositionsstufe.

Exkurs: Dispositions-stufe

Im Rahmen des Kapitels Stammdaten wurde der Aufbau einer Erzeugnisstruktur gezeigt (siehe 4.3.1). Dabei erfolgte die Einteilung der Strukturstückliste in verschiedene Fertigungsstufen. Materialien können in verschiedenen Stücklisten auf unterschiedlichen Fertigungsstufen definiert sein. Die Dispositionsstufe ist die unterste Stufe, auf der ein Material innerhalb einer Erzeugnisstruktur vorkommt. Folgendes Beispiel zeigt eine Erzeugnisstruktur und deren Adaption in Dispositionsstufen.

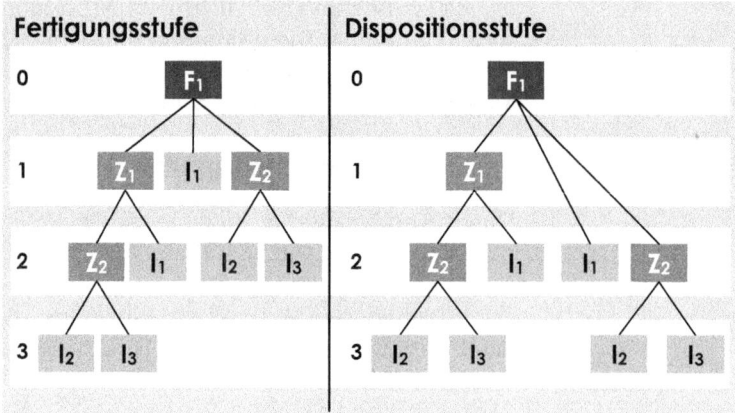

Abb. 5.13: Fertigungsstufen und Dispositionsstufen

In den nächsten Schritten prüft das System, ob bei bereits bestehenden Beschaffungsvorschlägen (Bestellanforderungen, Planaufträge und Lieferplaneinteilungen) die Stückliste neu aufzulösen ist oder Beschaffungsvorschläge gelöscht bzw. neue erstellt werden sollen.

5.4.4   Nettobedarfsrechnung

Nach der Prüfung der Planungsvormerkdatei wird im Folgeschritt die Nettobedarfsplanung auf Werksebene durchgeführt. Dabei prüft das System für jedes zu planende Material – abhängig vom eingestellten Dispositionsverfahren – ob der Bedarf durch den

Werksbestand und fest eingeplante Zugänge gedeckt ist. Ist die berechnete Menge (= verfügbarer Bestand) kleiner 0, so liegt eine Unterdeckungsmenge vor, die die Erzeugung eines Beschaffungsvorschlags nach sich zieht. Die Höhe der Beschaffungsmenge ergibt sich aus dem gewählten Losgrößenverfahren.

Unterdeckungs-
menge

Die Berechnung des verfügbaren Bestands, und damit die Feststellung der Unterdeckungsmenge, werden von dem im Materialstamm definierten Dispositionsverfahren beeinflusst (siehe 4.2.6).

Folgende Abbildung zeigt die entsprechenden Berechnungen. Zu beachten ist, dass der Sicherheitsbestand bei der Bestellpunktdisposition keine Rolle spielt.

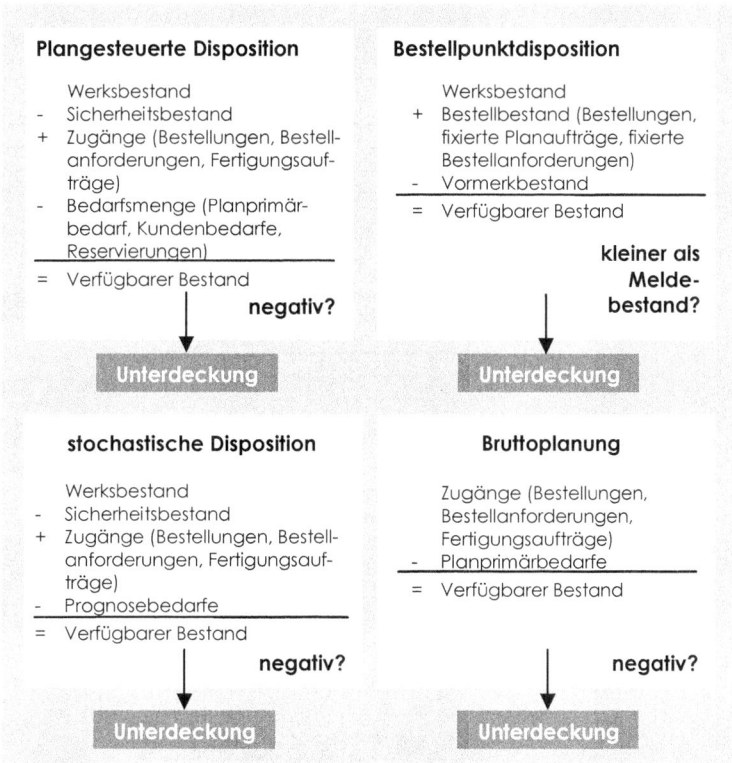

Abb. 5.14: Nettobedarfsrechnung

Bedarfs-
termine

Die Bedarfstermine für das Material werden wie folgt festgelegt:

Plangesteuerte Disposition

Hier ist der Bedarfstermin der Termin, des geplanten Materialabgangs (Kundenbedarf, Planprimärbedarf, Reservierung, ...).

Bestellpunktdisposition

Der Bedarfstermin ist der Termin des Planungslaufes.

Stochastische Disposition

Bei der stochastischen Disposition entspricht der Bedarfstermin dem Datum des Prognosebedarfs (erster Arbeitstag der Periode).

Bruttoplanung

Innerhalb der Bruttoplanung ist der Bedarfstermin der jeweilige Abgangstermin.

5.4.5   Beschaffungsmengenberechnung

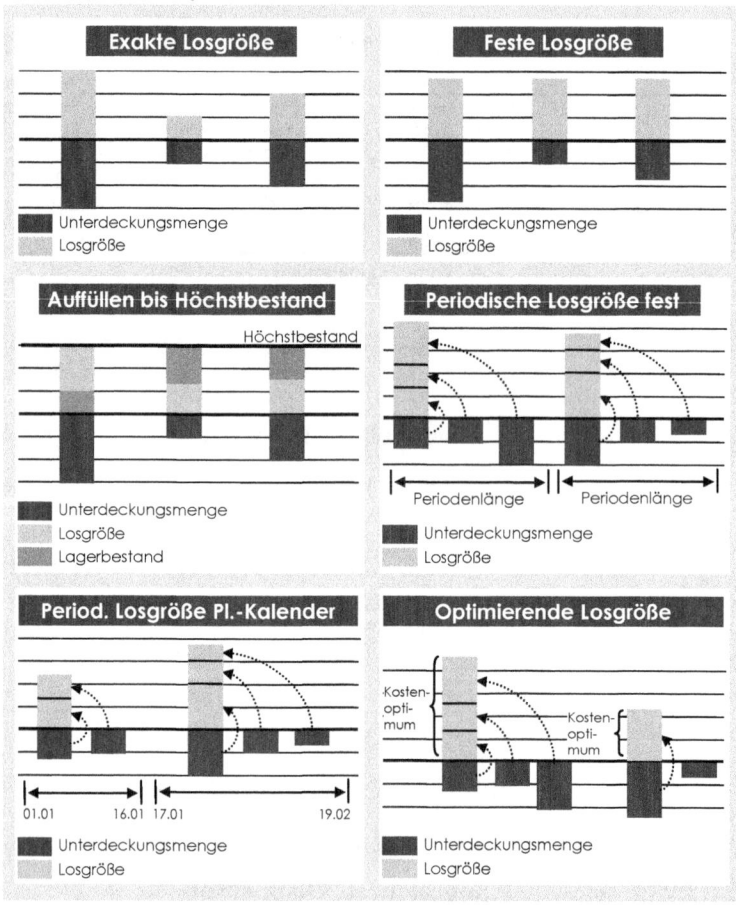

Abb. 5.15: Losgrößenverfahren

Wurde innerhalb der Nettobedarfsrechnung eine Unterdeckungsmenge festgestellt, wird durch die Beschaffungsmengenberechnung ermittelt, in welcher Höhe die Zugänge zu erfolgen haben.

Losgrößen-
verfahren

Die Höhe der Zugänge hängt vom Losgrößenverfahren ab, das im Materialstamm (Sicht Disposition 1) hinterlegt ist. SAP unterscheidet die Gruppen „statische Verfahren", „periodische Verfahren" und "optimierende Verfahren". Einen Überblick bietet obige Abbildung 5.15.

Restriktionen

Neben den Losgrößenverfahren können im Materialstamm zusätzliche Restriktionen eingegeben werden:

Mindestlosgröße

Die definierte Menge darf bei der Beschaffung bzw. Produktion pro Los nicht unterschritten werden.

Maximallosgröße

Pro Los darf maximal diese definierte Menge beschafft bzw. produziert werden.

Rundungswert

Die Beschaffungs- bzw. Produktionsmenge wird auf den definierten Rundungswert aufgerundet.

Rundungsprofil

Hier können Rundungen gestaffelt werden.

Ausschuss

Die Unterdeckung in Verbindung mit den Losgrößenverfahren ergibt die zu beschaffende bzw. die zu fertigende Menge. Bei der Fertigung eines Materials kann es jedoch zu einem Ausschuss kommen, der dazu führt, dass die gefertigte Menge nicht ausreicht. Sofern im Vorfeld mögliche Ausschüsse bekannt sind, können diese bereits bei der Materialbedarfsplanung dispositiv berücksichtigt werden.

Beispiel:

Erwartete Gutmenge	40 Stück
Erwarteter Ausschuss	20%
= Notwendige Menge	50 Stück

5.4.5.1   Statische Losgrößenverfahren

Bei statischen Losgrößenverfahren werden zukünftige Bedarfe nicht berücksichtigt. Für jeden entstehenden Bedarf wird einzeln eine Losgröße gebildet. Die Höhe richtet sich ausschließlich nach den im Materialstamm angegebenen Mengenvorgaben. Dabei lassen sich in SAP folgende Verfahren unterscheiden:

Exakte Losgröße (Lot-for-Lot-Verfahren)

Durch Eintrag des Kennzeichens „EX" im Materialstamm (Sicht Disposition 1) wird genau die Unterdeckungsmenge beschafft. Die Planung ist taggenau, d.h. Bedarfsmengen, die am gleichen Tag entstehen, werden zu einem Beschaffungsvorschlag zusammengefasst.

Feste Losgröße

Wird eine Unterdeckung eines Materials festgestellt, erfolgt bei der festen Losgröße die Beschaffung der im Materialstamm eingegebenen Menge. Reicht die feste Menge nicht aus, werden weitere Lose mit festen Mengen gebildet. Dieses Verfahren bietet sich an, wenn beispielsweise das Material nur in Komplettpaletten oder Kartons beschafft werden kann. Im Materialstamm ist im Feld Dispolosgröße das Kennzeichen „FX" zu setzen.

Auffüllen bis zum Höchstbestand

Verfügt das Lager nur über eine begrenzte Lagerkapazität für ein Material (z.B. Tankinhalt), wird durch das Dispokennzeichen „HB" im Materialstamm das Lager bis zum höchstmöglichen Bestand aufgefüllt (die Menge wird ebenfalls im Materialstamm festgelegt).

5.4.5.2   Periodische Losgrößenverfahren

Im Gegensatz zu statischen Losgrößenverfahren, welche für jede Bedarfsmenge Lose erstellen, fassen die periodischen Losgrößenverfahren mehrere Bedarfsmengen eines definierten Zeitabschnitts zu einer Losgröße zusammen.

Die Periodenlängen können Tage, Wochen oder Monate sein. Möglich sind auch Perioden, die sich an den Buchhaltungsperioden (flexible Periodenlänge) orientieren oder aber frei definierbare Perioden, die einem Planungskalender folgen.

Tageslosgröße (Kennzeichens „TB" im Materialstamm)

Es werden alle Bedarfsmengen eines Tages (oder einer frei wählbaren Anzahl von Tagen) zu einer Losgröße zusammengefasst.

Wochenlosgröße (Kennzeichens „WB" im Materialstamm)

Alle Bedarfsmengen einer Woche (oder einer frei wählbaren Anzahl von Wochen) werden zu einer Losgröße zusammengefasst.

Monatslosgröße (Kennzeichens „MB" im Materialstamm)

Die Bedarfsmengen eines Monats (oder einer frei wählbaren Anzahl von Monaten) werden zu einer Losgröße zusammengefasst.

Losgröße nach flexibler Periodenlänge (Kennzeichens „PB" im Materialstamm)

Bei diesem Verfahren werden Bedarfsmengen von frei definierbaren Perioden, die sich in ihrer Länge an den Buchhaltungsperioden orientieren, zusammengefasst.

Losgröße nach Planungskalender (Kennzeichens „PK" im Materialstamm)

In einem Planungskalender können einzelne Perioden (Periodenanfang und -ende) definiert werden.

Innerhalb der periodischen Verfahren wird mit Verfügbarkeitsterminen gerechnet. Der Verfügbarkeitstermin ist der Termin, an dem das Material einschließlich Wareneingangszeit wieder zur Verfügung stehen muss. Standardmäßig ist dies der erste Bedarftermin der Periode.

5.4.5.3   Optimierende Losgrößenverfahren

Statische und periodische Losgrößenverfahren haben das Problem, dass sie keine Kosten für die entstehende Lagerhaltung, das Rüsten und die Abwicklung des Einkaufsvorgangs berücksichtigen. Optimierende Losgrößenverfahren wählen die Losgröße so, dass minimale Gesamtkosten entstehen. Es gibt auch hier verschiedene in SAP verfügbare Verfahren wie Stück-Perioden-Ausgleich, gleitende wirtschaftliche Losgröße, dynamische Planungsrechnung oder das Losgrößenverfahren nach Groff.

Eine detaillierte Beschreibung dieser Verfahren ist beispielsweise bei Günther / Tempelmeier (2009) zu finden.

5.4.6   Terminierung

Im bisherigen Ablauf der Materialbedarfsplanung wurden die Unterdeckungsmengen festgestellt und über die Beschaffungsmengenberechnung die Menge der zu beschaffenden Materialien.

Aufgabe der Terminierung ist die Ermittlung der Beschaffungstermine für fremdzubeschaffende Materialien und die Fertigungstermine für die eigenzufertigenden Materialien. Dabei werden die Terminierungsmethoden „Eckterminbestimmung" und „Durchlaufterminierung" angewandt.

Beschaffungs-art	Ob ein Material fremdbeschafft oder eigengefertigt wird, hängt von der im Materialstamm (Sicht Disposition 2) angegebenen Beschaffungsart ab. Die Materialstammpflege lässt auch zu, ein Material sowohl als eigengefertigt als auch fremdbeschafft zu deklarieren.

5.4.6.1   Terminierung bei Eigenfertigung

Eckterminbestimmung

Durch die Eckterminbestimmung werden Eckstarttermin und Eckendtermin der Planaufträge berechnet. Der Eckstarttermin ist der früheste Termin, an dem die Fertigung für das benötigte Material beginnen kann, während der Eckendtermin den spätesten Termin darstellt, an dem das Material gefertigt sein muss. Diese Terminbestimmungen werden innerhalb jedes Material-bedarfsplanungslaufs automatisch durchgeführt.

Zur Bestimmung der Termine bedient sich das System der im Materialstamm hinterlegten Zeiten. Dies sind die Wareneingangs-bearbeitungszeit, der Eröffnungshorizont und die Eigenferti-gungszeit.

Warenein-gangsbear-beitungszeit

Die Wareneingangsbearbeitungszeit wird in Arbeitstagen im Ma-terialstamm Sicht Disposition 2 eingetragen und stellt die Zeit dar, die benötigt wird um ein Material zu prüfen und einzulagern (vom Zeitpunkt des Wareneingangs ab).

Eigen-fertigungszeit

Bei der Eigenfertigungszeit handelt es sich um die Zeit, die ge-braucht wird um ein Material zu fertigen. Dabei kann im Materi-alstamm zwischen losgrößenunabhängiger und losgrößenab-hängiger Eigenfertigungszeit unterschieden werden.

Soll die Losgröße nicht berücksichtigt werden, wird die Eigenfer-tigungszeit in Summe in der Materialstammsicht Arbeitsvorberei-tung oder Disposition 2 eingetragen.

Bei losgrößenabhängiger Berechnung wird die Eigenfertigungs-zeit im Materialstamm „Sicht Arbeitsvorbereitung" in folgende Zeiten aufgegliedert:

Rüstzeit

Die Rüstzeit ist losgrößenunabhängig und stellt die Zeit dar, die für das Rüsten und Abrüsten der erforderlichen Arbeitsplätze zur Fertigung des Materials benötigt wird.

Bearbeitungszeit

Die Bearbeitungszeit stellt die Zeit dar, die benötigt wird, um das Material zu bearbeiten und besteht aus Maschinen- und Personalzeiten. Sie wird für die im Materialstamm definierte Basismengeneinheit eingegeben und ist losgrößenabhängig.

Übergangszeit

Diese Zeit setzt sich zusammen aus Liegezeit, Wartezeit, Transportzeit, Vorgriffszeit und Sicherheitszeit (Erläuterung siehe nächster Abschnitt).

Eröffnungshorizont

Über den Horizontschlüssel im Materialstamm erfolgt die Ermittlung des Eröffnungshorizontes. Er stellt die Zeit dar, die in der Regel benötigt wird, um einen Planauftrag in einen Fertigungsauftrag bzw. in eine Bestellanforderung umzuwandeln.

Terminierungs-ablauf

Die Terminierung wird – je nach Dispositionsverfahren – in ein oder zwei Schritten vollzogen.

Bei plangesteuerten oder stochastisch disponierten Materialien wird ausgehend vom bekannten Bedarfstermin in der Zukunft eine Rückwärtsrechung durchgeführt. Dabei werden nacheinander die Wareneingangsbearbeitungszeit, die Eigenfertigungszeit und der Eröffnungshorizont des Materials rückgerechnet. Liegt der Eckstarttermin in der Vergangenheit, schaltet das System auf die Vorwärtsterminierung um. Dabei wird als Eckstarttermin das aktuelle Tagesdatum gesetzt. Die Vorwärtsterminierung berücksichtigt den Eröffnungshorizont nicht mehr.

Bei bestellpunktdisponierten Materialien wird ausschließlich die Vorwärtsterminierung eingesetzt.

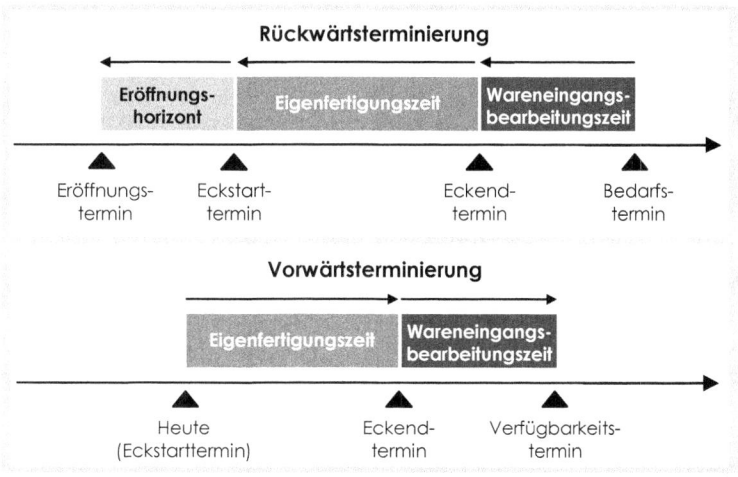

Abb. 5.16: Vorwärts- und Rückwärtsterminierung

Abbildung 5.16 zeigt die ermittelten Zeitpunkte bei der Rückwärts- und Vorwärtsterminierung.

Durchlaufterminierung (Feinterminierung)

Neben der Eckterminbestimmung, die für eigengefertigte und fremdbeschaffte Materialien im Rahmen der Materialbedarfsplanung durchgeführt wird (Terminierungskennzeichen „1" im MRP-Lauf), kann für eigengefertigte Materialien bereits im Materialbedarfsplanungslauf eine Durchlaufterminierung erwirkt werden (Terminierungskennzeichen „2" im MRP-Lauf). Die Durchlaufterminierung liefert präzisere Ergebnisse als die reine Eckterminbestimmung, insbesondere weil sie Kapazitätsbedarfe und die genauen Produktionstermine errechnet.

Maßgebliche Daten für die Durchlaufterminierung liefern der Horizontschlüssel im Materialstammsatz und die Zeitanteile der Vorgänge des Arbeitsplans.

Während bei der Eckterminbestimmung die im Materialstammsatz hinterlegte Eigenfertigungszeit Verwendung findet, erfolgt die Durchlaufterminierung auf Grundlage der Daten aus dem Arbeitsplan. Es ist deshalb besonders wichtig, dass die Eigenfertigungszeit im Materialstamm mit der Durchlaufterminierung über den Arbeitsplan übereinstimmt.

Es sei darauf hingewiesen, dass die Durchlaufterminierung nicht nur bei der Materialbedarfsplanung, sondern auch bei der Umsetzung eins Planauftrags in einen Fertigungsauftrag bzw. bei der manuellen Anlage eines Fertigungsauftrags über die Eckterminbestimmung durchgeführt wird.

Die Durchlaufterminierung beginnt mit dem ermittelten Eckendtermin (über die Eckterminbestimmung = Bedarfstermin - Wareneingangsbearbeitungszeit).

Sicherheitszeit

Vom Eckendtermin wird die Sicherheitszeit rückgerechnet. Die Sicherheitszeit ist eine Pufferzeit zwischen Produktionsendtermin (terminiertes Ende) und Eckendtermin. Sie dient zum Ausgleich von Störungen im Fertigungsablauf (der Eckendtermin muss dann nicht verschoben werden) und wird über den Horizontschlüssel im Materialstamm ermittelt.

Durchlaufzeit

Liegt der Produktionsendtermin fest, erfolgen Rückrechnungen aufgrund der Vorgangszeiten aus dem Arbeitsplan. Jeder Vorgang verfügt über folgende Vorgangsabschnitte mit hinterlegten Zeiten:

Durchführungszeit

Die Durchführungszeit ist die Summe aus Rüstzeit (Dauer um den Arbeitsplatz für den folgenden Vorgang vorzubereiten), Bearbeitungszeit des Vorgangs (ist die Zeit, die benötigt wird um den Vorgang an den Arbeitsplätzen durchzuführen) und Abrüstzeit (Zeit die benötigt wird um den Arbeitsplatz, nach Beendigung des Vorgangs wieder in den „Urzustand" zurückzuführen).

Übergangszeit

Die Übergangszeit beinhaltet die Zeitelemente Liegezeit (Zeit zwischen Beendigung der Durchlaufzeit und dem Abtransportieren des Materials), Wartezeit (Zeit zwischen Ende des Transports und Beginn der Durchführung des Vorgangs) und der Transportzeit (Zeit zum Transport des Materials von einem Arbeitsplatz zum anderen).

Nach erfolgten Rückrechnungen der Vorgangszeiten ergibt sich der Produktionsstarttermin. Ausgehend von diesem Termin überprüft das System, ob der Produktionsstarttermin später als der Eckstarttermin liegt. Ist dies der Fall, kann über das Customizing bestimmt werden, dass der durch die Eckterminierung bestimmte Termin angepasst wird. Die Anpassung erfolgt in der Weise, dass vom Produktionsstarttermin die Vorgriffszeit abgezogen wird.

Vorgriffszeit

Die Vorgriffszeit ist eine Pufferzeit, die Verzögerungen in der Materialbereitstellung auffangen soll. Sie dient ebenfalls zum Auffangen von Kapazitätsengpässen und Verschiebungen von Kundenaufträgen.

Bei Eintritt des Falles, dass der Produktionsstarttermin vor dem Eckstarttermin liegt, kennt SAP verschiedene Möglichkeiten der Reduzierung wie beispielsweise durch Verkürzung der Vorgriffs- und Sicherheitszeit oder der Vorgangszeiten.

Vorwärts-terminierung

Wie bereits erwähnt, wird die Eigenfertigungszeit im Materialstamm hinterlegt und dient zur Ermittlung der Ecktermine. Tritt die Konstellation ein, dass die ermittelten Zeiten im Arbeitsplan wesentlich kürzer sind als die Zeiten im Materialstamm (und damit der Produktionsstarttermin sich weiter in die Zukunft verschiebt als gewünscht) wird eine Vorwärtsterminierung durchgeführt, beginnend mit dem Eckstarttermin.

Die folgende Abbildung zeigt die Vorgehensweise bei der Durchlaufterminierung.

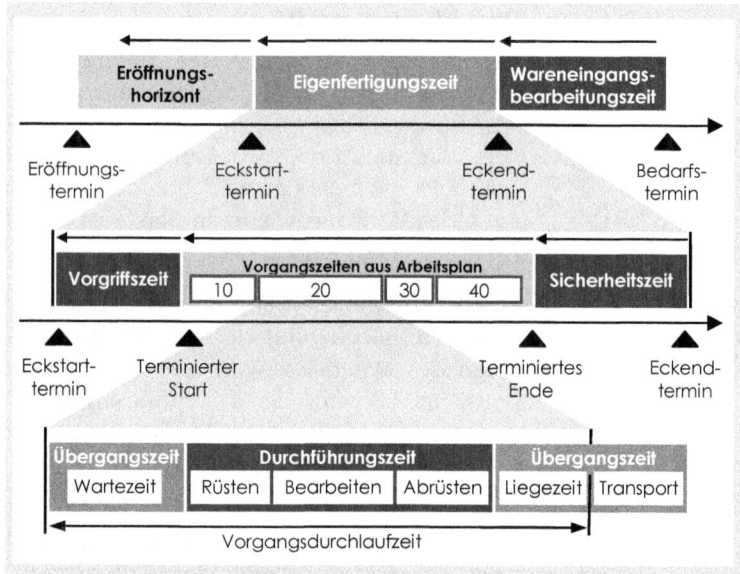

Abb. 5.17: Durchlaufterminierung Eigenfertigung

Kapazitätsbedarf bei der Durchlaufterminierung

Neben der Produktionsterminbestimmung führt die Durchlaufterminierung eine Ermittlung und Einlastung der Kapazitätsbedarfe durch. Der Kapazitätsbedarf gibt an, welchen Leistungsumfang
ein Auftrag an den entsprechenden Arbeitsplätzen benötigt. Die
Bedarfe der einzelnen Vorgänge werden über die im Arbeitsplatz
hinterlegten Formeln berechnet. Dem Kapazitätsbedarf steht das
Kapazitätsangebot eines Arbeitsplatzes gegenüber und wird
maßgeblich durch Arbeitsbeginn und -ende, Pausendauer und
Nutzungsgrad der Kapazität beeinflusst.

5.4.6.2   Terminierung bei Fremdbeschaffung

Bei fremdbeschafften Materialien (Beschaffungsart „F") wird ausschließlich eine Eckterminbestimmung (rückwärts- bzw. vor-
wärtsterminiert) durchgeführt. Maßgebliche Zeiten sind:

Wareneingangsbearbeitungszeit

Stellt die Zeit dar, die benötigt wird, um ein Material (ab Zeitpunkt des Wareneingangs) zu prüfen und einzulagern. Sie wird
in der Dispositionssicht 2 im Materialstamm eingetragen.

Planlieferzeit

Anzahl von Arbeitstagen, die zur Lieferung des Materials benötigt werden. Auch diese Zeit wird in der Dispositionssicht 2 im Materialstamm eingetragen.

Bearbeitungszeit Einkauf

Zeitraum der vom Einkauf benötigt wird, um eine Bestellanforderung in eine Bestellung umzuwandeln. Die Bearbeitungszeit wird im Customizing der Disposition eingestellt.

Eröffnungshorizont

Benötigte Zeit um einen Planauftrag vom Disponenten in einen Fertigungsauftrag bzw. in eine Bestellanforderung umzuwandeln. Die Ermittlung erfolgt über den Horizontschlüssel im Materialstamm.

Rückwärts-terminierung

Wie bei eigengefertigten Materialien wird bei der Fremdbeschaffung für stochastisch und plangesteuert disponierte Materialien zuerst eine Rückwärtsterminierung durchgeführt.

Ausgehend vom Bedarfstermin erfolgt durch Rückrechnung und Abzug der Wareneingangsbearbeitungszeit die Liefertermbestimmung (bzw. Eckendtermin bei Planaufträgen). Zu diesem Zeitpunkt muss das bestellte Material geliefert sein. Es erfolgt eine weitere Rückrechnung der Planlieferzeit und der Bearbeitungszeit des Einkaufs. Dadurch ergibt sich der Freigabetermin der Bestellanforderung (bzw. Eckstarttermin bei Planaufträgen). Zum Schluss wird der Eröffnungshorizont berücksichtigt. Damit steht der Eröffnungstermin fest.

Vorwärts-terminierung

Handelt es sich um bestellpunktdisponierte Materialien oder wird bei stochastisch bzw. plangesteuerten Materialien festgestellt, dass der Freigabetermin in der Vergangenheit liegt, wird ausgehend vom Zeitpunkt des MRP-Laufs eine Vorwärtsterminierung angestoßen. Bei der Vorwärtsterminierung wird der Eröffnungshorizont nicht mehr berücksichtigt, da die Beschaffung sofort angestoßen werden muss. Durch die Vorwärtsterminierung ergibt sich der Termin, an dem das Material in der Zukunft zur Verfügung steht (Verfügbarkeitstermin).

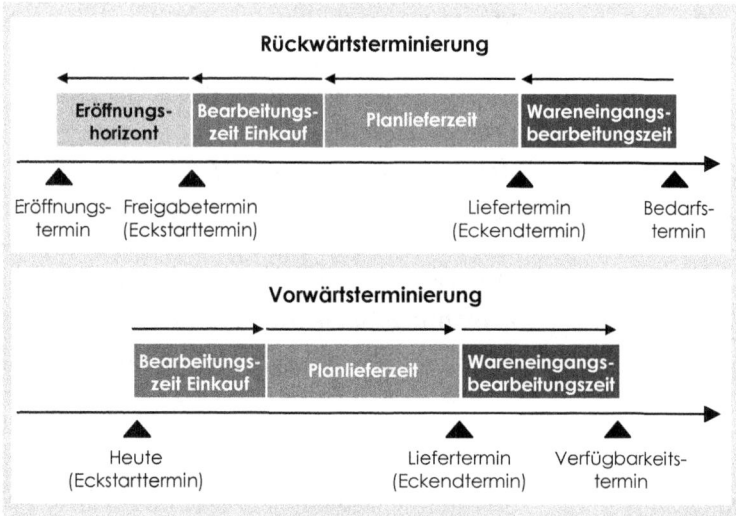

Abb. 5.18: Eckterminbestimmung bei Fremdbeschaffung

5.4.7   Ermittlung der Beschaffungselemente

Nach Durchführung der Terminierung generiert das System die notwendigen Beschaffungselemente, um die Unterdeckungsmenge auszugleichen.

Bei eigenzufertigenden Materialien sind dies Planaufträge, die nach Abschluss der Planung in Fertigungsaufträge umgewandelt werden.

Bei fremdzubeschaffenden Materialien werden – abhängig von den Einstellungen im MRP-Lauf – entweder Planaufträge (die später in Bestellanforderungen umgewandelt werden) oder direkt Bestellanforderungen generiert. Nach Abschluss der Planungen erfolgt eine Umsetzung der Bestellanforderungen in konkrete, nach außen wirksame Bestellungen. Es sei darauf hingewiesen, dass natürlich auch die Generierung von Lieferplaneinteilungen (wenn ein entsprechender Lieferplan hinterlegt ist) erfolgen kann. Innerhalb des Bedarfsplanungslaufs ist in SAP bei fremdzubeschaffenden Materialien eine automatische Bezugsquellenfindung möglich. Details hierzu finden sich in Kapitel 4.7.

5.4.8   Stücklistenauflösung

Nach Generierung des Beschaffungsvorschlages prüft das System, ob es sich bei dem betreffenden Material um eine eigengefertigte Baugruppe handelt. Falls ja, wird mittels Stücklistenauflösung aus der hinterlegten Stückliste ermittelt, welche Komponenten (Baugruppen und Teile) in welcher Menge zu welchem Termin benötigt werden. Der Verfügbarkeitstermin der darunter liegenden Baugruppen und Komponenten wird Sekundärbedarfstermin genannt und ist in der Regel gleichzeitig der Eckstarttermin des bedarfsverursachenden Planauftrages. Der Sekundärbedarfstermin kann – falls gewünscht – durch den Einbau einer Vor- und Nachlaufzeit in der Stückliste verschoben werden. Das Procedere der Stücklistenauflösung und damit die Nettobedarfsrechnung, Beschaffungsmengenberechnung, Terminierung und Beschaffungselementermittlung wird solange durchgeführt, bis die komplette Erzeugnisstruktur abgearbeitet wurde. Folgende Abbildung zeigt ein Beispiel für eine Stücklistenauflösung.

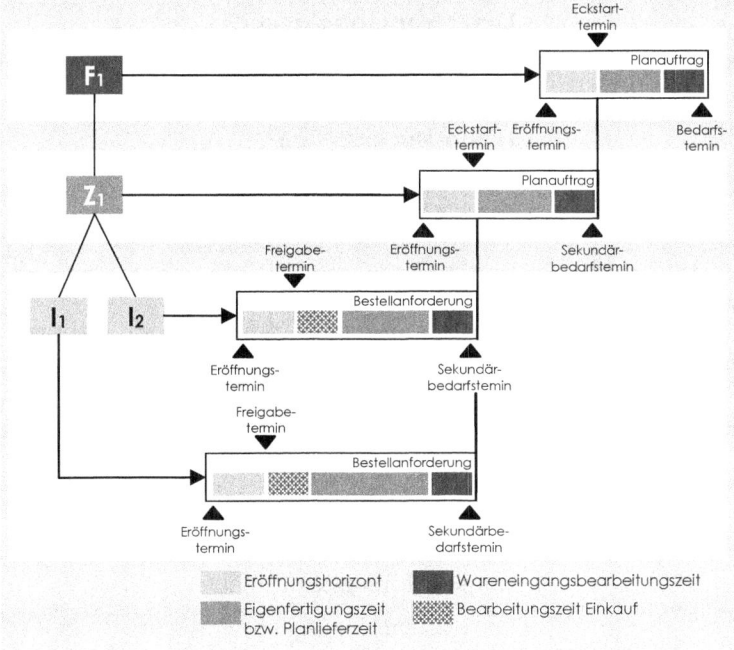

Abb. 5.19: Sekundärbedarfsermittlung

5.4.9   ## Durchführung der Materialbedarfsplanung

Die Materialbedarfsplanung kann, wie bereits erläutert, je nach Planungsart für ein Material einstufig, mehrstufig oder für alle Materialien eines Werkes mehrstufig erfolgen. Der Planungsumfang bestimmt, ob Materialien entweder nur nach Veränderung (NETCH) oder komplett neu geplant werden. Die Gesamtplanung (NEUPL) wird zumeist nicht online, sondern als Hintergrundjob durchgeführt.

Im Einstiegsbild werden die notwendigen Parameter eingegeben insbesondere:

Parameter   **Verarbeitungsschlüssel**

Entweder NETCH für Veränderungsplanung, NEUPL für Neuplanung oder Veränderungsplanung im Planungshorizont NETPL.

Bestellanforderung erstellen

Hier wird eingestellt, ob für fremdbeschaffte Materialien grundsätzlich Planaufträge oder Bestellanforderungen erzeugt werden.

Lieferplaneinteilungen

Parametrisierung ob – wenn möglich – sofort Lieferplaneinteilungen bei fremdbeschafften Materialien erzeugt werden.

Dispoliste erstellen

Beantwortung der Frage, ob die Ergebnisse des Planungslaufes auch in einer Dispositionsliste dargestellt werden, wird im nächsten Abschnitt näher erläutert.

Planungsmodus

Dieses Kennzeichen steuert, ob die Planungsdaten reaktiviert, die vorhandenen Planungsdaten zurückgestellt und neue erstellt werden oder aber die Stückliste neu aufgelöst wird.

Terminierung

Legt fest, ob für die Planaufträge nur Ecktermine ermittelt werden oder ob zusätzlich für eigengefertigte Materialien eine Durchlaufterminierung erfolgt.

Dispositionsdatum

Festelegung des Datums der Planungsdurchführung.

MRP-Planungslauf

Planungsumfang		
Werk	0001	
Steuerungsparameter Disposition		
Verarbeitungsschlüssel	NETCH	Net-Change im gesamten Horizont
Bestellanf. erstellen	2	Bestellanforderung im Eröffnungshorizont
Lieferplaneinteilungen	3	Grundsätzlich Lieferplaneinteilungen
Dispoliste erstellen	1	Grundsätzlich Dispositionsliste
Planungsmodus	1	Planungsdaten anpassen (Normalmodus)
Terminierung	1	Eckterminbestimmung für Planaufträge
Dispositionsdatum	26.05.2005	

Abb. 5.20: Einstiegsbild MRP-Planungslauf

Gesamtplanungs-
einstieg

Ist eine Gesamtplanung erwünscht, erfolgt der Einstieg über *Logistik ➲ Produktion ➲ Bedarfsplanung ➲ Planung ➲ Gesamt-planung ➲ Online (MD01)* bzw. *Als Hintergrundjob (MDBT)*.

Einzelplanungs-
einstieg

Die Einzelplanung wird über *Logistik ➲ Produktion ➲ Bedarfs-planung ➲ Planung ➲ <Auswahl der Transaktion>* aufgerufen.

5.4.10   Ergebnisse der Materialbedarfsplanung

Die Durchführung des MRP-Laufs bewirkt, dass Planaufträge und – je nach Parametereinstellung des Laufs – auch Bestellanfor-derungen automatisch erzeugt werden.

5.4.10.1   Planaufträge

Der Planauftrag besteht aus einem Kopf und einer oder mehre-ren Positionen. Der Kopf enthält Materialnummer, Werk, Disposi-tionsbereich, Menge und Termine. Jede Position beinhaltet eine Materialkomponente mit Menge und Terminen.

Neben der maschinellen Erzeugung kann ein Planauftrag über *Logistik ➲ Produktion ➲ Bedarfsplanung ➲ Planauftrag ➲ Anlegen (MD11)* auch manuell angelegt werden.

Angezeigt bzw. geändert wird ein Planauftrag über *Logistik ➲ Produktion ➲ Bedarfsplanung ➲ Planauftrag ➲ Anzeigen ➲ Einzelanzeige (MD13)* bzw. über *Logistik ➲ Produktion ➲ Bedarfsplanung ➲ Planauftrag ➲ Ändern (MD12)*.

5.4.10.2   Dispositionsliste versus Materialbedarfs- / Bestandsliste

Es gibt zwei Möglichkeiten, die Ergebnisse des Planungslaufs auszuwerten bzw. weiterzubearbeiten. Einerseits über die Dispositionsliste, andererseits über die Materialbedarfs- / Bestandsliste.

Die Dispositionsliste zeigt die Ergebnisse des letzten Planungslaufes und ist statisch. Statisch bedeutet, dass nach dem Planungslauf durch Geschäftsprozesse vollzogene Änderungen (Bestandsänderungen, Zugänge, Abgänge) nicht sichtbar sind.

Im Gegensatz dazu ist die Bedarfs- / Bestandsliste dynamisch und zeigt aktuell die Situation bezüglich der Bestände, Zugänge und Abgänge. Die Liste ist immer zeitaktuell bzw. kann in der Transaktion aufgefrischt werden.

Beide Listen sind ähnlich aufgebaut. Im weiteren Verlauf wird die Bedarfs- / Bestandsliste näher erläutert.

5.4.10.3   Aufruf und Aufbau der Materialbedarfs- / Bestandsliste

Aufruf

Der Einstieg in die Planungsergebnisse erfolgt über den Pfad *Logistik* ➲ *Produktion* ➲ *Bedarfsplanung* ➲ *Auswertungen* ➲ *Bedarfs-/Bestandsliste (MD04)*.

Die Liste bietet grundsätzlich zwei Einstiegsmöglichkeiten, die im Einstiegsbild über die entsprechenden Reiter aufrufbar sind.

Einzeleinstieg

Nach Eingabe von Materialnummer und Werk wird durch Bestätigung der Eingaben die Liste angezeigt.

Sammeleinstieg

Innerhalb des Reiters Sammeleinstieg sind Einstiege nach unterschiedlichen Selektionskriterien möglich, beispielsweise nach Materialien zum Disponenten und zum Werk oder alle Materialien eines Lieferanten.

Durch Bestätigung der Eingaben erscheint eine Sammelliste, auf der alle selektierten Materialien gelistet werden. Zu jedem dieser Materialien wird mittels Ampelsymbol gezeigt, ob Ausnahmen bei der Bedarfsplanung aufgetreten sind. Durch Markieren des gewünschten Materials und den Aufruf der Funktion *Bearbeiten* ➲ *Akt.Bed./Best.Liste anzeigen* in der Menüleiste kann in die Materialbedarfs- / Bestandsliste gewechselt werden.

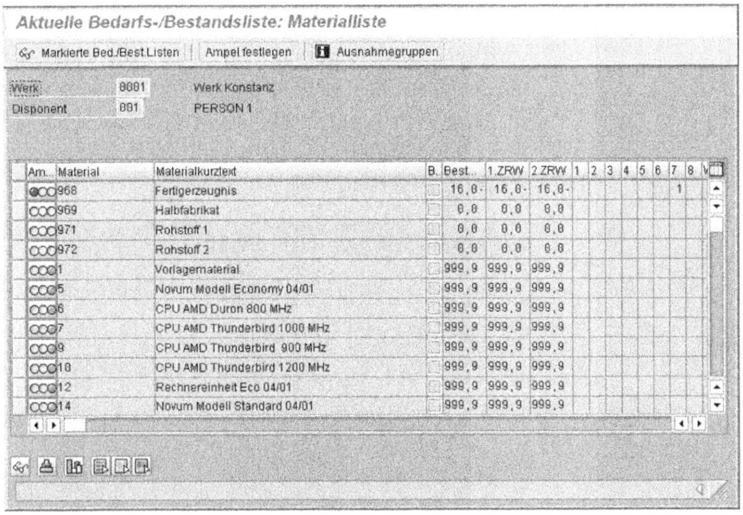

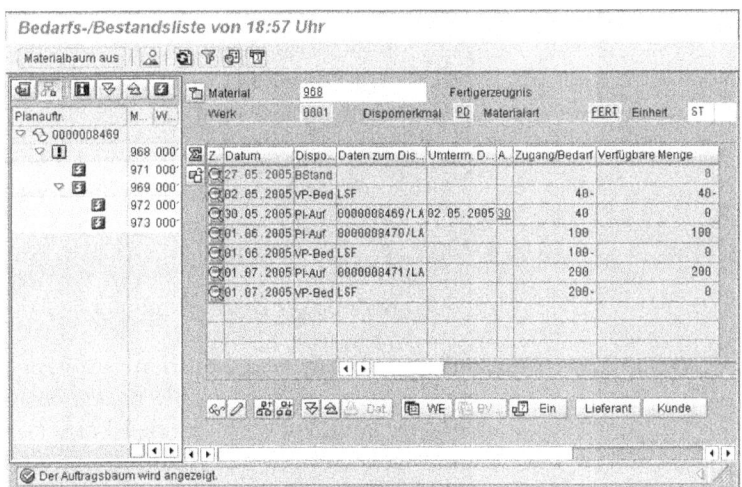

Abb. 5.21: Sammeleinstieg Bedarfsbestandsliste

Aufbau der Liste

Die Liste besteht aus einem Kopf, auf dem Angaben zum Material erscheinen, einem optionalen Übersichtsbaum auf der linken Bildschirmhälfte, welcher verschiedene Übersichten erlaubt und der Dispositionsliste, auf der neben der aktuellen Bestandssituation auch Bedarfe und Zugänge gezeigt werden.

Abb. 5.22: Bedarfsbestandsliste

Dispositions- elemente

Die einzelnen Bestände, Zugänge und Abgänge bzw. Bedarfe werden mit Angabe der entsprechenden Dispositionselemente aufgelistet. Das Datum zeigt, wann ein Zugang des Materials erfolgt bzw. wann ein Bedarf für das Material entsteht. Die Bestandssituation wird in Form von heutigen und zukünftig verfügbaren Mengen gezeigt. Zusätzlich sind Zugangs- und Bedarfsmengen sichtbar. Folgende Tabelle zeigt eine Auswahl von Dispositionselementen.

Dispoelement	Bedeutung
BStand	Werksbestand = aktueller Bestand auf Werksebene.
KdBest	Kundeneinzelbestand = einem Kunden fest zugeordneter Bestand.
LgBest	Lagerortbestand = aktueller Lagerortbestand.
PL-Auf	Planauftrag = aus dem MRP-Lauf generiertes Bedarfselement zur Beschaffung.
FE-Auf	Fertigungsauftrag = Produktionsauftrag.
BS-Anf	Bestellanforderung = internes Element zur externen Beschaffung eines Materials.
BS-Ein	Bestelleinteilung = externes Element an den Lieferanten, ein Material zu einem bestimmten Zeitpunkt nach vereinbarten Konditionen zu liefern.
K-Auft	Kundenauftrag = Aufforderung eines Kunden an das Unternehmen, eine bestimmte Menge an Materialien zu vereinbarten Konditionen zu einem bestimmten Zeitpunkt zu liefern.
AR-Res	Abhängige Reservierung = sobald beispielsweise ein Fertigungsauftrag eröffnet wird, werden die erforderlichen Komponenten zu diesem Fertigungsauftrag im Lager reserviert.

Abb. 5.23: Bedeutung Dispoelemente

Ausnahme-
meldungen

Ausnahmemeldungen weisen den Disponent auf wichtige Informationen hin, die in Verbindung mit der Bedarfsplanung entstanden sind. Damit lassen sich gezielt kritische Materialien selektieren und nachbearbeiten. Ausnahmen sind in Ausnahmegruppen zusammengefasst. In untenstehender Tabelle werden wichtige Ausnahmemeldungen erläutert.

Ausnahme	Bedeutung
Gruppe1	**Ausnahmen zu Eröffnungsterminen**
05	Eröffnungstermin in Vergangenheit.
Gruppe 2	**Ausnahmen zu Startterminen**
03	Bei neuem Bedarfselement ist der Starttermin in der Vergangenheit.
06	Bei bestehendem Bedarfselement ist der Starttermin in der Vergangenheit.
63	Produktionsstart vor Eckstarttermin.
Gruppe 3	**Ausnahmen zu Endterminen**
04	Bei neuem Bedarfselement ist der Endtermin in der Vergangenheit.
07	Bei bestehendem Bedarfselement ist der Endtermin in der Vergangenheit.
64	Produktionsendtermin nach Eckendtermin.
Gruppe 4	**Ausnahmen zu neuen Bedarfselementen, Probleme mit Customizing oder Stammdaten**
01	Neues Bedarfselement ist eingeplant.
42	Bestellvorschlag oder Planauftrag wurde geändert.
Gruppe 5	**Ausnahmen zu speziellen Verfügbarkeits- / Bestandseinstellungen**
50	Keine Stückliste vorhanden. Es muss eine angelegt werden.
Gruppe 6	**Ausnahmen zu Endterminen**
25	Bestandsüberdeckung.
56	Unterdeckung im Fixierungshorizont.
96	Sicherheitsbestand unterschritten.
Gruppe 7	**Ausnahmen bei Angleichung von Fertigungs- und Planauftragsterminen an Bedarfstermine**
10	Vorgang vorziehen.
15	Vorgang verschieben.
30	Vorgang termingerecht einplanen.
98	Abbruch der Bedarfsplanung.

Abb. 5.24: Bedeutung Ausnahmemeldungen

Bestands-reichweite	Innerhalb der Sammelliste, wie auch in den Kopfdetails zur Materialbedarfs- / Bestandsliste, sind die Bestandsreichweite und die Zugangsreichweite sichtbar. Die Bestandsreichweite gibt an, für welchen Zeithorizont der aktuelle Werksbestand zur Versorgung der Produktion ausreichen wird. Die Zugangsreichweite berücksichtigt im Gegensatz dazu auch geplante Zugänge. Eine weitere Differenzierung zwischen den Zugangsreichweiten ist möglich.

5.4.10.4   Navigation / Interaktion in Materialbedarfs- / Bestandsliste

Die Materialbedarfs- / Bestandsliste ist interaktiv. Sie lässt verschiedenste Folgeaktionen zu, beispielsweise die Umsetzung von Planaufträgen in Bestellanforderungen und Fertigungsaufträge. Daneben bietet die Liste eine Vielzahl von Auswertungsmöglichkeiten.

Dispositions-element anzeigen, ändern und Folgeaktionen ausführen

In jeder Zeile der Dispoelemente können durch Klick auf den Button die Details zum Dispoelement aufgerufen werden. Auf dem erscheinenden Popup-Fenster sind verschiedene Aktionen möglich, wie das Anzeigen, die Änderung oder die Umsetzung in Folgelemente.

Im unteren Teil des Popups sind weitere Buttons für verschiedene Auswertungen vorhanden. Hier sei besonders auf den Auftragsbericht und den Bericht zu verursachenden Bedarfen hingewiesen.

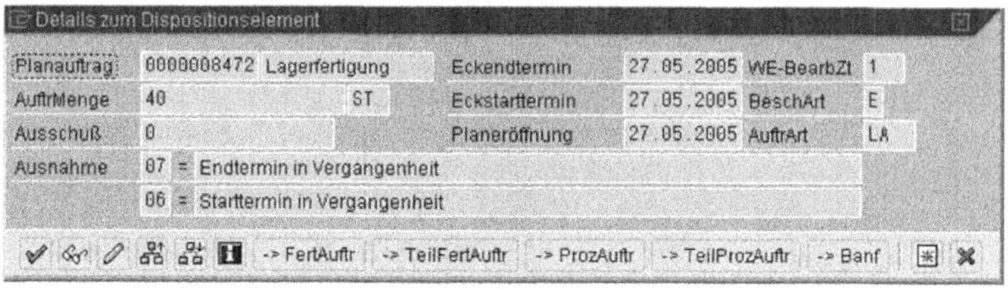

Abb. 5.25: Details zum Dispositionselement

Auftrags-bericht

Ausgehend vom gewählten Dispositionselement zeigt der Auftragsbericht eine Übersicht über die vorhandenen Stücklistenstufen mit entsprechenden Zugangs- und Bedarfselementen sowie Mengen.

Verursachende Bedarfe

Mit der Auswertung nach verursachenden Bedarfen kann von jeder Stücklistenstufe zurückverfolgt werden, welche Bedarfe dafür verantwortlich sind, dass Beschaffungsvorschläge generiert wurden und welche Bedarfe nicht gedeckt werden können.

*Übersichts-
baum*

Im linken Bildschirmbereich lässt sich über *Einstellungen* ➲ *Materialbaum ein* in der Menüleiste ein Übersichtsbaum mit verschiedenen Navigationsmöglichkeiten einblenden. Innerhalb des Baums sind die Funktionen über die sichtbare Buttonleiste aufrufbar, beispielsweise:

Arbeitsvorrat (Anklicken des Buttons 🗔)

Es werden alle Materialien gezeigt, die vom Anwender aufgerufen wurden. Durch Doppelklick auf das Element wird die zugehörige Bedarfs- / Bestandsliste angezeigt. Ausnahmesituationen werden durch Ampelikonen dargestellt.

Auftragsbericht (Anklicken des Buttons 🗔)

Zu einem ausgewählten Dispoelement werden alle untergeordneten Stücklistenstufen gezeigt. Sind Probleme bei der Bedarfsplanung aufgetreten, erscheinen entsprechende Problemikonen am jeweiligen Material. Hier ist es ebenfalls durch Doppelklick auf das Element möglich, direkt in die zugehörige Bedarfs- / Bestandsliste zu springen.

5.4.10.5   Weitere Auswertungsmöglichkeiten der Planungsergebnisse

Neben der Materialbedarfs- / Bestandsliste und der Dispoliste befindet sich im Bereich der Bedarfsplanung eine Fülle weiterer Auswertungsmöglichkeiten der Planungsergebnisse.

Der Einstieg erfolgt über *Logistik* ➲ *Produktion* ➲ *Bedarfsplanung* ➲ *Auswertungen* ➲ *<Wahl der Auswertung>*.

Mögliche Auswertungen sind beispielsweise:

Planungsergebnis (Transaktion MD45)

Nach Auswahl des Materials, des Werkes, des Layouts und der Auswertungslogik zeigt der Bericht ein ausführliches Planungsergebnis, gegliedert nach Perioden. Die Liste ist interaktiv. Das Planungsergebnis selbst ist statisch, es zeigt also das Ergebnis der letzten Bedarfsplanung an.

Planungssituation Material / Produktgruppe / Werke (Transaktion MD44 / MD47 / MD48)

Im Gegensatz zum Planungsergebnis werden in den Berichten zur Planungssituation nicht nur die Ergebnisse des letzten Planungslaufs berücksichtigt, sondern auch aktuelle Veränderungen, die nach dem Planungslauf entstanden sind.

Planungsergebnis und Planungssituation können in den Berichten verglichen werden.

5.4.11

Übungen zur Fallstudie

Übung 5.4

*Material-
bedarfsplanung
durchführen*

Führen Sie die Materialbedarfsplanung für Ihr Fertigerzeugnis durch.

Hinweis: Führen Sie die Bedarfsplanung ausschließlich über die Funktionalität Einzelplanung mehrstufig (MD02) durch. Beachten Sie dabei unbedingt folgende Restriktionen:

Selektionsparameter	
Material / Werk	F101_XXX_XX / 0001
Verarbeitungsschlüssel	NETCH
Bestellanf. erstellen / Lieferplaneinteilungen	1 / 3
Dispoliste erstellen / Planungsmodus	1 / 1
Terminierung	1

Datenblatt 5.3

Übung 5.5

*Sammeleinstieg
Materialbedarfs-
planung*

Rufen Sie die Materialbedarfs- / Bestandsliste im Sammeleinstieg für Ihren Disponenten und das Werk „0001" auf.

Übung 5.6

*Einzeleinstieg
Materialbedarf-
planung*

Rufen Sie die Materialbedarfs- / Bestandsliste im Einzeleinstieg für Ihr Fertigprodukt und das Werk „0001" auf. Blenden Sie den Materialbaum ein, und erzeugen Sie für das erscheinende Fertigprodukt den Auftragsbaum. Überprüfen Sie anschließend für die einzelnen Materialien das Planungsergebnis.

Übung 5.7

*Planauswertung
durchführen*

Führen Sie eine Planungsauswertung durch. Verwenden Sie hierzu die Transaktion MD44 (Planungssituation Material), das Material Z103_XXX_XX, das Werk „0001", das Layout „SAPMPS" und die MPS-Auswertung.

5.5

Externe Beschaffung

Nach Ausführung des MRP-Laufs sind unter anderem Planaufträge / Bestellanforderungen für fremdzubeschaffende Materialien entstanden. Diese Materialien müssen beschafft und eingelagert werden, um die nachfolgende Eigenfertigung durchführen zu können.

Im folgenden Abschnitt wird ein Überblick über den Prozess der externen Beschaffung im SAP-System gegeben. Die externe Beschaffung wird in der Komponente MM-PUR (Einkauf) durchgeführt. Daneben werden durch entsprechende Warenbewegungen Elemente der Bestandsführung innerhalb der Komponente MM-IM angesprochen und durch die Rechnungsprüfung MM-IV abgerundet.

Es sei darauf hingewiesen, dass innerhalb der Materialwirtschaft die einzelnen Dispositionsverfahren eine wesentliche Rolle spielen (siehe 4.2.6).

5.5.1   Überblick über den externen Beschaffungsprozess

Der Beschaffungsprozess in SAP ist in 8 Teilprozesse gegliedert.

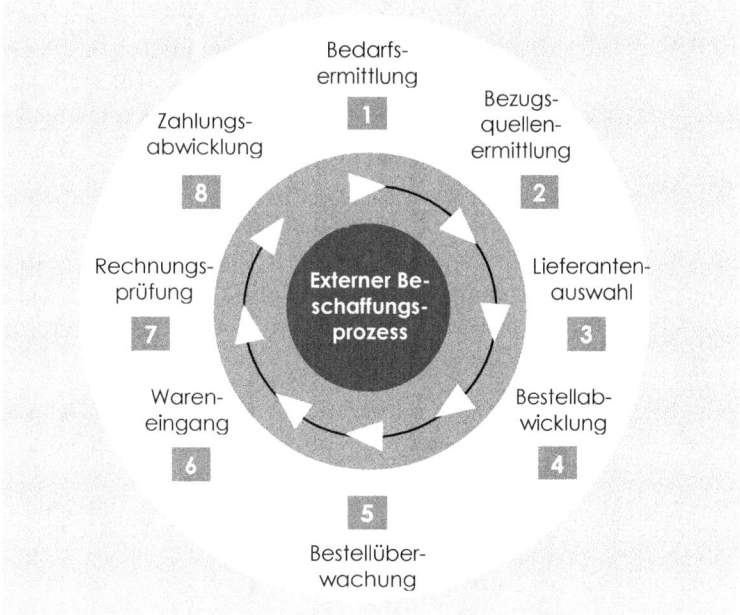

Abb. 5.26: Beschaffungsprozess

1. Bedarfsermittlung

Wie in den vorigen Abschnitten bereits erläutert, können Bedarfe im Rahmen der Disposition entstehen. Je nach Einstellungen im Materialbedarfsplanungslauf werden dann automatisch Bestellanforderungen erzeugt. Bedarfe können jedoch auch „manuell" in der jeweiligen Fachabteilung notwendig sein und werden eben-

falls in Form einer vom Fachbereich manuell erfassten Bestellanforderung an den Einkauf weitergereicht.

2. Bezugsquellenermittlung

Der zweite Schritt im Beschaffungsprozess ist die Bezugsquellenermittlung. Sie klärt, welche Lieferanten zu welchen Konditionen
das benötigte Material bzw. die benötigte Dienstleistung liefern
können. Zentrale Bedeutung nehmen hier die in Kapitel 4 erläuterten Orderbuchsätze, Infosätze, Quotierungen und Rahmenverträge ein, die den Anwender bei der Findung unterstützen.

3. Lieferantenauswahl

Nach Ermittlung möglicher Bezugsquellen wird die tatsächliche
Bezugsquelle (also ein Lieferant) festgelegt.

4. Bestellabwicklung

Typischerweise wird nach der Lieferantenauswahl die zugrunde
liegende Bestellanforderung in eine Bestellung umgewandelt und
an den Lieferanten weitergeleitet. Bestellungen können auch unabhängig von Bestellanforderungen manuell erzeugt werden.

5. Bestellüberwachung

Aufgabe des Einkaufs ist es, den Bearbeitungsstand der Bestellung zu überwachen und beispielsweise zu klären, ob bereits ein
Wareneingang bzw. Rechnungseingang erfolgt ist. Insbesondere
können bei drohender oder tatsächlicher Lieferterminüberschrei-
tungen Mahnungen an den Lieferanten erzeugt werden.

6. Wareneingang

Auf Grund der Bestellung liefert der Lieferant das Material bzw.
die Dienstleistung. Im Wareneingang wird die Ware mit Bezug
zur Bestellung verbucht. Dadurch lassen sich sofort Abweichungen zwischen Bestellmenge und tatsächlich gelieferter Menge
feststellen.

7. Rechnungsprüfung

Der Lieferant sendet nach Warenlieferung die entsprechende
Rechnung. Mit Hilfe der Rechnungsprüfung kann die Rechnung
auf rechnerische und sachliche Richtigkeit überprüft werden,
da auch hier das System auf Bestellungen und Wareneingänge
Bezug nimmt und sofort den Rechnungsprüfer auf Preis- und
Mengenabweichungen hinweist.

8. Zahlungsabwicklung

Zum Schluss des Beschaffungsprozesses wird der Rechnungsausgleich mit Hilfe des automatischen Zahlungsprogramms in der Finanzbuchhaltung veranlasst.

5.5.2   Bedarfsermittlung / Erzeugung von Bestellanforderungen

Bedarfe nach Materialien und Dienstleistungen entstehen an unterschiedlichen Stellen. Ihren Niederschlag finden die externen Bedarfe in Bestellanforderungen (Banf).

Begriffs-
erläuterung

Bestellanforderungen sind interne Belege, mit denen der Einkauf aufgefordert wird, ein Material oder eine Dienstleistung in einer bestimmten Menge zu einem bestimmten Termin zu beschaffen.

Sie werden entweder manuell durch die entsprechende Fachabteilung oder im Rahmen von anderen SAP-Komponenten erzeugt, insbesondere über

- die Materialbedarfsplanung,

- Netzpläne (Komponente Projektsystem),

- Instandhaltungsaufträge (Komponente Instandhaltung und Servicemanagement) oder

- Fertigungsaufträge (Komponente Produktionsplanung und -steuerung).

Nach Prüfung werden Bestellanforderungen entweder direkt in Bestellungen bzw. Rahmenverträge oder z.B. in Anfragen umgewandelt. Die Anfrage ist eine Aufforderung an einen möglichen Lieferanten, ein Angebot zu definierten Materialien bzw. Dienstleistungen abzugeben.

5.5.2.1   Steuerungselemente einer Bestellanforderung

Maßgebliche Steuerungselemente einer Bestellanforderung (gilt auch für Bestellungen, Rahmenverträge und Anfragen) sind der Positions- und der Kontierungstyp.

Positionstyp

Bestellanforderungen bestehen aus einen Kopf und einer oder mehreren Positionen. Für jede Position wird ein Positionstyp angegeben, der die Art der Beschaffung festlegt und u.a. ob für die Position die Eingabe von Materialnummer und Kontierung notwendig ist. Außerdem wird über den Positionstyp gesteuert, ob ein Wareneingang bzw. Rechnungseingang erwartet wird. Das SAP-System kennt folgende Positionstypen:

Normal

Dieser Positionstyp (Blank-Eintrag) wird defaultmäßig gezogen und für Materialien verwendet, die extern beschafft werden.

Lohnbearbeitung

Lohnbearbeitung bedeutet, dass das Material vom Kunden bereitgestellt wird und der Lieferant anhand der vom Kunden gelieferten Materialien die Endproduktion vornimmt. Die vom Kunden gelieferten Komponenten werden in der Bestellanforderung als Positionen erfasst.

Konsignation

Bei dieser Geschäftsform verfügt der Lieferant beim Besteller über einen Materialbestand (Konsignationslager auf Kosten des Lieferanten). Bis zur Entnahme bleibt das Material im Eigentum des Lieferanten.

Umlagerung

Bei der Umlagerung wird ein Material von einem Werk zu einem anderen Werk umgelagert (innerhalb des Unternehmens).

Strecke

Bei einem Streckengeschäft wird das bestellte Material nicht an den Besteller geliefert, sondern an einen Dritten (z.B. ein Kunde des Bestellers). Die Rechnung erhält der Besteller.

Dienstleistung

Dieser Positionstyp wird dann verwendet, wenn kein Material, sondern eine Dienstleistung bestellt wird (z.B. Montagestunden). Im Rahmen eines Leistungsverzeichnisses werden die bestellten Mengen (z.B. 20 Stunden) und Termine festgelegt. Ist dies zum Zeitpunkt der Bestellanforderung / Bestellung noch nicht möglich, kann für die Bestellanforderung ein Wertlimit eingegeben werden.

Im Rahmen dieses Buches wird ausschließlich mit dem Positionstyp „Normal" gearbeitet.

Verbrauchs-und Lager-material

Grundsätzlich ist bei der Beschaffung von Materialien und Dienstleistungen zwischen Verbrauchs- und Lagermaterial zu unterscheiden.

Lagermaterial

Lagermaterialien werden nach dem Wareneingang gelagert, erhöhen damit den Lagerbestand bzw. vermindern ihn beim folgenden Warenausgang. Diese Warenbewegungen verursachen in der Finanzbuchhaltung automatische Buchungen auf die Bestands- und Verbrauchskonten. Damit die automatische Kontenfindung vollzogen werden kann, sind Materialstammsätze zwingend erforderlich.

Verbrauchsmaterial

Verbrauchsmaterialien werden nicht auf Lager gelegt, sondern direkt in den Verbrauch überführt. Demzufolge erfolgt bei der Warenbewegung keine mengen- und wertmäßige Bestandsbuchung. Vielmehr werden bei der Warenbewegung die hinterlegten Verbrauchskonten bebucht. Es können auch Verbrauchsmaterialien erfasst werden, für die kein Materialstamm hinterlegt ist.

Kontierungs-
typ

Aus oben genannten Gründen wird, falls es sich um ein Verbrauchsmaterial handelt, bei der Erstellung einer Bestellanforderung je Position ein Kontierungstyp ausgewählt.

Abhängig vom Kontierungstyp werden dann die Kontierungsobjekte (internes und externes Rechnungswesen) angegeben. Es sind verschiedene Kontierungstypen verfügbar, unter anderem:

Kontierungstyp A

Dieser Kontierungstyp steht für eine Anlage. Nach Eingabe der entsprechenden Anlagenummer findet das System automatisch das zu bebuchende Sachkonto.

Kontierungstyp K

Wird der Kontierungstyp K ausgewählt, so muss auf dem Kontierungsdatenbild neben dem Sachkonto auch eine Kostenstelle angegeben werden.

Kontierungstyp U

Falls zum Zeitpunk der Bestellanforderung die Kontierung noch nicht bekannt ist, kann der Kontierungstyp U verwendet werden. Eine Angabe von Kontierungsobjekten ist nicht sofort erforderlich, spätestens aber bei der nachfolgenden Bestellung.

5.5.2.2   Erfassung und Generierung einer Bestellanforderung

Wie bereits erwähnt, können Bestellanforderungen manuell angelegt oder von anderen SAP-Komponenten erzeugt werden. Daneben ist eine Umwandlung der in der Materialbedarfsplanung erzeugten Planaufträge in Bestellungen möglich.

Die folgende Abbildung 5.27 gibt einen Überblick über die Entstehung von Bestanforderungen in SAP.

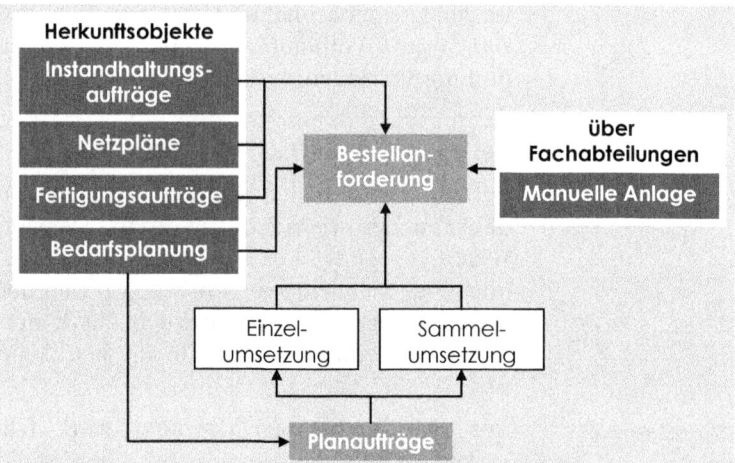

Abb. 5.27: Entstehung von Bestellanforderungen

Aufbau einer Bestell- anforderung

Bestellanforderungen bestehen – wie andere SAP-Objekte auch – aus einem Kopf und einer oder mehreren Positionen mit jeweils einem Positionsdetailbild.

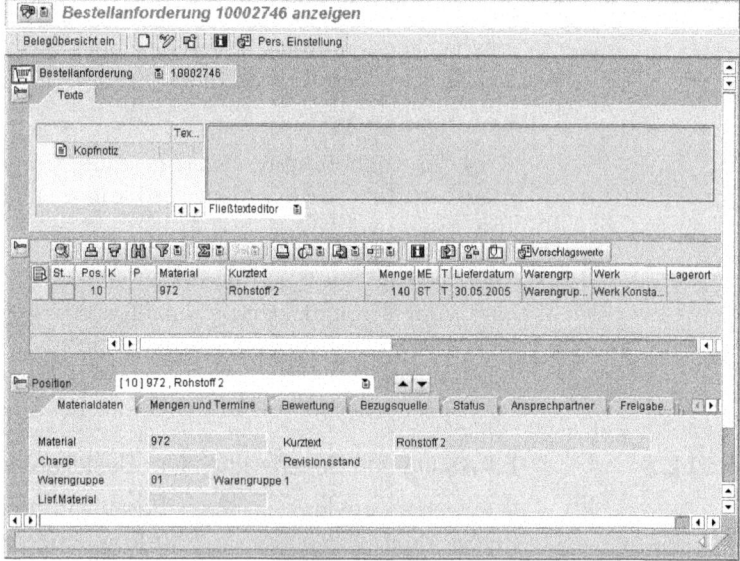

Abb. 5.28: Bestellanforderung

Manuelle Anlage

Bei der manuellen Anlage wird eine Bestellanforderung zumeist von einer Fachabteilung angelegt und an die Einkaufsabteilung weitergereicht.

Vorgehensweise:

1. Der Aufruf erfolgt über *Logistik* ➲ *Materialwirtschaft* ➲ *Einkauf* ➲ *Banf* ➲ *Anlegen (ME51N)*.

2. Das zentrale Pflegebild erscheint. Der Aufbau des Bildes hängt von den hinterlegten persönlichen Einstellungen ab, die sich über den Button „Pers. Einstellung" in der Anwendungsfunktionsleiste pflegen lassen. Grundsätzlich verfügt die Maske über die Bildschirmbereiche Kopf, Positionsliste und Positionsdetail. Sind einzelne Bereiche ausgeblendet, so können Sie über die Buttons 🖻 aufgeklappt werden. Die Transaktion verfügt über eine Belegübersicht, die durch den Button „Belegübersicht ein" in der Anwendungsfunktionsleiste einblendbar ist, wobei beim Erstaufruf dieser Funktion eine Variante angegeben werden muss. Mit der Belegübersicht lassen sich unterschiedliche Einkaufsbelege anzeigen.

3. Nach Einrichtung der Oberfläche wird die Positionsübersicht in Listform gepflegt. Die Übersicht ist standardmäßig als so genanntes GRID-Control aufgebaut. Der Aufbau der Liste kann vom Anwender selbst gesteuert und als Variante gesichert werden. Je Position ist neben der Materialnummer die Menge, das gewünschte Lieferdatum, das Werk, die Warengruppe und die Einkaufsorganisation einzugeben und zusätzlich der Lagerort – wenn bekannt. Die Banf-Positionsnummern und die Kurztexte werden automatisch ermittelt. Soll ein Positionstyp verwendet werden, der von der Normalbestellung abweicht, so ist in der Positionstypenspalte das entsprechende Kennzeichen zu setzen. Sofern es sich um Verbrauchsmaterial handelt, kann – falls keine Materialnummer vorhanden ist – auf diese verzichtet werden. In diesem Fall ist jedoch ein Kurztext anzugeben. Bei Verbrauchsmaterialpositionen ist ein Kontierungstyp erforderlich.

4. Durch <Enter> werden nicht eingegebene Daten ggf. aus anderen Komponenten ergänzt. Zusätzlich ist der Positionsstatus sichtbar (in verschieden Farben in der Spalte „Status"). Sollte das System Fehler feststellen, erfolgt eine entsprechende Meldung in der Systemstatusleiste.

5. Ist die Eingabe weiterer Positionsdetaildaten erforderlich – insbesondere durch Kontierungstypen notwendige Kontierungsobjekte – werden diese im Positionsdetailbild im unteren Drittel des Bildschirms gepflegt. Navigiert wird hier durch Auswahl der entsprechenden Registerblätter. Bei Verbrauchsmaterialien wird zusätzlich im Reiter „Bewertung" der Bewertungspreis pro Bestellmengeneinheit eingegeben. Für jede in der Positionsübersicht eingegebene Position ist ein Positionsdetailbild verfügbar, welches durch die Buttons ▲ ▼ im Positionsdetailbild aufgerufen wird.

6. Der Erfasser kann durch Setzen eines Status selbst entscheiden, ob einzelne Positionen in Bestellungen umgesetzt werden können oder nicht. Erreicht wird der Status im Positionsdetailbild über den Reiter „Status".

7. Zusätzlich zu den Belegpositionen kann auch der Belegkopf durch Eingabe einer Kopfnotiz gepflegt werden.

8. In der Anwendungsfunktionsleiste befindet sich der Button ⧉. Über diesen Button erscheint eine ausführliche Hilfe im linken Bildschirmbereich zur Bedienung der Transaktion.

9. Sind alle Daten eingegeben, ist die Bestellanforderung zu sichern. Das System führt daraufhin einen Konsistenzcheck aus und zeigt ggf. auftretende Probleme in einem Meldungsfenster. In diesem Meldungsfenster können die einzelnen Hinweise angekreuzt und durch den Button „Bearbeiten" direkt nacheinander geändert werden. Nach Korrektur der Bestellanforderung ist diese nochmals zu sichern.

Umwandlung eines Planauftrags in eine Bestellanforderung

Wurde durch den Materialbedarfsplanungslauf ein Planauftrag generiert, lässt er sich – sofern es sich um fremdzubeschaffendes Material handelt – über die Materialbedarfs- / Bestandsliste in eine Bestellanforderung umwandeln.

Vorgehensweise:

1. Ausgangspunkt ist die Transaktion Materialbedarfs- / Bestandsliste (MD04).

2. Durch Doppelklick auf den gewünschten Planauftrag erscheint ein Zwischenbildschirm. Hier ist der Button „-> Banf" anzuklicken.

3. Es erscheint ein Detailbildschirm zur Umsetzung mit den Daten des Planauftrages. Einige dieser Daten sind änderbar, beispielsweise die umzusetzende Menge.

4.   Nach Überprüfung, Ergänzung und Änderung der Daten wird die Bestellanforderung durch Sichern generiert.

Sammel-umsetzung

Eine sehr komfortable Möglichkeit, Planaufträge gesammelt in Bestellanforderungen umzusetzen, bietet die Transaktion MD15.

Vorgehensweise:

1.   Aufruf der Funktion über *Logistik* ➲ *Produktion* ➲ *Bedarfs-planung* ➲ *Planauftrag* ➲ *Umsetzen in BestAnf.* ➲ *Sammelumsetzung (MD15).*

2.   Es erscheint das Einstiegsbild. Neben der Angabe des Wer-kes kann das System entweder Planaufträge zum Disponen-ten oder zum Material in Bestellanforderungen umwandeln. Daneben kann die Selektion durch die Beschaffungsart und die Eröffnungstermine eingeschränkt werden. Soll das System gleichzeitig eine Bezugsquellenfindung durchführen, ist das entsprechende Ankreuzfeld zu setzen. Die Eingabe-parameter sind durch <Enter> zu bestätigen.

3.   Im Folgebild erscheinen alle umsetzbaren Planaufträge in Listform. Die umzusetzenden Planaufträge sind zu markie-ren. Im nächsten Schritt muss entschieden werden, ob die Umsetzung im Dialog oder ohne Dialog erfolgen soll.

4.   Falls der Button „Umsetzen ohne Dialog" gedrückt wurde, werden die Planaufträge direkt umgesetzt und automatisch gespeichert.

5.   Wurde der Button „Umsetzen mit Dialog" gedrückt, erschei-nen nacheinander die umsetzbaren Planaufträge, die jeweils noch geändert werden können zum Abschluss gesichert werden müssen.

5.5.3   Bezugsquellenermittlung und Lieferantenauswahl

Nach Feststellung des externen Bedarfs ist es Aufgabe des Ein-kaufs, mögliche Bezugsquellen festzustellen und den geeigneten Lieferanten auszuwählen. Hierzu wird auf bereits im System be-findliche Daten in Form von Orderbucheinträgen, Infosätzen, Quotierungen und Rahmenverträgen zurückgegriffen, wie sie in Kapitel 4 beschrieben wurden.

5.5.3.1   Ablauf der Bezugsquellenermittlung

Ausgehend vom Objekt (z.B. Bestellanforderung), für das die Bezugsquellenfindung notwendig ist, ermittelt das System schrittweise, ob zeitlich gültige Quotierungen, Orderbucheinträge und Rahmenverträge bzw. Infosätze für das Material vorhanden sind. Falls ja, wird geprüft, ob die Bezugsquellenermittlung online oder im Hintergrund gestartet wurde (z.B. im Hintergrund durch die Ausführung des Bedarfsplanungslaufes). Bei einer Hintergrundermittlung kann das System nur dann einen Lieferanten als Bezugsquelle zuordnen, wenn nicht weitere gültige Bezugsquellen vorhanden sind. Bei einer Onlineverarbeitung schlägt das System, falls mehrere Bezugsquellen gefunden wurden, diese zur Auswahl vor. Folgende Abbildung zeigt den Ablauf.

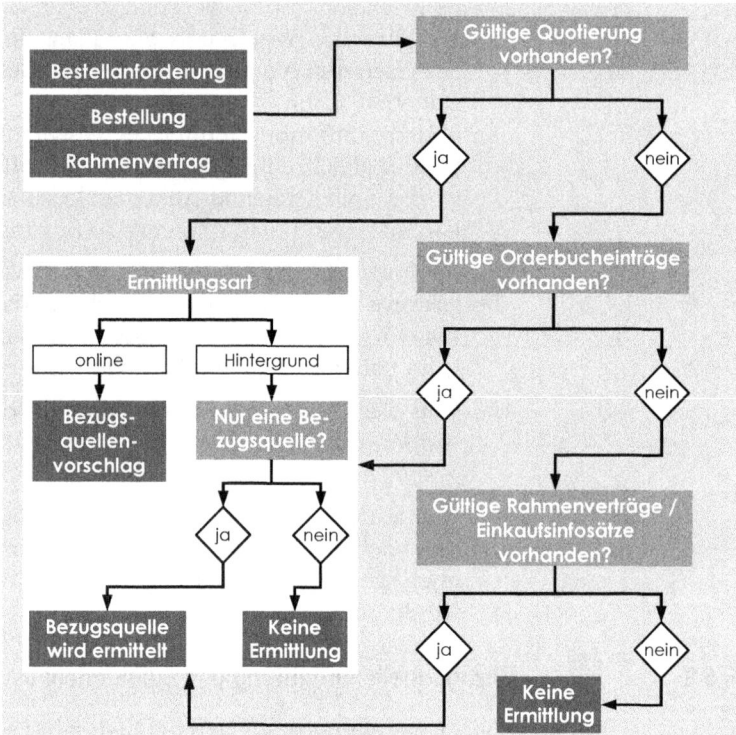

Abb. 5.29: Bezugsquellenermittlung

Wird keine geeignete Bezugsquelle gefunden, kann der Einkauf mittels Anfrage und Angebot eine neue Bezugsquelle ausfindig machen.

5.5.3.2   Anfrage und Angebot

Grundlagen

Anfrage

Mit der Anfrage werden in Frage kommende Lieferanten aufgefordert, zu bestimmten Materialien bzw. Dienstleistungen ein

Angebot mit entsprechenden Konditionen und Aussagen zur Lieferfähigkeit abzugeben.

Eine Anfrage kann in SAP manuell oder mit Bezug zu einer Bestellanforderung angelegt werden. Die Anlage mit Bezug zu einer Bestellanforderung hat den Vorteil, dass die Daten der Banf in die Anfrage übernommen werden und damit der Eingabeaufwand reduziert wird.

Angebot

Die aufgeforderten Lieferanten geben auf Grund der Anfrage ein Angebot ab oder übermitteln eine Absage.

Das Angebot enthält üblicherweise Preise und Konditionen zu den angefragten Materialien und Dienstleistungen.

Da technisch gesehen Anfrage und Angebot in SAP den gleichen Beleg darstellen, muss ein eingegangenes Angebotes nicht manuell eingegeben werden, sondern wird durch Änderung der Anfrage erfasst.

Submissions-nummer

Werden mehrere potentielle Lieferanten zur Abgabe eines Angebotes mittels Anfragen aufgefordert, können diese Anfragen und die späteren Angebote zusammen über die gleiche Submissionsnummer gruppiert werden. Über diese Nummer ist es möglich, Auswertungen wie z.B. einen Angebotspreisspiegel zu erstellen und damit die Entscheidungsfindung bei der Lieferantenauswahl zu unterstützen.

Nachrichten-ausgabe

Zu verschiedenen Einkaufsbelegen lassen sich Nachrichten ausgeben, z.B. eine an den Lieferanten zu übermittelnde Auftragsbestätigung oder Bestellung.

SAP erlaubt zur Nachrichtenausgabe unterschiedliche Übermittlungsarten, z.B. den Faxversand, die Druckausgabe oder die elektronische Versendung via E-Mail oder EDI (Electronic Data Interchange).

Erstellung einer Anfrage

Die Anfrage besteht aus Kopfdaten und aus einer oder mehreren Positionen mit entsprechenden Positionsdetailbildern, auf denen die angefragten Materialien und Dienstleistungen spezifiziert werden.

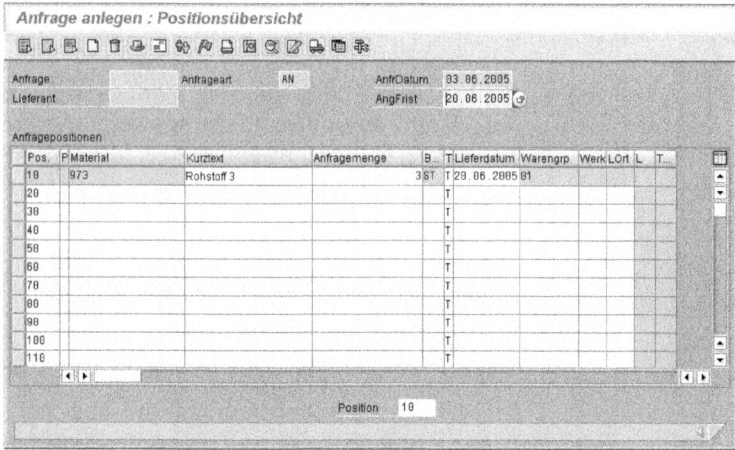

Abb. 5.30: Positionsübersicht zur Anfrage

Anlage einer
Anfrage

Vorgehensweise:

1.   Der Einstieg erfolgt über *Logistik* ⊃ *Materialwirtschaft* ⊃
     Einkauf ⊃ *Anfrage/Angebot* ⊃ *Anfrage* ⊃ *Anlegen (ME41)*.

2.   Es erscheint das Einstiegsbild. Neben der Anfrageart (Stan-
     dard = AN) ist der Sprachenschlüssel und das Datum der
     Anfrage einzugeben. Die Angebotsfrist definiert, bis zu wel-
     chem Termin der Lieferant ein Angebot abgeben soll. Wur-
     de im Customizing die externe Anfragenummernvergabe
     eingestellt, ist eine Nummer zu vergeben. Daneben sind die
     Einkaufsorganisation und die zuständige Einkäufergruppe
     anzugeben. Die Daten werden mit <Enter> bestätigt.

3.   Soll die Anfrage mit Bezug zu einer Bestellanforderung an-
     gelegt werden, ist im Einstiegsbild nach Eingabe der ent-
     sprechenden Parameter in der Menüleiste die Funktion *An-*
     frage ⊃ *Anlegen mit Bezug* ⊃ *Zur Banf* zu wählen. Danach
     ist die entsprechende Banf einzugeben und zu bestätigen.

4.   Es erscheinen entweder die Positionsübersicht oder die
     Kopfdaten. Sofern die Positionsübersicht gezeigt wird, er-
     folgt über *Kopf* ⊃ *Detail* in der Menüleiste der Aufruf der
     Kopfdaten. Auf dem Kopfdatenbild sind unter anderem die
     im Einstiegsbild gewählten Parameter sichtbar. Wichtig ist
     die Angabe einer Submissionsnummer, welche mehrere An-
     fragen zusammenfasst. Die Nummer ist standardmäßig frei
     zu vergeben. Nach Eingabe der Kopfdaten wird über *Posi-*
     tion ⊃ *Weitere Funktionen* ⊃ *Übersicht* in der Menüleiste in
     die Positionsübersicht gewechselt.

5. Auf der Positionsübersicht können die entsprechenden Materialien bzw. Dienstleistungen eingetragen werden. Neben der Materialnummer ist die angefragte Menge, das gewünschte Lieferdatum, die Nummer des Werkes und – falls möglich – der Lagerort einzugeben. Ist die Materialnummer nicht bekannt, kann das Feld leer gelassen werden. Dann ist aber die Eingabe eines Kurztextes, der Warengruppe und der Bestellmengeneinheit obligatorisch.

6. Wurde die Anfrage mit Bezug zur Bestellanforderung erfasst, erscheint nach Eingabe der Kopfdaten ein Zwischenbild, in dem die Positionen der Bestellanforderungen vorgeschlagen werden. Diejenigen Positionen, die in die Anfrage übernommen werden sollen, sind zu markieren und in der Menüleiste über *Bearbeiten* ➲ *Übernehmen* in die Anfrage zu übernehmen. Es erscheint die Positionsübersicht.

7. Durch Markierung der Position und Wahl des Pfades *Position* ➲ *Detail* in der Menüleiste können die Detaildaten zur Position eingesehen werden (alternativ auch über Doppelklick in die Position).

8. Über *Kopf* ➲ *Lieferantenanschrift* in der Menüleiste wird entweder eine bekannte Lieferantennummer (Stammsatz ist im System vorhanden) eingegeben oder ein CpD-Lieferant gewählt und die Anschrift dazu erfasst.

9. Sind alle Eingaben getätigt, wird die Anfrage über den Button „Speichern" gesichert.

Erstellung eines Angebots

Auf Grund der Anfragen geben die Lieferanten ein Angebot ab. Die Angebote werden in SAP in Bezug zu den vorgelagerten Anfragen erfasst.

Übernahme der Anfrage in ein Angebot

Vorgehensweise

1. Der Einstieg erfolgt über *Logistik* ➲ *Materialwirtschaft* ➲ *Einkauf* ➲ *Anfrage/Angebot* ➲ *Angebot* ➲ *Pflegen (ME47)*.

2. Auf dem Einstiegsbild ist die zugrunde gelegte Anfrage einzugeben und durch <Enter> zu bestätigen.

3. Es erscheint die Positionsübersicht. Preise und Konditionen zu den Positionen werden im Positionsdetailbild gepflegt. Zu diesem Zweck wird die Position markiert und über *Position* ➲ *Detail* in der Menüleiste in das Detailbild gewechselt.

4. Innerhalb des Detailbildes gibt es zwei Möglichkeiten, die Preise zu pflegen. Entweder durch Eingabe des Nettopreises im entsprechenden Feld oder über Konditionen. Eine nähere Spezifikation der Preiselemente lässt die Erfassung mittels Konditionen zu (näheres hierzu siehe 4.6.3). Zu diesem Zweck kann ausgehend vom Positionsdetailbild über *Position* ➩ *Konditionen* in das Konditionsbild gewechselt werden. Neben den Preiselementen ist im Positionsdetailbild ein entsprechendes Steuerkennzeichen einzugeben. Dieses Kennzeichen legt fest, ob und in welcher Höhe das Angebot eine Steuer enthält (z.B. 16%). Soll zum Angebot ein Einkaufsinfosatz angelegt werden, wird dies durch Setzen eines entsprechenden Fortschreibungskennzeichens im Feld „InfoUpdate" erreicht.

5. Nachdem alle Daten zum Angebot erfasst wurden, erfolgt die Sicherung über den Button „Speichern".

Pflege von Anfragen und Angeboten

Anfragen und Angebote anzeigen und ändern

Der Einstieg erfolgt bei Anfragen über

Logistik ➩ *Materialwirtschaft* ➩ *Einkauf* ➩ *Anfrage/Angebot* ➩ *Anfrage* ➩ *Anzeigen (ME43)* bzw. *Ändern (ME42)*,

bei Angeboten über

Logistik ➩ *Materialwirtschaft* ➩ *Einkauf* ➩ *Anfrage/Angebot* ➩ *Angebot* ➩ *Pflegen (ME47)* bzw. *Anzeigen (ME48)*.

Angebotsabwicklung

Nachdem alle Angebote erfasst wurden, können sie über einen Angebotspreisspiegel verglichen werden. Die Liste ist interaktiv, lässt also den Wechsel beispielsweise in die einzelnen Angebote zu. Sie zeigt standardmäßig je zu vergleichendes Angebot und Position den Preis und ein Ranking an.

Aus dem Angebotspreisspiegel bzw. direkt über die Angebotspflege ist es möglich, uninteressante Angebote je Position abzusagen (durch Setzen des Kennzeichens „Absage-KZ" im jeweiligen Angebotsdetail) und damit Absagescheiben durch das System generieren zu lassen. Weiterhin können interessante Angebote als Einkaufsinfosatz automatisch gespeichert werden (durch Setzen eines Fortschreibungskennzeichens im Feld „InfoUpdate" im Positionsdetailbild des Angebots).

Angebotspreisspiegel

Vorgehensweise:

1. Aufruf des Pfades *Logistik* ➩ *Materialwirtschaft* ➩ *Einkauf* ➩ *Anfrage/Angebot* ➩ *Angebot* ➩ *Preisspiegel (ME49)*.

2. Auf dem Einstiegsbild sind entweder die auszuwertenden Angebots- oder die Submissionsnummern einzugeben. Eine Auswertung nach Lieferanten bzw. Materialien ist ebenfalls möglich. Nach Eingabe weiterer Vergleichs- und Preisberechnungsparameter wird der Report über *Programm* ➲ *Ausführen* in der Menüleiste gestartet.

3. Die Ergebnisliste zeigt die Vergleiche der Angebote und der zugehörigen Positionen. Aus dieser Liste kann in andere Transaktionen gesprungen werden, beispielsweise in die Angebotspflege (Doppelklick in die Angebotsnummer).

5.5.3.3   Durchführung

Über die Bedarfsplanung

Innerhalb des MRP-Laufs werden – je nach Parametereinstellungen – automatisch Bestellanforderungen erzeugt. Das System kann hier bereits eine mögliche Bezugsquelle im Hintergrund ermitteln und der Bestellanforderung zuordnen. Voraussetzung hierfür ist ein entsprechender Orderbucheintrag (siehe 4.7.1).

Bei der manuellen Anlage einer Banf

Daneben besteht bei der manuellen Anlage auch die Möglichkeit, online eine Bezugsquellenermittlung durchzuführen. Zu diesem Zweck wird das Ankreuzfeld „Bezugsquellenfindung" (im obersten Bildschirmrand) innerhalb der Anlagetransaktion (ME51N) angekreuzt. Bei jeder Anlage einer Position wird dann die Bezugsquellenermittlung durchgeführt und die gefundenen Bezugsquellen vorgeschlagen oder – falls nur eine Bezugsquelle gefunden wurde – diese im Positionsdetail unter dem Reiter „Bezugsquelle" direkt übernommen. Wurde das Ankreuzfeld nicht aktiviert, kann der Anwender auch nachträglich für jede Position eine Bezugsquellenfindung durchführen. Zu diesem Zweck ist im Positionsdetail unter dem Reiter „Bezugsquelle" der Button „Bezugsquelle zuordnen" zu drücken.

Maschinelle Zuordnung

Zu mehreren Bestellanforderungen können über *Logistik* ➲ *Materialwirtschaft* ➲ *Einkauf* ➲ *Banf* ➲ *Folgefunktionen* ➲ *Zuordnen (ME56)* Bezugsquellen gleichzeitig zugeordnet werden. Nach Eingabe der Selektionskriterien erscheinen alle zuordenbaren Bestellanforderungen. Die gewünschten Bestellanforderungen werden angekreuzt und die Zuordnung über *Bearbeiten* ➲ *Bezugsquelle* ➲ *Automatisch zuordnen* in der Menüleiste ausgelöst. Bei mehreren möglichen Bezugsquellen erscheint je Bestellanforderung ein Zwischenbild, auf dem per Doppelklick die gewünschte Bezugsquelle ausgewählt wird.

Durch Sicherung der Transaktion wird die Bezugsquelle zur Bestellanforderung zugeordnet.

*Bezugsquellen-
ermittlung bei
Bestellungen*

Bei Bestellungen (dieses Element wird im Folgeabschnitt betrachtet) kann der Anwender, sofern der Lieferant nicht schon bei der Anlage einer Bestellung mitgegeben wird bzw. aus der vorangegangenen Bestellanforderung ermittelt wurde, ebenfalls eine Bezugsquellenfindung durchführen. In der Transaktion ME25 findet sich hier über *Bearbeiten* ➲ *Bezugsquelle zuordn.* die entsprechende Funktion.

5.5.4   Bestellabwicklung und -überwachung

Im bisherigen Verlauf des Prozesses wurde zur externen Beschaffung eines Materials bzw. einer Dienstleistung im ersten Schritt eine Bestellanforderung geniert bzw. durch die Fachabteilung angelegt. Die Bestellanforderung hat keine Außenwirkung. Erst durch die Umsetzung einer Bestellanforderung (bzw. eines Angebotes) in eine Bestellung (bzw. durch die manuelle Anlage einer Bestellung) wird der Lieferant formal aufgefordert, zu einem bestimmten Zeitpunkt eine bestimmte Menge an Materialien zu entsprechenden Konditionen zu liefern.

5.5.4.1   Grundlagen

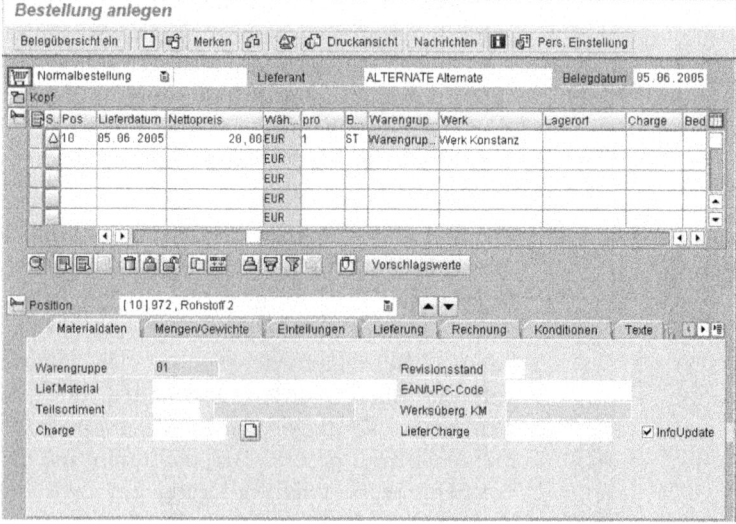

Abb. 5.31: Bestellung

Die Bestellung ist ähnlich aufgebaut wie die Bestellanforderung und enthält einen Belegkopf sowie eine oder mehrere Positionen mit entsprechenden Positionsdetailbildern (siehe Abb. 5.31).

Positions- und Kontierungstyp

Zentrale Steuerungselemente für die einzelnen Bestellpositionen sind auch hier der Positionstyp und der Kontierungstyp (wie bereits im Abschnitt Bestellanforderungen beschrieben). Eine Einschränkung besteht bezüglich des Kontierungstyps „U". Dieser darf bei Bestellungen nicht verwendet werden.

Belegart

Ein weiteres Steuerungselement in der Bestellung stellt die Belegart (Bestellart) dar. Über die Belegart, die in verschiedenen Einkaufsbelegen vorkommt (z.B. auch bei Bestellanforderungen), wird unter anderem gesteuert, ob die Nummernvergabe intern oder extern (durch den Anwender) erfolgt und welche Felder in der Transaktion (hier in der Bestellung) eingabebereit sind, welche Felder ausgefüllt werden müssen und welche Felder nur angezeigt werden (Feldstatus).

Konditionen

Konditionen sind Vereinbarungen, die das Unternehmen mit dem Lieferanten trifft – insbesondere Preise, Zu- und Abschläge, Frachtkosten und Zahlungsbedingungskonditionen wie z.B. Skonto. Über die Konditionen erfolgt die Nettopreisbestimmung zur Bestellung. Konditionen werden entweder in der Bestellung direkt gepflegt oder über gültige Einkaufsinfosätze ermittelt. Nähere Informationen zur Konditionsermittlung sind in Kapitel 4 nachlesbar (siehe 4.6.3).

Nachrichten-ausgabe

Nach der Erstellung einer Bestellung muss diese dem Lieferanten übermittelt werden. Dies geschieht in SAP durch die Nachrichtensteuerung, die die Ausgabe von Einkaufsbelegen und Verkaufsbelegen über verschiedene Medien wie E-Mail, Fax, Drucker oder EDI ermöglicht.

5.5.4.2   Erfassung und Generierung einer Bestellung

Die Nutzung verschiedener Möglichkeiten der Erfassung und Generierung von Bestellungen hängt davon ab, ob bereits Bestellanforderungen vorhanden sind oder nicht. Falls nein, werden die Bestellungen manuell angelegt.

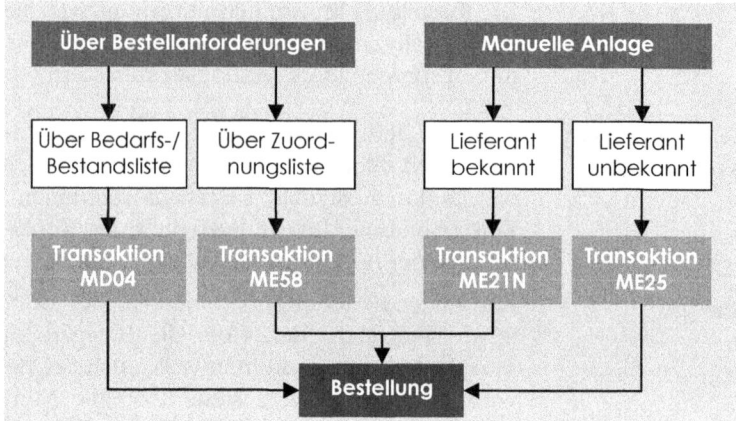

Abb. 5.32: Anlage von Bestellungen

Manuelle Anlage

Grundsätzlich lassen sich bei der manuellen Anlage zwei Szenarien unterscheiden. Einerseits die manuelle Anlage über die Transaktion ME21N und andererseits die Anlage über die Transaktion ME25.

Bei der Transaktion ME21N handelt es sich um eine Einbildtransaktion. Um diese Transaktion direkt benutzen zu können, muss der Lieferant bereits ermittelt sein.

Manuelle Anlage über ME21N

Vorgehensweise:

1. Der Aufruf erfolgt über *Logistik* ➲ *Materialwirtschaft* ➲ *Einkauf* ➲ *Bestellung* ➲ *Anlegen* ➲ *Lieferant/Lieferwerk bekannt (ME21N)*.

2. Das zentrale Pflegebild erscheint. Der Aufbau des Bildes hängt von den hinterlegten persönlichen Einstellungen ab. Diese Einstellungen lassen sich über den Button „Pers. Einstellung" in der Anwendungsfunktionsleiste erreichen. Die Maske verfügt grundsätzlich über die Bildschirmbereiche Kopf, Positionsliste und Positionsdetail. Sind einzelne Bereiche nicht verfügbar, können Sie über die Buttons 🗂 aufgeklappt werden. Die Transaktion beinhaltet – wie auch die Bestellanforderungsanlagetransaktion – eine Belegübersicht, die durch den Button „Belegübersicht ein" in der Anwendungsfunktionsleiste eingeblendet wird. Mit der Belegübersicht lassen sich unterschiedliche Einkaufsbelege anzeigen und ggf. in die Bestellung übernehmen (durch *Drag&Drop* des Beleges in die Einkaufskorbikone 🛒).

3. Im obersten Bildschirmbereich sind die Bestellart (z.B. Normalbestellung), der Lieferant und das Belegdatum einzugeben.

4. Der nächste Bildschirmbereich enthält die Kopfdaten, die für die gesamte Bestellung gelten. Es handelt sich hierbei vorwiegend um Informationen, die einen Bezug zum gewählten Lieferanten besitzen, z.B. die Anschrift. Das System kopiert notwendige Daten des Lieferantenstammsatzes in den Bestellkopf. Weitere Daten sind – falls notwendig – innerhalb der Registerblätter einzugeben, insbesondere im Registerblatt „OrgDaten" die Einkaufsorganisation, die Einkäufergruppe und der Buchungskreis.

5. Die Positionsübersicht entspricht überwiegend der Positionsübersicht der Bestellanforderung. Hier werden die einzelnen Bestellpositionen eingetragen.

    Verfügt das zu bestellende Material im Unternehmen bereits über einen Stammsatz, sind Materialnummer, Bestellmenge, Lieferdatum und Werk / Lagerort einzugeben. Sofern zum gewählten Lieferanten ein gültiger Einkaufsinfosatz vorhanden ist, werden die Konditionen in die Bestellposition übernommen, u.a. wird der Nettopreis automatisch als Vorschlag eingestellt. Wird kein Infosatz gefunden, springt das System nach <Enter> in das Positionsdetail der Konditionen, in dem die Preiselemente gepflegt werden müssen.

    Wird ein Material ohne Materialnummer als Position aufgenommen, sind Kurztext, Bestellmenge, Mengeneinheit, Werk / Lagerort, Warengruppe und Lieferdatum einzugeben sowie zusätzlich der Kontierungstyp. Nach <Enter> springt das System in die Positionsdetailkonditionen, in denen die entsprechenden Preiselemente zu pflegen sind. Danach ist die Erfassung der Kontierungsobjekte (Positionsdetail Registerblatt „Kontierung") erforderlich.

6. Sind alle Positionen eingeben, erfolgt durch Bestätigung mit <Enter> eine Ergänzung der Daten aus anderen Komponenten, z.B. aus dem Materialstammsatz. Zu jeder Position wird in verschiedenen Farben der Positionsstatus sichtbar.

7. Je Position können im Positionsdetail weitere Daten gepflegt werden. Die Positionsdetaildaten befinden sich im unteren Bildschirmdrittel. Der Wechsel in die einzelnen Positionsdetails erfolgt über die Buttons ▲▼ .

8. Die Bestelltransaktion bietet noch eine ganze Fülle von zusätzlichen Funktionen. Eine ausführliche Beschreibung ist über den Button ⊞ in der Anwendungsfunktionsleiste erreichbar.

9. Sind alle Daten eingegeben, sind sie zu sichern. Der folgende Konsistenzcheck prüft die eingegebenen Werte und zeigt ggf. auftretende Probleme durch ein erscheinendes Meldungsfenster. Dort können die einzelnen Hinweise angekreuzt und durch den Button „Bearbeiten" direkt nacheinander über <Enter> geändert werden. Nach Korrektur ist die Bestellung nochmals zu sichern.

Manuelle Anlage über ME25

Ist der Lieferant, der die Ware bzw. Dienstleistung liefern kann, noch nicht ermittelt, wird zur Anlage im ersten Schritt die Transaktion ME25 verwendet. Nach Erfassung der Positionen und Durchführung der Bezugsquellenfindung erfolgt im weiteren Verlauf der Transaktionsabfolge der Sprung in die Transaktion ME21N zur Komplettierung der Bestellung.

Vorgehensweise:

1. Der Aufruf erfolgt über *Logistik ➲ Materialwirtschaft ➲ Einkauf ➲ Bestellung ➲ Anlegen ➲ Lieferant unbekannt (ME25)*.

2. Auf dem Einstiegsbild ist die Bestellart (die folgenden Ausführungen beziehen sich auf die Normalbestellung „NB"), das Bestelldatum und die Einkäufergruppe einzugeben. Bereits im Einstiegsbild kann festgelegt werden, dass eine Bezugsquellenfindung erfolgen soll. Sofern die externe Nummernvergabe eingestellt ist, muss eine Bestellnummer angegeben werden. Die Daten werden durch <Enter> bestätigt.

3. Es erscheint die Anforderungsübersicht. Neben dem Positionstyp werden Materialnummer, Bestellmenge, Werk / Lagerort und gewünschtes Lieferdatum eingetragen. Wird kein Positionstyp angegeben, verwendet das System automatisch den Typ „Normal".

   Soll die Bestellung ohne Materialstammsatz angelegt werden, sind Kurztext, Bestellmenge, Mengeneinheit, Werk / Lagerort, Warengruppe und Lieferdatum einzugeben sowie zusätzlich der Kontierungstyp. Bei Bestellpositionen ohne Materialstammsatz springt das System nach <Enter> direkt ins Positionsdetail, in dem der Bewertungspreis einzugeben ist (siehe 4.2.4), anschließend wird durch ein weiteres <Enter> in die Kontierungsobjekte gewechselt.

4. Nach Eingabe aller Positionen kann durch Markieren einer Position und dann über *Springen* ➲ *Detail* in der Menüleiste in das Positionsdetail gewechselt werden. Hier sind weitere Daten eingebbar. Innerhalb der Detaildaten ist die Bezugsquelle anzugeben bzw. über *Bearbeiten* ➲ *Bezugsquelle zuordn.* durch das System ermitteln zu lassen.

5. Sind alle Positionen erfasst, werden ausgehend von der Anforderungsübersicht die Positionen markiert, die in die Transaktion ME21N überführt werden sollen. Die Überführung wird durch die Funktion *Bearbeiten* ➲ *Bestellung erzeugen* in der Menüleiste eingeleitet. Dies ist jedoch nur dann möglich, wenn die Bezugsquellen zugeordnet sind.

6. Es erscheint die bekannte Einbildtransaktion ME21N, in die bereits der Lieferant übernommen ist. Im linken Bildschirmbereich wird innerhalb der Belegübersicht das Lieferantenmenü gezeigt, unter dem sich auch ein Objekt „intern" befindet. Durch *Drag&Drop* dieses Elements in die Ikone 🛒 werden die Positionen übernommen.

7. Der weitere Verlauf der Datenpflege orientiert sich an der bereits im vorigen Abschnitt erläuterten Transaktion ME21N.

8. Nach Eingabe aller Daten ist die Bestellung zu sichern.

Maschinelle Übernahme

Sind Bestellanforderungen im System bereits vorhanden, können Bestellungen mit Bezug zu den Bestellanforderungen maschinell erzeugt werden.

Vorgehensweise:

Erzeugung über die Material- bedarfs- / Bestands- liste

1. Ausgangspunkt ist die Transaktion zur Materialbedarfs- / Bestandsliste (MD04).

2. Durch Doppelklick auf die gewünschte Bestellanforderung erscheint ein Popup, auf dem der Button „-> Bestellung" gedrückt wird.

3. Die Daten werden automatisch in die Transaktion ME21N übernommen. In der im linken Bildschirmbereich sichtbaren Belegübersicht erscheint die umzusetzende Bestellanforderung. Diese wird per *Drag&Drop* in die Einkaufskorbikone 🛒 übernommen.

4. Der weitere Verlauf orientiert sich an der beschriebenen Transaktion ME21N.

5. Sind alle Daten eingegeben, ist die Bestellung zu sichern.

Vorgehensweise:

Erzeugung über die Zuordnungs- liste

1. Der Einstieg erfolgt über *Logistik* ➲ *Materialwirtschaft* ➲ *Einkauf* ➲ *Bestellung* ➲ *Anlegen* ➲ *Über Banf-ZuordListe (ME58)*.

2. Es erscheint das Einstiegsbild, in dem die entsprechenden Parameter eingegeben werden. Das Programm wird über *Programm* ➲ *Ausführen* in der Menüleiste gestartet.

3. In der erscheinenden Übersichtsliste werden alle gefundenen Lieferanten mit zugeordneten Bestellanforderungen gezeigt. Zur Umsetzung der Bestellanforderungen ist der Cursor in die entsprechende Position zu setzen und die Funktion *Bearbeiten* ➲ *Zuordnung bearbeiten* in der Menüleiste anzuwählen. Es erscheint ein Popup-Fenster auf dem die entsprechenden Daten einzugeben sind. Durch <Enter> startet die Transaktion ME21N.

4. In der im linken Bildschirmbereich sichtbaren Belegübersicht erscheinen die umzusetzenden Bestellanforderungen. Sie können per Drag&Drop über die Einkaufskorbikone 🛒 übernommen werden.

5. Nach Eingabe aller Daten (siehe Erläuterungen zur Transaktion ME21N) erfolgt die Sicherung über den Button „Speichern".

5.5.4.3   Anzeigen, Ändern und Auswerten von Bestellungen

Das Anzeigen und Ändern von Bestellungen erfolgt über *Logistik* ➲ *Materialwirtschaft* ➲ *Einkauf* ➲ *Bestellung* ➲ *Anzeigen (ME23N)* bzw. *Ändern (ME22N)*.

Allgemeine Auswertungen

Für Bestellungen steht ein Reihe von Auswertungsfunktionen zur Verfügung, u.a. eine allgemeine Auswertung über *Logistik* ➲ *Materialwirtschaft* ➲ *Einkauf* ➲ *Bestellung* ➲ *Auswertungen* ➲ *Allg. Auswertungen (ME80FN)*. Nach Eingabe der gewünschten Selektionsparameter werden über *Programm* ➲ *Ausführen* in der Menüleiste die Bestellungen in Listform mit den wichtigsten Daten gezeigt. Durch Doppelklick auf die farblich unterlegten Zeilen kann in den Einkaufsbeleg gewechselt werden.

Bestellwert- analyse

Ein weiterer Report, der an dieser Stelle kurz erläutert werden soll, ist die Bestellwertanalyse. Mit ihrer Hilfe können Bestellungen als ABC-Analysen ausgewertet werden, wobei die Klassifikation nach Bestellwert, Durchschnittswert pro Bestellung und Anzahl Bestellungen vorgenommen werden kann. Der Einstieg in den Report erfolgt über *Logistik ➲ Materialwirtschaft ➲ Einkauf ➲ Bestellung ➲ Auswertungen ➲ Bestellwertanalyse (ME81N)*.

5.5.4.4   Bestellüberwachung

Der Bearbeitungsstand einer Bestellung kann innerhalb der Bestellanzeige über die Registerkarte „Status" im Bestellkopf ermittelt werden. Des Weiteren ist für jede Position die Bestellentwicklung einsehbar (im Positionsdetail über dem Reiter „Bestellentwicklung"). Sollte der Reiter nicht vorhanden sein, wurden noch keine Folgebelege erzeugt. Innerhalb der Bestellüberwachung ist es – falls der Lieferant mit der Lieferung der bestellten Ware in Verzug gerät – möglich, entsprechende Mahn- und Erinnerungsschreiben zu verschicken. Dies geschieht über *Logistik ➲ Materialwirtschaft ➲ Einkauf ➲ Bestellung ➲ Nachrichten ➲ Mahnen und Erinnern (ME91F)*.

5.5.4.5   Übungen zur Fallstudie

Übung 5.8

Banf in Bestellung umwandeln

Rufen Sie die Materialbedarfs- / Bestandsliste zum Rohstoff I102_XXX_XX auf. Setzen Sie das Dispoelement „BS-ANF" in eine Bestellung um.

Hinweis: Sobald Sie sich in der Bestellanlagetransaktion befinden, können Sie die im linken Bildschirmbereich sichtbare offene Bestellanforderung in den Einkaufskorb verschieben. Folgende Daten sollten vorhanden bzw. nachträglich eingefügt werden:

Kopf	
Einkaufsorg. / Einkäufergruppe / Buchungskreis	0001 / Ihre Einkäufergruppe / 0001
Positionsübersicht	
Positionszeile	Die Werte sollten von der Bestellanforderung übernommen worden sein, ggf. sind das Werk „0001" und der Lagerort „0001" zu ergänzen.

Datenblatt 5.4

Übung 5.9

*Materialbedarfs-
/ Bestandsliste
aufrufen*

Rufen Sie erneut die Materialbedarfs- / Bestandsliste zum Rohstoff I102_XXX_XX auf. Überprüfen Sie, ob sich das Dispoelement „BS-Anf in „BS-Ein" geändert hat (ggf. müssen Sie den Refreshbutton in der Anwendungsfunktionsleiste drücken).

Übung 5.10

*Umwandlung
über
Zuordnungsliste*

Alle anderen Bestellanforderungen sollen über die Zuordnungsliste maschinell erzeugt werden. Verwenden Sie hierzu die Transaktion ME58 und lösen Sie für jede offene Bestellanforderung eine Bestellung aus.

Selektion	
Einkäufergruppe / Einkaufsorganisation / Lieferant / Werk	Ihre Einkäufergruppe / 0001 / Ihr Lieferant / 0001
Zuordnungsübersicht	
Es sollte Ihr Lieferant mit der Gesamtzahl an vorhandenen offenen Bestellanforderungen erscheinen. Lösen Sie die Bestellanlagetransaktion aus, indem Sie den Cursor in die entsprechende Zeile stellen und die Funktion *Bearbeiten ➲ Zuordnung bearbeiten* in der Menüleiste wählen. Im erscheinenden Popup prüfen und ergänzen Sie ggf. die Werte Bestellart „NB", Bestelldatum „aktuelles Tagesdatum", Einkäufergruppe „Ihre Einkäufergruppe" und Einkaufsorganisation „0001".	
Positionsübersicht	
Positionszeile	
Lösen Sie jeweils eine Bestellung aus, indem Sie im linken Arbeitsvorrat jeweils eine offene Bestellanforderung in den Einkaufskorb ziehen und dann sichern. Die Werte sollten von der Bestellanforderung übernommen worden sein, ggf. sind das Werk „0001" und der Lagerort „0001" zu ergänzen.	

Datenblatt 5.5

Übung 5.11

*Umwandlungen
prüfen*

Überprüfen Sie über die Bedarfs- / Bestandsliste, ob für alle Rohstoffe Bestellungen angelegt wurden. Falls nein, setzen Sie die übrig gebliebenen Bestellanforderungen in Bestellungen um.

5.5.5   Wareneingang

Auf Grund der Bestellung liefert der Lieferant das Material bzw. die Dienstleistung. Im Wareneingang wird die Ware mit Bezug zur Bestellung verbucht. Durchgeführt wird dieser Teilprozess in der Komponente Bestandsführung (MM-IM).

5.5.5.1   Grundlagen der Warenbewegungen in SAP

Warenbewegungen lassen sich unterscheiden nach:

Wareneingang

Wareneingänge erfolgen auf Grund von Lieferungen durch Lieferanten oder aus der Produktion. Sie erhöhen den Lagerbestand.

Warenausgang

Warenausgänge werden gebucht, wenn der Versand an den Kunden ausgelöst wird oder ein internes Element bzw. eine interne Abteilung einen Ausgang veranlasst (beispielsweise Warenausgang zu einem Fertigungsauftrag). Der Warenausgang führt zu einer Reduzierung des Lagerbestandes.

Umlagerung

Die Umlagerung ist eine interne Warenbewegung zwischen zwei Lageroten (innerhalb eines Werkes oder zwischen zwei Werken).

Umbuchung

Unabhängig von einer physischen Bewegung des Materials können Materialien bestandsmäßig umgebucht werden, beispielsweise durch die Freigabe eines Qualitätsprüfbestandes.

Wichtige Steuerungselemente für Warenbewegungen in SAP stellen die Bewegungsarten und die Bestandarten dar.

Bewegungsart   Über die Bewegungsart wird gesteuert, um welche Art von Warenbewegung es sich handelt – beispielsweise um einen Wareneingang zur Bestellung oder einen Warenausgang zu einem Fertigungsauftrag. Die Bewegungsart steuert – zusammen mit anderen Faktoren – den Bildaufbau in den Warenbewegungstransaktionen, die automatische Kontenfindung (zu bebuchende Bestands- und Verbrauchskonten) und die Fortschreibung der Mengenfelder.

Bestandsart   Der Bestand eines Materials wird in SAP unterteilt in frei verwendbaren Bestand, Qualitätsprüfbestand und gesperrten Bestand. Während der frei verwendbare Bestand keinen Restriktionen unterliegt, also für das Unternehmen frei verfügbar ist (vor allem für die Disposition), kann der gesperrte Bestand solange nicht verwendet werden, bis er wieder freigegeben wurde. Materialien die qualitätsmäßig geprüft werden, befinden sich im Qualitätsprüfbestand und sind somit ebenfalls nicht frei verwendbar.

Zwischen den Bestandsarten kann mit entsprechenden Bewegungsarten umgebucht werden. Dabei ist zu beachten, dass Materialien, die aus dem gesperrten oder Qualitätsprüfbestand entnommen werden sollen, zuerst in den frei verwendbaren Bestand gebucht werden müssen.

5.5.5.2   Buchung von Warenbewegungen

Die zentrale Buchungstransaktion von Warenbewegungen (MIGO) besteht aus drei Bereichen. Der Übersichtsbaum im linken Bildschirmbereich zeigt die vom Anwender zuletzt bearbeiteten Belege. Der rechte Bereich enthält den Warenbewegungskopf sowie die Positionsübersicht zu den erfassten Materialien. Im unteren rechten Bildschirmbereich befinden sich die Positionsdetails.

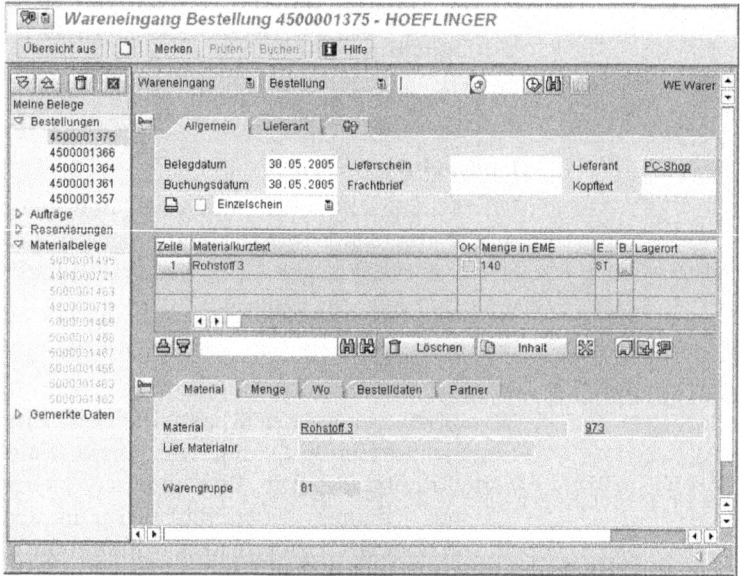

Abb. 5.33: Warenbewegung

Im Folgenden wird der Wareneingang zur Bestellung näher erläutert. Weitere Warenbewegungen werden später im Prozessablauf an geeigneter Stelle beschrieben.

Buchung eines Wareneingangs zur Bestellung

Vorgehensweise:

1.   Aufruf der Funktion über *Logistik ➲ Materialwirtschaft ➲ Bestandsführung ➲ Warenbewegung ➲ MIGO-Warenbewegung (MIGO)*.

2.   Auf dem Einstiegsbild kann im ersten Schritt über den But-ton „Übersicht ein" in der Anwendungsfunktionsleiste ein Übersichtsbaum eingeblendet werden. Im linken Bild-schirmbereich erscheinen dann die vom Anwender zuletzt bearbeiteten Bestellungen, Aufträge, Reservierungen und Materialbelege.

3.   Im oberen Bildschirmbereich befinden sich zwei Felder, mit denen die Art der Warenbewegung gesteuert wird. Im Falle des Wareneingangs zur Bestellung sind die ersten beiden Felder mit „Wareneingang" und „Bestellung" zu füllen. Das dritte Feld verlangt die Eingabe der Bestellnummer. Durch <Enter> werden die Daten übernommen. Die Bestellnum-mer kann – falls sie sich im Übersichtsbaum befindet – durch Doppelklick in die Transaktion übernommen werden. Soll nur eine bestimmte Position der Bestellung als Waren-eingang gebucht werden, so ist das vierte Feld mit der Posi-tionsnummer der Bestellung entsprechend zu versehen. Es sei darauf hingewiesen, dass auch die Erfassung mehrerer Bestellnummern in einer Wareneingangsbuchung möglich ist. Hierzu sind weitere Bestellnummern in das entspre-chende Feld einzugeben und jeweils mit <Enter> zu bestäti-gen.

4.   Der obere Bereich des Bildschirms beinhaltet den Kopf und die Positionsübersicht, welche durch die nebenstehenden Ikonen 🗂 auf- und zugeklappt werden können. Im Kopf kann – falls notwendig – das vorgeschlagene Belegdatum und Buchungsdatum geändert werden. Zusätzlich ist es rat-sam, auch die Lieferscheinnummer, die der Lieferant in der Regel mit dem Lieferschein mitteilt, einzugeben. Durch die Buchung eines Wareneingangs mit Bezug zur Bestellung wird bereits eine Vielzahl von Daten in den Warenein-gangsbeleg kopiert, beispielsweise können im Kopf über den Reiter „Lieferant" Informationen zum Lieferanten nach-gesehen werden.

5.   Die Positionsübersicht zeigt alle in der Bestellung hinterleg-ten und zulässigen Positionen für die ein Wareneingang er-wartet wird. Durch Doppelklick auf den Button „Zeile" der Position werden deren Details im unteren Drittel des Bild-schirms dargestellt und können ggf. geändert oder ergänzt werden.

Neben dem Material wird im Reiter „Menge" die bestellte Mengeneinheit angezeigt. Hier erwartet das System im Feld

„Menge in ErfassungsME" die Eingabe der tatsächlich gelieferten Menge, wobei die Erfassungsmengeneinheit von der Bestellmengeneinheit abweichen kann.

6. Sind alle Daten zu einer Position eingegeben bzw. geprüft, ist für jede Position das „OK" Kennzeichen zu setzen. Das Feld befindet sich am unteren Bildschirmrand im Bereich der Positionsdetails.

7. Zum Schluss sind die Daten über den Button „Buchen" in der Anwendungsfunktionsleiste zu buchen. Ist dies dem System nicht möglich, oder sind Warnungen aufgetreten, wird ein Meldungsprotokoll geniert. Handelt es sich um Fehlermeldungen (rot dargestellt), muss der Anwender diese zuerst korrigieren, um eine Buchung durchzuführen. Mit der Buchung wird vom System eine Materialbelegnummer vergeben.

8. Die Transaktion MIGO bietet eine Fülle weiterer Funktionen. Eine Dokumentation dazu findet sich in der Anwendungsfunktionsleiste der Wareneingangstransaktion über den Button „Hilfe".

Wareneingangs-storno

Falschbuchungen von Warenbewegungen können storniert werden.

Vorgehensweise:

1. Aufruf der Stornotransaktion über *Logistik* ➲ *Materialwirtschaft* ➲ *Bestandsführung* ➲ *Materialbeleg* ➲ *Stornieren (MBST)*.

2. Auf dem Einstiegsbild wird das Buchungsdatum des Stornos, die Materialbelegnummer und das Geschäftsjahr eingegeben. Falls erforderlich, ist auch die Angabe eines Stornogrundes möglich. Die Daten werden durch <Enter> bestätigt.

3. Das System zeigt die stornierbaren Positionen zum Materialbeleg. Die gewünschten Stornopositionen sind anzukreuzen.

4. Durch Sichern der Transaktion wird der Storno durchgeführt und eine Materialbelegnummer vergeben.

5.5.5.3   Auswirkungen von Wareneingängen zu Bestellungen

Mit der Buchung eines Wareneingangs zur Bestellung sind automatisch bestimmte Folgeaktionen verbunden.

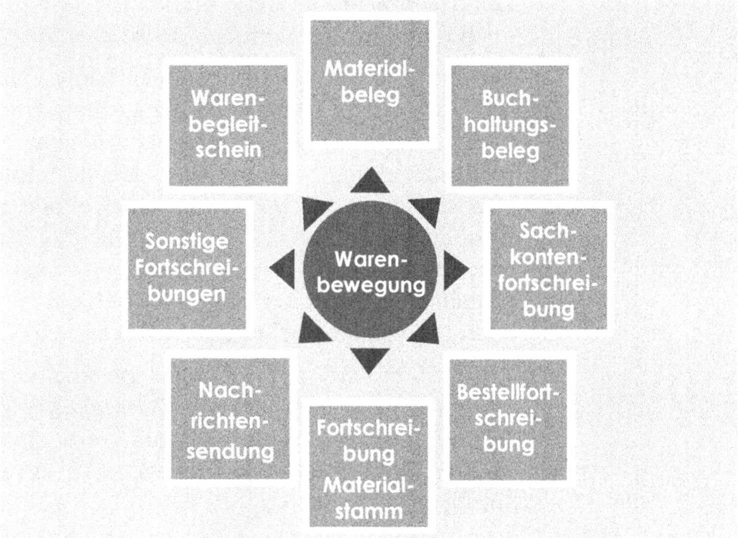

Abb. 5.34: Folgefunktionen einer Warenbewegung

Erzeugung eines Materialbelegs

Bei der Warenbewegung wird automatisch ein Materialbeleg erzeugt, der die mengenmäßige Bestandsveränderung dokumentiert. Aufrufbar ist der Materialbeleg über Logistik ➲ Materialwirtschaft ➲ Bestandsführung ➲ Materialbeleg ➲ Anzeigen (MB03).

Erzeugung eines Buchhaltungsbelegs und Kontenfortschreibung

Handelt es sich um einen Warenbewegungsvorgang, der bewertungsrelevant ist, wird ein Buchhaltungsbeleg erzeugt, der die Verbrauchs- und Bestandskonten der Finanzbuchhaltung bebucht. Bewertungsrelevant ist z.B. der Eingang eines Rohstoffes als Lagermaterial von einem Lieferanten. Dies führt zu einer Erhöhung des Umlaufvermögens. Dagegen ist eine Umlagerung eines Materials innerhalb eines Werkes i.d.R. nicht bewertungsrelevant und führt demzufolge auch nicht zu einer buchhalterischen Abbildung.

Bei einem Wareneingang zur Bestellung, bezogen auf ein Lagermaterial, erfolgt über die automatische Kontenfindung eine Buchung auf das entsprechende Bestandskonto. Da zum Zeitpunkt des Wareneingangs i.d.R. noch kein Rechnungseingang vorliegt, andererseits das Material automatisch bewertet wird, werden Rückstellungen auf zu erwartende Rechnungseingänge auf das WE/RE-Verrechnungskonto gebucht (Wareneingangs- / Rechnungseingangsverrechnungskonto).

Die Höhe der Bestandsbuchungen hängt vom Bewertungsverfahren des Materials ab (siehe 4.2.4). Bei standardpreisgesteuerten Materialien wird das Bestandskonto immer zum Standardpreis fortgeschrieben, während das WE/RE-Konto zum Bestellpreis bebucht wird. Abweichungen zwischen Standardpreis und Bestellpreis werden auf Preisdifferenzkonten gebucht. Im Gegensatz dazu erfolgt bei Materialien, die mit gleitendem Durchschnittspreis bewertet sind, sowohl die Bestandsbuchung wie auch die WE/RE-Buchung zum Bestellpreis.

Aufgerufen wird der erzeugte Buchhaltungsbeleg über *Rechnungswesen* ➲ *Finanzwesen* ➲ *Hauptbuch* ➲ *Beleg* ➲ *Anzeigen (FB03)*. Alternativ dazu kann auch aus dem Materialbeleg über *Umfeld* ➲ *RW-Belege* in der Menüleiste in diese Transaktion gesprungen werden.

Nachrichtensendung und Warenbegleitschein

Sofern das Kennzeichen „WE-Nachricht" in der Bestellung gesetzt ist, erhält der Einkäufer automatisch eine Nachricht über den Eingang des Materials. Daneben ist bei der Erfassung des Wareneingangs auch der Druck eines Warenbegleitscheines möglich.

Fortschreibung Bestellentwicklung und Bestandsmengen

Ein Wareneingang zur Bestellung führt zu einer Fortschreibung der Bestellentwicklung und einer Bestandsmengenfortschreibung im Materialstamm. Der Bestandswert des Materials wird gemäß dem im Materialstamm gesetzten Bewertungskennzeichens angepasst (siehe 4.2.4).

5.5.5.4   Bestandsauswertungen

Um Bestandssituationen auszuwerten, stellt SAP eine ganze Reihe von Reports zur Verfügung. Neben der bereits bekannten Materialbedarfs- / Bestandsliste sei an dieser Stelle auf zwei weitere Listen hingewiesen.

Bestands-übersicht

Die Bestandsübersicht zeigt, über sämtliche Organisationsstrukturen hinweg, alle Bestände zu einem Material. Aufgerufen wird der Report über *Logistik* ➲ *Materialwirtschaft* ➲ *Bestandsführung* ➲ *Umfeld* ➲ *Bestand* ➲ *Bestandsübersicht (MMBE)*.

Bestands-wertliste

Mit der Bestandswertliste lassen sich zu einem oder mehreren Materialien die Bestandsmengen und die Bestandswerte auf Werks- und Lagerortebene aufrufen.

Die Liste wird über *Logistik* ➲ *Materialwirtschaft* ➲ *Bestandsführung* ➲ *Period. Arbeiten* ➲ *Bestandswertliste (MB5L)* aufgerufen.

5.5.5.5   Übungen zur Fallstudie

Übung 5.12

Wareneingang zur Bestellung

Der Lieferant hat die Bestellungen erhalten und liefert termingerecht die Materialien in zwei Lieferungen an. Mit der ersten Lieferung (Lieferscheinnummer BIG_XXX_XX001) werden die bestellten Mengen der Materialien I101_XXX_XX und I102_XXX_XX geliefert, mit der zweiten (Lieferscheinnummer BIG_XXX_XX002) alle restlichen Rohstoffe. Erfassen Sie zu jeder Lieferung eine Wareneingangsbuchung (insgesamt also 2).

Hinweis: Um die Wareneingänge zu den Bestellungen erfassen zu können ist es notwendig, dass Sie Ihre Bestellnummern kennen. Über die Transaktion ME2L (Selektion nach Ihrem Lieferanten) können die Bestellungen in Listform angezeigt werden. Vergessen Sie nicht, bei der Wareneingangsbuchung jeweils die Lieferscheinnummer des Lieferanten im Kopf einzugeben.

Weiterer Hinweis: Sollte das System die Wareneingangsbuchung verweigern (in aktueller Periode ist keine Buchung möglich), so liegt dies in den meisten Fällen daran, dass die Periodenverschiebung auf die aktuelle Periode nicht durchgeführt wurde. Eine Periodenverschiebung löst das Problem (siehe Anhang 1).

Übung 5.13

Materialbeleg anzeigen

Lassen Sie sich die Materialbelege zu den Wareneingängen anzeigen und wechseln Sie jeweils in den Buchhaltungsbeleg.

Übung 5.14

Bestandsübersicht

Überprüfen Sie mittels der Bestandsübersicht, welche Menge des Materials I204_XXX_XX im Werk „0001" am Lagerort „0001" liegt.

5.5.6   Rechnungsprüfung und Zahlungsabwicklung

Am Ende des externen Beschaffungsprozesses steht die Rechnungsprüfung und Zahlungsabwicklung. Beide Teilprozesse werden in der Regel von der Kreditorenbuchhaltung wahrgenommen.

5.5.6.1   Rechnungsprüfung

Grundlagen

Die Rechnungsprüfung hat die Aufgabe, eingehende Lieferantenrechnungen sachlich, preislich und rechnerisch zu prüfen und zu buchen. Durchgeführt wird die Buchung durch die zentrale Logistik-Rechnungsprüfungstransaktion (MIRO).

Bei Erfassen der Rechnung greift das System automatisch auf Daten aus Materialstämmen, Lieferantenstämmen und dem Einkauf zu.

In SAP existieren zwei Arten der Rechnungsprüfung:

Bestellbezogene Rechnungs-prüfung

Bei der bestellbezogenen Rechnungsprüfung wird die Rechnung gegen die zugrunde liegende Bestellung geprüft und kann vor oder nach dem Eingang der Ware gebucht werden. Bei Erfassung der Rechnung wird die Bestellnummer angegeben. Daraufhin zeigt das System die bereits angelieferten und gebuchten, aber noch nicht berechneten Mengen und den zugehörigen Bestellpreis. Diese Vorschlagswerte können grundsätzlich überschrieben werden. Wird beispielsweise vom Lieferanten eine Menge 5 in Rechnung gestellt, sind jedoch bereits 10 Einheiten zur Bestellung eingegangen, führt die Buchung von 5 Stück dazu, dass noch 5 Stück zu berechnen und damit offen sind. Nach Buchung der Rechnung werden (sofern im Customizing eingestellt) diese dann zur Zahlung gesperrt, wenn bestimmte Toleranzen (in Bezug zur Bestellung) überschritten sind, beispielsweise der Bestellpreis vom Rechnungspreis abweicht.

Warenein-gangsbezogene Rechnungs-prüfung

Die wareneingangsbezogene Rechnungsprüfung legt bei der Rechnungserfassung Wareneingänge zugrunde. Eine Buchung von Rechnungen ohne die erforderlichen Wareneingänge ist grundsätzlich nicht möglich. Das System verhindert standardmäßig außerdem die Buchung von höheren Rechnungsmengen als die gelieferte und gebuchte Menge. Soll diese Art der Rechnungprüfung durchgeführt werden, ist in der Bestellung das Kennzeichen „WE-bez.RP" zu setzen (im Positionsdetailbild Reiter „Rechnung").

Auswirkungen der Rechnungsprüfung

Mit der Buchung einer Rechnung über die Logistik-Rechnungsprüfung werden zwei Belege erzeugt. Einerseits ein Logistik-Rechnungsbeleg, der zeigt, welche Rechnungsdaten gebucht wurden und welche Bestellungen / Lieferscheine und Wareneingänge zugrunde lagen, andererseits ein Buchhaltungsbeleg, der die Buchung auf den entsprechenden Konten in der Finanzbuchhaltung dokumentiert.

Konten-bewegungen

Folgende Abbildung zeigt die buchhalterischen Auswirkungen von Waren- und Rechnungseingang.

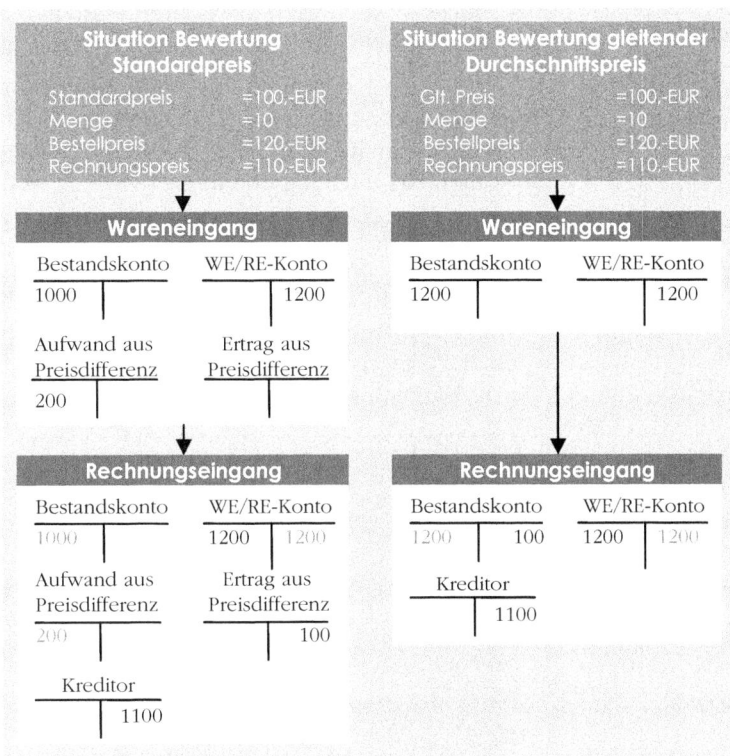

Abb. 5.35: Auswirkung von Waren- und Rechnungseingang auf
die Finanzbuchhaltung

Buchungen
zum Standard-
preis

Wie bereits erläutert, führt der Wareneingang eines wertmäßig mit Standardpreis geführten Materials zur Fortschreibung des entsprechenden Bestandskontos in Höhe von Standardpreis * Menge. Differenzen zwischen Bestellpreis und Standardpreis werden auf Preisdifferenzkonten gebucht. Die Gegenbuchung in Höhe von Bestellpreis * Menge findet auf dem WE/RE-Verrechnungskonto statt. Beim Rechnungseingang wird dieses WE/RE-Konto in gleicher Höhe (Bestellpreis * Menge) entlastet und der Kreditor mit dem Rechnungspreis als Verbindlichkeit belastet. Sollten Abweichungen zwischen Rechnungspreis und Bestellpreis entstehen, werden sie auf Preisdifferenzkonten gebucht.

Buchungen
zum gleitenden
Durchschnitts-
preis

Beim Wareneingang mit gleitendem Durchschnittspreis erfolgt bei Zugang des Materials immer die Buchung zum Bestellpreis auf dem Bestands- und WE/RE-Konto. Bei Verbuchung des Rechnungseingangs wird das WE/RE-Konto zum Bestellpreis aufgelöst und das Kreditorenkonto mit dem Rechnungspreis gebucht. Differenzen zwischen Bestell- und Rechnungspreis werden direkt auf das Bestandskonto gebucht.

Automatische
Kontenfindung

Sowohl die Buchungen zur Warenbewegung, wie auch die folgende Rechnungseingangsbuchung werden mittels der Kontenfindung durchgeführt, welche automatisch die entsprechenden Konten zur Buchung ermittelt.

Rechnungsverbuchung über die Logistik-Rechnungs-
prüfung

Die Logistik-Rechnungsprüfung besteht aus Kopfdaten (in denen vor allem Rechnungsinformationen eingetragen werden) und aus einer Positionsliste (in der entweder die zur Bestellung zugehörigen Wareneingänge oder aber Bestellpositionen sichtbar sind).

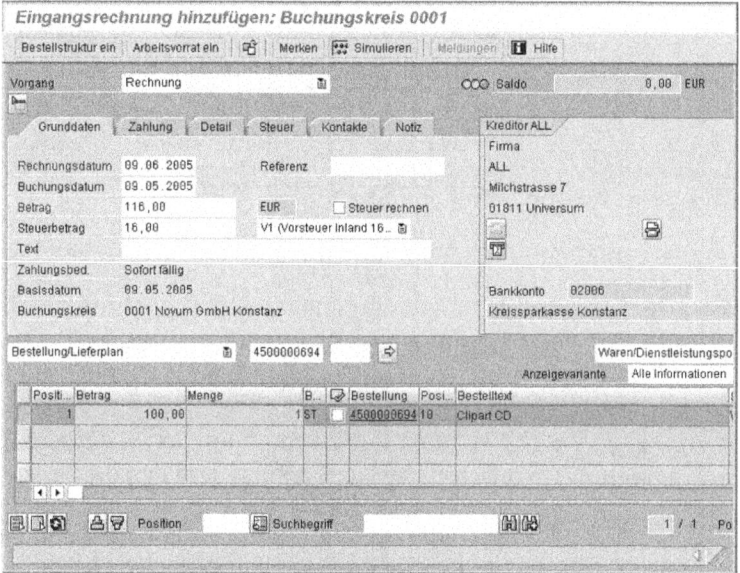

Abb. 5.36: Logistik-Rechnungsprüfung

Vorgehensweise

Buchung

1. Der Einstieg erfolgt über *Logistik* ➜ *Materialwirtschaft* ➜ *Logistik-Rechnungsprüfung* ➜ *Belegerfassung* ➜ *Eingangs-rechnung hinzufügen (MIRO)*.

2. Auf dem zentralen Erfassungsbild werden im oberen Kopfbereich unter dem Reiter „Grunddaten" die Rechnungsdaten eingegeben. Dies sind insbesondere das Rechnungsdatum, das Buchungsdatum, der auf der Rechnung stehende Bruttobetrag sowie die Vorsteuer. Neben dem Steuerbetrag be-

findet sich ein Vorsteuerfeld, auf dem das richtige Steuer-kennzeichen zu wählen ist (beispielsweise 19% Vorsteuer). Die Daten sind durch <Enter> zu bestätigen.

3. Im unteren Bildschirmbereich ist auszuwählen, ob die Eingabe zu einem Lieferschein oder einer Bestellung erfolgen soll. Neben diesem Auswahlfeld ist dann die zugehörige Nummer einzugeben (z.B. Bestellnummer). Die Logistik-Rechnungsprüfung lässt auch die Verbuchung mehrerer Bestellungen bzw. Lieferscheine zu. Hierzu sind über den Button ⇨ weitere Bestellungen bzw. Lieferscheine einzugeben.

4. Nach Eingabe aller Bestellnummern bzw. Lieferscheine werden die Eingaben durch <Enter> bestätigt. Das System zieht jetzt automatisch den hinter der Bestellung stehenden Lieferanten und zeigt ihn im rechten oberen Bildschirmbereich an. Zusätzlich wird die Positionsliste gefüllt und zwar abhängig vom hinterlegten Kennzeichen in der Bestellung (WE-bez.RP gesetzt?) mit den entsprechenden Bestellpositionen oder aber mit Wareneingangspositionen.

5. Alle Positionen, bei denen ein Rechnungseingang erwartet wird, sind automatisch vom System markiert worden. Zusätzlich sind die Beträge und Mengen übernommen.

6. Die gezeigten Positionen werden mit den Rechnungsdaten des Lieferanten verglichen und ggf. einzelne Markierungen gelöscht (diese Positionen werden dann nicht zur Buchung herangezogen) bzw. Beträge und Mengen entsprechend der tatsächlich eingegangenen Rechnung korrigiert.

7. Sind alle Eingaben getätigt, wird der Beleg über *Rechnungsbeleg* ➲ *Buchen* in der Menüleiste gebucht.

Anzeige und Änderung von Rechnungsbelegen

Mit der Buchung einer Rechnung über die Logistik-Rechnungsprüfung werden zwei Belege erzeugt. Einerseits ein Logistik-Rechnungsbeleg, andererseits ein Buchhaltungsbeleg.

Diese Belege können angezeigt und nur der Buchhaltungsbeleg kann in sehr begrenztem Umfang geändert werden (nur Daten, die buchungstechnisch keine Auswirkungen haben wie z.B. Textfelder).

Vorgehensweise:

1. Angezeigt wird der Logistik-Rechnungsbeleg über *Logistik* ➲ *Materialwirtschaft* ➲ *Logistik-Rechnungsprüfung* ➲ *Weiterverarbeitung* ➲ *Rechnungsbeleg anzeigen (MIR4)*.

2.   Im Einstiegsbild ist die Belegnummer und der Buchungs-kreis einzugeben und durch <Enter> zu bestätigen.

3.   Der Beleg wird angezeigt. In den Buchhaltungsbeleg kann über *Springen* ➲ *Folgebelege* über die Menüleiste gewechselt werden.

4.   Der Buchhaltungsbeleg wird in Zeilenform mit den entsprechenden Buchungspositionen dargestellt. Über Doppelklick auf eine Zeile wird in die Positionsdetaildaten gesprungen.

5.   Soll der Beleg geändert werden, ist im jeweiligen Positionsdetail die Funktion *Beleg* ➲ *Anzeigen <-> Ändern* über die Menüleiste aufzurufen. Die änderbaren Felder werden entsprechend angezeigt.

6.   Wurden Daten geändert, müssen diese durch Anklicken des Buttons „Speichern" gesichert werden.

Kreditoren-
konten
analysieren

Mit der Buchung einer Rechnung wurden u.a. Verbindlichkeiten auf den Kreditorenkonten erzeugt. Da die Rechnung noch nicht durch das Unternehmen bezahlt wurde, handelt es sich um einen Offenen Posten. Im Bereich der Komponente Finanzwesen können die Kontensalden bzw. die Einzelposten angezeigt werden.

Vorgehensweise Einzelpostenanzeige:

1.   Die Postenanzeige wird über den Pfad *Rechnungswesen* ➲ *Finanzwesen* ➲ *Kreditoren* ➲ *Konto* ➲ *Posten anzeigen (FBL1N)* eingeleitet.

2.   Nach Eingabe des Lieferanten und des Buchungskreises kann u.a. angegeben werden, ob nur offene Posten zu einem Stichtag, ausgeglichene Posten mit Datumsintervallangabe oder aber nur offene Posten innerhalb eines Zeitraums gewünscht sind. Die Kontenanzeige wird über *Programm* ➲ *Ausführen* in der Menüleiste durchgeführt.

3.   Die Liste zeigt alle in der Selektion ausgewählten Einzelposten mit entsprechenden Buchungsinformationen. Die Fälligkeit und der Status (offen, ausgeglichen oder vorerfasst) wird durch entsprechende Ikonen dargestellt. Durch Doppelklick auf einen einzelnen Posten wird in den zugehörigen Buchhaltungsbeleg gesprungen.

Vorgehensweise Saldenanzeige:

1.   Die Saldenanzeige wird über den Pfad *Rechnungswesen* ➲ *Finanzwesen* ➲ *Kreditoren* ➲ *Konto* ➲ *Salden anzeigen (FK10N)* eingeleitet.

2. Auf dem Selektionsbild ist der Kreditor, der Buchungskreis und das Geschäftsjahr anzugeben und der Report über *Programm* ➲ *Ausführen* in der Menüleiste zu starten.

3. Es erscheint eine Liste, die je Periode (Buchungsperiode) kumuliert die Soll- und Habenbuchungen zeigt und den Saldo berechnet. Durch Doppelklick in eine Periodenzeile springt das System in die Einzelpostenliste der Periode.

5.5.6.2   Zahlungsabwicklung

Zum Abschluss des externen Beschaffungsprozesses wird die Verbindlichkeit gegenüber dem Lieferanten durch eine Zahlung ausgeglichen. Dies geschieht in SAP durch das maschinelle Zahlprogramm, welches neben der reinen Buchung auch Zahlungsträgerdateien für die Hausbank erzeugen kann. Dabei laufen eine Reihe von Prüfungen ab, beispielsweise die Prüfung der Fälligkeit und des Zahlweges (z.B. Überweisung oder Scheck).

Üblicherweise gibt es zwischen der Buchung und der tatsächlichen Belastung des Bankkontos einen zeitlichen Verzug. Damit beim nächsten automatischen Zahllauf die Rechnung nicht nochmals überwiesen wird, muss der offene Posten auf dem Kreditorenkonto ausgeglichen sein. Daher wird mit dem Zahllauf eine Buchung generiert, die den offenen Posten ausgleicht und auf dem Bankverrechnungskonto gegengebucht wird. Nach Belastung des Bankkontos (dokumentiert durch den Kontoauszug) wird das Bankverrechnungskonto wieder ausgeglichen und gegen das Bankkonto im SAP-Finanzwesen gebucht.

Folgende Abbildung zeigt die Verbuchung eines Zahlungsausgangs.

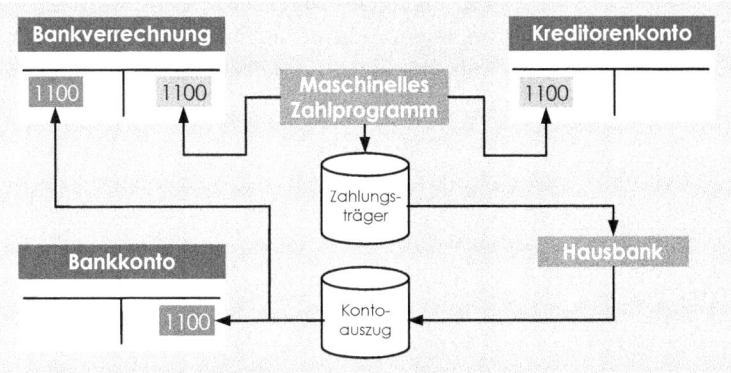

Abb. 5.37: Verbuchung Zahlungsausgang

5.5.6.3   Übungen zur Fallstudie

Übung 5.15

Rechnungs-erfassung

Ihr Lieferant schickt eine Gesamtrechnung für beide Lieferungen in Höhe von insgesamt 421.855 EUR. Dieser Betrag beinhaltet die Mehrwertsteuer (Netto 354.500, Steuer 19% = 67.355). Buchen Sie über die Logistik-Rechnungsprüfung die Rechnung in das System ein (Buchungskreis „0001").

Hinweis: Sollten Sie bei den Wareneingangsbuchungen nicht vergessen haben, jeweils die vom Lieferanten angegebene Lieferscheinnummer einzugeben, können Sie in der Logistikrechnungsprüfung über diese zwei Lieferscheine selektieren. Ansonsten müssen Sie alle Bestellnummern händisch eingeben. Merken Sie sich die vergebene Belegnummer.

Übung 5.16

Rechnungsbeleg anzeigen

Lassen Sie sich den Rechnungsprüfungsbeleg anzeigen und springen Sie in den erzeugten Buchhaltungsbeleg.

5.6   Fertigungssteuerung

5.6.1   Überblick über den Fertigungssteuerungsprozess

Im bisherigen Prozessablauf wurden über die Materialbedarfs-planung Beschaffungselemente in Form von Planaufträgen und Bestellanforderungen erzeugt. Die Beschaffungselemente für Materialien, welche extern bezogen werden, wurden in Bestellungen umgewandelt und die entsprechenden Wareneingänge gebucht. Im nächsten Schritt ist es Aufgabe der Fertigungssteuerung, dafür zu sorgen, dass die Materialien, die eigenzufertigen sind, mengen- und zeitgerecht produziert werden. Die Fertigungssteuerung erfolgt in der Anwendungskomponente PP-SFC. Zentrales Element hierbei ist der Fertigungsauftrag.

Folgende Abbildung zeigt die einzelnen Phasen der Fertigungssteuerung.

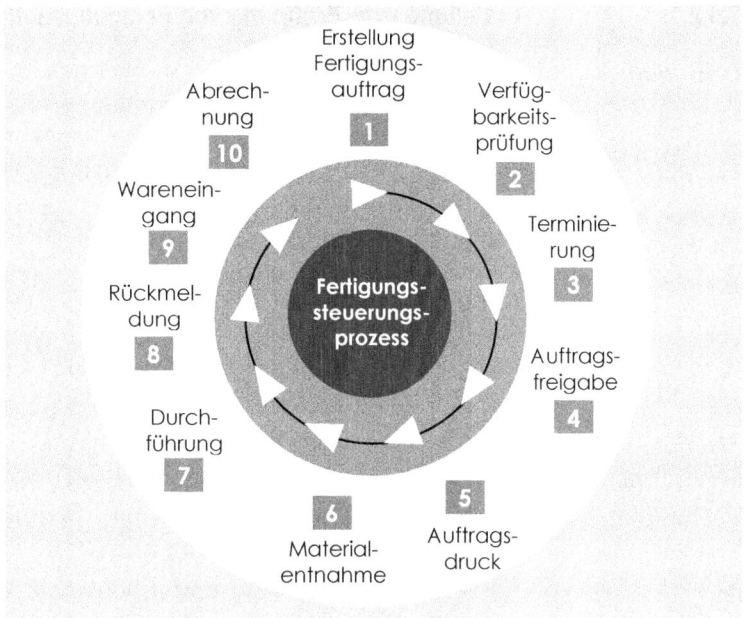

Abb. 5.38: Fertigungssteuerungsprozess in SAP

Im ersten Schritt werden die aus dem Materialbedarfsplanungslauf generierten Planaufträge in Fertigungsaufträge umgewandelt. Nach dem zweiten Schritt (Materialverfügbarkeitsprüfung) erfolgt die Terminierung. Im Rahmen der Terminierung wird das Kapazitätsangebot der benötigten Arbeitsplätze mit dem Kapazitätsbedarf des Fertigungsauftrages abgeglichen und die Auftragsbearbeitung entsprechend terminiert. Im vierten Schritt erfolgt über die Auftragsfreigabe die Weitergabe des Auftrages an die Produktion. Im fünften Schritt werden die Auftragspapiere gedruckt und im sechsten Schritt die benötigten Materialien entnommen. Es beginnt der physische Fertigungsprozess, der nach Abschluss rückgemeldet wird und den Wareneingang der produzierten Halb- und Fertigerzeugnisse im Lager zur Folge hat. Als letzter Schritt erfolgt die Auftragsabrechnung. Dabei werden die aufgelaufenen Kosten einem oder mehreren Abrechnungsempfängern des internen und externen Rechungswesens weiterbelastet (dieser Schritt wird in den folgenden Ausführungen nicht weiter behandelt).

5.6.2   Erstellung bzw. Eröffnung von Fertigungsaufträgen

Definition

Ein Fertigungsauftrag legt fest, welches Material wo (Arbeitsplatz), zu welchem Termin gefertigt wird, welche Ressourcen benötigt werden und wohin die Kosten abzurechnen sind.

Erzeugungs-arten

Wie bereits erläutert, werden Fertigungsaufträge grundsätzlich durch Umsetzung der entsprechenden – aus der Materialbedarfsplanung erzeugten – Planaufträge erstellt. Daneben erfolgt beispielsweise bei der Planungsstrategie „Montageabwicklung mit Fertigungsaufträgen" eine automatische Generierung von Fertigungsaufträgen. Falls die betriebliche Notwendigkeit besteht, können Fertigungsaufträge auch manuell erstellt bzw. eröffnet werden (beispielsweise bei Prototypen).

Aktionen bei der Auftrags-eröffnung

Mit der Anlage eines Fertigungsauftrages sind automatisch bestimmte Folgeaktionen verbunden, u.a.:

- Auswahl des Arbeitsplanes und Übernahme der Vorgänge und Folgen in den Auftrag.

- Stücklistenauflösung und Übernahme der Stücklistenpositionen in den Auftrag.

- Erzeugung von Reservierungen für lagerhaltige Stücklistenpositionen.

- Vorkalkulation des Fertigungsauftrages.

- Erzeugung der Kapazitätsbedarfe für die Arbeitsplätze.

- Erzeugung von Bestellanforderungen für Nichtlagermaterial.

5.6.2.1   Elemente eines Fertigungsauftrages

Ein Fertigungsauftrag besteht aus verschiedenen Elementen, wie aus folgender Abbildung ersichtlich wird.

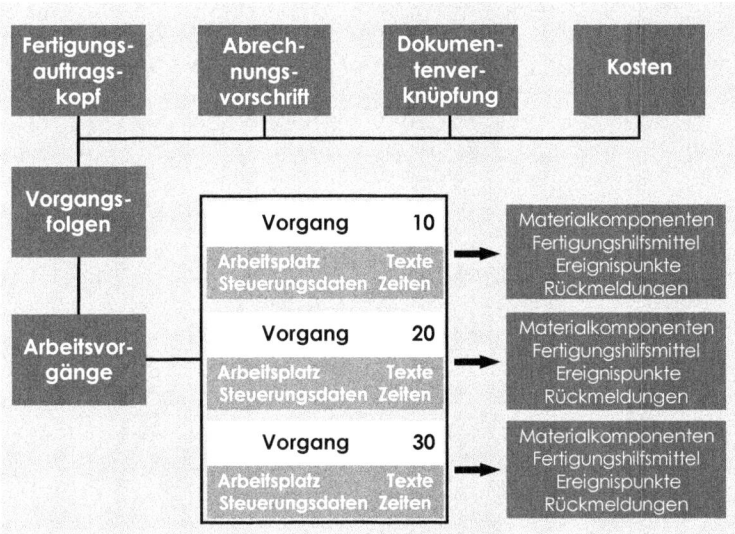

Abb. 5.39: Elemente eines Fertigungsauftrages

Auftragsart
Bei der Anlage bzw. Eröffnung eines Fertigungsauftrages wird eine Auftragsart angegeben. Wie andere Auftragsarten auch, nimmt sie zentrale Steuerungsfunktionen wahr, insbesondere regelt sie

- die Fertigungsauftragsnummernvergabe (extern oder intern),
- die Bereitstellung von Daten an ein Betriebsdatenerfassungssystem,
- die Kriterien zur Auswahl von Arbeitsplänen und Stücklisten sowie
- die Kalkulation des Fertigungsauftrages.

Auftragskopf
Der Auftragskopf besteht aus mehreren Bildschirmmasken. Im Kopf werden unter anderem Termine und Mengen definiert, ein Kopftext gepflegt, die Organisationsdaten angegeben (Disponent, Werk, ...) und die Wareneingangssteuerung festlegt.

Vorgänge
Jeder Fertigungsauftrag muss mindestens einen Arbeitsvorgang beinhalten, welcher einen Arbeitschritt des Fertigungsauftrages repräsentiert. Zu jedem Arbeitsvorgang existieren verschiedene Einzelbilder, auf denen vorgangsbezogen Materialkomponenten, Fertigungshilfsmittel, Ereignispunkte und Rückmeldungen gepflegt werden. Der Arbeitsvorgang selbst wird einer Vorgangsfolge zugeordnet.

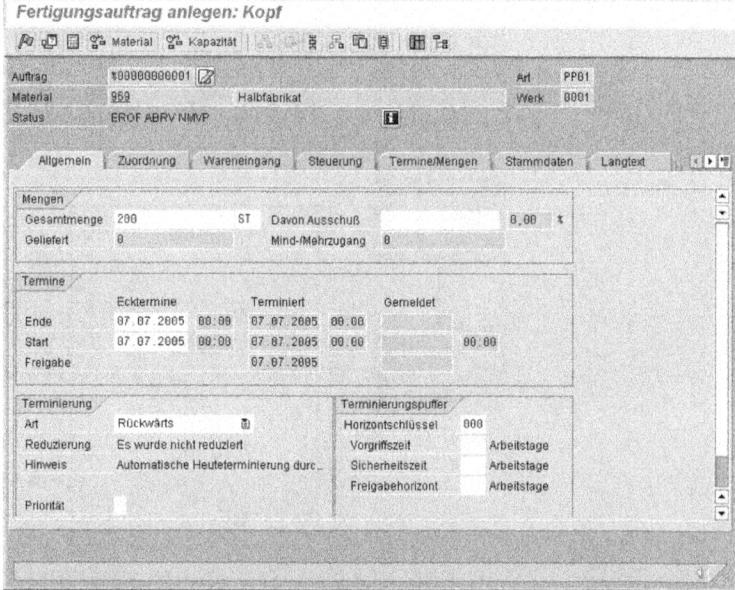

Abb. 5.40: Kopf eines Fertigungsauftrages

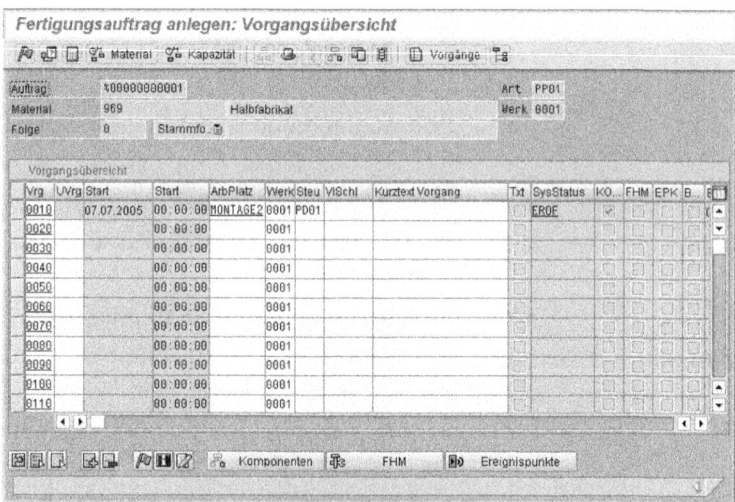

Abb. 5.41: Vorgänge eines Fertigungsauftrages

5.6.2.2   Automatische Stammdatenübernahme

Auf Grund der hohen Integration der einzelnen SAP-Komponenten führt die Auftragseröffnung dazu, dass automatisch eine Vielzahl von Stammdaten in den Auftrag übernommen und damit der Pflegeaufwand erheblich reduziert wird.

Arbeitsplan-
selektion

Zur Fertigung bzw. Montage eines Erzeugnisses werden die einzelnen Arbeitsschritte (Bohren, Drehen, ...) als Arbeitsplanvorgänge in das SAP-System eingegeben. Das Resultat ist ein Arbeitsplan (siehe 4.5). Mit der Anlage eines Fertigungsauftrages sucht das System nach einem passenden Arbeitsplan zum entsprechenden Erzeugnis und kopiert die Daten in den Fertigungsauftrag.

Stücklisten-
selektion

Im Allgemeinen werden die zur Fertigung eines Erzeugnisses benötigten Materialkomponenten über eine Stückliste ermittelt. Bei der Eröffnung eines Fertigungsauftrages sucht das System nach einer passenden Stückliste und stellt die Stücklistenpositionen in den Fertigungsauftrag ein.

Nachlesen eines
Fertigungs-
auftrages

Sobald ein Fertigungsauftrag eröffnet bzw. freigegeben wird, sind die darin enthaltenen Daten nicht mehr ohne weiteres änderbar. Ändern sich nachträglich die Daten des zugrunde gelegten Arbeitsplanes oder der Stückliste, finden diese Änderungen keine Berücksichtigung in bereits eröffneten oder freigegebenen Fertigungsaufträgen. Um diese Änderungen jedoch auch in laufende Fertigungsaufträge übernehmen zu können, gibt es eine entsprechende Nachlesefunktion.

Die Nachlesefunktion lässt sich in der Menüleiste des Fertigungsauftrages über *Funktionen* ➲ *PP-Stammdaten lesen* erreichen. Im erscheinenden Zwischenbildschirm kann explizit angesteuert werden, welche Stammdaten zu welchen Terminen neu zu lesen sind.

Es sei darauf hingewiesen, dass die Möglichkeit des Nachlesens davon abhängt, welchen Status der Fertigungsauftrag hat. Beispielsweise ist die Übernahme von geänderten Arbeitsplandaten nicht mehr möglich, wenn der Fertigungsauftrag bereits rückgemeldet ist.

5.6.2.3   Fertigungsauftragsstatus

Innerhalb der einzelnen Phasen der Auftragsabwicklung durchläuft ein Fertigungsauftrag verschiedene Status. Ein Status zeigt den aktuellen Zustand eines Objektes. Der Status wird unterteilt in Systemstatus (durch das System gesetzt) und Anwenderstatus (durch den Anwender gesetzt). Folgende Tabelle zeigt eine Auswahl von Fertigungsauftragsstatus, welche im Fertigungsauftragskopf sichtbar sind.

Status	Bedeutung
–	– Eröffnet – Diesen initialen Status erhält jeder neu angelegte Fertigungsauftrag.
FREI	– Freigegeben – Der eröffnete Fertigungsauftrag wurde freigegeben.
NMVP	– Keine Materialverfügbarkeitsprüfung – Die Materialverfügbarkeit wurde nicht geprüft.
FMAT	– Fehlende Materialverfügbarkeit – Material ist nicht verfügbar.
MABS	– Material bestätigt – Die Komponenten des Fertigungsauftrages sind am Bedarfstermin verfügbar.
DRUC	– Fertigungspapiere gedruckt – Die Fertigungsauftragspapiere wurden gedruckt. Dies ist erst nach Freigabe möglich.
WABE	– Warenbewegung erfolgt – Es wurden Warenbewegungen zum Fertigungsauftrag erfasst.
TRÜC	– Teilrückgemeldet – Zum Fertigungsauftrag wurden bereits Vorgänge rückgemeldet.
RÜCK	– Endrückgemeldet – Alle Vorgänge zum Fertigungsauftrag sind rückgemeldet.
TGLI	– Teilgeliefert – Wareneingangsbuchungen zum erzeugenden Material sind vorhanden.
GLFT	– Endgeliefert – Alle Wareneingänge zum erzeugenden Material sind durchgeführt.

Abb. 5.42: Status eines Fertigungsauftrages

5.6.2.4   Erfassung, Generierung und Pflege von Fertigungsaufträgen

Es gibt verschiedene Möglichkeiten, wie ein Fertigungsauftrag angelegt bzw. eröffnet werden kann. Die wohl wichtigste Funktion bildet die Umwandlung eines Planauftrages in einen Fertigungsauftrag, beispielsweise aus der Transaktion MD04 Materialbedarfs- / Bestandsliste oder aus der Transaktion CO40. Daneben kann ein Fertigungsauftrag auch direkt, ohne Planauftrag, manuell erzeugt werden. Je nach Planungsstrategien werden Fertigungsaufträge auch automatisch erzeugt. Sollen gleichzeitig mehrere Planaufträge in Fertigungsaufträge umgesetzt werden, wird dies über eine spezielle Sammeltransaktion erreicht.

Im Folgenden wird die manuelle Anlage, die Umsetzung eines einzelnen Planauftrages über die Materialbedarfs- / Bestandsliste, die Transaktion CO40 und die Sammelumsetzung näher betrachtet.

Manuelle Anlage eines Planauftrages

Vorgehensweise manuelle Anlage:

1. Der Aufruf erfolgt über *Logistik ⮞ Produktion ⮞ Fertigungssteuerung ⮞ Auftrag ⮞ Anlegen ⮞ Mit Material (CO01).*

2. Im erscheinenden Selektionsbild ist das Material, das Produktionswerk und die Auftragsart (beispielsweise PP01) einzugeben. Die Daten werden durch <Enter> bestätigt.

3. Die gefundenen Stammdaten werden in den Auftrag kopiert und die Kopfdaten erscheinen. Die Pflege der Kopfdaten nimmt der Anwender in den einzelnen Reitern des Registers vor. Insbesondere ist im Reiter „Allgemein" die Gesamtmenge, der Eckstart- und Eckendtermin, sowie die Terminierungsart einzugeben. Die Daten der anderen vorhandenen Reiter können bei Bedarf gefüllt bzw. verändert werden.

4. In der Menüleiste kann über *Springen ⮞ Übersichten* in weitere Fertigungsauftragselemente, insbesondere Folgen, Komponenten und Vorgänge gewechselt werden.

5. Innerhalb der Vorgangsübersicht sind im unteren Bildschirmrand die Buttons „Komponenten", „FHM" und „Ereignispunkte" sichtbar. Nach der Markierung eines Vorgangs kann über diese Drucktasten in die dem Vorgang zugeordneten Materialkomponenten, Fertigungshilfsmittel oder Ereignispunkte gesprungen werden.

6. Sind alle Daten komplettiert, wird der Auftrag über den Button „Speichern" gesichert.

Umsetzung eines Planauftrages über die Materialbedarfs- / Bestandsliste

Vorgehensweise Umsetzung Materialbedarfs- / Bestandsliste:

1. Die Materialbedarfs- / Bestandsliste wird über *Logistik ⮞ Produktion ⮞ Bedarfsplanung ⮞ Auswertungen ⮞ Bedarfs- /Bestandsliste (MD04)* aufgerufen.

2. Im erscheinenden Selektionsbild sind das Material und das Werk einzugeben. Die Daten werden durch <Enter> bestätigt.

3. Es erscheint die Materialbedarfs- / Bestandsliste, auf der die entsprechende Zeile mit dem umzusetzenden Planauftrag (Dispoelement Pl-AUF) doppelgeklickt wird. Es erscheint ein Zwischenbildschirm, auf dem der Button „-> FertAuftr" anzuwählen ist.

4. Der Fertigungsauftrag wird generiert und angezeigt. Die vorgeschlagenen Daten können überprüft bzw. geändert werden.

5. Sind alle Daten korrekt, wird der Fertigungsauftrag über den Button „Speichern" gesichert und damit eröffnet.

Umsetzung eines Planauftrages über die Transaktion CO40

Vorgehensweise Umsetzung über Transaktion CO40:

1. Der Einstieg erfolgt über *Logistik* ➲ *Produktion* ➲ *Bedarfsplanung* ➲ *Planauftrag* ➲ *Umsetzen in FertAuf.* ➲ *Einzelumsetzung (CO40).*

2. Im erscheinenden Selektionsbild ist der umzusetzende Planauftrag und die Auftragsart anzugeben (z.B. PP01). Die Daten werden durch <Enter> bestätigt.

3. Der Fertigungsauftrag wird generiert und kann geändert werden.

4. Nach Überprüfung bzw. Korrektur der Daten wird der Fertigungsauftrag über den Button „Speichern" gesichert und damit eröffnet.

Sammelumsetzung mehrerer Planaufträge

Vorgehensweise Sammelumsetzung:

1. Die Sammelumsetzung wird über *Logistik* ➲ *Produktion* ➲ *Bedarfsplanung* ➲ *Planauftrag* ➲ *Umsetzen in FertAuf.* ➲ *Sammelumsetzung (CO41)* gestartet.

2. Auf dem erscheinenden Selektionsbild können Planaufträge nach den unterschiedlichsten Kriterien ausgewählt werden, z.B. nach Disponent oder Material. Sind alle Selektionsparameter eingegeben, wird die Selektion über den Button „Ausführen" in der Anwendungsfunktionsleiste angestoßen.

3. Es erscheint eine Planauftragsliste mit allen selektierten Planaufträgen. Die umzusetzenden Planaufträge werden zeilenweise markiert und die Umsetzung über *Planauftragsliste* ➲ *Umsetzen* in der Menüleiste eingeleitet.

4.   Sind keine Fehler aufgetreten, erfolgt automatisch die Umsetzung vom System, und es erscheint eine entsprechende
Meldung in der Statusleiste.

Anzeigen und
Ändern von
Fertigungs-
aufträgen

Fertigungsaufträge können – abhängig vom Status – angezeigt
und geändert werden. Der Aufruf erfolgt über *Logistik* ➲ *Produk-*
tion ➲ *Fertigungssteuerung* ➲ *Auftrag* ➲ *Ändern (CO02)* bzw.
Anzeigen (CO03). Alternativ kann ein Fertigungsauftrag auch in
der Materialbedarfs- / Bestandsliste durch Doppelklick auf das
entsprechende Element gepflegt werden.

5.6.2.5   Übungen zur Fallstudie

Übung 5.17

Umwandlung
in Fertigungs-
auftrag

Nachdem alle Rohstoffe beschafft und damit für den weiteren
Fertigungsprozess zur Verfügung stehen, sind die durch den Materialbedarfsplanungslauf erzeugten Planaufträge in Fertigungsaufträge umzusetzen.

Setzen Sie über die Bedarfs- / Bestandsliste den Planauftrag für
das Halbfabrikat Z101_XXX_XX in einen Fertigungsauftrag um.
Übernehmen Sie dabei die vorgeschlagenen Werte.

Übung 5.18

Fertigungsauftrag
anzeigen

Lassen Sie sich den Fertigungsauftrag anzeigen und stellen Sie
fest, ob die Verfügbarkeitsprüfung bereits ausgeführt wurde.

Übung 5.19

Sammel-
umsetzung

Setzen Sie die Planaufträge für die beiden Halbfabrikate
Z102_XXX_XX und Z103_XXX_XX sowie Ihr Fertigerzeugnis
F101_XXX_XX in Fertigungsaufträge um. Nutzen Sie dabei die
Funktion der Sammelumsetzung.

Hinweis: Selektieren Sie nach dem Produktionswerk und Pla-
nungswerk „0001" und Ihrem Fertigungssteuerer.

5.6.3   Verfügbarkeitsprüfung und Terminierung

5.6.3.1   Verfügbarkeitsprüfung

Damit ein Fertigungsauftrag korrekt weiterverarbeitet werden
kann ist sicherzustellen, dass die benötigten Materialien, Fertigungshilfsmittel und Kapazitäten verfügbar sind.

Prüf-
vorschriften

Die Verfügbarkeitsprüfung wird über mehrteilige Prüfvorschriften
gesteuert, welche im Customizing hinterlegt sind.

Voraussetzung für die Prüfung eines Materials ist, dass im Materialstammsatz (Sicht Disposition 3) eine Prüfgruppe (Feld Verfügbarkeitsprüfung) eingetragen ist.

Die Prüfgruppe selbst wird im Customizing mit einer Prüfregel kombiniert, die wiederum einer Auftragsart zugewiesen wird. Damit wird erreicht, dass je nach Anwendung (Verfügbarkeitsprüfungen finden nicht nur in der Fertigungssteuerung statt, sondern z.B. auch im Vertrieb) mit der gleichen Prüfgruppe unterschiedliche Prüfszenarien abgeleitet werden.

Prüfumfang   Über die Prüfgruppe und Prüfregel wird im Customizing letztendlich der Prüfumfang bestimmt. Der Prüfumfang legt beispielsweise fest, welche verschiedenen Bestände (z.B. Sicherheitsbestand) sowie Zu- und Abgangselemente (z.B. Kundenaufträge und Bestellungen) in die Prüfung eingehen sollen.

Zeitpunkt der   Neben der Festlegung, ob und wie die Verfügbarkeitsprüfung für
Prüfung   einen Auftrag bzw. Vorgang stattfinden soll, wird ebenfalls im Customizing hinterlegt, zu welchem Zeitpunkt dies erfolgen soll. Beispielsweise kann festgelegt werden, dass die Verfügbarkeitsprüfung automatisch bei der Eröffnung oder Freigabe eines Fertigungsauftrages durchgeführt wird.

Zeitliche   Innerhalb der Prüfregel kann die Verfügbarkeitsprüfung auf die
Begrenzung   Wiederbeschaffungszeit begrenzt werden. Das System prüft dann nur die Verfügbarkeit innerhalb dieses Zeitintervalls.

Berechnung der Verfügbarkeit

Die Berechnung der Verfügbarkeitsprüfung erfolgt nach der bereits erläuterten ATP-Methode. Diese prüft, ob der geplante Abgang (hier ausgelöst durch den Fertigungsauftrag) durch die Zugangselemente zum benötigten Termin gedeckt werden kann. Ist der Zugang größer als die Abgangsmenge, ergibt sich eine positive ATP-Menge. Ist die ATP-Menge negativ wird geprüft, ob positive ATP-Mengen, die zeitlich früher entstanden sind, den Restbedarf decken.

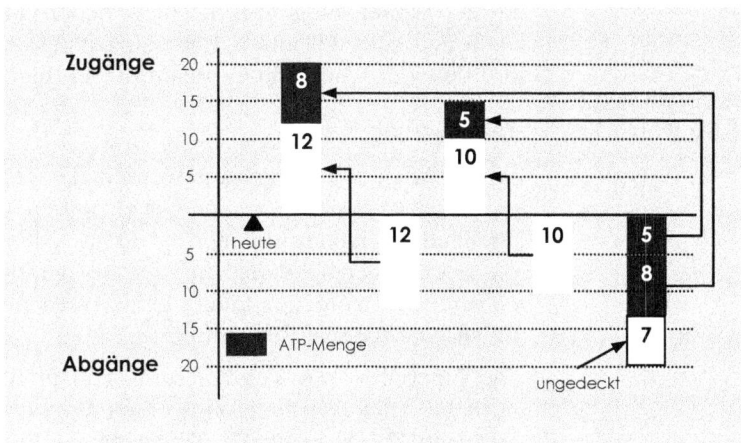

Abb. 5.43: Verfügbarkeitsprüfung mit ATP-Menge

Durchführung der Verfügbarkeitsprüfung

Die Prüfung kann für alle Materialkomponenten eines Fertigungsauftrags oder für einzelne Komponenten vorgenommen
werden, sofern sie nicht bereits im Customizing automatisch
aktiviert wurde.

Vorgehensweise:

- Die Verfügbarkeitsprüfung für alle Komponenten wird aus
  der Fertigungsauftragspflege (Transaktion CO01 bzw. CO02)
  über *Funktionen* ➲ *Verfügbarkeitsprüfung* ➲ *Material-ATP*
  in der Menüleiste ausgelöst.

- Soll die Verfügbarkeit nur für einzelne Komponenten geprüft werden, so ist von der Fertigungsauftragspflege über
  Springen ➲ *Übersichten* ➲ *Komponenten* (in der Menüleiste) in die Komponentenübersicht zu wechseln. Anschließend sind die einzelnen Komponenten zu markieren und
  die Prüfung über *Komponente* ➲ *Verfügbarkeit* ➲ *Verfügbarkeit prüfen* auszulösen.

*Ergebnis der
Prüfung*

Nach Auslösung der Verfügbarkeitsprüfung meldet das System
das Ergebnis. Sofern die Verfügbarkeit vollständig bestätigt
werden kann, erhält der Auftrag den Status „MABS" = Material
bestätigt. Sofern die Verfügbarkeit nicht gewährleistet ist, wird
versucht, zumindest eine Teilmenge zu bestätigen. Der Auftrag
erhält den Status „FMAT" = fehlende Materialverfügbarkeit.

Es sei darauf hingewiesen, dass neben Materialkomponenten auch Fertigungshilfsmittel und Kapazitäten auf Verfügbarkeit geprüft werden. Auf weitere Ausführungen hierzu wird verzichtet.

5.6.3.2   Terminierung

Innerhalb der Terminierung werden die Fertigungstermine und die Kapazitätsbedarfe ermittelt, welche bereits innerhalb der Materialbedarfsplanung erläutert wurden. Neben der Terminierung, die beim Materialbedarfsplanungslauf stattfindet, wird die Terminierung aller Vorgänge immer beim Anlegen eines Fertigungsauftrages automatisch durchgeführt.

Die Ergebnisse der Terminierung sind im Fertigungsauftrag innerhalb eines Terminierungsprotokolls sichtbar, welches über *Springen* ➲ *Protokolle* ➲ *Terminier*ung in der Menüleiste des Fertigungsauftrages erreicht wird.

Ermittelte Freigabe-, Start- und Endtermine können über die Registerkarte „Termine/Mengen" im Fertigungsauftrag angezeigt werden.

5.6.4   Auftragsfreigabe und Druck von Auftragspapieren

5.6.4.1   Auftragsfreigabe

Mit der Eröffnung des Fertigungsauftrages erhält dieser zuerst den Initialstatus „EROF". Mit diesem Status sind weder Rückmeldungen noch Druck von Auftragspapieren noch Materialbewegungen möglich. Erst mit der Freigabe erfolgt die Übergabe an die Produktion und hebt die genannten Einschränkungen auf. Die Freigabe kann auf Auftragskopfebene oder auf Auftragsvorgangsebene durchgeführt werden.

Freigabe auf Kopfebene

Auf Auftragskopfebene werden alle Vorgänge entweder manuell oder maschinell freigegeben. Der Status des Auftrages wechselt dann zu „FREI".

Manuelle Freigabe

Innerhalb des Fertigungsauftrages (Transaktion CO01 bzw. CO02) wird der Auftrag über den Button 🏳 (bzw. in der Menüleiste über *Funktionen* ➲ *Freigeben*) freigegeben.

Automatische Freigabe

Das SAP-System kann so eingestellt werden, dass bereits bei der Auftragseröffnung automatisch eine Freigabe erfolgt. Dies wird im Customizing über das Fertigungssteuerungsprofil eingestellt und im zweiten Schritt über die Zuordnung des Profils im Materialstammsatz (Sicht „Arbeitsvorbereitung").

Freigabe auf Vorgangsebene	Werden nur Vorgänge freigegeben, erhält der Vorgang den Status „FREI", der Auftrag aber nur den Status „TFRE" (teilfreige-geben). Ausgelöst wird die Teilfreigabe ebenfalls innerhalb der Fertigungsauftragspflege in der Vorgangsübersicht (erreichbar über *Springen* ➲ *Übersichten* ➲ *Vorgänge*). Die freizugebenden Vorgänge werden markiert und dann über *Vorgang* ➲ *Freigeben* in der Menüleiste freigegeben.

5.6.4.2 Druck von Auftragspapieren

	SAP bietet im Standard eine Reihe von Druckmöglichkeiten im Zusammenhang mit einem Fertigungsauftrag an.
Listarten	Grundsätzlich werden die einzelnen Ausdrucke nach Listarten unterschieden:

- Listen für Vorgänge, z.B. Lohn- und Rückmeldescheine.
- Listen für Komponenten, z.B. Warenentnahmescheine.
- Listen für Fertigungshilfsmittel, z.B. die Fertigungshilfsmittel-übersicht.
- Übergreifende Listen, z.B. Steuerkarten.

Druckvor-aussetzungen	Ob die einzelnen Listen tatsächlich gedruckt werden können, hängt von verschiedenen Voraussetzungen ab, z.B. vom Status des Vorgangs bzw. des Fertigungsauftrages und von hinterlegten Vorgangssteuerschlüsseleinträgen (der Vorgangssteuerschlüssel bestimmt, was mit einem Vorgang alles getan werden kann, bei-spielsweise ob eine Terminierung oder Fremdbearbeitung durch-geführt werden darf).
Durchführung	Die Belege zu Fertigungsaufträgen können entweder online, im Hintergrund oder bei der Verbuchung gedruckt werden. Neben der Massenauslösung lässt sich der Druck der Papiere auch direkt aus dem Fertigungsauftrag über *Funktionen* ➲ *Drucken* in der Menüleiste anstoßen.

5.6.4.3 Übungen zur Fallstudie

Übung 5.20

Auftrags-freigabe	Führen Sie für alle Ihre Halbfabrikate die Auftragsfreigabe durch und prüfen Sie zuerst die Verfügbarkeit (Material–ATP) in den Fertigungsaufträgen. Steigen Sie für die Halbfabrikate Z101_XXX_XX und Z102_XXX_XX über die Bedarfs- / Bestands-liste ein, für das Material Z103_XXX_XX über die Fertigungsauf-tragsänderungstransaktion (CO02).

Übung 5.21

*Prüfung der
Reservierung*

Überprüfen Sie anhand des Materials Z101_XXX_XX über die
Bedarfs- / Bestandsliste, ob eine Reservierung für das Fertigerzeugnis F101_XXX_XX erfolgt ist.

5.6.5   Materialentnahme und Übergabe an die Fertigung

Bei Eröffnung des Fertigungsauftrages erzeugt das System Reservierungen für die benötigten Materialkomponenten. Mit Reservierungen wird sichergestellt, dass die Materialien auch tatsächlich
für den Fertigungsauftrag bereitstehen und nicht anderweitig
verwendet werden. Sichtbar ist die Reservierung beispielsweise
in der Materialbedarfs- / Bestandsliste als Dispositionselement
„AR-Res".

Im weiteren Prozessablauf müssen die für den Fertigungsauftrag
benötigten Materialkomponenten aus dem Lager entnommen
und an die entsprechenden Arbeitsplätze angeliefert werden.
Dies ist erst dann möglich, wenn der Fertigungsauftrag freigegeben wurde. Neben der manuellen Warenausgangsbuchung
besteht auch die Möglichkeit, über die retrograde Entnahme den
Warenausgang erst bei der Rückmeldung zu buchen. Im Abschnitt Rückmeldungen wird dieses Verfahren näher erläutert.

5.6.5.1   Auswirkungen der Warenausgangsbuchung

Mit Buchung des Warenausgangs zum Fertigungsauftrag wird
systemseitig eine Reihe von Folgeaktionen durchgeführt. Neben
der Erzeugung eines Material- und Buchhaltungsbelegs erfolgt
die Bewertung des Materialverbrauchs, die Aktualisierung der
Bestands- und Verbrauchssituation und der Abbau der bei Eröffnung des Fertigungsauftrages aufgebauten Reservierungen. Im
Bereich des internen Rechnungswesens werden die Istkosten
ermittelt und ein entsprechender Controlling-Beleg erzeugt.

Die Bewertung der Warenausgangsbuchung erfolgt immer zum
aktuellen Preis, also bei standardpreisgesteuerten Materialien
zum hinterlegten Standardpreis, bei Materialien mit gleitendem
Durchschnittspreis mit dem aktuellen gleitenden Durchschnittspreis.

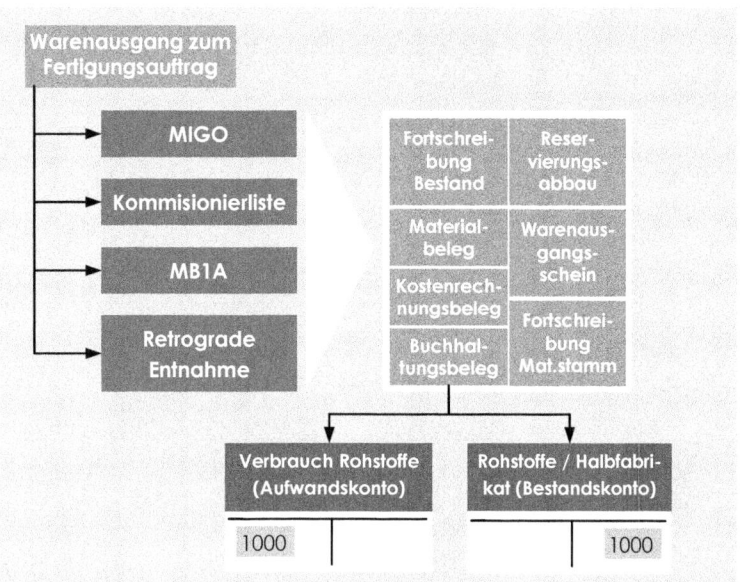

Abb. 5.44: Auswirkungen des Warenausganges

5.6.5.2   Durchführung der Materialentnahme

Es gibt verschiedene Möglichkeiten, im SAP-System Materialentnahmen zu einem Fertigungsauftrag (bzw. zu mehreren Fertigungsaufträgen) zu erfassen.

Entnahme
über MIGO

Wie bereits erwähnt, kann jede Warenbewegung – und damit
auch der Warenausgang zu einem Fertigungsauftrag – über die
Warenbewegungstransaktion MIGO gebucht werden. In diesem
Fall ist in der Transaktion „Warenausgang" „Auftrag" zu wählen.

Daneben sollen im Folgenden die Buchung über eine Kommissionierliste und die Buchung über die Transaktion MB1A erläutert
werden.

Entnahme über
die Kommissio-
nierung

Mit Hilfe der Kommissionierung können alle noch anstehenden
Materialentnahmen zu Fertigungsaufträgen ermittelt und durchgeführt werden. Dabei werden keine Fertigungsaufträge selektiert,
welche den aktuellen Status eröffnet, gesperrt oder technisch
abgeschlossen tragen.

Die Transaktion besteht aus einem Selektionsbildschirm, einem
Übersichtsbild der offenen Materialentnahmen und der Kommissionierliste als Grundlage der Buchung.

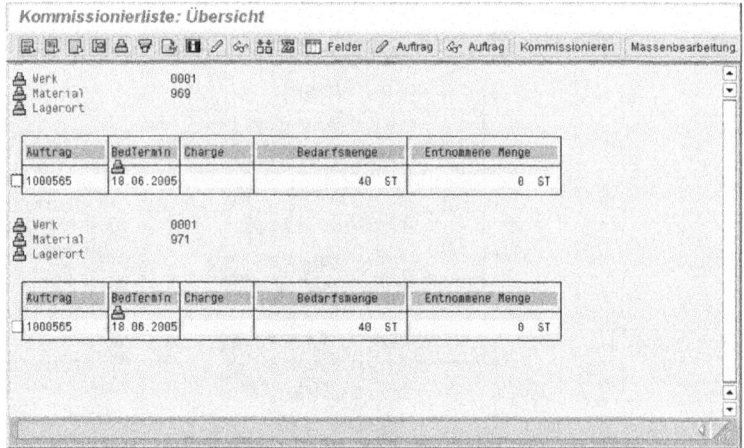

Abb. 5.45: Kommissionierliste

Vorgehensweise:

1. Der Einstieg erfolgt über *Logistik* ➲ *Produktion* ➲ *Fertigungssteuerung* ➲ *Warenbewegungen* ➲ *Materialbereitstellung* ➲ *Kommissionieren (CO27)*.

2. Auf dem Einstiegsbild ist zuerst ein Profil auszuwählen, das den Aufbau der Kommissionierliste steuert. Daneben ist eine Vielzahl von weiteren Selektionsparametern möglich, z.B. die Angabe einer oder mehrerer Fertigungsaufträge. Nach Eingabe der Parameter wird die Materialübersichtsliste über *Programm* ➲ *Ausführen* in der Menüleiste gestartet.

3. In der Übersicht werden alle Materialien gezeigt, für die noch Materialentnahmen anstehen. Die einzelnen Fertigungsaufträge zu den Materialien sind anzukreuzen und anschließend ist über *Umfeld* ➲ *Kommissionieren* in der Menüleiste die Kommissionierliste aufzubauen.

4. In der Kommissionierliste erscheinen die übernommenen Materialien. Hier sind entsprechende Änderungen (z.B. Eingabe des Lagerortes) bzw. Löschungen möglich.

5. Die Materialentnahme wird über den Button „Sichern" ausgelöst. Falls Fehler aufgetreten sind, wird dies in einem Auswahlbildschirm angezeigt, auf dem ein Rücksprung in die Transaktion möglich ist.

Material-entnahme über MB1A

Neben der Transaktion MIGO (zur Buchung sämtlicher Warenbewegungen) steht für die Buchung von Fertigungsaufträgen die spezielle Transaktion MB1A zur Verfügung.

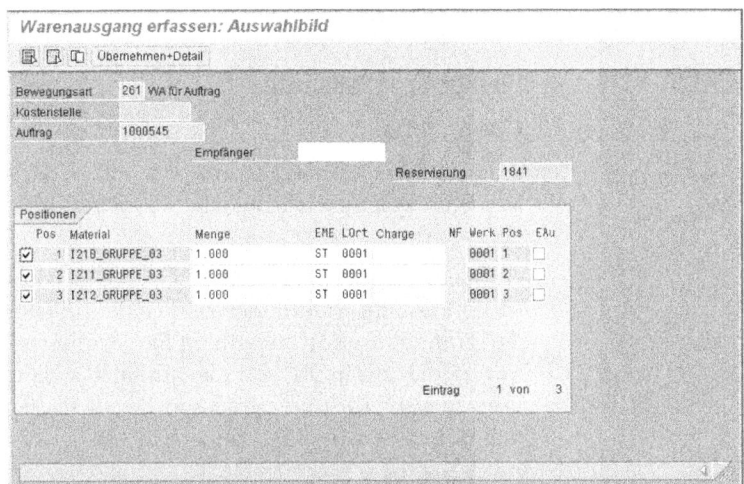

Abb. 5.46: Warenausgang zu Fertigungsauftrag

Vorgehensweise:

1.   Der Einstieg erfolgt *über Logistik* ➲ *Produktion* ➲ *Fertigungssteuerung* ➲ *Warenbewegungen* ➲ *Warenausgang* *(MB1A)*.

2.   Im folgenden Einstiegsbild sind Belegdatum, Buchungs-datum und – falls notwendig – ein Belegkopftext ein-zugeben. Je nach dem, ob der Warenausgang in Bezug zu einem Fertigungsauftrag oder einer Reservierung erfolgen soll, ist in der Anwendungsfunktionsleiste der entsprechen-den Button zu drücken.

3.   Es erscheint ein Zwischenbildschirm, auf dem die Reservie-rung(en) bzw. ein oder mehrere Fertigungsaufträge mit dem entsprechenden Lagerort einzugeben ist. Durch <Enter> wird der Folgebildschirm geöffnet.

4.   Im Kopfbereich des Auswahlbildes werden alle zum Ferti-gungsauftrag erwarteten Warenausgänge aufgelistet und markiert. Durch Markieren bzw. Entmarkieren der Positio-nen entscheidet der Anwender, welche Warenausgänge tat-sächlich gebucht werden sollen.

5.   Ist eine Veränderung der Detaildaten zu den ausgewählten Positionen notwendig, kann dies über den Button „Über-nehmen+Detail" ausgelöst werden. Es erscheinen dann nacheinander (jeweilige nach Bestätigung durch <Enter>) die Detailbilder zu den Positionen.

6.   Die Buchung erfolgt über den Button „Speichern".

5.6.5.3   **Übungen zur Fallstudie**

Übung 5.22

Warenausgang   Sorgen Sie über die Transaktion MIGO dafür, dass die Materia-
erfassen   lien für die Fertigung des Halbfabrikates Z101_XXX_XX ausgela-
                         gert werden.

Hinweis: Ermitteln Sie zuerst über die Bedarfs- / Bestandsliste die
Fertigungsauftragsnummer des Halbfabrikates Z101_XXX_XX. In
der Transaktion MIGO wählen Sie „Warenausgang" „Auftrag" und
tragen die ermittelte Auftragsnummer ein. Übernehmen Sie die
Vorschlagswerte und vergessen Sie nicht das „OK-Kennzeichen"
und den Lagerort „0001" zu jeder Position zu setzen.

Übung 5.23

Bestands-   Überprüfen Sie am Beispiel des Rohstoffes I201_XXX_XX, ob der
übersicht   Warenausgang korrekt vollzogen wurde (über die Transaktion
                     Bestandsübersicht MMBE).

Übung 5.24

Kommissionie-   Der Warenausgang für die Halbfabrikate Z102_XXX_XX und
rung   Z101_XXX_XX soll anhand der Kommissionierungsfunktionalität
                     erfolgen. Führen Sie die Materialentnahme durch.

Hinweis: In die Kommissionierung steigen Sie im Selektionsbild
über das Profil „000002", das Werk 0001 und Ihrem Fertigungssteuerer ein. Markieren Sie in der Liste alle Fertigungsaufträge zu den Materialkomponenten. Achten Sie in der Kommissionierliste darauf, dass bei allen Komponenten der Lagerort eingegeben ist. Wenn nicht, fügen Sie ihn für jede Position ein.

5.6.6   **Rückmeldungen**

5.6.6.1   **Grundlagen**

Rückmeldungen – als Teil der Auftragsüberwachung – geben
Auskunft über den Bearbeitungsstand von Fertigungsaufträgen.
Sie können entweder zu einem Fertigungsauftrag oder zu einzelnen Vorgängen (bzw. Untervorgängen) erfasst werden. Voraussetzung für eine Rückmeldung ist, dass der Fertigungsauftrag
freigegeben bzw. teilfreigegeben wurde. Neben der rein manuellen Erfassung kann die Rückmeldung auch über Betriebsdaten-
erfassungssysteme (BDE) erfolgen.

Rückmeldungen zeigen insbesondere auf,

- welche Gut- und Ausschussmengen produziert wurden,

- welche Zeit dafür in Anspruch genommen wurde und

- an welchem Arbeitsplatz wer den Vorgang durchgeführt hat.

Rückmeldeprozesse führen zu einer Reihe von Folgeaktionen:

- Der Fertigungsauftrag wird aktualisiert (z.B. der Auftrags-status),

- die betroffenen Arbeitsplätze werden kapazitätsmäßig ent-lastet,

- die entstandenen Istkosten werden verrechnet und

- je nach Einstellungen werden die benötigten Materialien retrograd entnommen und damit automatisch Warenaus-gang sowie Wareneingang gebucht.

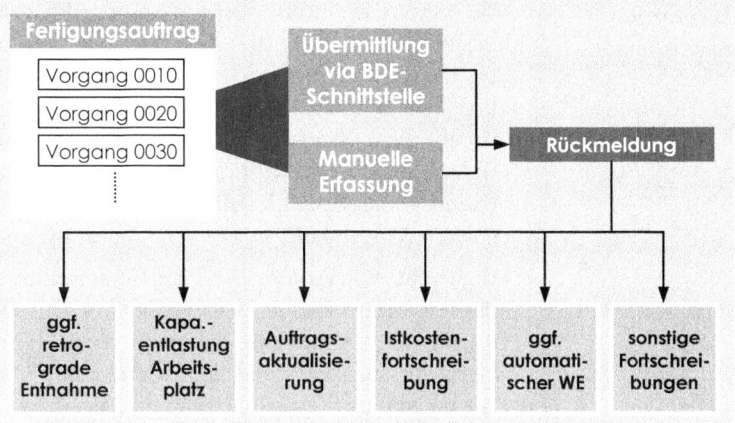

Abb. 5.47: Auswirkung der Rückmeldung

Rückmelde-arten

Rückmeldungen sind in SAP je Vorgang (Untervorgang) oder je Fertigungsauftrag möglich. Voraussetzung für die komplette Rückmeldung eines Fertigungsauftrages ist, dass zu diesem noch keine Vorgänge rückgemeldet sind. Durch die Vorgangsrückmel-dung zu einem Fertigungsauftrag werden die Vorgänge schritt-weise einzeln zurückgemeldet. Neben Vorgangs- und Auftrags-rückmeldungen kennt das System auch Einzelkapazitätsrückmel-dungen. Einzelkapazitäten entstehen dann, wenn zu einem Vor-gang der Kapazitätsbedarf weiter aufgeteilt wird (z.B. die Auftei-lung eines Vorgangs auf mehrere Maschinen oder Personen).

Teil- und End-
rückmeldung

Ein Auftrag bzw. ein Vorgang kann teil- oder endrückgemeldet werden. Wird endrückgemeldet, so ist der Vorgang bzw. der Auftrag abgeschlossen und es werden keine weiteren Rückmeldungen erwartet. Im Gegensatz dazu wird bei der Teilrückmeldung grundsätzlich nur ein Teil der Menge zurückgemeldet, da die Bearbeitung des Fertigungsauftrages bzw. des Vorgangs noch nicht abgeschlossen ist. Mit der Teil- bzw. Endrückmeldung wird der zugrunde liegende Fertigungsauftrag mit einem entsprechenden Status versehen (TRÜCK bzw. RÜCK).

Gutmenge und
Ausschuss

In der Produktion kommt es vor, dass einzelne Mengen an Materialien nicht den Qualitätsanforderungen genügen und damit nicht weiter verwendbar sind. Neben der Gutmenge (diese Menge entspricht den Qualitätsanforderungen) wird dieser Ausschuss bei der Rückmeldung erfasst.

5.6.6.2   Retrograde Entnahme und automatischer Wareneingang

Retrograde
Entnahme

Wie bereits erläutert, werden standardmäßig nach Freigabe des Fertigungsauftrages die benötigten Materialkomponenten aus dem Lager entnommen und bereitgestellt. Dies geschieht mit einer entsprechenden Warenausgangsbuchung zum Auftrag. Alternativ dazu ist es in SAP auch möglich, erst zum Zeitpunkt der Rückmeldung den Warenausgang zu buchen. Wird die retrograde Entnahme gewählt, bleiben die für den Fertigungsauftrag benötigten Materialien bis zur Rückmeldung reserviert.

Eingestellt wird diese Art der Materialentnahme entweder im Materialstamm (Sicht Disposition 2), im Arbeitsplatz auf dem Grunddatenbild oder im Arbeitsplan auf dem Komponentenübersichtsbild. Einstellungen im Arbeitsplan haben gegenüber dem Materialstamm bzw. Arbeitsplatz Vorrang. Mit Sicherung der Rückmeldung wird die retrograde Entnahme automatisch vollzogen.

Automatischer
Wareneingang

Grundsätzlich werden die produzierten Materialien nach der Rückmeldung wieder ins Lager eingebucht. Neben der manuellen Buchung, welche im nächsten Abschnitt erläutert wird, kann bei der Sicherung einer Rückmeldung der Wareneingang auch automatisch angestoßen werden. Eingestellt wird der automatische Wareneingang über das Fertigungssteuerungsprofil im Customizing. Das Profil wird dann den entsprechenden Materialstämmen (Sicht Arbeitsvorbereitung) oder alternativ dem Fertigungssteuerer (über das Customizing) zugeordnet.

5.6.6.3   **Durchführung von Rückmeldungen**

Je nach dem, ob Rückmeldungen zum Vorgang oder zum Fertigungsauftrag durchgeführt werden, sind verschiedene Transaktionen nutzbar. Insbesondere zu vorgangsbezogenen Rückmeldungen ist eine ganze Reihe von Rückmeldemöglichkeiten vorhanden. Im Folgenden werden die Rückmeldung zum Fertigungsauftrag (CO15) und die Lohn / Rückmeldeschein-Rückmeldung zum Vorgang (CO11N) gezeigt.

Rückmeldung zum Fertigungsauftrag

Mit dieser Art der Rückmeldung wird ein Fertigungsauftrag komplett zurückgemeldet.

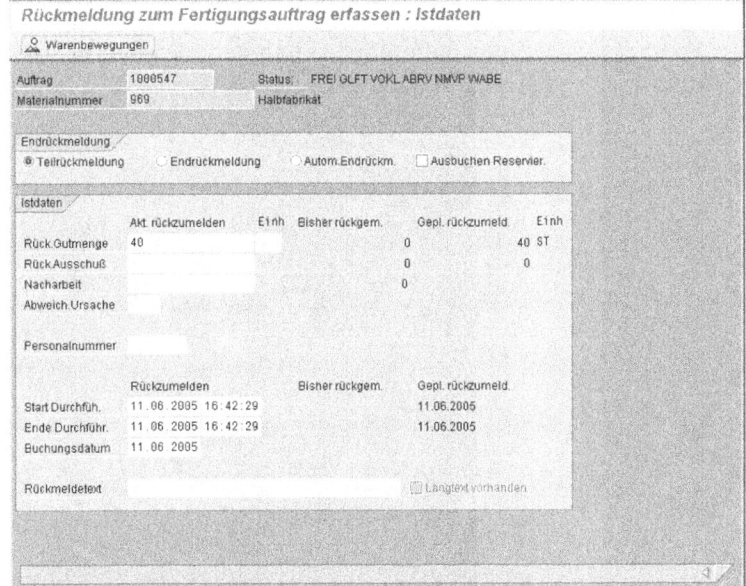

Abb. 5.48: Rückmeldung zum Fertigungsauftrag

Vorgehensweise:

1.   Der Einstieg erfolgt über *Logistik* ➲ *Produktion* ➲ *Fertigungssteuerung* ➲ *Rückmeldung* ➲ *Erfassen* ➲ *Zum Auftrag (CO15)*.

2.   Auf dem erscheinenden Einstiegsbild ist der rückzumeldende Fertigungsauftrag einzugeben und mit <Enter> zu bestätigen.

3.   Es erscheint das zentrale Rückmeldebild. Dort sind die Istdaten einzugeben, insbesondere die Gutmenge und ggf.

die Ausschussmenge. Rechts neben der Gutmenge zeigt das System die geplant rückzumeldende Menge. Zur zeitlichen Auswertung der Durchführungsdauer sind entsprechende Beginn- und Enddaten einzugeben. Zum Abschluss der Eingaben ist anzugeben, ob es sich um eine Teil- oder Endrückmeldung handelt.

4.   Sind alle Daten eingegeben, so erfolgt über Sichern die Buchung der Rückmeldung. Die Rückmeldenummer wird intern vergeben.

Rückmeldung zum Vorgang

Neben Sammel- und Schnellerfassungen verfügt das SAP-System über eine Einbilderfassung für Lohnscheinrückmeldungen. Der Lohnschein enthält die tatsächlich erfassten Arbeitszeiten zum Vorgang und die gefertigten Mengen. Er bildet die Grundlage für Lohnscheinrückmeldungen.

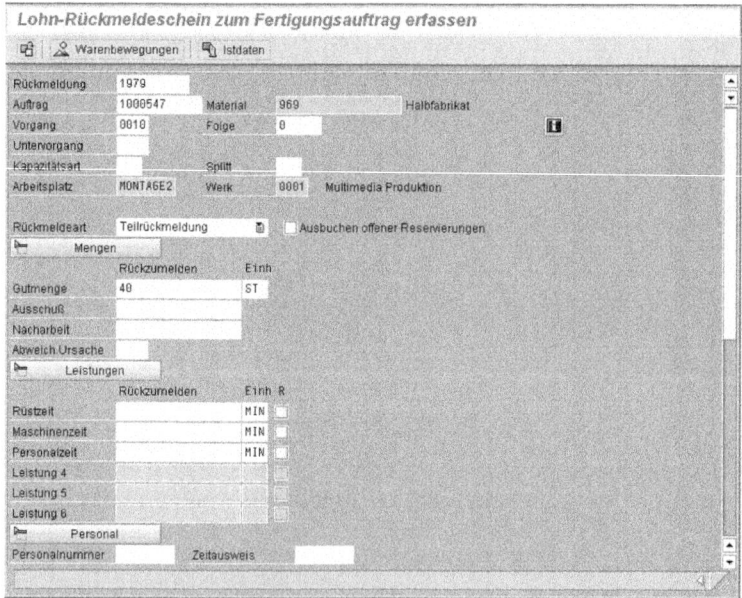

Abb. 5.49: Lohnschein-Rückmeldung

Vorgehensweise:

1.   Aufruf der Transaktion über *Logistik* ➲ *Produktion* ➲ *Fertigungssteuerung* ➲ *Rückmeldung* ➲ *Erfassen* ➲ *Zum Vorgang* ➲ *Lohn-Rückmeldeschein (CO11N)*.

2. Es erscheint die Einbildtransaktion. Zuerst sind die Daten des Kopfbereichs einzugeben, insbesondere die Auftragsnummer und der rückzumeldende Vorgang.

3. Danach ist die Rückmeldeart auszuwählen. Die einzelnen Detailbereiche sind durch den Button [ ] ein- und ausblendbar.

4. Es erfolgt schrittweise die Eingabe der Detaildaten zu Mengen (die Gutmenge wird vorgeschlagen), Leistungen, Personal und Terminen. Am unteren Ende im Bereich „Zusatz" kann das Buchungsdatum verändert werden.

5. Nach Eingabe aller Daten wird die Rückmeldung über den Button „Sichern" gebucht und vom System eine Rückmeldenummer vergeben.

5.6.6.4   Anzeige und Storno von Rückmeldungen

Anzeige von Rück-meldungen

Die Anzeige von Rückmeldungen geschieht über die Transaktion CO14.

Vorgehensweise:

1. Aufruf der Transaktion über *Logistik ➲ Produktion ➲ Fertigungssteuerung ➲ Rückmeldung ➲ Anzeigen (CO14)*.

2. Auf dem Einstiegsbild ist entweder der Fertigungsauftrag (und ggf. der Vorgang) oder die Rückmeldenummer einzugeben. Nach Bestätigung der Eingaben durch <Enter> werden – je nachdem ob eine oder mehrere Rückmeldungen erfasst wurden – die Rückmeldungen zu den einzelnen Vorgängen bzw. direkt die Istdaten der Rückmeldung gezeigt.

3. Sofern mehrere Rückmeldungen erfasst wurden, kann auf der Vorgangsübersicht in die Rückmeldedaten gesprungen werden. Hierzu ist der Vorgang anzukreuzen und durch Klick auf den Button [ ] in der Anwendungsfunktionsleiste die Anzeige der Rückmeldung zu veranlassen.

Stornieren von Rück-meldungen

Rückmeldungen können storniert werden. Dabei werden die Rückmeldedaten zurückgestellt.

Vorgehensweise:

1. Aufruf der Transaktion über *Logistik ➲ Produktion ➲ Fertigungssteuerung ➲ Rückmeldung ➲ Stornieren (CO13)*.

2. Auf dem Einstiegsbild ist entweder die Rückmeldenummer oder der Fertigungsauftrag (ggf. näher spezifiziert über Vor-

gänge und Folgen) einzugeben. Nach Bestätigung der Eingaben durch <Enter> erscheint – je nachdem ob eine oder mehrere Rückmeldungen erfasst wurden – ggf. ein Zwischenbildschirm.

3.   Der Zwischenbildschirm zeigt die Vorgänge. Dort werden die zu stornierenden Rückmeldevorgänge angekreuzt. Sobald der Button „Sichern" gedrückt wird, erfolgt die Stornierung durch das System (ggf. erscheint nochmals ein Bild, auf dem Textdaten eingepflegt werden können). Sofern nur eine Rückmeldung erfasst wurde, erscheint der Zwischenbildschirm nicht und die Sicherung der Stornierung wird direkt in den Istdaten zur Rückmeldung vorgenommen.

5.6.6.5   Übungen zur Fallstudie

Übung 5.25

Rückmeldung erfassen

Nach der Montage werden die freigegebenen Fertigungsaufträge rückgemeldet. Erfassen Sie für die Halbfabrikate Z101_XXX_XX, Z102_XXX_XX, Z103_XXX_XX je eine Fertigungsauftragsrückmeldung. Übernehmen Sie dabei die Vorschlagswerte und melden Sie den gesamten Fertigungsauftrag in einem Schritt zurück. Es ist kein Ausschuss entstanden, der Auftrag wird endrückgemeldet.

Übung 5.26

Statusprüfung

Lassen Sie sich den Fertigungsauftrag zum Halbfabrikat Z101_XXX_XX anzeigen und überprüfen Sie, ob der Status „RÜCK" gesetzt wurde.

5.6.7   Wareneingang zum Fertigungsauftrag

Nach Rückmeldung der Vorgänge bzw. der Fertigungsaufträge werden die produzierten Materialien standardmäßig in das Lager gebucht. Sofern dies nicht bereits mit der Rückmeldung durch den automatischen Wareneingang erfolgt ist, wird die Buchung manuell analog zum Wareneingang zur Bestellung (siehe 5.5.5.2) durchgeführt. Der Fertigungsauftrag erhält nach der WE-Buchung den Status „WABE".

5.6.7.1   Auswirkungen der Bewegungsbuchung

Bei der Buchung eines Wareneingangs zum Fertigungsauftrag werden neben der Aktualisierung der Bestandsmengen auch die Bestandswerte im Materialstammsatz angepasst. Daneben erfolgt die Generierung eines Materialbelegs und eines Buchhaltungsbelegs, der die entsprechenden Bewegungen auf den Konten der Buchhaltung erzeugt. Ggf. erfolgt zusätzlich eine Anpassung des gleitenden Durchschnittspreises.

Folgendes Beispiel zeigt vereinfacht die Verbuchung eines Wareneingangs zum Fertigungsauftrag (zum Standardpreis), wobei zur Komplettierung auch die vorangegangene Warenausgangsbuchung sichtbar ist.

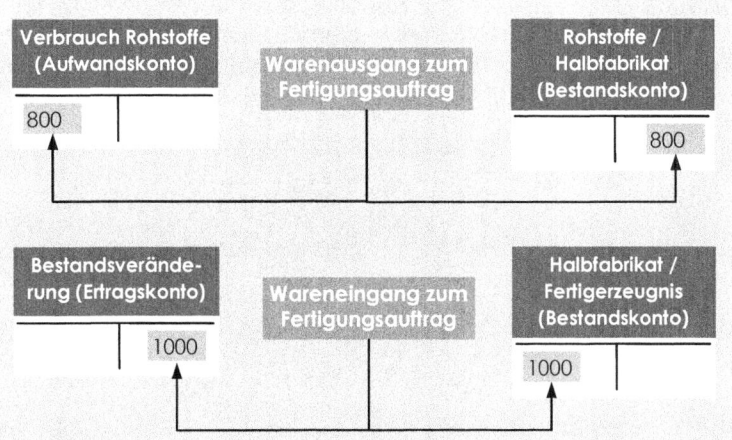

Abb. 5.50: Verbuchung Wareneingang und -ausgang

Durch den Wareneingang der produzierten Erzeugnisse wird das Bestandskonto wertmäßig erhöht. Als Gegenkonto wird das Fabrikleistungskonto (Bestandsveränderungskonto = Ertragskonto) gezogen. Die Höhe der wertmäßigen Buchung hängt von dem im Materialstamm eingestellten Bewertungsverfahren ab. Bei der Bewertung zum Standardpreis erfolgt die Bewertung zum eingetragenen Standardpreis, während beim gleitenden Durchschnittspreis der Bewertungspreis von der eingestellten Bewertungsvariante abhängt (wird im Customizing definiert). Beispielsweise könnte die Bewertung zu Herstellkosten vollzogen werden (= Summe der Material- und Fertigungskosten).

In diesem Zusammenhang sei darauf hingewiesen, dass neben der Buchung in das Finanzwesen natürlich auch Kostenrechnungsbelege erzeugt werden. Auf Ausführungen zum internen Rechnungswesen wird in diesem Zusammenhang verzichtet.

5.6.7.2   **Durchführung der Wareneingangsbuchung**

Die Buchung des Wareneingangs zum Fertigungsauftrag kann wiederum mit der zentralen Transaktion MIGO erfolgen (in diesem Fall ist in der Transaktion „Wareneingang" „Auftrag" zu wählen). Alternativ ist die Buchung über die Transaktion MB31 möglich, welche im Folgenden näher erläutert wird.

Buchung über MB31

Die Transaktion MB31 besteht aus einem Einstiegbild, einem Übersichtsbild und den entsprechenden Positionsdetailbildern. Es handelt sich hierbei nicht um eine Einbildtransaktion, was zur Folge hat, dass die einzelnen Bereiche auf unterschiedlichen Bildschirmmasken dargestellt werden.

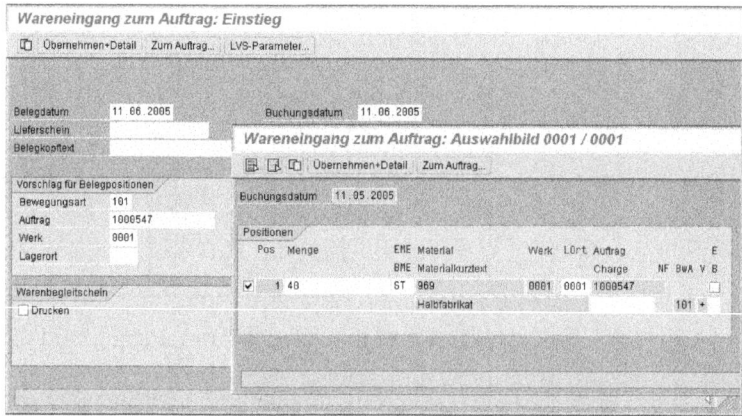

Abb. 5.51: Wareneingang zum Auftrag

Vorgehensweise:

1. Aufruf über den Pfad *Logistik* ➜ *Materialwirtschaft* ➜ *Bestandsführung* ➜ *Wareneingang* ➜ *Zum Auftrag* (MB31).

2. Auf dem Einstiegsbild sind neben Buchungs- und Belegdatum die Bewegungsart 101, das Werk und der Fertigungsauftrag anzugeben. Die Daten werden mit <Enter> bestätigt.

3. Es erscheint ein Auswahlbild, auf dem alle Materialpositionen, zu denen Wareneingänge erwartet werden, mit entsprechenden Inhalten aufgelistet sind. An erster Stelle jeder Position kann durch ein Ankreuzfeld die Position zur Wareneingangsbuchung aktiviert werden.

4. Die Ergänzung der Daten erfolgt entweder in diesem Auswahlbild oder im jeweiligen Positionsdetailbild. Soll in das Detailbild gewechselt werden, so ist die entsprechende

Position anzukreuzen und *Bearbeiten* ➲ *Position(en)* ➲ *Übernehmen+Detail* in der Menüleiste zu wählen.

5. Sind alle Eingaben erfasst, wird die Buchung durch Klick auf den Button „Speichern" vollzogen.

5.6.7.3   Übungen zur Fallstudie

Übung 5.27

Wareneingang über MB31

Nach erfolgreicher Rückmeldung werden die erzeugten Halbfabrikate in das Lager gebucht. Nutzen Sie hierbei für die Buchungen die Transaktion MB31. Vergessen Sie im Einstiegbild der Transaktion nicht den Lagerort „0001" und die Bewegungsart „101" einzugeben (sofern nicht vorgeschlagen).

Übung 5.28

Zugangsprüfung

Zur Montage des Fertigerzeugnisses müssen alle Halbfabrikate in der Menge 500 zur Verfügung stehen. Prüfen Sie dies über die Materialbedarfs- / Bestandsliste.

Übung 5.29

Fertigungsauftrag freigeben

Die Halbfabrikate sind dem Lager zugebucht und stehen somit für den weiteren Fertigungsablauf zur Verfügung. Veranlassen Sie für Ihr Fertigprodukt die Montage, indem Sie schrittweise den bereits erzeugten Fertigungsauftrag für das Material F101_XXX_XX freigeben, die notwendigen Halbfabrikate auslagern, den Fertigungsauftrag rückmelden und zum Schluss den Wareneingang buchen.

5.7   Kundenauftragsabwicklung

5.7.1   Überblick über den Kundenauftragsabwicklungsprozess

Ziel der Kundenauftragsabwicklung ist die Befriedigung der vom Kunden nachgefragten Materialien und Dienstleistungen zum gewünschten Termin und in der geforderten Menge. Bis das Material bzw. die Dienstleistungen den Kunden erreicht, ist eine Reihe von Prozessschritten erforderlich, wie die folgende Abbildung zeigt.

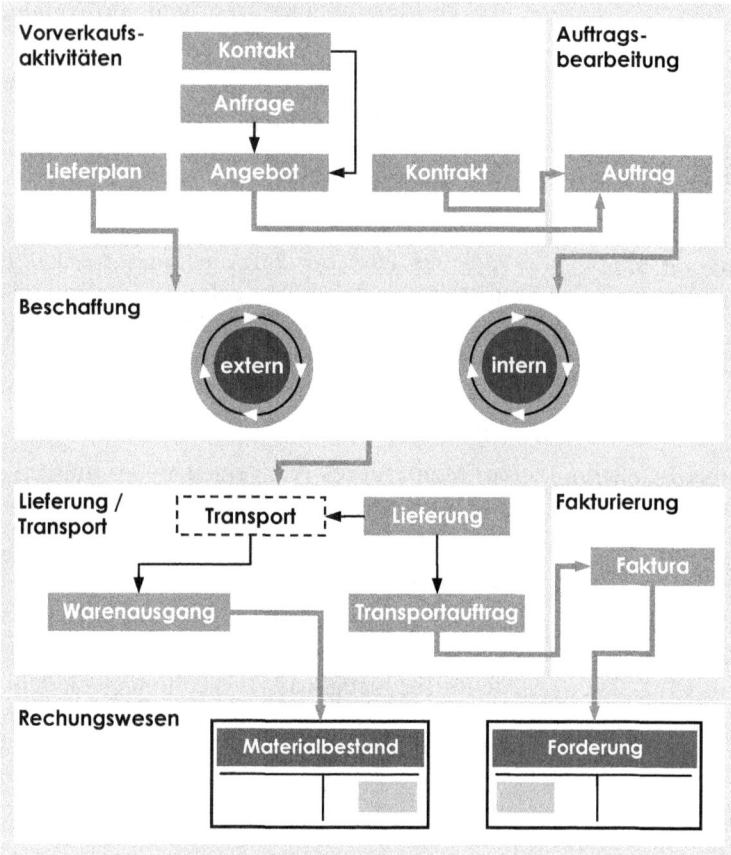

Abb. 5.52: Kundenauftragsprozess

Vorverkaufs-
aktivitäten

Die Kundenauftragsabwicklung beginnt i. Allg. mit Vorverkaufs-aktivitäten, also Aktivitäten mit dem Ziel der Auftragsgewinnung. Wünscht ein Kunde beispielsweise eine unverbindliche Auskunft über Lieferfähigkeit und Preise bestimmter Materialien und Dienstleistungen, können diese in Form von Anfragen im SAP-System eingegeben werden. Wird der Lieferant jedoch aufgefor-dert ein konkretes Angebot abzugeben, stellt dies eine bindende Verpflichtung gegenüber dem Kunden dar und wird mittels eines Angebotes im SAP-System erfasst und an den Kunden weiterge-reicht. Die Angebotserstellung kann erfolgreich oder nicht erfolg-reich sein. Lehnt der Kunde das Angebot ab, wird das Angebot in SAP abgesagt, während bei einer Annahme des Angebotes und der dadurch resultierenden Kundenbestellung die Daten in den folgenden Kundenauftrag übernommen werden können. Auf die Abwicklung von Vorverkaufsaktivitäten wird in den Folge-abschnitten verzichtet.

Kundenaufträge und Rahmen-vereinbarungen

Bestellt der Kunden Materialien bzw. Dienstleistungen, werden diese Kundenanforderungen (Bestellungen) in Form von Kun-denaufträgen im SAP-System erfasst. Neben der einmaligen Be-stellung von Waren und Dienstleistungen können Kunde und Lieferant auch langfristige Vereinbarungen über die Lieferung von Waren und Dienstleistungen zu festgelegten Konditionen in einem bestimmten Zeitraum treffen. Diese Rahmenvereinbarun-gen werden in Form von Lieferplänen und Kontrakten verbind-lich festgehalten.

Beschaffung

Sind die Kundenanforderungen im SAP-System eingegeben, muss dafür gesorgt werden, dass die Materialien und Dienstleistungen zum gewünschten Termin und in der gewünschten Menge zur Verfügung stehen. Dies geschieht innerhalb des Beschaffungs-prozesses, der über die Verfügbarkeitsprüfung ermittelt, ob das Produkt auf Lager liegt. Wenn nicht wird die externe (Bestellung) bzw. interne (Fertigungsaufträge) Beschaffung durchgeführt.

Lieferung und Kommissionie-rung

Fortgesetzt wird der Kundenauftragsabwicklungsprozess durch die Auslieferung der Materialien und Dienstleistungen an den Kunden. Die Auslieferung hat verschiedenste Versandaktivitäten zur Folge, insbesondere die Kommissionierung, die Verpackung, den Transport und den Warenausgang. Bei Erstellung der ent-sprechenden Belege werden die relevanten Daten der Vorgän-gerbelege kopiert.

Fakturierung

Abgeschlossen werden die Versandaktivitäten durch die Buchung des Warenausgangs. Damit verlässt das Material das Unternehmen und die Fakturierung, die neben der Rechnungs-erstellung auch die entsprechenden Konten im internen und ex-ternen Rechnungswesen fortschreibt, kann durchgeführt werden.

5.7.2   Grundfunktionen im Vertrieb

5.7.2.1   Nachrichtensteuerung und Preisfindung

Preisfindung

Die Preisfindung, also die Ermittlung von Preisen und weiteren Konditionen (wie Zuschläge, Rabatte, Frachtkosten und Steuern) in Vertriebsbelegen wurde im Kapitel 4 Stammdaten eingehend erläutert (siehe 4.8). Neben der automatischen Preisfindung kön-nen in Vertriebsbelegen auch vom Anwender manuell Preis-bestandteile erfasst werden.

*Nachrichten-
steuerung*

Innerhalb des Vertriebsprozesses ist es an unterschiedlichsten Stellen notwendig, mit dem Kunden in Kontakt zu treten. Beispielsweise müssen Auftragsbestätigungen, Fakturen oder Angebote versandt werden. Daneben ist ggf. auch unternehmensintern ein Informationsaustausch erforderlich, z.B. das Versenden einer E-Mail.

Mit der Nachrichtensteuerung in SAP werden einerseits solche Nachrichten zum richtigen Zeitpunkt erzeugt, andererseits auch dafür gesorgt, dass das richtige Sendemedium verwendet wird (z.B. Druck, Fax oder E-Mail).

Typische Nachrichten im Vertriebsprozess sind:

- Angebote
- Auftragsbestätigungen
- Lieferscheine
- Rechnungen

Zur Nachrichtensteuerung bedient sich das System, ähnlich wie bei der Preissteuerung, der so genannten Konditionstechnik. Als Ergebnis werden die gefundenen Nachrichten in den Vertriebsbeleg eingestellt und über Verarbeitungszeitpunkte festgelegt, wann die Nachricht erzeugt wird (z.B. automatisch oder mittels expliziter Auslösung durch den Anwender).

5.7.2.2   Terminierung im Versand

Ziel der Versandterminierung ist die Ermittlung des endgültigen Liefertermins an den Kunden. Zur Berechnung dieses Termins wird die gesamte Zeit – die ausgehend vom Auftragsdatum im Vertriebsbeleg benötigt wird, um die Ware zum Kunden zu bringen (Vorlaufzeit) – in verschiedene Zeitabschnitte eingeteilt.

Die Ermittlung der Zeitintervalle erfolgt unterschiedlich, wobei die Versandstelle und die Route von besonderer Bedeutung sind.

Versandstelle und Route

Versandstelle

Die Versandstelle ist die höchste Organisationsebene im Versand und ist entweder der physische Ort im Unternehmen, an dem die Kundenlieferung bearbeitet wird, oder eine Gruppe von Personen die für den Versand zuständig ist. Ohne Versandstelle kann keine Lieferung versendet werden. Festgelegt wird die Versandstelle in der jeweiligen Position des Kundenauftrages. Die automatische Ermittlung der Versandstelle in einer Position wird durch die Kombination verschiedener Elemente erreicht.

Einerseits wird in der Versandsicht des Kundenstamms die Versandbedingung eingetragen (z.B. niedrigste Kosten) andererseits ist im zugehörigen Materialstamm die Ladegruppe erfasst. Die Ladegruppe kennzeichnet das Hilfsmittel (z.B. Gabelstapler) für das Verladen der Ware. In Kombination mit dem im Kundenauftrag hinterlegten Werk kann die Versandstelle in der Auftragsposition vorgeschlagen werden.

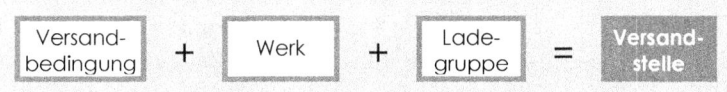

Abb. 5.53: Versandstellenfindung

Route

Mit der Route wird festgelegt, über welchen Weg, mit welchem Transportmittel (LKW, Zug, ...) und über welche Verkehrsknotenpunkte (Flughafen, Bahnhof, ...) die Ware an den Kunden gelangt.

Bei Anlage eines Kundenauftrags versucht das System über die Routenfindung die Route zu bestimmen, über die die Ware geliefert wird. Ausgehend von der Abgangszone (von dort aus wird die Ware verschickt) in Kombination mit der Versandbedingung, der Transportgruppe (wie zu transportieren ist, z.B. gekühlt, eingestellt im Materialstamm) und der Transportzone des Warenempfängers (ist Teil der Kundenanschrift im Kundenstamm) erfolgt die Routenfindung.

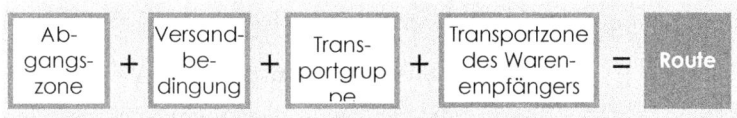

Abb. 5.54: Routenfindung

Zeitintervalle

Folgende Zeitintervalle werden bei der Versandterminierung berücksichtigt:

Richtzeit

Zeit, die benötigt wird, um das Material zu kommissionieren und zu verpacken. Sie wird entweder in einer Versandstelle fest hinterlegt oder durch die Kombination von Route und Gewicht des Materials ermittelt.

Ladezeit

Zeit, die zum Verladen der Ware benötigt wird. Diese Zeit wird wiederum entweder in der Versandstelle hinterlegt, oder aber durch die Kombination zwischen Route und Ladegruppe bestimmt.

Transitzeit

Diese Zeit wird benötigt, um die Ware zum Kunden zu transportieren. Die Ermittlung erfolgt über die Route.

Transportdispositionszeit

Zeit, die intern erforderlich ist, um den Transport zu organisieren (Einplanung der Transportmittel und deren Reservierung). Auch diese Zeit wird über die Route festgelegt.

Durchführung der Terminierung

*Rückwärts-
terminierung*

Sobald ein Kundenauftrag erfasst wird, beginnt das System im ersten Schritt mit der Rückwärtsterminierung.

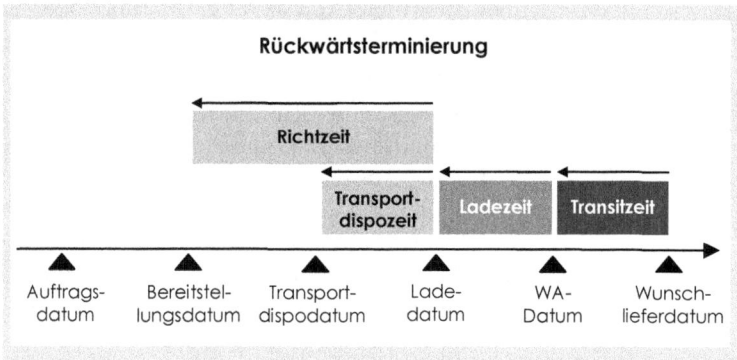

Abb. 5.55: Rückwärtsterminierung von Kundenaufträgen

Warenausgangsdatum

Ausgehend vom eingetragenen Wunschliefertermin wird über die Transitzeit das Warenausgangsdatum berechnet. An diesem Datum müssen die Waren die Versandstelle physisch verlassen, um rechtzeitig beim Kunden anzugelangen.

Ladedatum

Danach wird durch Abzug der Ladezeit das Ladedatum errechnet. Zu diesem Zeitpunkt müssen die Kommissionierung und das Verpacken abgeschlossen sein.

Transportdispositionsdatum

Es erfolgt eine weitere Rückrechnung über die Transportdispositionszeit. Als Ergebnis wird das Transportdispositionsdatum errechnet. Mit der Organisation des Transports muss zu diesem Datum begonnen worden sein.

Materialbereitstellungsdatum

Ebenfalls ausgehend vom Ladedatum wird die Richtzeit rückgerechnet und damit das Materialbereitstellungsdatum ermittelt. Zu diesem Zeitpunkt muss das Material in ausreichender Menge zur Verfügung stehen. Die Versandaktivitäten starten immer mit dem früheren Datum (also entweder mit dem Materialbereitstellungsdatum oder dem Transportdispositionsdatum).

Vorwärts-terminierung
Liegt der Bereitstellungstermin oder das Transportdispositionsdatum in der Zukunft und ist das Material verfügbar, wird der Wunschliefertermin des Kunden bestätigt. Ob ein Material verfügbar ist oder nicht wird mittels der Verfügbarkeitsprüfung ermittelt (siehe hierzu die Ausführung zu kundenauftragsbezogenen Planungsstrategien 5.3.2.3).

Liegt zwar der Termin in der Zukunft, ist das Material jedoch nicht verfügbar, wird über die Verfügbarkeitsprüfung der frühstmögliche Bereitstellungstermin ermittelt und ausgehend von diesem Termin eine Vorwärtsterminierung durchgeführt.

Liegt das Bereitstellungs- bzw. das Transportdispositionsdatum in der Vergangenheit, schaltet das System ebenfalls auf die Vorwärtsterminierung, um das mögliche Lieferdatum zu berechnen. Ist das Material nicht verfügbar, wird zuerst das früheste Bereitstellungsdatum errechnet und anschließend die weiteren Termine.

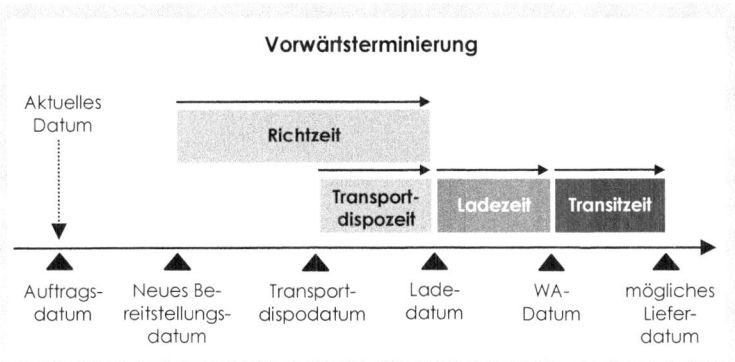

Abb. 5.56: Vorwärtsterminierung von Kundenaufträgen

5.7.2.3   Datenfluss

Belegfluss-anzeige

Der Vertriebsprozess setzt sich durch die Abfolge verschiedener Prozessschritte zusammen, die durch unterschiedliche Vertriebsbelege abgehandelt werden. Diese Prozesskette wird im Belegfluss festgehalten und kann im jeweiligen Vertriebsbeleg (i. Allg. über den Button „Belegfluss anzeigen" oder „Belegfluss") aufgerufen werden.

Kopiersteuerung

Innerhalb des Vertriebsprozesses werden an verschiedenen Stellen unterschiedliche Vertriebsbelege genutzt. Damit durch den Anwender die Daten nicht immer wieder neu eingegeben werden müssen, sorgt die so genannte Kopiersteuerung dafür, dass bei der Erzeugung eines Folgebelegs (z.B. ein Lieferbeleg zu einem Kundenauftrag) die notwendigen Informationen des Vorgängerbelegs automatisch in den nachfolgenden Beleg kopiert werden. Die Kopiersteuerung wird auf Kopf, Positions- und Einteilungsebene vorgenommen und legt unter anderem fest,

- welche Belegart in welche Belegart kopiert werden kann (z.B. Verkaufsbelegart zu Verkaufsbelegart oder Lieferungsart aus einer Verkaufsbelegart),

- welche Bedingungen für den Kopiervorgang erfüllt werden müssen (z.B. dass der Auftraggeber von Quell- und Zielbeleg gleich sein muss) und

- welche konkreten Felder übernommen werden.

5.7.3   Auftragserstellung und Auftragspflege

5.7.3.1   Struktur von Verkaufsbelegen

Zur Abbildung der verschiedenen Geschäftsprozesse im Verkauf werden im SAP-System unterschiedliche Verkaufsbelege genutzt, welche über Verkaufsbelegarten (als zweistelliger Schlüssel) klassifiziert und gesteuert werden. Standardmäßig sind dies beispielsweise

- in der Vorverkaufsphase Anfragen (AF) und Angebote (AG),

- in der Verkaufsphase Terminaufträge (TA) und Sofortaufträge (SO),

- oder in der Reklamationsphase Gutschriftsanforderungen (G2) und Lastschriftanforderungen (L2).

Struktur von Verkaufsbelegen

Grundsätzlich werden Verkaufsbelege in die Bereiche Auftragskopf, Position und Einteilung untergliedert und über Verkaufsbelegarten, Positionstypen und Einteilungen gesteuert. Diese Steuerungselemente werden im Customizing definiert.

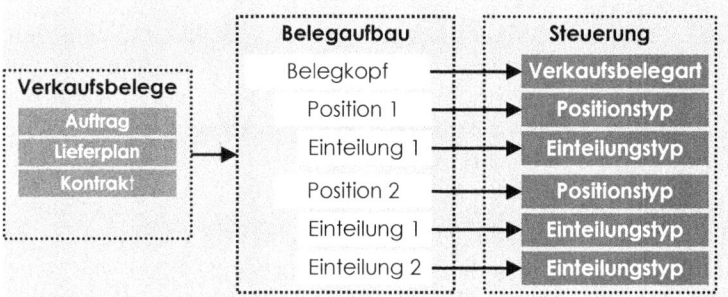

Abb. 5.57: Struktur von Verkaufsbelegen

Belegkopf Der Belegkopf enthält Informationen, die für den gesamten Beleg gelten. Dazu gehören beispielsweise die Zahlungsbedingung, die Bestellnummer des Kunden und die Kundennummer des Auftraggebers. Über die zugeordnete Verkaufsbelegart wird u.a.

- die Nummernvergabe des Belegs,

- welche Vorschlagswerte im Beleg angezeigt werden und

- welche Prüfungen das System durchführt (z.B. Kreditlimitprüfungen)

gesteuert.

Position Innerhalb der Positionen erfolgt die Spezifikation der Materialien und Dienstleistungen, die der Kunde bestellt. Zu den Feldern der Position gehören u.a. Materialnummer, Menge, Lieferdatum, Preise und Konditionen. Jeder erfassten Position wird ein Positionstyp zugeordnet, der die Eigenschaften der Position steuert. Der Schlüssel bestimmt,

- ob die kaufmännischen Daten in der Position von denen im Kopf abweichen dürfen,

- ob die Position an der Preisfindung teilnimmt,

- ob die Position faktura- und lieferrelevant ist und

- ob es sich nur um eine Textposition handelt.

SAP liefert bereits eine Reihe von Positionstypen aus, beispielsweise

- in der Vorverkaufsphase: Anfragenormalpositionen (AFN) und Textpositionen im Angebot (AGTX),

- in der Verkaufsphase: Normalpositionen (TAN) und Dienst-leistungspositionen (TAD) und

- in der Reklamationsphase: u.a. Retouren (REN).

Positionstypen werden im Customizing den Verkaufsbelegarten zugeordnet. Damit ist es möglich, in der Auftragserfassung Positionstypen durch das System vorschlagen zu lassen und manuelle Änderungen von Positionstypen auf bestimmte Typen zu beschränken.

Einteilung

Jede Position kann über eine oder mehrere Einteilungen verfügen. Einteilungen sind das Ergebnis der Verfügbarkeitsprüfung (siehe vorheriger Abschnitt). Kann das Material zum gewünschten Termin geliefert werden, enthält die Position nur eine Einteilung mit der nachgefragten Positionsmenge (bestätigte Menge) und dem Liefertermin. Ergibt die Verfügbarkeitsprüfung jedoch, dass das Material zum Wunschliefertermin nicht verfügbar ist, enthält die erste Einteilung die bestätigte Menge 0. Zum nächstmöglichen Liefertermin wird eine zweite Einteilung erzeugt. Sollten Teillieferungen erlaubt sein, können diese auch auf mehrere Lieferungen gesplittet werden. Neben Mengen und Terminen enthalten Einteilungen Informationen zur Bedarfsübergabe (an die Disposition) und zur Bestandsführung. Außerdem sind sie Grundlage für die Auslieferung. Gesteuert wird die Einteilung über Einteilungstypen (2-stelliger Schlüssel), die im Customizing hinterlegt sind. Dieser Schlüssel steuert folgende Prüfungen:

- Hat eine Bedarfsübergabe und eine Verfügbarkeitsprüfung zu erfolgen?

- Mit welcher Bewegungsart kann das eingeteilte Material gebucht werden?

- Welche Einteilungen sind lieferrelevant?

Liefersperren

Um zu verhindern, dass bestimmte Materialien zur Auslieferung gelangen (z.B. bei fehlender Bonität des Kunden), können im Verkaufsbeleg entweder im Kopf (die Sperre gilt dann für alle Positionen bzw. Einteilungen) auf Positions- oder Einteilungsebene Liefersperren gesetzt werden. Mit der Liefersperre werden alle folgenden Lieferprozesse unterbunden. Die Sperre kann entweder manuell durch den Anwender oder automatisch durch das System gesetzt werden.

5.7.3.2   Erstellung von Kundenaufträgen

Im Folgenden wird die Erstellung eines Kundenauftrags erläutert. Grundsätzlich kann ein Kundenauftrag mit Bezug zu einem

Angebot oder einer Anfrage, zu einer Faktura und zu einem Kontrakt angelegt werden. Ebenfalls ist der Bezug zu einem anderen Auftrag möglich. *Hinweis:* Im Rahmen dieses Buches wird auf spezifische Erläuterungen zu Vorverkaufsaktivitäten verzichtet, daher wird der Fokus auf die Erstellung ohne Bezug zu einem anderen Vertriebsbeleg gelegt.

Die Kundenauftragserstellung erfolgt in zwei Schritten. Zuerst wird die Auftragsart festgelegt und Verkaufsorganisation, Vertriebsweg, Sparte, Verkaufsbüro sowie Verkäufergruppe zum Auftrag angegeben. Die eigentliche Erfassung wird dann mittels einer Einbildtransaktion vorgenommen.

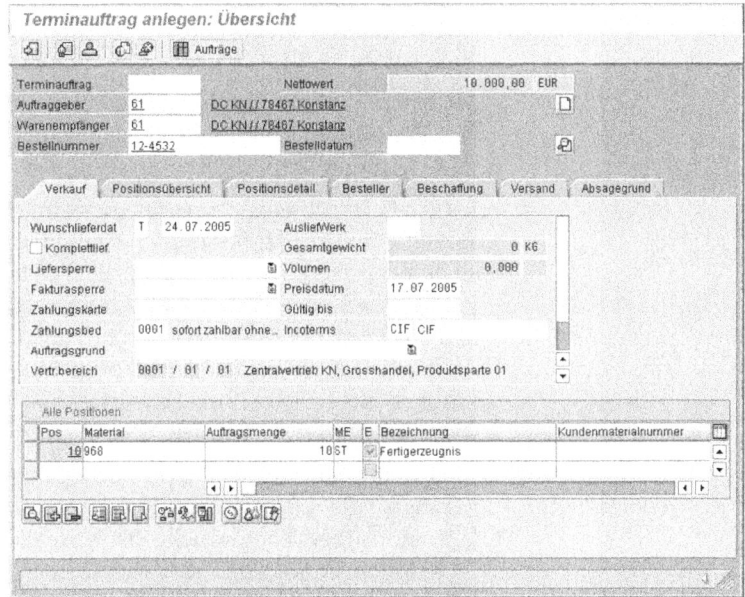

Abb. 5.58: Terminauftrag

Vorgehensweise:

Anlage Kundenauftrag

1.   Die Transaktion wird über den Pfad *Logistik* ➲ *Vertrieb* ➲ *Verkauf* ➲ *Auftrag* ➲ *Anlegen (VA01)* aufgerufen.

2.   Auf dem erscheinenden Selektionsbild sind die Auftragsart (z.B. „TA" für Terminauftrag) und die Organisationsdaten einzugeben. Die Daten werden durch <Enter> bestätigt. Über *Verkaufsbeleg* ➲ *Anlegen mit Bezug* in der Menüleiste kann der Anwender einen Auftrag auch mit Bezug zu einem anderen Vertriebsbeleg erzeugen.

3. Es erscheint das zentrale Pflegebild zur Kundenauftragser-fassung (Übersichtsbild). Je nach systemseitig eingestellter Nummernvergabe ist eine Terminauftragsnummer zu ver-geben. Der Auftraggeber ist einzugeben. Soll die Ware an einen vom Auftraggeber abweichenden Warenempfänger geliefert werden, ist die abweichende Kundennummer im Feld Warenempfänger zu erfassen. Liegt dem Auftrag eine Bestellung des Kunden zugrunde, empfiehlt es sich, die externe Bestellnummer im Feld „Bestellnummer" zu füllen. Durch die Bestätigung der bisher eingegeben Daten kopiert das System die im Kundenstamm hinterlegten Felder (z.B. die Zahlungsbedingung) in den Beleg.

4. Im Reiter „Verkauf" werden Wunschlieferdatum, Ausliefe-rungswerk und ggf. weitere Daten eingetragen.

5. Im unteren Bildschirmbereich erfolgt die zeilenweise Einga-be der Materialpositionen. Wichtigste Felder hier sind die Materialnummer und die Auftragsmenge.

6. Sind alle Positionen eingetragen, werden sie durch <Enter> bestätigt. Das System kopiert nun alle aus dem Material-stamm notwendigen Felder in die Positionen (z.B. Mengen-einheit und Bezeichnung) und führt die Terminierung sowie die Verfügbarkeitsprüfung durch. Falls das System so konfi-guriert ist, dass die Verfügbarkeitsprüfung nicht automatisch erfolgt, muss diese über *Bearbeiten* ➲ *Verfügbarkeit prüfen* oder mit <Strg> + <F4> angestoßen werden.

7. Innerhalb der Übersicht sind im Register weitere Reiter vor-handen, die gepflegt werden können. Beispielsweise die „Positionsübersicht", welche die schnelle Erfassung weiterer Positionen ermöglicht oder der Reiter „Positionsdetail", der die Detailpflege einer zuvor markierten Position zulässt.

8. Ausgehend vom Übersichtsbild ist eine detaillierte Pflege der Kopfdetails über *Springen* ➲ *Kopf* ➲ *<Wahl des Bildes>* in der Menüleiste möglich. Nach Auslösung der Funktion wird ein weiteres Register aufgezeigt, in dem die Kopfdaten über die einzelnen Reiter näher spezifiziert werden. Insbe-sondere sind über den Reiter „Konditionen" die errechneten Konditionen sichtbar.

9. Ausgehend vom Übersichtbild ist auch eine Detailpflege der Positionen möglich. Ausgelöst wird diese Funktion durch Doppelklick in die entsprechende Position (alternativ über *Springen* ➲ *Position* ➲ *<Wahl des Bildes>* in der Menüleis-

te). Es erscheint daraufhin das Positionsdetailregister, in dem über verschiedene Reiter weitere Pflegemöglichkeiten zur Position zur Verfügung stehen. Besondere Bedeutung nimmt hier der Reiter „Einteilung" ein. Die Einteilungen werden auf Grund der Verfügbarkeitsprüfung und der Terminierung erzeugt. Innerhalb der Detailpflege können über den Reiter „Konditionen" die durch das System errechneten Preise und weitere Konditionen der Position eingesehen und geändert werden.

10.   Sind alle Daten zum Kundenauftrag erfasst, wird er über den Button „Speichern" gesichert. Das System führt daraufhin eine Vollständigkeitsprüfung durch und weist ggf. in einem Popupfenster den Anwender auf fehlende Daten hin. Wird in diesem Fenster der Button „Bearbeiten" angeklickt, so wird ein Übersichtsbild über die fehlenden Daten simuliert. Durch Ankreuzen der Zeilen und Drücken des Buttons „Daten vervollständigen" (in der Anwendungsfunktionsleiste) führt das System den Anwender nacheinander auf die fehlenden Datenfelder (jeweils mittels der Pfeilikone in der Anwendungsfunktionsleiste). Sind alle Daten ergänzt, ist der Auftrag erneut zu sichern. Das System vergibt eine Auftragsnummer (bei interner Nummernvergabe).

5.7.3.3   Anzeigen / Ändern und Auswerten von Kundenaufträgen

Aufträge können angezeigt oder geändert werden.

Vorgehensweise

Anzeige und Änderung von Kundenaufträgen

1.   Die Transaktion wird über den Pfad *Logistik* ➲ *Vertrieb* ➲ *Verkauf* ➲ *Auftrag* ➲ *Ändern (VA02)* bzw. *Anzeigen (VA03)* aufgerufen.

2.   Auf dem Selektionsbild ist die Auftragsnummer einzugeben. Ist die Nummer nicht bekannt, kann über Suchkriterien die richtige Nummer herausgefunden werden. Die Daten sind durch <Enter> zu bestätigen.

3.   Das System zeigt den Auftrag. Innerhalb der Änderungstransaktion können die Datenfelder ergänzt bzw. geändert werden.

4.   Wurden die Daten geändert, ist der Auftrag erneut zu sichern.

Belegfluss-anzeige

In der Auftragsanzeige bzw. in der Änderungstransaktion ist es möglich, sämtliche mit dem Beleg verbundenen Belege anzuzeigen. Hierzu ist in der Anwendungsfunktionsleiste die Ikonc ▣

*Kunden-
auftragsaus-
wertungen*

zu drücken. Es erscheint daraufhin die Belegflussanzeige, aus der u.a. ein Wechsel in den ausgewählten Beleg über den Button „Beleg anzeigen" möglich ist.

Das System bietet eine Vielzahl von kundenauftragsbezogenen Auswertungen. Beispielhaft soll die Auftragsliste beschrieben werden.

Vorgehensweise:

1. Der Aufruf der Auftragsliste erfolgt über *Logistik* ➲ *Vertrieb* ➲ *Verkauf* ➲ *Infosystem* ➲ *Aufträge* ➲ *Liste Aufträge (VA05)*.

2. Mit Hilfe des erscheinenden Selektionsbildes können z.B. alle Aufträge zu einem bestimmten Material oder zu einem bestimmten Auftraggeber gesucht werden. Weitere Selektionskriterien sind die Zeitraumdaten zu den Belegen und ob nur die eigenen, alle offenen oder alle Aufträge angezeigt werden sollen. Die Selektionsdaten werden durch <Enter> bestätigt.

3. Das System zeigt alle gefundenen Aufträge in Listform an. Die Liste ist interaktiv, u.a. kann durch Doppelklick in eine Auftragszeile direkt zum Beleg gesprungen werden.

5.7.3.4   Übungen zur Fallstudie

Übung 5.30

*Kundenauftrag
anlegen*

Erfreulicherweise ist es gelungen, Ihren Kunden zur Bestellung des aktuellen Novum PCs zu bewegen. Erfassen Sie hierzu einen Kundenauftrag. Beachten Sie dabei folgende Vorgaben:

Einstiegsbild			
Auftragsart	TA	Verkaufsorganisation	0001
Vertriebsweg	01	Sparte	01
Verkaufsbüro	0001		
Verkäufergruppe	Ihre Verkäufergruppe		
Übersicht Reiter „Verkauf"			
Auftraggeber	Ihr angelegter Kunde		
Bestellnummer	12345	Auslieferungswerk	0001
Lieferdatum	aktuelles Tagesdatum		
Material	F101_XXX_XX	Menge	200

Datenblatt 5.6

Übung 5.31

Auftragsliste /
Kundenauftrag
anzeigen

Sehen Sie sich den angelegten Kundenauftrag an und stellen Sie den Ausgangssteuerbetrag fest. Rufen Sie danach die Auftragsliste auf. Selektieren Sie nach Ihrem Kunden und stellen Sie den Nettowert fest.

5.7.4   Versandabwicklung

Nach Erstellung des Kundenauftrages und ggf. der Beschaffung des Materials (intern oder extern) sorgt die Versandabwicklung dafür, dass die Ware zum Kunden gelangt.

Der Versandprozess lässt sich in verschiedene Schritte aufteilen:

- Erstellung der Auslieferung (Lieferbeleg),
- Kommissionierung der Ware,
- Verpackung der Ware,
- Druck und Übermittlung der Versandpapiere sowie
- Warenausgangsbuchung.

5.7.4.1   Struktur von Lieferbelegen

Innerhalb des Versandes werden für unterschiedliche Lieferbelege eigene Lieferarten benutzt.

Die Lieferart steuert u.a.

- die Nummernvergabe des Belegs,
- welcher Beleg (z.B. Anlage mit Bezug zu einem Auftrag) über die Kopiersteuerung in die Lieferung kopiert werden darf,
- welche Partnerrollen im Lieferbeleg zulässig sind und
- welche Felder in der Lieferungsanlage erscheinen und wie die Transaktion gesteuert wird (z.B. Bildschirmabfolge).

Neben den Kopfdaten verfügt der Lieferbeleg über beliebig viele Positionen. Die den Positionen hinterlegten Positionstypen werden ggf. aus dem Vorgängerbeleg übernommen. Demzufolge kann beispielsweise der Positionstyp „TAN" sowohl im Kundenauftrag wie auch in der Lieferung vorkommen. Wird jedoch eine Lieferung ohne Bezug zu einem Vorgängerbeleg erfasst, wird der Positionstyp in Abhängigkeit der Lieferbelegart und der Positionstypengruppe des Materials vorgeschlagen.

5.7.4.2   Erzeugung einer Lieferung

Übernahme von Daten

Bei der Lieferungserstellung übernimmt das System neben diversen Stammdaten auch Daten aus Vorgängerbelegen. Um Daten aus Vorgängerbelegen übernehmen zu können, muss die Lieferung mit Bezug zu einem Auftrag bzw. Rahmenvertrag angelegt werden. Wird die Lieferung ohne Bezug angelegt, übernimmt das System nur Daten aus dem Kundenstamm und aus den Materialstämmen.

Neben der Erzeugung einer Lieferung durch einen Auftrag (Komplettlieferung) kann ein Auftrag auch durch mehrere (Teil-) Lieferungen bzw. mehrere Aufträge durch eine Lieferung beliefert werden.

Welche Aufträge, Auftragspositionen und Einteilungen eines oder mehrerer Aufträge in einen Lieferbeleg kopierbar sind, hängt von verschiedenen Kriterien ab.

Voraussetzungen für die Zusammenführung

Auf Kopfebene:

- Es darf keine Liefersperre gesetzt sein.
- Der Auftrag muss mindestens eine lieferbare Position enthalten.
- Sollen mehrere Aufträge zusammengeführt werden, muss in den Auftragsköpfen das Kennzeichen „Auftragszusammenführung" gesetzt sein.

Auf Positions- und Einteilungsebene:

- Die Positionen müssen zum Selektionsdatum der Lieferung mindestens eine Einteilung mit einer bestätigten Menge haben (die Lieferung ist dann fällig).
- Es darf keine Liefersperre auf Positionsebene gesetzt sein.
- Die lieferrelevanten Positionen im Auftrag müssen vollständig sein.
- Die Auftragspositionen müssen den gleichen Warenempfänger beinhalten.
- Die Lieferbedingungen und die Versandstelle der Position müssen identisch sein.

Folgende Abbildung verdeutlicht das Zusammenführen von Auftragspositionen.

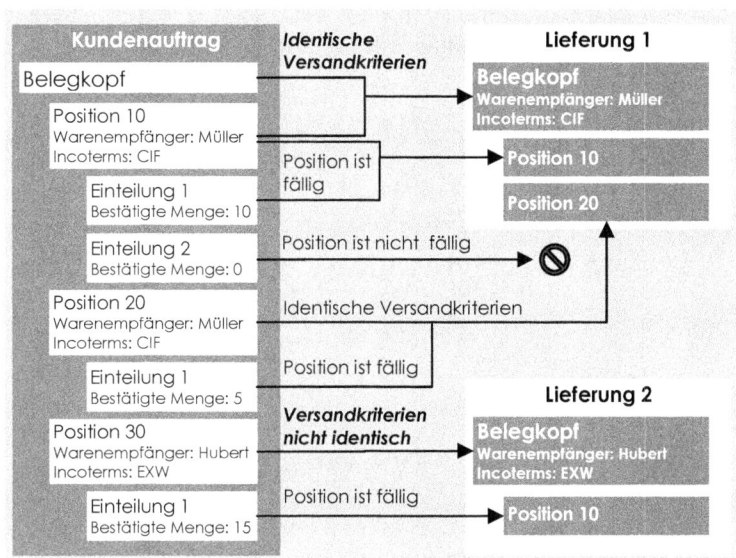

Abb. 5.59: Zusammenführung von Auftragspositionen

Fortschreibung des Lieferstatus

Mit der Lieferungserstellung wird der Lieferstatus im Auftrag auf Kopf- und Positionsebene fortgeschrieben. Der Gesamtlieferstatus ergibt sich aus den Lieferstatus der einzelnen Positionen. Solange nicht alle Positionen beliefert wurden, hat der Auftrag den Status „teilweise bearbeitet".

Bedeutung der Versandstelle und der Route

Wie bereits im Abschnitt Versandterminierung erläutert, kann ohne eine eindeutige Versandstelle keine Lieferung abgewickelt werden. Weisen die im Auftrag hinterlegten Positionen unterschiedliche Versandstellen auf, ist die Anlage mehrerer Lieferungen notwendig. Die im Auftrag ermittelte Route kann entweder unverändert in die Lieferung übernommen oder bei der Lieferungserstellung neu ermittelt werden.

Lieferungserstellung

Wie bereits erwähnt, kann eine Lieferung mit oder ohne Bezug zu einem Vorgängerbeleg angelegt werden. Im Folgenden wird die Anlage mit Bezug zu einem Kundenauftrag gezeigt. Auf die Anlage ohne Bezug wird verzichtet, da sie eher selten im Vertriebsprozess vorkommt. Eine weitere nützliche Möglichkeit zur Erstellung von Lieferungen stellt die Sammelverarbeitung versandfälliger Belege dar, die ebenfalls beschrieben wird.

Der Lieferbeleg besteht, wie bereits erwähnt, aus einem Kopf und einer oder mehreren Positionen.

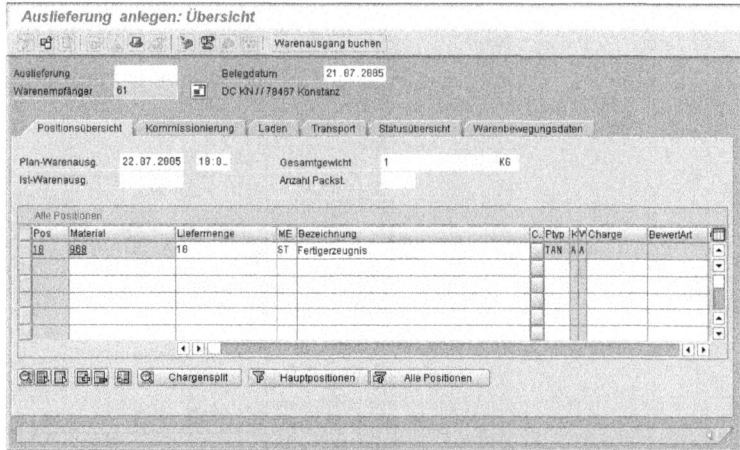

Abb. 5.60: Lieferung anlegen

Einzelanlage mit Kunden-auftragsbezug

Sofern die Auftragsnummer bekannt ist, kann über die Einzelanlage für alle fälligen Auslieferungspositionen eine Lieferung erzeugt werden.

Vorgehensweise:

1. Der Einstieg erfolgt über *Logistik* ➲ *Vertrieb* ➲ *Versand und Transport* ➲ *Auslieferung* ➲ *Anlegen* ➲ *Einzelbeleg* ➲ *mit Bezug auf Kundenauftrag (VL01N)*.

2. Im erscheinenden Einstiegsbild ist die Versandstelle, das Selektionsdatum und die Auftragsnummer anzugeben. Das Selektionsdatum bestimmt, ob der gewählte Auftrag Positionen enthält, die zur Lieferung anstehen (das Transportdispositionsdatum oder Materialbereitstellungsdatum muss kleiner gleich dem Selektionsdatum sein). Die Daten sind durch <Enter> zu bestätigen.

3. Es erscheint die Auslieferung mit den aus dem Auftrag kopierten Daten. Insbesondere wird die Liefermenge entsprechend der Verfügbarkeit in die Lieferung eingestellt.

4. Es lassen sich sowohl die Kopfdaten als auch die Positionsdaten ändern. Der Wechsel in die Positionsdetaildaten erfolgt über *Springen* ➲ *Position* ➲ *<Wahl des Bildschirmbildes>*, die Kopfdetails lassen sich über *Springen* ➲ *Kopf* ➲ *<Wahl des Bildschirmbildes>* aufrufen.

5. Sind Unregelmäßigkeiten für eine Einteilung aufgetreten, erhält der Anwender einen Hinweis auf das Fehlerprotokoll und kann dieses dann über *Bearbeiten* ➲ *Fehlerprotokoll* in der Menüleiste aufrufen.

6. Sind alle Daten vervollständigt, erfolgt über Button „Speichern" das Sichern der Auslieferung. Das System vergibt eine Nummer (sofern interne Nummernvergabe eingestellt).

Anlage direkt über den Kundenauftrag

Aus dem Verkaufsbeleg (hier aus dem Kundenauftrag) kann direkt in die Auslieferungserstellung gesprungen werden.

1. Der Einstieg erfolgt über *Logistik* ➲ *Vertrieb* ➲ *Verkauf* ➲ *Auftrag* ➲ *Ändern (VA02)*.

2. Im erscheinenden Selektionsbild wird der Auftrag eingegeben und durch <Enter> bestätigt.

3. Es erscheint der Auftrag. Über *Verkaufsbeleg* ➲ *Beliefern* in der Menüleiste springt das System in die Auslieferung. Es wird das Übersichtsbild zur Auslieferung gezeigt. Hier handelt es sich um die gleiche Transaktion wie bei der oben besprochenen Einzelanlage (VL01N).

4. Nach Pflege der Kopf- und Positionsdaten wird die Lieferung über den Button „Speichern" gesichert und das System vergibt eine Lieferbelegnummer (sofern interne Nummernvergabe eingestellt).

Sammelverarbeitung versandfälliger Belege

Eine sehr nützliche Funktion stellt die Auslieferungserstellung aus dem Versandfälligkeitsvorrat dar, in dem alle zu beliefernden Vorgänge enthalten sind. Der Anwender selektiert zu liefernde Belege mittels verschiedener Kriterien. Das System erstellt dann automatisch die Auslieferungen, wobei nach Möglichkeit versucht wird, mehrere Belege zu einer Lieferung zusammenzufassen (sofern die Versandkriterien übereinstimmen).

Vorgehensweise am Beispiel von Kundenaufträgen:

1. Der Einstieg erfolgt über *Logistik* ➲ *Vertrieb* ➲ *Versand und Transport* ➲ *Auslieferung* ➲ *Anlegen* ➲ *Sammelverarbeitung versandfälliger Belege* ➲ *Kundenaufträge (VL10A)*.

2. Im erscheinenden Selektionsbild sind verschiedenste Möglichkeiten vorhanden, Aufträge nach bestimmten Kriterien zu filtern. Sind alle Selektionen eingegeben, wird der Sammelgang über *Programm* ➲ *Ausführen* in der Menüleiste gestartet.

3. Es erscheint eine Liste mit allen gefundenen Aufträgen. Die zu beliefernden Aufträge werden markiert und entweder die

Lieferungen im Hintergrund (über den Button „Hintergrund" in der Anwendungsfunktionsleiste) oder im Dialog (über den Button „Dialog" in der Anwendungsfunktionsleiste) erstellt.

4.   Wird die Lieferstellung im Hintergrund erzeugt, zeigt die Liste eine neue Zeile mit grüner Ampel, mit der die Liefererstellung bestätigt wird. Werden Lieferungen im Dialog generiert, springt das System in jede Auslieferung (siehe Transaktion VL01N) und gibt damit dem Anwender die Möglichkeit, Daten der Lieferung zu ändern. Jede Lieferung ist dann einzeln im Dialog zu sichern.

5.7.4.3   Anzeigen / Änderung und Auswertungen von Lieferungen

Anzeige und Änderung von Lieferungen

Neben der Anzeige von Lieferungen ist je nach Prozessstatus auch die Änderung von Lieferungen möglich.

Vorgehensweise:

1.   *Logistik* ➲ Vertrieb ➲ *Versand und Transport* ➲ *Auslieferung* ➲ *Ändern* ➲ *Einzelbeleg (VL02N)* bzw. *Anzeigen (VL03N)*.

2.   Auf dem Selektionsbild ist die Auslieferungsnummer anzugeben und durch <Enter> zu bestätigen.

3.   Die Auslieferung erscheint. Wurde der Änderungsmodus aufgerufen, können bestimmte Daten der Lieferung geändert werden.

4.   Bei Änderung der Daten sind diese zum Abschluss zu sichern.

Auswertungen mittels Auslieferungsmonitor

SAP stellt eine Reihe von Auswertungsfunktionen zu erstellten Lieferungen zur Verfügung. Besonders erwähnenswert ist hierbei der Auslieferungsmonitor. Der Auslieferungsmonitor dient zur Anzeige und Bearbeitung offener und erledigter Lieferungen. Er lässt verschiedenste Selektionen zu, u.a.

▪   Selektion von Lieferungen, die zum Warenausgang anstehen,

▪   Anzeige / Bearbeitung von Lieferungen, die zur Kommissionierung anstehen und

▪   Selektion von Lieferungen, die zwar kommissioniert wurden, aber zur Quittierung anstehen.

Vorgehensweise:

1.   Der *Einstieg* erfolgt über *Vertrieb* ➲ *Versand und Transport* ➲ *Auslieferung* ➲ *Listen und Protokolle* ➲ *Auslieferungsmonitor (VL06O)*.

2.   Auf dem Selektionsbild wird eine der angebotenen Selektionsarten angeklickt, beispielsweise „Auslieferungen zur Kommissionierung".

3.   Im Folgebild wird zur gewählten Selektionsart ein weiteres Selektionsbild angezeigt. Hier können die Daten näher spezifiziert werden. Der Monitor wird über *Programm* ➲ *Ausführen* in der Menüleiste gestartet.

4.   Es erscheint der Monitor, der alle gefundenen Auslieferungen anzeigt. Je nach gewählter Selektionsart können auf dem Monitor verschiedenste Folgeaktionen durchgeführt werden, beispielsweise die Erzeugung von Transportaufträgen (wird im folgenden Abschnitt näher erläutert).

5.7.4.4   Übungen zur Fallstudie

Übung 5.32

Lieferungs-bildung

Der Kundenauftrag steht zur Lieferung an. Erzeugen Sie eine Auslieferung. Nutzen Sie dabei die Anlage mit Bezug zum Kundenauftrag (Transaktion VL01N). Vergessen Sie in der Position der Auslieferung nicht, den Lagerort „0001" einzugeben, falls er nicht automatisch gezogen wird.

Hinweis: Wählen Sie im Einstiegsbild die Versandstelle „0001", Ihre Kundenauftragsnummer und als Selektionsdatum das aktuelle Tagesdatum + 1 Tag. Sollte das System keine Belege finden, erhöhen Sie das Selektionsdatum um einen weiteren Tag (ggf. noch um weitere Tage). Übernehmen Sie die vorgeschlagenen Lieferdaten.

Übung 5.33

Belegfluss

Sehen Sie sich den Belegfluss zu Ihrem Kundenauftrag an. Hier müsste die Auslieferungsnummer sichtbar sein. Merken Sie sich diese und lassen Sie sich die Auslieferung anzeigen.

5.7.4.5   Kommissionierung

Nach Lieferungserstellung folgt im nächsten Prozessschritt die Kommissionierung der Ware. Kommissionierung bedeutet, dass die Materialen aus den Lagerorten entnommen und in richtiger

Menge und Qualität zur Vorbereitung des Versands bereitgestellt werden.

Findung des Kommissionier- lagerortes

Die manuelle Mitgabe des Kommissionierlagerortes ist entweder im Kundenauftrag oder im Lieferbeleg möglich. Parallel versucht SAP, diesen automatisch zu ermitteln. Der Kommissionierlagerort gibt an, wo die zum Versand anstehenden Materialien derzeit gelagert sind. Die Kommissionierregeln zur automatischen Findung werden im Customizing eingestellt und können beispielsweise aus der Kombination Auslieferungswerk, Versandstelle und Raumbedingung bestehen:

■   Im Kundenauftrag findet sich das Auslieferungswerk, welches ursprünglich aus dem Material- bzw. Kundenstamm ermittelt wurde.

■   Die Versandstelle ist ebenfalls im Auftrag vorhanden und ergibt sich aus Findungstabellen im Customizing.

■   Die Raumbedingung ist im Materialstammsatz hinterlegt (allg. Werksdaten / Lagerung 1). Die Raumbedingung gibt an, wie die Ware gelagert wird (z.B. gekühlt).

Um die Prozesse der Kommissionierung besser verstehen zu können, ist eine kurze Erläuterung des Warehouse Managements notwendig.

Exkurs Warehouse Management

Im bisherigen Prozessablauf war der Lagerort die unterste Ebene in der Bestandsverwaltung. Der Lagerort ist dabei der Ort, an dem die Materialien physisch innerhalb eines Werkes liegen. Die Lagerorte sind dabei verschiedene Lagereinrichtungen eines Lagerkomplexes (z.B. Hochregallager, Blocklager usw.).

Wird die Lagerverwaltung eingesetzt (Warehouse Management = WM), stehen weitere Organisationseinheiten zur Verfügung.

Die Lagernummer repräsentiert einen Lagerkomplex (z.B. Hochregallager, Blocklager usw.), der in mehrere Lagertypen untergliedert ist. Die Lagertypen definieren dabei die unterschiedlichen Bereiche eines Lagers, beispielsweise die Wareneingangszone, Lagerzone oder Warenausgangszone. Jedem dieser Lagertypen können einzelne Lagerplätze zugewiesen werden, an denen das Material gelagert wird. Der Lagerplatz des Materials wird im WM verwaltet, die Bestandsmenge selbst wird über die Bestandsführung auf Lagerortebene geführt. Folgende Abbildung zeigt den Zusammenhang zwischen der Bestandsführung und der Lagerverwaltung.

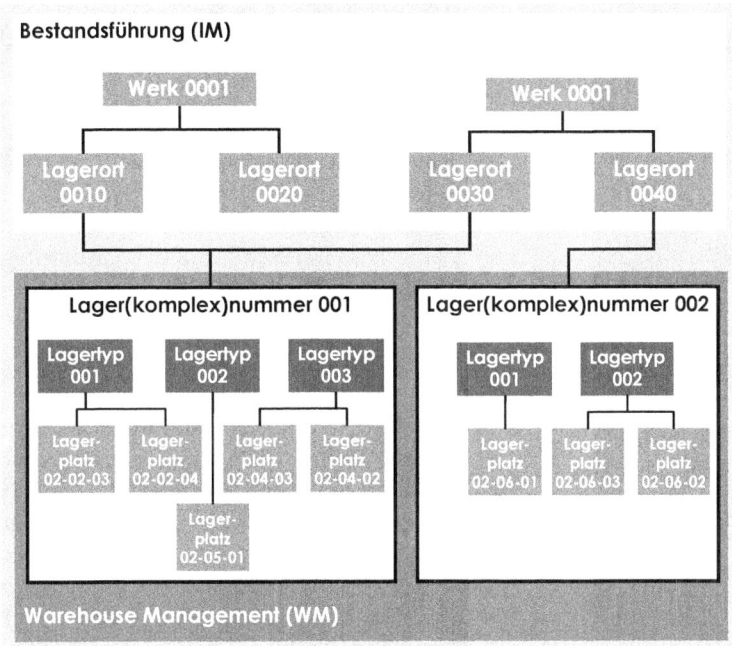

Abb. 5.61: Zusammenhang Bestandsführung und Warehouse Management

Waren-
bewegungen
im Warehouse
Management

Die Buchung des Bestandes wird in der Bestandsführung auf Werks- und Lagerortebene durchgeführt. Danach erfolgt im Warehouse Management die tatsächliche Ein- und Auslagerung.

Bei Wareneingängen transportiert das Warehouse Management den in der Bestandsführung gebuchten Bestand von der Wareneingangszone auf die Lagerplätze im Lager.

Beim Warenausgang werden die in der Bestandsführung gebuchten Materialien durch das Warehouse Management von den einzelnen Lagerplätzen an die Warenausgangszone transportiert.

Repräsentiert werden Warenbewegungen im WM durch Transportaufträge. Transportaufträge sind Anweisungen, Materialien zu einem bestimmten Zeitpunkt innerhalb einer Lager(komplex)-nummer zwischen zwei Lagerplätzen zu transportieren. Der Transportauftrag enthält als Informationen die Materialnummer, die zu bewegende Menge und den Von- und Nachlagerplatz (z.B. Warenausgangszone).

Möglichkeiten und Ablauf der Kommissionierung

Lean-WM

Alternativ zur Nutzung des gesamten Lagerverwaltungssystems bieten SAP auch die Möglichkeit des Einsatzes eines „Lean-WM" bei der Kommissionierung. Die Bestandsführung findet dann zwar nur auf Lagerortebene statt, auf Transportaufträge und damit auf maschineller Unterstützung bei der Kommissionierung muss jedoch nicht verzichtet werden. Dieses Verfahren bietet sich vor allem bei sehr einfach strukturierten Lägern an, bei denen auf die Verwaltung von einzelnen Lagerplätzen verzichtet werden soll.

Prozessablauf

Steht eine Lieferung zur Kommissionierung an, muss im ersten Schritt das Lagerverwaltungssystem die Auslieferung veranlassen. Hierzu wird der ermittelte Kommissionierlagerort weitergereicht. Im WM erfolgt die Anlage eines Transportauftrages (je nach Lagerverhältnissen auch mehrere). Danach wird entweder eine Kommissionierliste gedruckt, oder es erfolgt eine automatische Weitergabe an ein Fremdsystem (z.B. an einen Lagersteuerrechner). Die Kommissionierliste bzw. Anweisungen aus dem Fremdsystem bilden die Grundlage für den Lagerarbeiter zur Entnahme der Ware. Sind alle Waren kommissioniert, wird in der Regel (sofern eine Quittierungspflicht eingestellt wurde) der Transportauftrag quittiert. Damit wird die Entnahme aus dem Lager bestätigt, und die entnommene Menge als kommissionierte Menge (so genannte Pick-Menge) in den Lieferbeleg übergeben.

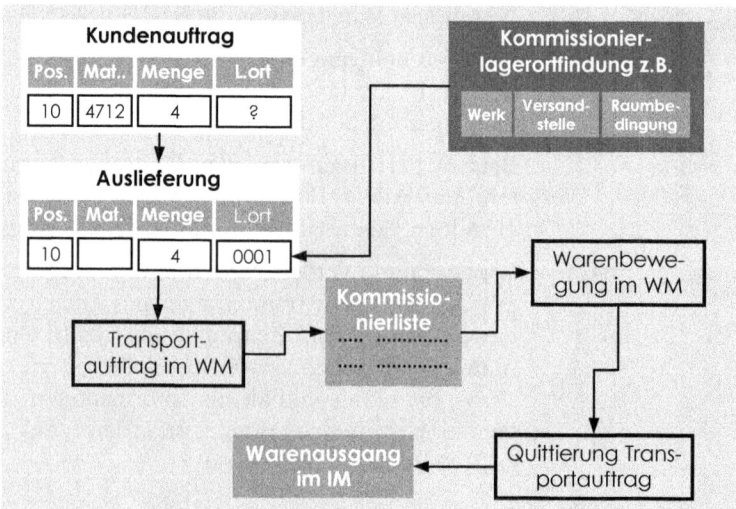

Abb. 5.62: Ablauf Kommissionierung

*Kommissionie-
rung ohne WM*

Grundsätzlich bietet SAP die Möglichkeit, die Kommissionierung auch ohne WM zu vollziehen. Dabei trägt der zuständige Sachbearbeiter die Pickmenge in den Lieferbeleg ein und quittiert die Kommissionierung manuell. Diese Art der Kommissionierung wird jedoch von SAP nicht weiterentwickelt.

Durchführung der Kommissionierung im System

Die Kommissionierung kann auf unterschiedliche Art und Weise erfolgen. Neben der manuellen Anlage ist die Kommissionierung direkt aus dem Lieferbeleg oder mit Hilfe des bereits bekannten Auslieferungsmonitors möglich. Im Folgenden werden die einzelnen Möglichkeiten erläutert, dabei wird das Lean-WM eingesetzt und davon ausgegangen, dass eine automatische Quittierung erfolgt.

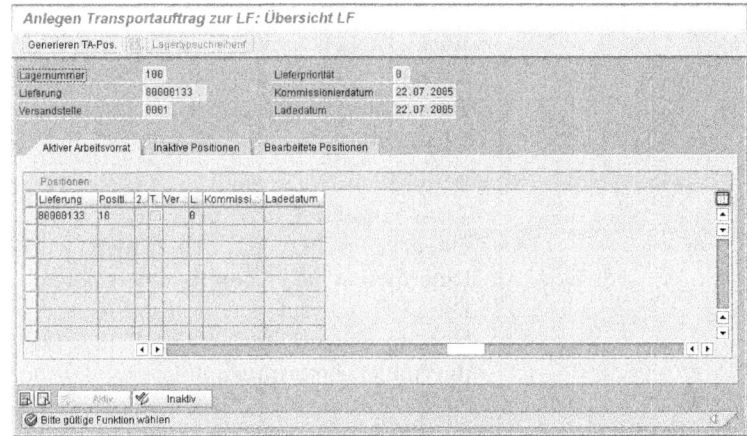

Abb. 5.63: Transportauftrag

*Manuelle
Anlage*

Vorgehensweise:

1. Der Einstieg erfolgt über *Logistik* ➲ *Vertrieb* ➲ *Versand und Transport* ➲ *Kommissionierung* ➲ *Transportauftrag Anlegen* ➲ *Einzelbeleg (LT03)*.

2. Im Selektionsbild ist die Lagernummer (bei Lean-WM ist dies standardmäßig die Nummer 100) und die Liefernummer einzugeben. Die Daten werden durch <Enter> bestätigt.

3. Es erscheint der generierte Auftrag, der durch Klick auf den Button „Speichern" gesichert wird. Das System vergibt daraufhin eine Transportauftragsnummer.

Anlage
über den
Auslieferungs-
monitor

Vorgehensweise:

1. Der Auslieferungsmonitor wird über *Logistik* ➲ *Vertrieb* ➲ *Versand und Transport* ➲ *Kommissionierung* ➲ *Transportauftrag Anlegen* ➲ *über Auslieferungsmonitor (VL06P)* aufgerufen.

2. Auf dem Einstiegsbild sind verschiedene Selektionen möglich, u.a. über die Versandstelle oder das Kommissionierdatum. Über *Programm* ➲ *Ausführen* in der Menüleiste wird der Monitor gestartet.

3. Es erscheinen alle Auslieferungen die zur Kommissionierung anstehen. Die entsprechenden Lieferungen sind anzukreuzen und die Transportaufträge entweder „dunkel" oder „hell" zu erzeugen (über die Buttons „TA hell" bzw. „TA dunkel" in der Anwendungsfunktionsleiste).

4. Wird „TA hell" gewählt, erfolgt der Wechsel in die manuelle Anlage, wobei auf dem Selektionsbild die notwendigen Daten bereits gefüllt sind. Die weiteren Schritte erfolgen analog zu der manuellen Anlage.

5. Bei „TA dunkel" versucht das System, im Hintergrund einen Transportauftrag zu erzeugen, wobei der Anwender in einem Zwischenbild aufgefordert wird anzugeben, ob die Liefermenge als Kommissioniermenge zu übernehmen ist. Durch Druck auf den Button „Weiter" in diesem Zwischenbildschirm wird im Erfolgsfall der Transportauftrag erzeugt und im Auslieferungsmonitor die Position grün angezeigt.

Anlage
über die
Auslieferung

Vorgehensweise:

1. Der Einstieg erfolgt über *Logistik* ➲ *Vertrieb* ➲ *Versand und Transport* ➲ *Auslieferung* ➲ *Ändern* ➲ *Einzelbeleg (VL02N)*.

2. Auf dem erscheinenden Selektionsbild ist die Liefernummer einzutragen.

3. Der Transportauftrag kann direkt über *Folgefunktionen* ➲ *Transportauftrag anlegen* in der Menüleiste eingeleitet werden.

4. Es erscheint das Selektionsbild zur manuellen Anlage mit entsprechenden Vorbelegungen. Die Daten werden bestätigt und der Transportauftrag in der dann erscheinenden Bildschirmmaske gesichert.

5.7.4.6   **Übungen zur Fallstudie**

Übung 5.34

Transportauftrag anlegen

Nach der Lieferungserstellung muss die Ware für den Versand bereitgestellt werden. Erfassen Sie den notwendigen Transportauftrag mittels Lean-WM. Nutzen Sie hierzu den Auslieferungsmonitor zur Kommissionierung (Transaktion VL06P).

Hinweis: Markieren Sie nur Ihre Auslieferung und erzeugen Sie den Transportauftrag „hell".

Übung 5.35

Belegfluss der Lieferung

Sehen Sie sich den Belegfluss zu Ihrer Lieferung an. Hier muss ein Transportauftrag sichtbar sein. Markieren Sie den Transportauftrag und zeigen Sie den Beleg an.

5.7.4.7   **Warenausgang**

Den Abschluss des Versandprozesses bildet die Warenausgangsbuchung. Damit verlässt das Material das Unternehmen und wird beispielsweise mittels einer Spedition zum Kunden transferiert. Wie andere Warenbewegungen auch, führt die Warenausgangsbuchung zu einer Reihe von automatischen Folgeaktivitäten.

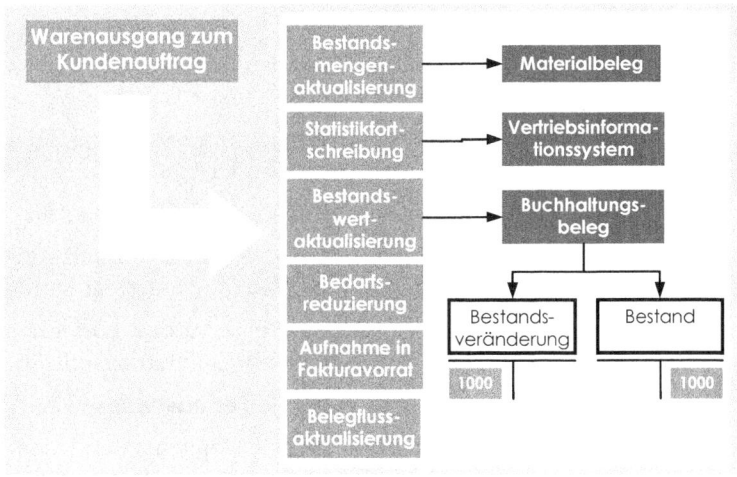

Abb. 5.64: Folgeaktivitäten zum Warenausgang

Folgeaktivitäten

Bestandsmengenaktualisierung

Die Bestandsmengen auf der Ebene Werk und Lagerort werden um die Liefermenge reduziert. Grundlage bildet der automatisch erzeugte Materialbeleg.

Bestandswertaktualisierung

Mittels eines Buchhaltungsbelegs werden die Bestandskonten fortgeschrieben. In der Regel wird hierbei das Konto Bestandsveränderung gegen das Bestandskonto gebucht. Die Findung des Bestandskontos erfolgt über die Bewertungsklasse im Materialstamm. Das Bestandsveränderungskonto wird über die Bewegungsart und die so genannte Kontomodifikationskonstante ermittelt.

Belegflussaktualisierung

Der Belegfluss wird automatisch um die Warenausgangsbuchung aktualisiert.

Fakturavorrat

Für die im nächsten Abschnitt behandelte Fakturierung wird im Fakturavorrat ein Eintrag erzeugt (der Auftrag steht dann zur Fakturierung an).

Statistikfortschreibung

Das Vertriebsinformationssystem (VIS) wird fortgeschrieben, insbesondere erfolgt die Reduzierung der Kennzahl „Offene Auftragswerte".

Bedarfsreduzierung

Die mit dem Kundenauftrag erzeugten Bedarfe werden wieder abgebaut.

Voraussetzungen

Die Warenausgangsbuchung ist an eine Reihe von Voraussetzungen gebunden, insbesondere müssen

- die Auslieferungsdaten vollständig sein,

- die Positionen vollständig kommissioniert sein (sofern die Kommissionierrelevanz eingestellt wurde) und

- alle Transportaufträge zu den Positionen der Lieferung quittiert sein (sofern die Quittierungspflicht eingestellt wurde).

Durchführung des Warenausgangs

Es gibt verschiedene Möglichkeiten, den Warenausgang zu veranlassen. Beispielsweise direkt aus der Auslieferung heraus oder als Sammelverarbeitung über den Auslieferungsmonitor.

Warenausgang aus der Auslieferung

Vorgehensweise:

1. Der Einstieg erfolgt über *Logistik* ➲ *Vertrieb* ➲ *Versand und Transport* ➲ *Buchung Warenausgang* ➲ *Auslieferung Einzelbeleg (VL02N)*.

2. Im erscheinenden Selektionsbild wird die Liefernummer
    eingetragen. Danach kann direkt über *Bearbeiten* ➲ *Waren-
    ausgang buchen* in der Menüleiste die Buchung vollzogen
    werden. Im Erfolgsfall wird eine entsprechende Meldung
    ausgegeben, anderenfalls springt das System in ein
    Meldungsprotokoll. In diesem ist ersichtlich, warum der
    Warenausgang nicht gebucht werden konnte.

Warenausgang
im Sammelgang
über den Ausliefe-
rungsmonitor

Vorgehensweise:

1. Der Einstieg erfolgt über *Logistik* ➲ *Vertrieb* ➲ *Versand und
    Transport* ➲ *Buchung Warenausgang* ➲ *Sammelver-
    arbeitung über Auslieferungsmonitor (VL06G).*

2. Im erscheinenden Selektionsbild können verschiedene
    Selektionskriterien eingegeben werden, beispielsweise die
    Versandstelle. Die Daten werden durch <Enter> bestätigt.

3. Es wird der Monitor gezeigt, auf dem alle Lieferungen, die
    zum Warenausgang anstehen, gelistet sind. Durch Ankreu-
    zen der einzelnen Zeilen und *Folgefunktion* ➲ *Warenaus-
    gang buchen* erscheint ein Zwischenbild, auf dem das
    Warenausgangsdatum anzugeben ist. Durch Bestätigung des
    Datums bucht das System den Warenausgang. Im Erfolgsfall
    wird die Zeile im Auslieferungsmonitor grün unterlegt.

5.7.4.8   Übungen zur Fallstudie

Übung 5.36

Warenausgang
zur Lieferung

Nach der Kommissionierung folgt als letzter Schritt im Versand
der Warenausgang Ihrer Lieferung. Erfassen Sie die Ausgangs-
buchung mit Bezug zur Auslieferung (Transaktion VL02N).

Übung 5.37

Bestands-
übersicht

Überprüfen Sie den verfügbaren Bestand Ihres Fertigerzeugnisses
anhand der Bestandsübersicht (Transaktion MMBE). Es sollten
noch 300 PCs verfügbar sein.

Übung 5.38

Materialbeleg /
Buchhaltungs-
beleg anzeigen

Zeigen Sie sich den Materialbeleg zur Warenausgangsbuchung
an. Springen Sie in der Beleganzeige in den Rechnungswesenbeleg. Wie lautet die Buchung?

Hinweis: Sollten Sie die Materialbelegnummer nicht kennen,
rufen Sie den Belegfluss des Kundenauftrages auf. Dort sollte sie
sichtbar sein.

5.7.5   Fakturierung

Am Schluss eines Vertriebsprozesses steht die Fakturierung der an den Kunden gelieferten Materialien bzw. Dienstleistungen. Daneben können mittels der Fakturakomponente auch Gut- und Lastschriften sowie Proformarechnungen (maßgeblich bei zu exportierenden Waren, um die Kosten gegenüber den Zollbehörden nachzuweisen) erstellt werden. Organisatorisch sind Fakturen den Organisationsebenen Verkaufsorganisation, Vertriebsweg und Sparte zugeordnet.

5.7.5.1   Grundlagen

Fakturaart

Maßgebliches Steuerelement für die Verarbeitung unterschiedlicher Fakturen stellt die Fakturaart dar. Standardmäßig steht in SAP bereits eine Reihe von Fakturaarten zur Verfügung, z.B. die in folgender Abbildung dargestellten.

Fakturaart	Bezeichnung
F1	Lieferbezogene Rechnung
G2	Gutschrift
L2	Lastschrift

Abb. 5.65: Fakturaarten

Die Fakturaarten werden im Customizing definiert. Sie steuern

- den Belegnummerkreis,
- die Stornofakturaart (mit welcher Fakturaart wird eine Faktura storniert),
- die Überleitung an die Finanzbuchhaltung,
- wie die Konten in der Finanzbuchhaltung gefunden werden (Kontenfindungsschema),
- die Nachrichtensteuerung (welche Nachrichten sind erlaubt und wie werden sie vorgeschlagen, z.B. Auslösung eines automatischen Fakturadrucks) und
- welche Partnerrollen in der Faktura zulässig sind.

Fakturabasis

Fakturen werden grundsätzlich auf der Basis von Aufträgen oder Lieferungen erstellt und zwar bezogen auf alle oder einzelne Positionen. Soll die Rechnung bereits nach Erstellung des Auftrages erzeugt werden, wird die auftragsbezogene Fakturierung verwendet, während die lieferbezogene Faktura erst nach Lieferung der Ware erzeugt wird. Handelt es sich um Dienstleistungen, erfolgt keine Lieferungsbildung. Die Konsequenz ist, dass Fakturen nur auftragsbezogen erstellt werden können.

Gut- oder Lastschriften können sich auf eine bereits erstellte Rechnung oder Gutschriftsanforderung beziehen. Die Gutschriftsanforderung stellt einen Verkaufsbeleg dar, der z.B. dann erstellt wird, wenn der Kunde zu Recht Reklamationen geltend macht (beispielsweise weil ein zu hoher Preis berechnet wurde).

Positionstypen- abhängige Faktura- relevanz

Wie bereits erläutert, werden über Positionstypen in Vertriebsbelegspositionen Eigenschaften und Merkmale der Position bestimmt. Eine Fakturierung erfolgt nur für Positionen, welche fakturarelevant sind. Die Fakturarelevanz wird im Customizing eingestellt, indem jeder Fakturaart die Positionstypen zugeordnet werden, für die später eine Fakturierung zulässig ist.

Kopiersteuerung

Mit der Erfassung von Fakturen mit Bezug zu Vorgängerbelegen (Lieferung und Auftrag) wird wiederum über die Kopiersteuerung festgelegt, welche Daten in welcher Form in die Faktura übernommen werden. Die Kopiersteuerung erfolgt je Fakturaart und bestimmt u.a.

- welcher Vorgängerbeleg als Basis dient (z.B. Lieferbeleg oder Kundenauftrag),

- welche Daten des Vorgängerbelegs übernommen werden sollen (z.B. die Preise aus dem Auftrag und die Mengen aus der Lieferung),

- welche Mengen zu fakturieren sind (entweder Liefer- oder Auftragsmenge),

- unter welchen Voraussetzungen der Vorgängerbeleg überhaupt in die Faktura übernommen werden darf (z.B. keine Übernahme, wenn der Auftrag mit einer Fakturasperre versehen ist) und

- ob eine neue Preisfindung durchgeführt wird oder die Preise aus dem Verkaufsbeleg kopiert werden.

Einzel- / Sammel- faktura und Rechnungssplitt

Das SAP-System bietet die Möglichkeit, entweder pro Vertriebsbeleg eine Faktura (Einzelfaktura) oder für mehrere Vertriebsbelege eine Faktura (Sammelfaktura) oder für einen oder mehrere Vertriebsbelege mehrere Fakturen (Rechnungssplitt) zu erzeugen.

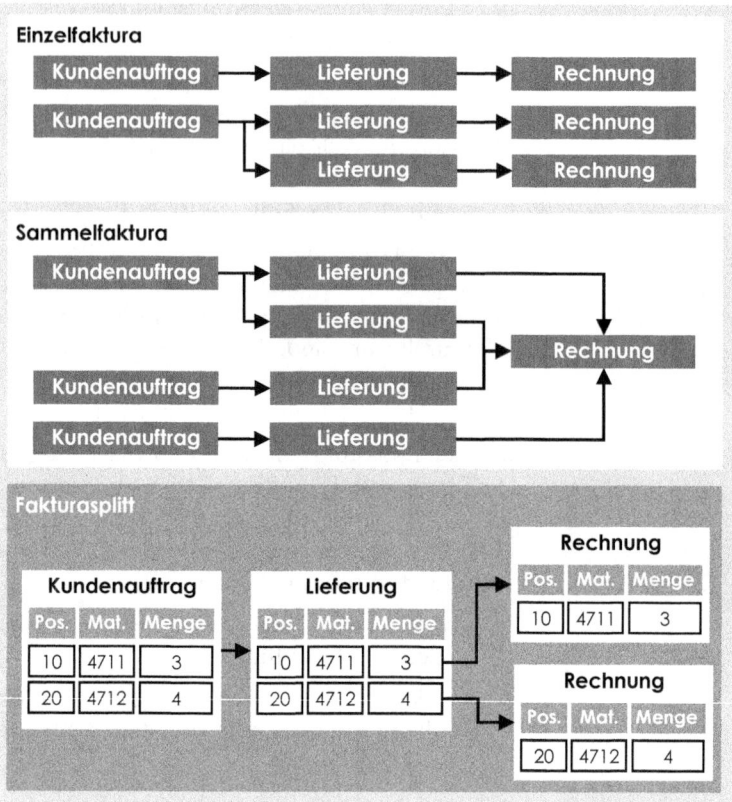

Abb. 5.66: Fakturaarten

Auswirkungen der Faktura-erstellung
Mit der Fakturaerstellung werden automatisch vom System bestimmte Folgeaktivitäten durchgeführt, wie sie in folgender Abbildung ersichtlich sind.

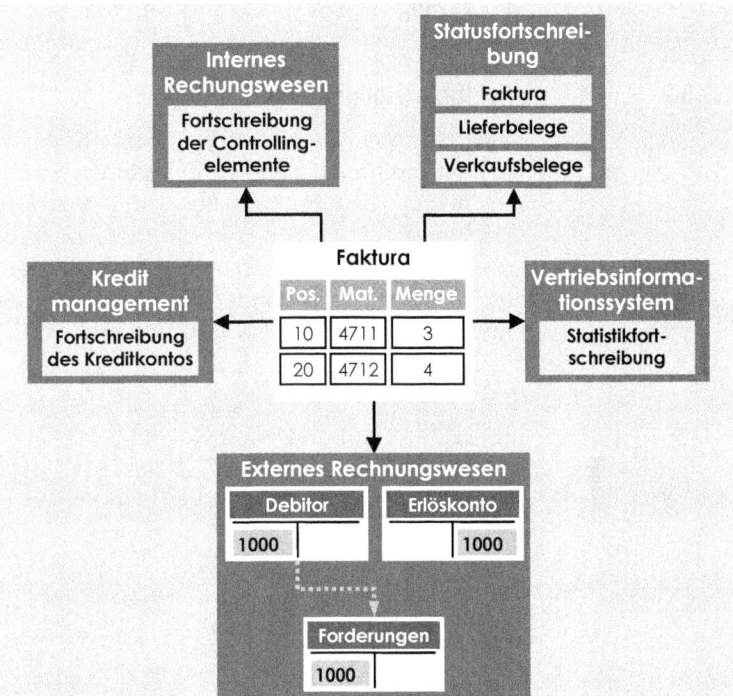

Abb. 5.67: Folgeaktivitäten zur Faktura

Die Fakturaerstellung führt dazu, dass der Status in den betroffenen Verkaufs-, Liefer- und Fakturabelegen aktualisiert wird und in diesen Objekten die Faktura im Belegfluss erscheint.

Innerhalb des Vertriebs steht ein Vertriebsinformationssystem zur Verfügung, welches Daten aus verschiedenen Abwicklungsprozessen sammelt und mit dem man dann die Möglichkeit hat, zu Kontroll-, Steuer- und Planungszwecken verschiedenste Analysen durchzuführen. Mit der Fakturaerstellung werden die Fakturadaten dem Vertriebsinformationssystem übergeben.

Sofern das Unternehmen die Komponente „Kreditmanagement" im Einsatz hat, wird das Kreditkonto des Kunden mit den Werten der Faktura versorgt. Mit Hilfe des Kreditmanagements können drohende Forderungsausfallrisiken reduziert werden, indem für Kunden ein bestimmtes Kreditlimit eingerichtet wird.

Wesentliche Auswirkungen von Fakturaerstellungen finden im Bereich des Rechnungswesens statt. Neben der Fortschreibung der Elemente des internen Rechnungswesens (z.B. Profit-Center-Rechnung und Ergebnisrechnung) führt die Faktura zu einer

Forderung gegenüber dem Kunden und zu einer Erlösreali-
sierung.

5.7.5.2   Fakturaerstellung

Struktur

Eine Faktura besteht aus einem Kopf und beliebig vielen
Fakturapositionen. Im Kopf befinden sich unter anderem der
Regulierer, das Fakturadatum, der Nettowert der Faktura, die
Zahlungsbedingungen und die Incoterms. Jede Position beinhaltet die Materialnummer, die Fakturamenge, die Preiselemente
der Position, die Nummer des Referenzbeleges (z.B. Lieferungs-
nummer) sowie Gewicht und Volumen.

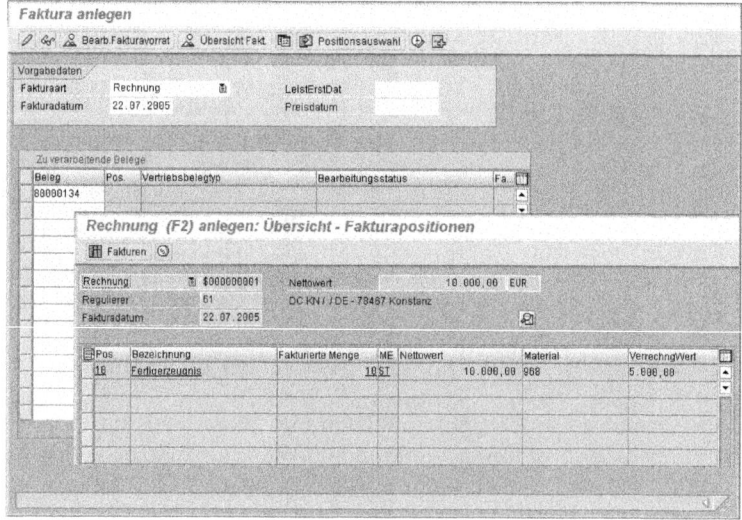

Abb. 5.68: Fakturaerstellung

Im System stehen verschiedene Möglichkeiten zur Fakturaer-
stellung zur Verfügung, insbesondere die Bearbeitung über den
Fakturavorrat (manuell oder automatisch) und die rein manuelle
Erfassung.

*Faktura-
erstellung mit
Hilfe des
Fakturavorrats*

Grundsätzlich wird jeder Vertriebsbeleg, der zur Fakturierung
ansteht, in den Fakturavorrat aufgenommen und kann von dort
aus fakturiert werden. Neben der im Folgenden beschriebenen
manuellen Fakturierung aus dem Fakturavorrat ist es auch möglich, die Fakturierung automatisch anzustoßen.

Vorgehensweise:

1. Der Fakturavorrat wird über *Logistik* ➲ *Vertrieb* ➲ *Fakturierung* ➲ *Faktura* ➲ *Fakturavorrat bearbeiten (VF04)* aufgerufen.

2. Auf dem erscheinenden Selektionsbild können verschiedene Selektionen eingegeben werden. Nach Eingabe der Daten wird der Fakturavorrat über *Faktura* ➲ *Fakturavorrat anz.* in der Menüleiste aufgerufen.

3. Es erscheinen alle zur Fakturierung anstehenden Belege in Listform. Die zu fakturierenden Belege sind zu markieren und eine der folgenden Möglichkeiten zur Fakturaerstellung zu wählen:

   ▪ Einzelfaktura: Hier erstellt das System zu jedem gewählten Vertriebsbeleg eine Faktura und zeigt diese im Dialog an. Die Fakturen müssen vom Anwender einzeln gesichert werden.

   ▪ Sammelfaktura: Das System versucht, die markierten Belege zu einer Sammelfaktura (bzw. mehreren Sammelfakturen) im Hintergrund zusammenzufassen.

   ▪ Sammelfaktura im Dialog: Das System versucht, die markierten Belege zu einer Sammelfaktura (bzw. mehreren Sammelfakturen) zusammenzufassen und zeigt die Fakturen vor der Buchung an.

   Die Funktionen lassen sich über die in der Anwendungsfunktionsleiste sichtbaren Buttons ausführen.

Manuelle Faktura-erzeugung

Vorgehensweise:

1. Der Einstieg erfolgt über *Logistik* ➲ *Vertrieb* ➲ *Fakturierung* ➲ *Faktura* ➲ *Anlegen (VF01)*.

2. Im Selektionsbild ist die Fakturaart (z.B. Rechnung = F2) und das Fakturadatum anzugeben. Im unteren Bildschirmbereich sind alle Vertriebsbelege aufzunehmen, die fakturiert werden sollen (z.B. Lieferbelege) und die Daten durch <Enter> zu bestätigen. Sollte eine Fakturaerstellung nicht möglich sein, wird dies vom SAP-System gemeldet. Über *Bearbeiten* ➲ *Protokoll* in der Menüleiste kann das Fehlerprotokoll angezeigt werden.

3. Im Erfolgsfall springt das System direkt in das Übersichtsbild zu den Fakturapositionen.

4.   Durch Sichern der Eingabe erzeugt das System eine Faktura und vergibt standardmäßig eine Fakturanummer.

Mit der Erfassung der Faktura wird standardmäßig gleichzeitig ein Buchhaltungsbeleg erzeugt, der auf dem entsprechenden Kundenkonto eine Forderung nach sich zieht, die bei Bezahlung durch den Kunden ausgeziffert wird.

Die Ausgabe der Rechnung erfolgt mittels Nachrichtensteuerung (siehe 5.7.2.1).

Fakturen anzeigen und ändern

Fakturen können auch angezeigt und in begrenztem Umfang geändert werden.

Vorgehensweise:

1.   Einstieg über dem Pfad *Logistik* ➲ *Vertrieb* ➲ *Fakturierung* ➲ *Faktura* ➲ *Anzeigen (VF03)* bzw. *Ändern (VF02)*.

2.   Nach Eingabe der Fakturanummer wird die Faktura über <Enter> aufgerufen.

3.   Die Faktura erscheint. Wurde der Änderungsmodus aufgerufen, sind die änderbaren Felder weiß unterlegt.

4.   Sofern Daten geändert wurden, ist die Faktura über den Button „Speichern" zu sichern.

Auswertungen

An verschiedenen Stellen im SAP-System können erstellte Fakturen ausgewertet werden. Insbesondere sei hier auf die Funktion der Fakturaliste hingewiesen. Der Report ermöglicht es, zu einem Regulierer bzw. zu einem Material alle Fakturen innerhalb eines gewählten Zeitraums anzuzeigen.

Vorgehensweise:

1.   Über den Pfad *Logistik* ➲ *Vertrieb* ➲ *Fakturierung* ➲ *Infosystem* ➲ *Fakturen* ➲ *Liste Fakturen (VF05)* erfolgt der Aufruf.

2.   Auf dem erscheinenden Selektionsbild ist entweder der Regulierer oder ein Material einzugeben. Weitere Einschränkungsmöglichkeiten bestehen beispielsweise hinsichtlich der Erstellungszeiträume. Die Auswertung wird über <Enter> gestartet. Ggf. erscheint ein Zwischenbildschirm, auf dem die Verkaufsorganisation anzugeben ist.

3.   Die erscheinende Liste zeigt die selektierten Fakturen einschließlich der zugehörigen Positionen. Durch Doppelklick in eine Zeile kann in die entsprechende Faktura gesprungen werden.

Integration zum Rechnungs- wesen

Mit Erfassung der Faktura erzeugt das System standardmäßig gleichzeitig einen Buchhaltungsbeleg. Die damit auf dem entsprechenden Kundenkonto gebuchte Forderung wird bei Bezahlung durch den Kunden ausgeziffert (ausgeglichen).

Der Buchhaltungsbeleg kann direkt aus der Fakturaanzeige aufgerufen werden.

Vorgehensweise:

1. Einstieg über *Logistik* ➲ *Vertrieb* ➲ *Fakturierung* ➲ *Faktura* ➲ *Anzeigen (VF03)*.

2. Im Selektionsbild ist die Fakturanummer einzugeben und durch <Enter> zu bestätigen.

3. Es erscheint die entsprechende Faktura. Über *Springen* ➲ *Übersicht Rechnungswesen* in der Menüleiste kann in den zugehörigen Buchhaltungsbeleg gesprungen werden. Sollten weitere Rechnungswesenbelege (z.B. Kostenrechnungsbelege oder Profit-Center-Belege) vorhanden sein, erscheint ein Zwischenbild, auf dem der gewünschte Beleg anzuklicken ist.

Da die Forderung bei der Fakturaerstellung durch den Kunden üblicherweise noch nicht bezahlt worden ist, wird sie auf dem zugehörigen Debitorenkonto als „Offener Posten" geführt.

Im Bereich des Finanzwesens können die Kontensalden und die Einzelposten angezeigt werden.

Einzelposten- anzeige

Vorgehensweise Einzelpostenanzeige:

1. Der Einstieg erfolgt über *Rechnungswesen* ➲ *Finanzwesen* ➲ *Debitoren* ➲ *Konto* ➲ *Posten anzeigen/ändern (FBL5N)*.

2. Nach Eingabe des Debitors und des Buchungskreises kann u.a. angegeben werden, ob nur offene Posten zu einem Stichtag, ausgeglichene Posten mit Datumsintervallangabe oder aber nur offene Posten innerhalb eines Zeitraums gewünscht sind. Die Kontenanzeige wird über *Programm* ➲ *Ausführen* in der Menüleiste durchgeführt.

3. Die Liste zeigt alle in der Selektion ausgewählten Einzelposten mit entsprechenden Buchungsinformationen. Die Fälligkeit und der Status (offen, ausgeglichen oder vorerfasst) wird durch entsprechende Ikonen dargestellt. Durch Doppelklick auf einen einzelnen Posten wird in den zugehörigen Buchhaltungsbeleg gesprungen.

Saldenanzeige

Vorgehensweise Saldenanzeige:

1. Die Saldenanzeige wird über den Pfad *Rechnungswesen* ⊃ *Finanzwesen* ⊃ *Debitoren* ⊃ *Konto* ⊃ *Salden anzeigen (FD10N)* aufgerufen.

2. Auf dem Selektionsbild sind der Debitor, der Buchungskreis und das Geschäftsjahr anzugeben. Der Report ist über *Programm* ⊃ *Ausführen* in der Menüleiste zu starten.

3. Es erscheint eine Liste, die je Periode (Buchungsperiode) kumuliert die Soll- und Habenbuchungen zeigt und den Saldo berechnet. Durch Doppelklick in eine Periodenzeile springt das System in die Einzelpostenliste der Periode.

5.7.5.3 Übungen zur Fallstudie

Übung 5.39

Faktura-erstellung

Zum Schluss des Vertriebsprozesses muss dem Kunden die Lieferung in Rechnung gestellt werden. Erfassen Sie deshalb eine Einzelfaktura zur Lieferung. Erstellen Sie dabei die Faktura über den Fakturavorrat.

Hinweis: Selektieren Sie im Einstiegsbild des Fakturavorrats nach Ihrem Vertriebsbeleg (Lieferbeleg). Lösen Sie die Einzelfaktura ausschließlich für Ihre Lieferung aus und merken Sie sich die Belegnummer.

Übung 5.40

Faktura anzeigen

Lassen Sie sich die erstellte Faktura anzeigen. Wechseln Sie in den Rechnungswesenbeleg. Wie lautet die Buchung?

Übung 5.41

Belegfluss zum Auftrag

Rufen Sie zum Abschluss den Belegfluss Ihres Auftrages auf. Aus Vertriebssicht sind nun alle Aktivitäten durchgeführt.

Anhang

Anhang 1   Einrichtung Übungssystem für Novum Computer GmbH

Mandantenkopie

Voraussetzung für die Durchführung der Fallstudie ist ein lauffähiges SAP-System mit einem Mandanten, der als Kopie aus dem Auslieferungsmandanten 001 entstanden ist. Dabei sollte die Kopie mit dem Profil SAP_CUST (Customizingdaten kopieren) erstellt worden sein.

Benutzer einrichten

Zur Einrichtung der Benutzer sollte von der Systemadministration zumindest ein User mit SAP_ALL-Berechtigung zur Verfügung gestellt werden. Mit diesem User können weitere User angelegt werden.

Die Anzahl der User richtet sich danach, wie viele Personen oder Gruppen die Übungen zu diesem Lehrbuch im gleichen Zeitraum durchführen. Für jede dieser Personen / Gruppen wird ein Benutzerstamm angelegt. Syntaktisch empfiehlt es sich, die Usernamensvergabe in der Form XXXX01 – XXXX99 vorzunehmen, wobei XXXX ein Kürzel für das Unternehmen oder einen Kurs / eine Lehrveranstaltung darstellt. Dabei sollte der User XXXX99 für den Dozenten reserviert sein.

Useranlage   Die Benutzer werden über die Transaktion SU01 angelegt:

Vorgehensweise:

1. Einstieg über die Transaktion SU01.

2. Der Benutzername ist einzugeben, anschließend erfolgt der Aufruf des Pflegebildes über *Benutzer* ➲ *Anlegen* in der Menüleiste.

3. Auf dem erscheinenden Bild werden folgende Daten eingegeben:

Reiter „Adressdaten"

Pflege der Adresse – zumindest der Nachname sollte eingetragen werden. Die Kommunikationssprache ist „Deutsch".

Reiter „Logondaten"

Hier ist ein Initialpasswort zu vergeben und zu bestätigen. Dieses muss der User beim erstmaligen Anmelden ändern.

Reiter „Festwerte"

Setzen der Anmeldesprache auf „DE".

Reiter „Parameter"

Eintragungen innerhalb dieses Reiters sind nicht erforderlich. Es empfiehlt sich aber, bestimmte Parameter zu definieren und vorzubelegen:

Param.	Wert	Param.	Wert	Param.	Wert
WRK	0001	LAG	0001	VKO	0001

Reiter „Profile"

Mittels Rollen wird einerseits gesteuert, welches Menü für den User sichtbar ist, andererseits welche Berechtigungen er hat.
Im Rahmen dieses Buches wird keine Rolle mitgeliefert.
Da in den Übungen der gesamte logistische Prozess behandelt wird, wäre es sehr zeitaufwändig, eine Rolle entsprechend zu designen. Da ein reines Übungssystem genutzt wird, wird empfohlen, auf dem Reiter „Profile" die Profile „SAP_ALL" und „SAP_NEW" zu vergeben.

Datenblatt A1.1

4.   Nach Eingabe aller Daten ist der User über den Button „Speichern" zu sichern.

User kopieren   Sobald der erste User angelegt ist, kann er zur Anlage weiterer User kopiert werden.

Vorgehensweise:

1.   Einstieg über die Transaktion SU01.

2.   Eingabe des zu kopierenden Users, anschließend wird über *Benutzer* ➲ *Kopieren* in der Menüleiste die Kopierfunktionalität aufgerufen.

3.   Im erscheinenden Zwischenbild ist im Feld „nach" der neue User einzugeben, anschließend sind die Daten durch Klick auf den Button „Kopieren" zu bestätigen.

4. Das System kopiert nun alle Daten des Quellusers in den Zieluser. Nur auf dem Reiter „Logondaten" muss ein Initialpasswort vergeben werden. Nach Sicherung der Eingaben durch Klick auf den Button „Speichern" ist der User kopiert.

Customizingeinstellungen

Die Übungsfirma ist so konzipiert, dass nur wenige Customizingeinstellungen durchzuführen sind, insbesondere werden die bereits vorhandenen Organisationsstrukturen aus der Kopie des Mandanten 001 verwendet und nur in den Textfeldern angepasst. Um dem jeweiligen User einen eigenen „Korridor" im System zu verschaffen, werden außerdem einige Organisationselemente, wie z.B. der Disponent, individualisiert.

Customizing-einstieg

Vorgehensweise:

1. Über den Pfad *Werkzeuge* ➲ *Customizing* ➲ *IMG* ➲ *Projektbearbeitung (SPRO)* erfolgt der Einstieg in das Customizing.

2. Im erscheinenden Projektbearbeitungsbild wird über *Springen* ➲ *SAP Referenz-IMG anzeigen* in den Einführungsleitfaden gesprungen.

Buchungskreis anpassen

Vorgehensweise Buchungskreis anpassen:

1. Über *Unternehmensstruktur* ➲ *Definition* ➲ *Finanzwesen* ➲ *Buchungskreis bearbeiteten, kopieren, löschen, prüfen* wird der Buchungskreis aufgerufen.

2. Auf dem Zwischenbild wird der zweite Eintrag „Buchungskreisdaten bearbeiteten" gewählt und in der erscheinenden Liste der Buchungskreis „0001" doppelt geklickt.

3. Der eingetragene Name „SAP AG" wird auf „Novum GmbH", der Ort auf „Konstanz" geändert und die Daten gesichert.

4. Sollte ein Bild zur Angabe eines Transportauftrages erscheinen, wird über die Taste <F8> ein weiterer Bildschirm aufgerufen. Hier ist eine beliebige Beschreibung des Auftrages einzugeben, anschließend sind die Daten durch <Enter> zu bestätigen. Das System generiert eine Transportauftragsnummer und stellt sie in der Abfrage zur Verfügung. *Achtung:* Unter der nun sichtbaren Nummer sollten auch alle weiteren Customizingeinstellungen erfasst werden.

5. Die Eingaben werden durch <Enter> bestätigt.

Kosten-rechnungskreis anpassen	Vorgehensweise Kostenrechnungskreis anpassen:

1. Über *Unternehmensstruktur* ⊃ *Definition* ⊃ *Controlling* ⊃ *Kostenrechnungskreis pflegen* erfolgt der Einstieg.

2. Auf dem erscheinenden Zwischenbild ist „Kostenrechnungs-kreis pflegen" durch Doppelklick auszuwählen.

3. Es erscheint ein zweigeteilter Bildschirm, auf dem auf der rechten Seite die Kostenrechnungskreise sichtbar sind. Der Kostenrechnungskreis „0001" ist doppelt zu klicken.

4. Im Detailbild wird der Name des Kostenrechnungskreises auf „Novum GmbH" abgeändert und die Daten über den Button „Speichern" gesichert. Der erscheinende Auftrag wird mit <Enter> bestätigt.

Werk anpassen

Vorgehensweise Werk anpassen:

1. Aufruf über den Pfad *Unternehmensstruktur* ⊃ *Definition* ⊃ *Logistik allgemein* ⊃ *Werk definieren, kopieren, löschen prüfen*.

2. Im erscheinenden Bild ist „Werk definieren" zu wählen.

3. Der Name 1 des Werkes „0001" ist auf „Konstanz" abzuän-dern und der Name 2 zu löschen. Die Daten werden über den Button „Speichern" gesichert, der ggf. erscheinende Transportauftrag wird mit <Enter> bestätigt.

Verkaufs-organisation anpassen

Vorgehensweise Verkaufsorganisation anpassen:

1. Über *Unternehmensstruktur* ⊃ *Definition* ⊃ *Vertrieb* ⊃ *Verkaufsorganisation definieren, kopieren, löschen, prüfen* erfolgt der Einstieg.

2. Im erscheinenden Zwischenbild ist der Eintrag „Verkaufs-organisation definieren" zu wählen.

3. Die Verkaufsorganisation „0001" wird sichtbar. Der Name ist auf „Zentralvertrieb KN" zu ändern und die Daten sind zu sichern. Der erscheinende Transportauftrag wird mit <Enter> bestätigt.

Vertriebsweg anpassen

Vorgehensweise Vertriebsweg anpassen:

1. Der Pfad *Unternehmensstruktur* ⊃ *Definition* ⊃ *Vertrieb* ⊃ *Vertriebsweg definieren, kopieren, löschen, prüfen* ist aufzu-rufen.

2. Im erscheinenden Zwischenbild ist „Vertriebsweg definie-ren" auszuwählen.

3.   Es erscheint eine Liste, auf der die Bezeichnung des Ver-
     triebsweges „01" auf „Großhandel" abzuändern ist. Die Da-
     ten werden über den Button „Speichern" gesichert, der ggf.
     erscheinende Transportauftrag wird mit <Enter> bestätigt.

Verkäufer-
gruppe
pflegen

Vorgehensweise Verkäufergruppe pflegen bei SAP Version vor
ERP 2005:

1.   Über *Unternehmensstruktur* ➲ *Definition* ➲ *Vertrieb* ➲
     Verkäufergruppe pflegen erfolgt der Einstieg.

2.   Die existierende Verkäufergruppe „001" muss um so viele
     Verkäufergruppen erweitert werden, wie User mit der
     Übungsfirma arbeiten. Hierzu wird über *Bearbeiten* ➲ *Neue*
     Einträge in die Pflege eingestiegen.

3.   Die pflegbare Liste erscheint. Es sind fortlaufend Einträge
     zu erzeugen mit den Folgenummern „002", „003", usw.
     sowie der jeweiligen Bezeichnung „Verkäufergruppe 001",
     „Verkäufergruppe 002" usw..

4.   Sind alle Einträge getätigt, werden die Daten über den
     Button „Speichern" gesichert, der ggf. erscheinende Trans-
     portauftrag wird mit <Enter> bestätigt.

Vorgehensweise Verkäufergruppe pflegen ab ERP 2005:

1.   Über *Unternehmensstruktur* ➲ *Zuordnung* ➲ *Vertrieb* ➲
     Verkäufergruppe - Verkaufsbüro zuordnen erfolgt der Ein-
     stieg.

2.   Es erscheint eine tabellarische Anzeige. Die Zeile Verkäu-
     fergruppe „001" ist zu markieren und dann *Bearbeiten* ➲
     Kopieren als... im Menü zu wählen.

3.   Im erscheinenden kopierten Eintrag wird im Feld „VkGr"
     die Verkäufergruppe „002" eingetragen und die Eingabe
     durch <Enter> bestätigt. Dieser Vorgang ist für alle benötig-
     ten Verkäufergruppen zu wiederholen.

4.   Die Daten sind durch den Button „Speichern" zu sichern
     und ein evtl. erscheinender Transportauftrag ist mit <Enter>
     zu bestätigen.

Zuordnung
der Verkäufer-
gruppen

Die Verkäufergruppen müssen im nächsten Schritt dem Verkaufsbüro zugeordnet werden.

Vorgehensweise Verkäufergruppenzuordnung:

1.   Über *Unternehmensstruktur* ➲ *Zuordnung* ➲ *Vertrieb* ➲
     Verkäufergruppe - Verkaufsbüro zuordnen erfolgt der Ein-
     stieg.

2. Es erscheint eine graphische Anzeige, auf der dem Verkaufsbüro Süd die Verkäufergruppe „001" zugeordnet ist. Der Eintrag „0001 Verkaufsbüro Süd" wird doppelt geklickt.

3. Es erscheint ein neues Dialogbild. Dort werden alle in der
Liste vorkommenden Verkäufergruppen markiert und die
Daten durch <Enter> übernommen.

4. Die graphische Anzeige enthält jetzt zum Verkaufsbüro Süd
alle definierten Verkäufergruppen.

5. Die Daten sind durch den Button „Speichern" zu sichern und
ein evtl. erscheinender Transportauftrag mit <Enter> zu bestätigen.

Lagerort anpassen

Vorgehensweise Lagerort anpassen:

1. Über *Unternehmensstruktur* ➲ *Definition* ➲ *Materialwirtschaft* ➲ *Lagerort pflegen* wird eingestiegen.

2. Auf dem erscheinenden Bild ist das Werk „0001" einzugeben und durch <Enter> zu bestätigen.

3. Es erscheint eine Liste im rechten Bildschirmbereich mit
verschiedenen, bereits angelegten Lagerorten.

4. Das Lager „0001" ist in der Bezeichnung auf „Zentrallager
KN" zu ändern.

5. Die Daten sind durch Klick auf den Button „Speichern" zu
sichern und ein evtl. erscheinender Transportauftrag mit
<Enter> zu bestätigen.

Einkaufs-organisation anpassen

Vorgehensweise Einkaufsorganisation anpassen:

1. Aufruf über *Unternehmensstruktur* ➲ *Definition* ➲ *Materialwirtschaft* ➲ *Einkaufsorganisation pflegen*.

2. Die Einkaufsorganisation „0001" ist in der Bezeichnung auf
„Zentraleinkauf Novum" zu ändern.

3. Die Daten sind durch Klick auf den Button „Speichern" zu
sichern und ein evtl. erscheinender Transportauftrag mit
<Enter> zu bestätigen.

Pflege der Einkäufer-gruppen

Vorgehensweise Pflege der Einkäufergruppen:

1. Der Pfad *Materialwirtschaft* ➲ *Einkauf* ➲ *Einkäufergruppen
anlegen* wird aufgerufen.

2. In der erscheinenden Liste sind standardmäßig bereits drei
Einkäufergruppen definiert. Für jeden Benutzer des Übungssystems sollte eine Einkäufergruppe angelegt werden. Der

Einstieg hierzu erfolgt über *Bearbeiten* ➲ *neue Einträge* in der Menüleiste.

3. Es werden nacheinander weitere Einkäufergruppen „004", „005" usw. in die Liste eingetragen und die Bezeichnung „Einkäufergruppe 4", „Einkäufergruppe 5" usw. vergeben.

4. Nach Eingabe aller Einkäufergruppen sind die Daten durch Klick auf den Button „Speichern" zu sichern und ein evtl. erscheinender Transportauftrag mit <Enter> zu bestätigen.

Pflege der Fertigungssteuerer

Vorgehensweise Pflege Fertigungssteuerer:

1. Der Einstieg erfolgt über *Produktion* ➲ *Fertigungssteuerung* ➲ *Stammdaten* ➲ *Fertigungsteuerer definieren*.

2. In der erscheinenden Liste sollten die ersten beiden Einträge bezüglich des Namens auf „Fertigungsteuerer 001" bzw. „Fertigungsteuerer 002" geändert und jeweils das Fertigungssteuerungsprofil „000001" vergeben werden.

3. Für jeden weiteren Benutzer wird ein weiterer Fertigungssteuerer angelegt. Der Einstieg hierzu erfolgt über *Bearbeiten* ➲ *Neue Einträge* in der Menüleiste. In der Liste werden beginnend mit „0003", „0004" usw. die Fertigungssteuerer eingeben und dazu die Namen „Fertigungsteuerer 003", „Fertigungsteuerer 004" usw. vergeben. Außerdem muss für jeden neu erzeugten Eintrag das Werk „0001" und das Fertigungssteuerungsprofil „000001" eingetragen werden.

4. Sind alle Einträge getätigt, erfolgt über den Button „Speichern" die Sicherung der Eingaben. Ein evtl. erscheinender Transportauftrag wird mit <Enter> bestätigt.

Disponenten pflegen

Vorgehensweise Disponenten pflegen:

1. Der Aufruf erfolgt über *Produktion* ➲ *Bedarfsplanung* ➲ *Stammdaten* ➲ *Disponenten festlegen*.

2. Es erscheint ein Pflegebild, auf dem standardmäßig das Werk „0001" und der Disponent „001" gezeigt werden. Über *Bearbeiten* ➲ *Neue Einträge* wird ein Pflegebild aufgerufen, auf dem nacheinander weitere Disponenten angelegt werden (abhängig von der Anzahl User).

3. Werk „0001", Disponent „002" und „Person 2" werden eingegeben. Über *Springen* ➲ *Nächster Eintrag* werden je Übungsteilnehmer (User) weitere Disponenten (jeweils mit dem gleichen Werk) angelegt.

4. Sind alle Disponenten eingegeben, sind die Eingaben über den Button „Speichern" zu sichern und ggf. der erscheinende Transportauftrag mit <Enter> zu bestätigen.

Buchhaltungs-sachbearbeiter definieren

Vorgehensweise Buchhaltungssachbearbeiter definieren:

1. Der Einstieg erfolgt über *Finanzwesen* ➲ *Debitoren- und Kreditorenbuchhaltung* ➲ *Debitorenkonten* ➲ *Stammdaten* ➲ *Anlegen der Debitorenstammdaten vorbereiten* ➲ *Sachbearbeiterkürzel für Debitoren eingeben.*

2. Auf dem Pflegebild sind standardmäßig keine Einträge vorhanden. Hier sollte für jeden Teilnehmer an den Übungen (User) ein eigener Buchhaltungssachbearbeiter angelegt werden. Hierzu ist *Bearbeiten* ➲ *Neue Einträge* in der Menüleiste zu wählen.

3. In der erscheinenden Liste werden die notwendigen Buchhaltungssachbearbeiter unter dem Buchungskreis „0001" angelegt. Es sollten die Sachbearbeiterkürzel „01", „02" usw. verwendet und als Namen „Sachbearbeiter 1", Sachbearbeiter 2" usw. eingegeben werden.

4. Nach Eingabe aller Sachbearbeiter werden die Daten über den Button „Speichern" gesichert und ein evtl. erscheinender Transportauftrag mit <Enter> bestätigt.

Ladegruppe umbenennen

Vorgehensweise Ladegruppe umbenennen:

1. Über den Pfad *Logistics Execution* ➲ *Versand* ➲ *Grundlagen* ➲ *Versand-/Warenannahmestellenfindung* ➲ *Ladegruppen definieren* erfolgt der Einstieg.

2. Der Eintrag „0001" sollte in der Bezeichnung auf „Stapler" geändert werden.

3. Die Daten werden über den Button „Speichern" gesichert und ein evtl. erscheinender Transportauftrag mit <Enter> bestätigt.

Kommissionier-lagerortfindung

Im Rahmen der Vertriebsabwicklung muss unter anderem für die Erzeugung eines Transportauftrages die Kommissionierlagerortfindung eingestellt werden.

Vorgehensweise:

1. Der Aufruf erfolgt über *Logistics Execution* ➲ *Versand* ➲ *Kommissionierung* ➲ *Kommissionierlagerortfindung* ➲ *Kommissionierlagerorte zuordnen.*

2. In der erscheinenden Liste ist die Funktion *Bearbeiten* ➲ *Neue Einträge* auszuführen und ein Eintrag mit folgenden Inhalten zu erzeugen.

VStl	Werk	RB	LOrt
0001	0001	01	0001

Datenblatt A1.2

3. Die Daten sind über den Button „Speichern" zu sichern und ein evtl. erscheinender Transportauftrag mit <Enter> zu bestätigen.

Buchungs-
perioden
öffnen

SAP lässt Buchungen im System nur zu, wenn die Buchungsperioden geöffnet sind.

Vorgehensweise:

1. Aufruf der Funktion über den Pfad *Finanzwesen* ➲ *Grundeinstellungen Finanzwesen* ➲ *Beleg* ➲ *Buchungsperioden* ➲ *Buchungsperioden öffnen und schließen*.

2. Es erscheint eine Liste mit Varianten für Buchungsperioden. Nach der Spalte „Bis Per.1" ist die Spalte „Jahr" sichtbar. Sie sollte hinreichend in der Zukunft liegen. Falls nicht, müssen die Werte in dieser Spalte für jede Variante z.B. auf „2999" abgeändert werden.

3. Die Daten sind über den Button „Speichern" zu sichern und ein evtl. erscheinender Transportauftrag mit <Enter> zu bestätigen.

Versionspflege
Controlling

Im Bereich des Controllings muss für die ordnungsgemäße Abwicklung der Kostenrechnung die Ist-Version auf das gültige Geschäftsjahr (und ggf. auf weitere zukünftige Geschäftsjahre) vorgetragen werden.

Vorgehensweise:

1. Aufruf des Pfades *Controlling* ➲ *Controlling Allgemein* ➲ *Organisation* ➲ *Versionen pflegen*.

2. Auf dem erscheinenden Bild sind im rechten Bereich unterschiedliche Versionen sichtbar. Die Version „0" (Plan/-Ist-Version) ist zu markieren und im linken Bereich der Menüpunkt „Einstellungen pro Geschäftsjahr" auszuwählen.

3. Im rechten Bereich sind jetzt für die Version „0" die Geschäftsjahre sichtbar (ggf. muss in einem Zwischenbild der Kostenrechnungskreis „0001" gesetzt werden). Das letzte

Geschäftsjahr wird markiert und über *Bearbeiten* ➲ *Kopieren als* in der Menüleiste die Kopierfunktion eingeleitet. Im folgenden Detailbild ist das Geschäftsjahr auf das aktuelle Jahr zu setzten und durch <Enter> zu bestätigen.

4. Nach Sicherung der Daten über den Button „Speichern" und Bestätigung eines evtl. erscheinenden Transportauftrages mit <Enter> ist eine Buchung im Kostenrechnungsbereich für das aktuelle Jahr möglich.

5. Der Vorgang sollte für zwei kommende Geschäftsjahre wiederholt werden.

Buchungen von Geschäftsvorfällen Im Finanzwesen erfordern, dass die entsprechende Buchungsperiode geöffnet ist, wie oben beschrieben. Zusätzlich sind Buchungen von Materialbewegungen in der Materialwirtschaft nur in der aktuellen Periode (Monat) und in der Vorperiode (Vormonat) möglich. Die Festlegung der aktuellen Periode wird mit der „Periodenverschiebung" durchgeführt.

Im Gegensatz zum Öffnen von Buchungsperioden im Finanzwesen erfolgt im Bereich der Materialwirtschaft die Verschiebung der aktuellen Periode nur bei der Ersteinrichtung im Customizing, später monatlich in der Anwendung.

Perioden-
verschiebung
bei der Erst-
einrichtung

Nach Erstellung der Mandantenkopie steht die Periode standardmäßig auf einem nicht aktuellen Jahr und Monat. Dies ist wie folgt anzupassen.

Vorgehensweise:

1. Der Einstieg erfolgt im Customizing über *Logistik Allgemein* ➲ *Materialstamm* ➲ *Grundeinstellungen* ➲ *Buchungskreise für die Materialwirtschaft pflegen.*

2. Im erscheinenden Bild ist in der Zeile des Buchungskreises „0001" das aktuelle Jahr und der aktuelle Monat einzugeben.

3. Die Daten werden über den Button „Speichern" gesichert, eine ggf. erscheinende Warnmeldung ist durch <Enter> zu bestätigen.

Monatliche
Ausführung
der Perioden-
verschiebung

Die weiteren Periodenverschiebungen werden einmal im Monat, in der Regel zum Monatsbeginn ausgeführt.

Achtung: Die Anwendung wird über das Easy Access Menü gestartet.

Vorgehensweise:

1. Aufruf des Pfades *Logistik* ➲ *Materialwirtschaft* ➲ *Material-stamm* ➲ *Sonstige* ➲ *Periode verschieben (MMPV)* über das Easy Access Menü.

2. Im erscheinenden Selektionsbild sind folgende Felder zu füllen:

Feld	Wert
Ab Buchungskreis / Bis Buchungskreis	0001 / 0001
Kommende Periode / Geschäftsjahr	aktueller Monat / Jahr
Radiobutton „Prüfen und verschieben"	aktivieren

Datenblatt A1.3

3. Sind alle Parameter eingetragen, wird der Report über *Programm* ➲ *Ausführen* in der Menüleiste gestartet und damit die Periode verschoben.

Rumpfstammdaten anlegen

Nahezu alle für die Übungen benötigten Stammdaten werden im Rahmen der Übungen von Kapitel 4 angelegt. Nur eine Kostenstelle, ein Mehrwertsteuerkonditionssatz und die Arbeitsplätze sind im Vorfeld zu erzeugen. Weiterhin ist die Umsatzsteuer ggf. auf den aktuellen Satz von 19% anzupassen.

Anlage Kostenstelle

Auf das interne Rechnungswesen wird innerhalb der Übungen nicht eingegangen. Dennoch muss eine Kostenstelle angelegt sein, um die Fallstudie ordnungsgemäß durchführen zu können.

Vorgehensweise:

1. Die Anlage wird über *Rechungswesen* ➲ *Controlling* ➲ *Kostenstellenrechnung* ➲ *Stammdaten* ➲ *Kostenstelle* ➲ *Einzelbearbeitung* ➲ *Anlegen (KS01)* aufgerufen.

2. Im erscheinenden Zwischenbild wird der Kostenrechnungs-kreis „0001" gesetzt und durch <Enter> bestätigt.

3. Das Einstiegsbild wird sichtbar, auf dem als Kostenstelle „MONTAGE" eingetragen wird. Der Gültigkeitsbereich sollte vom aktuellen Tagesdatum bis „31.12.2999" reichen. Die Daten sind durch <Enter> zu bestätigen.

4. Es erscheint das Grundbild. Folgende Daten werden erfasst:

Feld	Wert
Bezeichnung	Montage
Verantwortlicher	Benutzername
Art der Kostenstelle	F
Hierarchieebene	0001-3-2
Währung	EUR

Datenblatt A1.4

5. Eventuell erscheinende Warnmeldungen können ignoriert werden. Weitere Dateneingaben sind nicht erforderlich. Die Daten werden über den Button „Speichern" gesichert.

Anlage Arbeitsplätze

Die Anlage von Arbeitsplätzen erfolgt aus Vereinfachungsgründen ebenfalls im Vorfeld. Innerhalb der Übungen wird dann auf diese Arbeitsplätze zurückgegriffen.

1. Der Aufruf erfolgt über *Logistik* ➲ *Produktion* ➲ *Stammdaten* ➲ *Arbeitsplätze* ➲ *Arbeitsplatz* ➲ *Anlegen (CR01)*.

2. Auf dem Einstiegbild sind das Werk „0001" und die Arbeitsplatzart „0003" einzugeben. Falls im Einstiegsbild das Feld „Name des Arbeitsplatzes" erscheint, ist hier „MONTAGE" einzugeben. Die Daten werden durch <Enter> bestätigt.

3. Es erscheint das zentrale Anlagebild, in dem die Daten über die einzelnen Reiter des Registers gepflegt werden. Folgende Daten sind zu erfassen:

Reiter „Grunddaten"	
Feld	**Wert**
Bezeichnung	Montage
Verantwortlicher	001
Planverwendung	001
Vorgabewertschlüssel	SAP1
Reiter „Vorschlagwerte"	
Feld	**Wert**
Steuerschlüssel	PD01
Rüstzeit	MIN
Maschinenzeit	MIN
Personalzeit	MIN
Reiter „Kapazität"	
Feld	**Wert**
Kapazitätsart (1.Feld)	002
Bild „Arbeitsplatzkapazität anlegen Kopf" (erreichbar über **Springen ⊃ Kapazität ⊃ Kopf in der Menüleiste)**	
Feld	**Wert**
Planergruppe	001
Basismaßeinheit	H
Nutzungsgrad	1
Anz. Einzelkap.	1
Kapazität	H
Reiter „Terminierung" (auch erreichbar über Springen ⊃ **Zurück)**	
Feld	**Wert**
Kapazitätsart	002
Dauer Rüsten	SAP001
Dauer Bearbeiten	SAP003
Reiter „Kalkulation"	
Feld	**Wert**
Kostenstelle	MONTAGE

Datenblatt A1.5

4. Die eingegebenen Daten sind durch Klick auf den Button „Speichern" zu sichern.

5. Ein weiterer Arbeitsplatz „PACKEN" ist anzulegen, der über dieselben Stammsatzfelder / -werte verfügt (es ändert sich lediglich Name und Bezeichnung). Die Schritte 1. – 4. sind daher nochmals durchzuführen, wobei im Schritt 2. der Name „PACKEN" zu verwenden ist und in Schritt 3. die Bezeichnung „Packen".

Umsatzsteuer-anpassung

Der aktuelle Umsatzsteuersatz beträgt 19%. Sollte dieser im System bei den Steuerkennzeichen V1 und A1 noch nicht hinterlegt sein, so müssen die Steuerkennzeichen V1 und A1 angepasst werden.

Vorgehensweise:

1. Der Einstieg erfolgt über die Transaktion SPRO in das Customizing. Im Customizingeinstiegsbild ist der Button <SAP-Referenz-IMG> zu wählen.

2. Über Finanzwesen ➲ Grundeinstellungen Finanzwesen ➲ Umsatzsteuer ➲ Berechnung ➲ Umsatzsteuerkennzeichen definieren gelangt man in die Umsatzsteuerpflege.

3. Es erscheint ein Zwischenbild, auf dem das Land „DE" einzugeben und mit <Enter> zu bestätigen ist.

4. Auf dem Einstiegsbild ist das Steuerkennzeichen „V1" einzugeben und durch <Enter> zu bestätigen.

5. Es erscheint das Bild, in dem die einzelnen Vorgangsschlüssel angepasst werden können. Die Vorsteuer „VST" ist im Feld „Steuer-Proz.Satz" auf 19,000 abzuändern.

6. Über den Button „Eigenschaften" sollte zusätzlich der Text auf 19% geändert werden.

7. Die Eingaben werden durch den Button <Speichern> gesichert.

8. Der Vorgang ist für das Ausgangssteuerkennzeichen „A1" zu wiederholen.

Mehrwertsteuer-konditionssatz anlegen

Damit die automatische Preisfindung im Vertrieb korrekt abläuft, muss für die deutsche Mehrwertsteuer ein Vertriebskonditionssatz angelegt werden.

Vorgehensweise:

1. Der Aufruf erfolgt über *Logistik* ➲ *Vertrieb* ➲ *Stammdaten* ➲ *Konditionen* ➲ *Selektion über Konditionsart* ➲ *Anlegen (VK11)*.

2. Auf dem Einstiegsbild wird die Konditionsart „MWST" eingegeben und durch <Enter> bestätigt.

3. Es erscheint ein Zwischenbildschirm. Nach Auswahl von „Steuern Inland" und Bestätigung der Eingabe durch <Enter> erscheint die Schnellerfassung.

4. In der Schnellerfassung wird das Land „DE" eingetragen und die Gültigkeit vom aktuellen Tagesdatum bis zum 31.12.2999 gesetzt. In der verfügbaren Liste ist außerdem folgender Eintrag zu erzeugen:

StKla-KD	StKla-Mat	Steuerkz
1	1	A1

Datenblatt A1.6

5. Nach Erzeugung des Eintrags wird der Konditionssatz über den Button „Speichern" gesichert.

Mehrwertsteuer-konditionssatz ggf. ändern auf 19%

Wurde bereits ein Mehrwertsteuerkonditionssatz angelegt, bevor das Steuerkennzeichen „A1" auf 19% geändert wurde, so ist der Mehrwertsteuerkonditionssatz nachträglich anzupassen.

Vorgehensweise:

1. Der Einstieg erfolgt über die Transaktion VK12.

2. Nach Eingabe der Konditionsart „MWST" und der Auswahl „Steuern Inland" im erscheinenden PopUp wird der Selektionsbildschirm angezeigt.

3. Nach Eingabe von „DE" im Feld „Land" erscheint nach Auslösung der Selektion eine Liste über die angelegten Konditionssätze. Der aktuelle Konditionssatz kann nun auf 19% geändert und gesichert werden.

Anhang 2   Bemerkungen zu den Übungen

Organisatorische Daten

Es wird empfohlen, das folgende Datenblatt A2.1 (mit Logon-daten und wichtigen Organisationselementen) nach dem Einrichten des Übungssystems mit den organisatorischen Daten zu vervollständigen und während der Bearbeitung der Übungen zu verwenden. Die Kunden- und Lieferantenstämme ergeben sich durch die Übungen in Kapitel 4.

Datenblatt A2.1	
Organisatorische Daten	
Mandant	
Benutzername	
Initialpasswort	
Buchungskreis	0001
Werk	0001
Lagerort	0001
Einkaufsorganisation	0001
Einkäufergruppe	
Disponent	
Fertigungssteuerer	
Verkaufsorganisation	0001
Vertriebsweg	01
Sparte	01
Verkäufergruppe	
Buchhaltungssachbearbeiter	
Stammdaten	
Kundenstamm	
Lieferantenstamm	BIG_□□□_□□
Materialstämme	siehe Datenblatt A2.2

Datenblatt A2.1

Bei Lehrveranstaltungen wird empfohlen, den Teilnehmern dieses Datenblatt zur Verfügung zu stellen.

Nummernvergabe

Die Übungen verweisen an unterschiedlichen Stellen auf Benutzernamen, Stammdaten und Organisationselemente. Dabei werden die individualisierten Zeichen durch „X" dargestellt (z.B. Materialstamm F101_XXX_XX).

In Kapitel 4 erfolgt innerhalb der Übungen der Aufbau der Stammdaten. Die vergebenen Nummern sind Primärschlüssel und können daher nur einmal vergeben werden. Um die Übungen mehrmals – bzw. durch mehrere User gleichzeitig – bearbeiten zu können, kommt der Nummervergabe eine entscheidende Bedeutung zu.

Material-
stämme

Die Materialstämme werden durch externe Nummervergabe angelegt. Damit jeder Übungsteilnehmer / User seine Stammdaten möglichst schnell wieder findet, wird folgende Vorgehensweise gewählt:

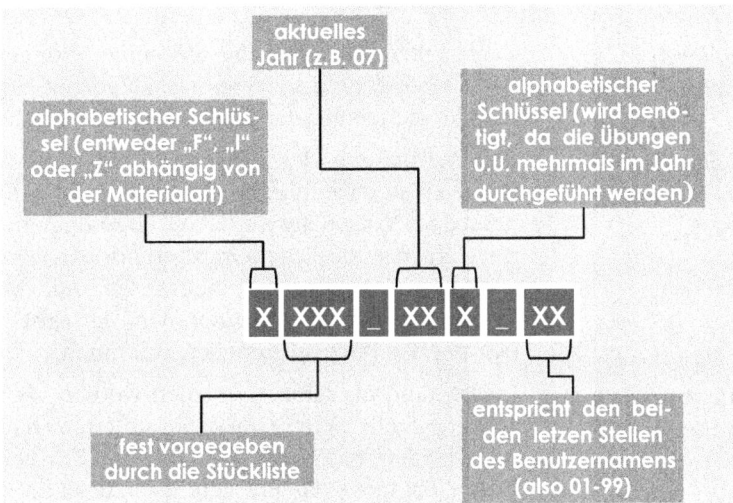

Abb. A2.1: Nummernvergabe Materialstämme

Lieferanten-
stamm

Die Lieferantennummer wird ebenfalls extern vergeben. Sie folgt, wie auch die Materialstämme, einer Konvention:

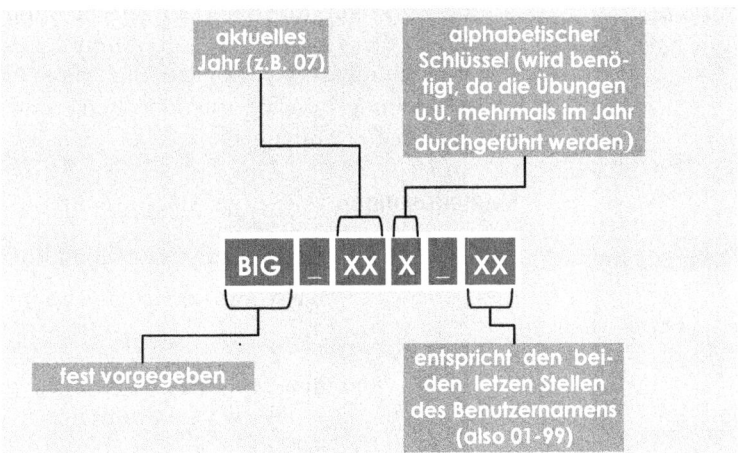

Abb. A2.2: Nummernvergabe Lieferantenstamm

Stückliste

Zentrale Bedeutung kommt in der Fallstudie der Stückliste zu. Daher sollte nach Anlage aller Materialstammsätze das folgende

313

Datenblatt A2.2 mit Materialnummern ergänzt und für die weitere Arbeit verwendet werden. Bei Lehrveranstaltungen wird empfohlen, den Teilnehmern dieses Datenblatt zur Verfügung zu stellen.

Häufige Fehler

Isolierte Bearbeitung

Eine isolierte Bearbeitung einzelner Übungen ist nicht möglich. Die Fallstudie wird sukzessive aufgebaut und erfordert deshalb eine konsequente, der Reihenfolge entsprechende Abarbeitung.

Vorschlags-werte

Bei Bearbeitung der Fallstudie sind – sowohl bei den Stammdaten als auch innerhalb des Prozesses – die durch das System gesetzten Vorschlagswerte zu übernehmen. Sind abweichende oder ergänzende Dateneingaben erforderlich, wird darauf in den Übungen ausdrücklich hingewiesen. Alle Eingaben sind unbedingt entsprechend vorzunehmen, da sonst Fehler bei der Abarbeitung des Prozesses entstehen können.

Musterlösungen online

Leider kann nie ganz vermieden werden, dass an der einen oder anderen Stelle Schwierigkeiten auftreten, häufig durch unsauberes Anlegen von Stammdaten. Eine Korrektur der fehlerhaften Daten löst meist das Problem. Hierzu sei auf die online verfügbaren Lösungen hingewiesen (siehe unten).

Zubuchung Materialbestände

In vielen Fällen erweist sich die manuelle Zubuchung von Materialbeständen (über die Transaktion MIGO „Wareneingang" „sonstige") als sehr nützlich.

Perioden-verschiebung

Wurde versäumt, die Periodenverschiebung durchzuführen, so weist SAP die Verbuchung von Warenbewegungen zurück (eine Fehlermeldung verweist darauf, dass in dieser Periode keine Buchung möglich ist). Eine Periodenverschiebung löst das Problem (siehe Anhang 1).

Musterlösungen

Onlinedienst

Musterlösungen zu den Übungsaufgaben können online unter

www.mfb-service.de/sap-buch/

oder

im OnlinePlus-Bereich des Verlages unter

www.viewegteubner.de

abgerufen werden.

*Übungs-
datenblatt*

Datenblatt A2.2

**Strukturstückliste Fertigerzeugnis F101_☐☐☐_☐☐ Novum PC
Gewicht Netto 10,2 Kg Brutto 10,7 KG Standardpreis 709,00 €**

Fert. stufe	Mat. art	Materialnummer Bezeichnung	Men- ge	St.- Preis	Netto	Brutto
.1	R	I101_☐☐☐_☐☐ Flatscreen	1	140,00 €	3,0 kg	3,5 kg
.1	H	Z101_☐☐☐_☐☐ Rechnereinheit	1	360,00 €	5,0 kg	5,0 kg
..2	R	I201_☐☐☐_☐☐ Gehäuse	1	40,00 €	1,5 kg	1,5 kg
..2	R	I202_☐☐☐_☐☐ Motherboard bestückt	1	220,00 €	1,5 kg	1,5 kg
..2	R	I203_☐☐☐_☐☐ Modem	1	25,00 €	0,2 kg	0,2 kg
..2	R	I204_☐☐☐_☐☐ Festplatte	1	50,00 €	0,8 kg	0,8 kg
..2	R	I205_☐☐☐_☐☐ CD RW Laufwerk	1	25,00 €	1,0 kg	1,0 kg
.1	H	Z102_☐☐☐_☐☐ Länderkit	1	19,00 €	0,9 kg	1,2 kg
..2	R	I206_☐☐☐_☐☐ Karton 2	1	2,00 €	0,3 kg	0,3 kg
..2	R	I207_☐☐☐_☐☐ Kabelset	1	3,00 €	0,5 kg	0,5 kg
..2	R	I208_☐☐☐_☐☐ Tastatur	1	9,00 €	0,3 kg	0,4 kg
..2	R	I209_☐☐☐_☐☐ Maus	1	5,00 €	0,1 kg	0,2 kg
.1	H	Z103_☐☐☐_☐☐ Softwarekit	1	186,00 €	0,4 kg	0,5 kg
..2	R	I210_☐☐☐_☐☐ Karton 3	1	1,00 €	0,1 kg	0,1 kg
..2	R	I211_☐☐☐_☐☐ Microsoft XP Home	1	65,00 €	0,2 kg	0,2 kg
..2	R	I212_☐☐☐_☐☐ Microsoft Office	1	120,00 €	0,2 kg	0,2 kg
.1	R	I102_☐☐☐_☐☐ Karton 1	1	4,00 €	0,5 kg	0,5 kg

Datenblatt A2.2

Abkürzungsverzeichnis

AG	Aktiengesellschaft
ATP	Avaiable to Promise
Aufl.	Auflage
Banf	Bestellanforderung
BDE	Betriebsdatenerfassung
BW	Business Warehouse
bzw.	beziehungsweise
CO	Controlling
CpD	Konto pro Diverse
CRM	Customer Relationship Management
d.h.	das heißt
DIEN	Dienstleistung
EDI	Electronic Data Interchange
ERP	Enterprise Resource Planning
EU	Europäische Union
evtl.	eventuell
FERT	Fertigerzeugnisse
FHM	Fertigungshilfsmittel
FI	Financials
ggf.	gegebenenfalls
GmbH	Gesellschaft mit beschränkter Haftung
GUI	Graphical User Interface
GuV	Gewinn- und Verlustrechnung
HALB	Halbfabrikate
HB	Höchstbestand
i. Allg.	im Allgemeinen
i.d.R.	in der Regel
Id	Identifikationsnummer
IM	Inventory Management
LF	Lieferant

LVS	Lagerverwaltungssystem
MB	Meldebestand
MM	Material Management
MRP	Material Requirement Planning
NETCH	Veränderungsplanung
NEUPL	Neuplanung
PC	Personal Computer
PP	Production Planning
RE	Rechnung / Rechnungseingang
ROH	Rohstoffe
RP	Rechnungsprüfung
RS	Rechnungssteller
RW	Rechnungswesen
s.	siehe
SB	Sicherheitsbestand
SCM	Supply Chain Management
SD	Sales and Distribution
sog.	so genannt
SOP	Sales and Operations Planning
USt.	Umsatzsteuer
MWSt.	Mehrwertsteuer
u.a.	unter anderem
vgl.	vergleiche
WA	Warenausgang
WE	Wareneingang
WM	Warehouse Management
z.B.	zum Beispiel

Literaturverzeichnis

Blume, A. (1999): Projektkompass SAP.
Wiesbaden: Vieweg

Bothe, M.; Nissen, V. (2003): SAP APO in der Praxis
Wiesbaden: Vieweg

Dickersbach, J. T. (2004): Supply Chain Management with APO.
Structures, Modelling Approaches and Implementation of mySAP.
Berlin: Springer

Dickersbach, J. T.; Keller, G. (2010): Produktionsplanung und
-steuerung mit SAP ERP: Grundlagen - Prozesse - Customizing-
wissen, 3. Auflage.
Bonn: SAP PRESS

Dittrich, J.; Mertens, P.; Hau, M.; Hufgard, A. (2009): Dispositi-
onsparameter in der Produktionsplanung mit SAP, 5. Auflage.
Wiesbaden: Vieweg+Teubner

Ebel, B. (2009): Produktionswirtschaft, 9. Auflage.
Ludwigshafen: Kiehl

Gratzl, G.; Bauer, A. (2004): mySAP SCM Materialwirtschaft.
München: Addison-Wesley

Grochla, E. (1992): Grundlagen der Materialwirtschaft, 4. Auflage.
Wiesbaden: Gabler

Gronau, N. (1999): Management von Produktion und Logistik mit
SAP R/3, 3. Auflage.
München – Wien: Oldenbourg

Gronau, N. (2004): Enterprise Resource Planning und Supply
Chain Management
München – Wien: Oldenbourg

Günther, H.-O.; Tempelmeier, H. (2009): Produktion und
Logistik, 8. Auflage.
Berlin: Springer

Hagemann, S.; Will, L. (2003): SAP R/3-Systemadministration.
Basiswissen für das R/3 Systemmanagement.
Bonn: SAP PRESS

Hartmann, G.; Schmidt, U. (2004): mySAP Product Lifecycle Management. Strategie – Technologie – Implementierung, 2. Auflage.
Bonn: SAP PRESS

Hefner, S. (2000): SAP R/3 Finanzwesen
München: Addison-Wesley

Kosiol, E. (1976): Organisation der Unternehmung, 2. Auflage.
Wiesbaden: Gabler

Nebl, Th. (2007): Einführung in die Produktionswirtschaft, 6. Auflage.
München – Wien: Oldenbourg

Maassen, A.; Schoenen, M.; Werr, I. (2005): Grundkurs SAP R/3, 3. Auflage.
Wiesbaden: Vieweg

Oeldorf, G.; Olfert, K. (2008): Materialwirtschaft, 12. Auflage.
Ludwigshafen: Kiehl

Weiss, J. (2009): Financial Supply Chain Management mit SAP ERP.
Bonn: SAP PRESS

Pohl, K. (2002): Produktionsmanagement mit SAP R/3.
Berlin: Springer

REFA (1976): Methodenlehre des Arbeitsstudiums. Teil 1 Grundlagen.
München: Hanser

SAP AG (2005): SAP-Bibliothek. SAP ERP Central Component, Release 5.0, SR1, Februar 2005. SAP NetWeaver™ 04, SP Stack 9, incl. BI Content 3.5.3, November 2004.
URL: http://help.sap.com/ (07.09.2005)

SAP AG (2010a): Geschichte der SAP. Mehr als 37 Jahre im Business mit dem E-Business.
URL: http://www.sap.com/germany/about/company/geschichte/index.epx / (13.08.2010)

SAP AG (2010b): Geschäftsbericht 2009

Scheibler, J. (2007): Vertrieb mit SAP – Prozesse, Funktionen, Szenarien, 2. Auflage.
Bonn: SAP PRESS

Steinbuch, P.A. (2001): Logistik.
Herne – Berlin: NWB

Thaler, K. (2007): Supply Chain Management, 5. Auflage.
Köln: Fortis

Weihrauch, K.; Keller, G. (2001): Produktionsplanung und
-steuerung mit SAP. Einführung in die diskrete Fertigung und
Serienfertigung mit SAP PP.
Bonn: SAP PRESS

Schlagwortverzeichnis

Z

Wirtschaftsinformatik

Dietmar Abts | Wilhelm Mülder
Grundkurs Wirtschaftsinformatik
Eine kompakte und praxisorientierte Einführung
7., akt. u. verb. Aufl. 2011. XVI, 566 S. mit 323 Abb. und und Online-Service.
Br. EUR 24,95   ISBN 978-3-8348-1408-1

Paul Alpar | Heinz Lothar Grob | Peter Weimann | Robert Winter
Anwendungsorientierte Wirtschaftsinformatik
Strategische Planung, Entwicklung und Nutzung von Informations- und
Kommunikationssystemen
5., überarb. u. akt. Aufl. 2008. XV, 547 S. mit 223 Abb. und Online-Service
Br. EUR 29,90   ISBN 978-3-8348-0438-9

Andreas Gadatsch
Grundkurs Geschäftsprozess-Management
Methoden und Werkzeuge für die IT-Praxis: Eine Einführung für Studenten
und Praktiker
6., akt. Aufl. 2010. XXII, 448 S. mit 351 Abb. und und Online-Service.
Br. EUR 34,90   ISBN 978-3-8348-0762-5

Hans-Georg Kemper / Henning Baars / Walid Mehanna
Business Intelligence –
Grundlagen und praktische Anwendungen
Eine Einführung in die IT-basierte Managementunterstützung
3., überarb. und erw. Aufl. 2010. X, 298 S. mit 113 Abb. und Online-Service.
Br. EUR 29,95   ISBN 978-3-8348-0719-9

**VIEWEG+
TEUBNER**

Abraham-Lincoln-Straße 46
65189 Wiesbaden
Fax 0611.7878-400
www.viewegteubner.de

Stand Januar 2011.
Änderungen vorbehalten.
Erhältlich im Buchhandel oder im Verlag.

Printed by Books on Demand, Germany